기려수필

송상도 宋相燾 1871~1946

본관은 야성(冶城), 자는 성소(聖韶), 호는 기려자(騎驢子)·미헌(眉軒)·연파(蓮坡)이다. 경상북도 영주 출생으로 송학영(宋學永)의 장남이다. 어려서부터 한학을 배웠으며 탄당(坦堂) 김영주(金永冑)와 동정(東亭) 이정호(李正鎬)에게 수학하였다.

그는 김영주 선생에게 명나라가 망한 뒤 성명을 숨긴 채 나귀를 타고 돌아다니며 순절지사의 사적을 모아 세상에 전한 기려도사(騎驢道士) 이야기를 듣고 1910년부터 30여 년 동안 애국지사들의 행적을 모아 《기려수필》을 편찬하였다. 광복 후 간행 계획을 세웠으나 그 완성을 보지 못하고 1946년 76세로 세상을 떠났다.

1986년 건국표창, 1990년 12월 26일 건국훈장 애국장이 추서되었으며, 그가 심혈을 기울여 편찬한 《기려수필》은 1955년 국사편찬위원회에서 한국사료총서 제2권으로 간행되었다. 1987년 영주에 '기려자 송상도 지사 추모 기념비'를 세워 그의 숭고한 정신을 기렸다.

이 책은 2010년도 정부재원(교육과학기술부 인문사회연구역량강화사업비)으로 한국연구재단의 지원을 받아 연구되었음(NRF-2010-322-A00022).

This work was supported by the National Research Foundation of Korea Grant funded by the Korean Government(NRF-2010-322-A00022).

망국의 한 기록을 꽃피우다

기려수필 3

騎驢隨筆

송상도 지음
강원모 김도훈 이관성 이재숙 정만호 옮김

문진

차례

기려수필 1

기려수필

2

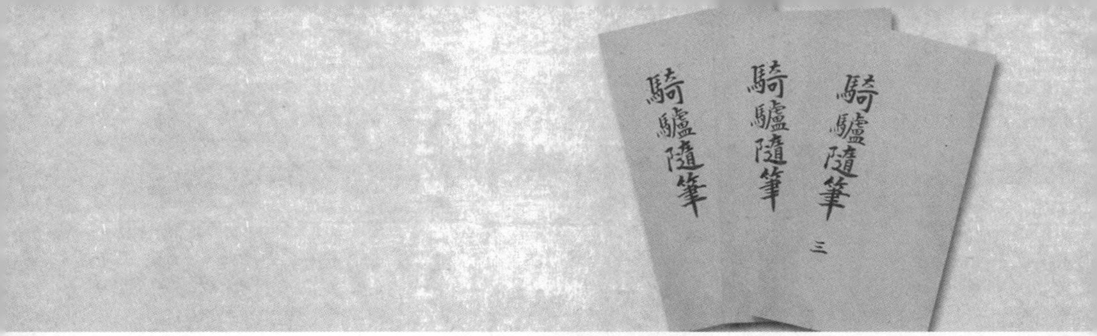

기려수필 3

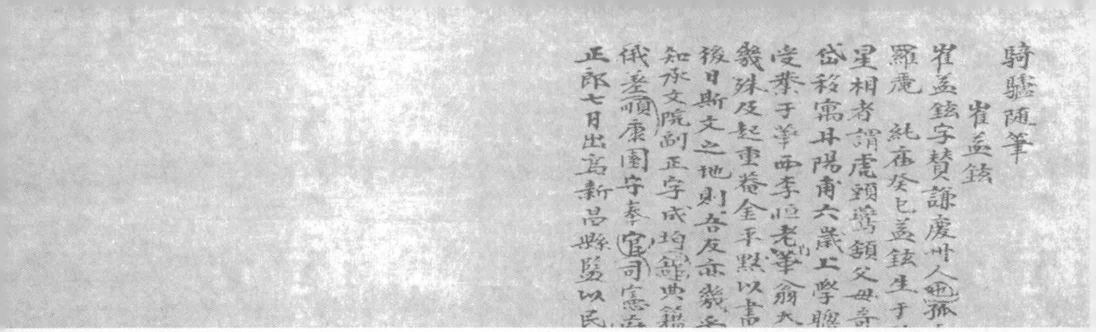

일러두기

1. 이 책의 번역 대본은 1955년 국사편찬위원회에서 간행한 한국사료총서 제2권 《기려수필》이며, 독립기념관에서 소장하고 있는 《기려수필》과 대조하여 오자와 탈자를 바로잡았다.
2. 수록 순서는 국사편찬위원회의 간행본을 따랐다.
3. 운문(韻文)은 원문을 병기하였다.
4. 맞춤법과 띄어쓰기는 한글 맞춤법과 표준어 규정을 따랐다.
5. 짧은 역주는 간주(間註)로, 긴 것은 각 기사 뒤에 미주(尾註)로 처리하였다.
6. 인명과 지명은 일본어의 경우 일본발음으로, 나머지는 한자음대로 표기하였다.
7. 동일한 단어라도 원문의 어세(語勢)에 따라 표현을 달리하였다. '日人'을 일본인, 일본사람, 왜놈 등으로 표현한 것이 그 예이다.
8. 이 책에서 사용한 부호는 다음과 같다.

( ) : 번역문과 음이 같은 한자를 묶는다.
〔 〕: 번역문과 음이 다른 한자 및 인용한 원문을 묶는다.
" " : 대화 및 인용문을 묶는다.
' ' : " " 안의 재인용 또는 강조 문구를 묶는다.
《 》: 책명 및 각주의 전거(典據)를 묶는다.
〈 〉: 책의 편명 및 운·산문의 제목을 묶는다.

강우규 姜宇奎

강우규의 자는 찬구(燦九), 본관은 진주(晋州)이다. 철종 을묘년(철종6, 1855)에 평안남도(平安南道) 덕천군(德川郡) 무릉면(武陵面) 제남리(濟南里)의 농가에서 태어났다. 훤칠하고 당당한 체구에 큰 절의가 있었으며 집안 살림을 꾸려나가는 데 신경 쓰지 않았다. 그러므로 집안이 매우 가난했지만 강우규는 조금도 개의치 않았다. 엄격한 성품을 지녀 비록 부자간이라도 평생 다정한 대화를 나눈 적이 없었다.

강우규가 13세가 되었을 때 동네에 있는 향사(鄕社)로 가 제수로 사용된 고기를 얻어 돌아왔다. 돌아오는 길에 독수리가 고기를 채갔지만 강우규는 남은 고기를 들고 아무렇지도 않은 듯이 길을 갔다. 그러자 독수리가 다시 고기를 채가려고 하였다. 그때 강우규는 고기를 들고 있지 않은 다른 손으로 독수리를 잡았다. 집으로 돌아오자 강우규의 할아버지가 기뻐하며

"이 녀석은 장차 큰 공을 이룰 것이다."

라고 하였다. 20세 무렵에 아버지를 따라 함경남도 홍원(洪原)으로 이사하여 기독교를 믿어 장로파(長老派)가 되었다. 이때에 이르러 국가가 날마다 잘못되어 가는 것을 본 강우규는 항상 일본을 배척하고자 하였다. 학교를 세우고 학생들을 향해

"제군들은 반드시 열심히 공부하여 우리 조국의 국권을 회복해야

한다."
라고 하였다. 경술년(1910)에 일본과 대한제국이 마침내 합병되었다. 대단히 분개한 강우규는

"내 눈에 띄는 모든 것들이 다 보고 싶지 않은 사람이며 보고 싶지 않은 물건이다."
라고 하였다. 이듬해 봄에 집안 식구들을 데리고 지나(支那)[1]의 북간도(北間島)로 들어가 시베리아와 연해주(演海州), 흑룡주(黑龍州) 등을 둘러보고 길림성(吉林省) 요하현(饒河縣)에 거주하였다. 요하는 블라디보스토크와 멀지 않았으므로 강우규는 두 곳을 오가며 우리나라 동지들과 함께 독립운동을 전개하였다.

기미년(1919) 봄 2월에 천도교주인 손병희가 독립선언서를 발표하고 소리 높여 만세를 불렀다.[2] 이를 이어 온 나라 사람들이 일어나 앞다퉈 만세를 외쳤다. 이때에 이르러 러시아의 신한촌(新韓村)에 위치한 노인단에서 이 소식을 접하고 이발(李撥)[3] 등 다섯 사람을 대표로 삼아 조선으로 보내 독립운동의 정황을 살피게 하였다. 강우규도 당시 단체의 구성원 가운데 하나였다. 강우규는 블라디보스토크와 북간도로 가 각 지부의 구성원들과 함께 독립을 위한 활동을 전개하기로 약속하고 요하의 신흥동(新興洞)으로 돌아왔다. 강우규는 스스로 앞장서 일어나 시위운동을 전개하여 조선의 내부 사정을 파악하고자 하였다. 5월에 신한촌으로 갔다.

이발 등이 조선에 도착하였으나 독립운동의 정황이 비밀스러워 어떻게 진행되는지 알 수가 없었다. 그는 일본 당국에 장서를 보내고 만세를 부르다가 일본 헌병에게 체포되었다. 이발은 자결하고자 칼로 목을 찔렀으나 끝내 죽지 않았다. 일본 당국에서는 이들을 회유하여 두 사람을 돌려보냈다. 강우규가 크게 통탄하며

"이번 일은 저들에게 속아서 …(아음)… 화를 면하게 되었다."[4]
라고 하였다. 강우규는 팔짱을 끼고 '나는 살날이 얼마 남지 않았는데 뜻한 일을 이루지 못해 천하 후세에 나의 큰 이름을 남기지 못할까 걱정이다.'라고 생각하였다. 그때 마침 전 총독 하세가와 요시미치〔長谷川好道〕가 면직된다는 소식을 들었다. 강우규가 크게 기뻐하며 말하기를

"새로운 총독이 올 때 내가 마땅히 큰일을 거행할 것이다."
라고 하였다. 그리고는 시베리아 청룡(青龍)[5]으로 가 폭탄을 구입하였다. 블라디보스토크에서 원산(元山)에 도착하여 친구 최자남(崔子南)을 만나 그의 집에서 한 달여 동안 머물렀다. 그 뒤 허형(許炯), 한은철(韓殷哲) 두 사람과 함께 경성에 도착하였다. 경성에는 새로운 총독이 부임해 온다는 소문이 자자하였다. 강우규는 원산으로 가 자신이 구입한 폭탄을 찾아 경성으로 돌아왔다.

이때 신임 총리 사이토 마코토〔齋藤實〕의 사진이 신문에 게재되었다. 강우규는 폭탄이 부족해 혹시라도 일을 그르칠까 염려하여 다시 최자남에게 가 한흥근(韓興根)을 만나 추가로 폭탄을 확보하는 일을 주선해 달라고 부탁하였다. 경성에 도착하니 사이토가 과연 9월 2일에 경성으로 온다는 소식이 있었다. 강우규는 안국동과 남대문역의 거리가 너무 멀다고 판단하여 마침내 여관을 옮겼다. 8월 그믐에 안국동으로 갔다. 최자남은 강우규의 이름을 강영일(姜寧一)로 바꾸어 전보로 폭탄을 허형에게 보냈다고 알렸다.

9월 2일 아침 남대문역에 나가보니 구경꾼이 길에 가득하였다. 강우규는 다방 앞에 서서 기다렸다. 이때 사이토가 귀빈실에서 나와 막 마차를 타려고 하였다. 강우규는 폭탄의 안전핀을 뽑아 사이토를 향해 던졌다. 그리고는 두 눈을 감고

"천주님, 제 뜻대로 성공하게 도와주십시오."
라고 기도하였다. 이때 폭발음이 크게 울렸는데 사이토와 대략 7보 떨어진 곳에서 폭발하였다. 강우규는 '도망치면 체포하는 사람에게 잡힐 것이다.'라고 판단하여 그 자리에서 당당히 서서 도망치지 않았다. 다만 그 자리에 모였던 군중들이 앞 다퉈 도망쳤으므로 체포하는 사람이 없었다. 강우규는 차분하게 남대문통을 지나 여관으로 돌아왔다.

며칠 뒤에 오태영(吳泰泳)을 만나 말하기를
"임시정부 군무총장 이동휘(李東輝)의 부탁을 받아 군자금을 모으기 위해 왔다. 나를 위해 남들 모르게 여관을 마련해 달라."
라고 하고 다시 가회동(嘉會洞)으로 여관을 옮겼다. 어느 날 밤 꿈에 상제(上帝)께서 강우규에게 말하기를
"너의 목적이 이제 천하에 알려졌다. 후에 마땅히 체포될 것이다."
라고 하였다. 강우규가 마음 속으로 이상하게 생각하였는데 17일에 마침내 체포되었다. 취조할 때 강우규는
"나는 사이토를 죽이려고 하였는데 사이토가 폭탄에 맞지 않았으니 대단히 실망스럽다."
라고 자백하였는데 그 말이 매우 강개하였다. 검사가 말하기를
"이번 일은 의심스러운 점이 많으니 이 사람의 자백만으로 판결할 수는 없습니다."
라고 하였다. 사건 당일 구경 나왔던 세 명을 체포해 증인으로 세웠는데 남만주 철도회사 경성관리국 열차 검사원이 말하기를
"범인은 5, 60세가량이며 흰 두루마기를 입었으니 조선의 노인이 분명합니다. 오른손에 양산을 들고 왼손에 수건을 쥔 채 군중 가운데 서 있다가 폭탄을 던졌습니다."

라고 하였다.

증인으로 나선 오노〔大野〕[6]와 쓰루미〔鶴見〕[7] 두 사람은 모두 알지 못한다고 말하였다. 마침내 사진기로 강우규의 사진을 찍기로 하였다. 강우규는 호기가 넘쳐 갓을 벗고 양쪽 어깨를 당당히 올린 채 카메라 렌즈를 향해 섰다. 쓰루미〔鶴見〕가 사진을 보고서

"이 사람이 진짜 범인입니다."

라고 하였다. 뒤에 예심 판사였던 나가시마 유조〔永島雄藏〕가 말하기를

"너는 무슨 의도로 사이토 공을 죽이려고 하였는가?"

라고 하였다. 강우규는 다음과 같이 말하였다.

"하세가와는 올봄에 조선인들이 독립운동을 대대적으로 전개하는 모습을 보았다. 또 오랫동안 조선에 머물렀기 때문에 조선의 물정(物情)을 잘 알고 있었다. 그러므로 조선을 통치할 수 없다고 판단하여 총리에서 물러나 돌아갔다. 사이토는 어떤 사람이며 어떤 심산을 가졌기에 지금 이곳에 왔단 말인가. 이웃을 사랑하고, 남의 것을 탐하지 말라는 것은 하늘이 우리에게 준 계명이다. 그런데 사이토가 이 계명을 모두 어겨 국제법을 문란하게 하고 전 세계가 추구하는 민족자결주의를 경멸하였다. 그리하여 이천만 우리 동포를 모두 궁지로 몰아넣고자 하였으니 이는 우리의 적이다. 그러므로 내가 그를 죽여서 국내, 외 조선 국민이 한마음 한뜻으로 열렬히 독립을 원한다는 것을 나타내고 독립승인을 받고자 하였다."

이어서 다치가와〔立川〕 부장판사가 제7호 법정을 열었다. 먼저 강우규의 성명과 직업을 물은 다음에 말하기를

"내가 들으니 네가 라오허에 있을 때 청년들을 교육하면서 기독교를 믿도록 선전하였다고 한다. 거기에 국권 회복을 선동하였는가?"

라고 하였다. 강우규가 흔쾌히 대답하기를

"처음 합병되었을 때부터 지금까지 밤이나 낮이나 하루 24시간 동안 잠시도 국권회복을 잊은 적이 없으니 그 사실을 물을 필요도 없다."
라고 하였다. 판사가 또
"러시아에서 노인들이 독립을 위해 단체를 조직하였다고 하던데 너는 그 사실을 알고 있는가?"
라고 하였다. 강우규가
"신한촌에 사는 우리나라 사람이 대략 1,000여 가구나 되니 노인단만 있는 것이 아니라 중년단과 청년단 두 단체도 있다. 시베리아 각지에 우리나라 노인이 최소 열 명만 모여 사는 곳이 있다면 그곳에 모두 지부가 있다."
라고 하였다. 판사가
"그렇다면 세 단체의 목적은 무엇인가?"
라고 하자 강우규가
"지금 세계 1차 대전이 끝나고 세계가 변하여 파리 강화회의에서 민족자결을 주창하였다. 이들은 우리나라가 국권을 회복할 수 있는 기회는 바로 지금이라고 판단하여 이 좋은 기회를 놓치려 하지 않을 것이다."
라고 하였다. 이때에 이르러 다치가와가 강우규의 서재에서 찾은 배표를 내보이며
"너는 블라디보스토크에서 월후환(越後丸)을 타고 원산에 도착하였다. 따라서 반드시 검문을 받았을 것인데 폭탄을 어떻게 감추었기에 발각되지 않고 빠져나왔는가?"
라고 하였다. 강우규가 말하기를
"폭탄을 감출 방법이 없었다. 그러므로 비단 수건에 싸서 사타구니

에 단단히 묶었다. 부인들의 어떤 물건은 보아도 말하지 않으니 저들은 반드시 내 물건이 크다고 생각할 것으로 판단하였다."
라고 하였다. 그 말을 듣고 방청객들이 모두 크게 웃었고 다치가와도 웃었다. 강우규의 답변은 마치 물 흐르듯 하여 조금도 거리낌이 없었다. 심문에 혹시라도 불만족스러운 내용이 있으면 매번 기고만장하여 크게 웃었다. 강우규는 가사 한 장을 쓰고 말하기를

"진실로 그날 저 사이토를 죽였다면 내가 마땅히 이 노래를 크게 부르며 펄쩍펄쩍 춤을 추고 만세를 외쳤을 것이다. 그런데 생각지도 않은 실수로 저놈을 죽이지 못하였다. 이것도 이른바 '일을 꾸미는 것은 사람이지만 성사시키는 것은 하늘에 달려있다.'는 경우에 속하는 것이 아니겠는가."
라고 하였다. 그리고 다치가와를 향해 묻기를

"오늘의 재판은 너희 총독이 시킨 것이냐? 아니면 너희 천황이 시킨 것이냐? 나는 총독이 큰 죄인이라는 사실을 알고 있는데, 어찌 체포하여 심문하지 않고 나만 이렇게 곤란한 지경에 이르게 하는가?"
라고 하고 크게 흥분하여 의자를 들어 바닥을 내리쳤다. 그때 눈빛이 마치 횃불처럼 빛났고 위풍이 당당하였다.

이런 일이 있기에 앞서 강우규의 아들 강중건(姜重健)이 길림에서 경성으로 와 아버지에게 변호사를 세우자고 요청하였다. 그러자 강우규는

"천하의 모든 일이 다 내게 달려있는데 무엇하러 변호사를 쓴단 말이냐."
라고 하고 아들의 말을 듣지 않았다. 다치가와가 언도하기를

"강우규는 자기 나라를 위한 일을 스스로 거행하였으니 마치 죄가 없는 듯하다. 그러나 그는 완고하고 무지하며 매우 거만하다. 비록

미수에 그쳤다고 해서 석방한다고 해도 반드시 자신의 잘못을 고치지 않을 것이다. 또 폭탄을 던져 35명에게 상해를 입혔고 오사카아사히〔大阪朝日〕 신문 특파원 다치바나〔橘香橘〕와 스에히로〔末弘又二郎〕[8]를 죽게 하여 온 나라를 한 번 크게 놀라게 하였다. 이러한 점으로 볼 때 그에게 죄가 없다고 할 수 없다. 그러므로 사형에 처한다."

라고 하였다.

이때 다이쇼〔大正〕[9]가 조선 왕세자 영친왕의 가례(嘉禮)를 축하하는 뜻에서 정치범들을 사면해 주었으므로 많은 사람들이 감형되었다.[10] 그러나 강우규는 감형에서 제외되었다. 상고심에서도 사형을 선고하였다. 강우규가 아들 강중건에게 말하기를

"명대로 살다가 죽는 것과 형벌을 받아 죽는 것이 비록 다르기는 하지만 사람이 세상에 태어나면 죽기는 마찬가지이다. 내가 죽는 것에 대해 너는 절대로 염려하지 말거라. 나는 평생 우리 민족을 위해 한 가지 일도 한 것이 없으니 대단히 부끄럽다. 그러나 자나깨나 잊기 어려운 것은 오직 청년들을 교육시키는 것이다. 지금 진실로 내가 죽어 저 청년들의 가슴에 큰 인상을 남겨줄 수 있다면 내가 무슨 한이 있겠느냐. 때때로 눈을 감고 앉으면 청년들의 활발하고 용감한 모습이 늘 눈앞에 있는 것 같다. 그래서 그들을 한 번 보고 싶고 한 번 말하고자 해도 할 수가 없구나. 내가 죽으면 너는 전국 학교와 교회에 알려서 나의 뜻을 전해라."

라고 하였다. 경신년(1920)년 10월 21일에 사형이 집행되었다. 강우규는 평소 항상 말하기를

"나는 자리에 누워서 죽을 생각이 없다."

라고 하였는데 이제 과연 그의 말대로 되었다.

그는 의학에 뛰어났다. 그러므로 평생 큰 재산을 모았지만 그 돈은

모두 학교와 교회를 위해 사용하였다. 그러므로 30년간 북조선과 남만주 등을 두루 다니면서 학교 여섯 개, 예수교회 세 개, 노인단 하나, 민회 두 개를 설립하였다.

처음 사형이 선고되었을 때 진주의 종친사람들이 강우규의 시신을 선산으로 옮겨 장사하려 하였다. 또 비석을 세우고자 하였으나,[11] 총독이 이를 금지시켰다. 이에 그가 수용되었던 감옥 공동묘지에 매장하였다.[12] 강중건이 아버지의 사식을 마련하기 위해 가산을 탕진하였고 친척들의 도움도 계속 받기 어려웠다. 그러므로 평안도와 함경도, 그리고 경상도 진주 등을 돌아다니며 돈을 얻어 차입(差入)하여 서운함이 없도록 하였으니 진실로 효자이다.

처음에 한홍건은 블라디보스토크로 피신했다가 신유년(1921) 3월에 체포되어 7년형을 받았다. 함흥에서 복역하고 병인년(1926) 11월 5일에 출옥하였다. 그의 본관은 원산이다.

살피건대, 세상 사람들은 강우규의 공(功)이 안중근의 공만 못하다고 한다. 사람들이 이렇게 말하는 것은 다른 이유가 있는 것이 아니라 적을 쏘아서 맞췄는가, 맞추지 못했는가의 차이가 있을 뿐이다. 비록 그러나 안중근이 거사를 성공시킨 뒤로 십여 년간 아무런 성과 없이 적막하던 우리 강산에 이처럼 큰 폭발음을 일으켜 귀머거리나 장님 같은 세상 사람들의 눈과 귀를 열어 젖혔다. 따라서 이 일도 또한 하나의 쾌거였으니 어찌 실수한 것을 가지고 우열을 구분한단 말인가. 재지(才智)와 학문과 식견을 갖춘 역사가가 있다면 강우규를 반드시 《사기》에 기록하여 천년토록 빛나게 할 것인데 세상에 그런 사람이 없어 고작 입에 오르내리며 누가 더 잘 했고 누구는 그에 미치지 못한다고들 하니 슬프다.

대개 충신과 열사들이 병인양요 이후로 늠름하고 우뚝하게 공을 세워 일월(日月)과 빛을 다툴만한 업적을 남긴 사람이 적지 않다. 그러나 적을 토벌하고 복수하여 천하에 춘추의 의리정신을 나타낸 사람으로는 안중근, 장인환, 이재명, 강우규 등에 비견될 만한 사람이 없다. 그 이유는 무엇인가?

의(義)는 사시(四時)에서는 가을에 속하고 오행에서는 금(金)에 속하고 사방(四方)에서는 서쪽에 해당한다. 황해도와 평안도는 우리나라 서쪽에 위치하고 있으니 사시의 가을과 오행의 금(金)에 해당하는 고을이다. 이러므로 이 네 사람이 다 함경도와 평안도 출신으로 그들의 의열(義烈)이 천하에 알려진 것이 아니겠는가.

1 지나(支那) : 중국의 별칭이다. 지나는 본래 중국 수나라와 당나라 시기, 인도 승려가 불경을 한문으로 번역할 때 중국을 음역한 것이 시초라고 한다. 지나라는 칭호는 9세기 경 일본에 한문 불경이 전해지면서 함께 전해졌다고 한다. 18세기 일본에서는 서양서적을 번역하는 과정에서 영어의 차이나(China)와 서양 언어의 동계명칭이 지나와 같은 어원이라는 사실을 알아냈다. 즉 지나와 차이나는 중국의 진(秦)나라에서 유래되었다는 것이다. 그러나 중국은 지나라는 칭호를 멸시의 표현으로 보고 있다.

2 기미년……불렀다 : 1919년 3 · 1운동을 말한다.

3 이발(李撥) : 독립운동가 이동휘(李東輝)의 부친이다.

4 이번……되었다 : 원문에 한글로 '아음'이라고 되어 있는데 무슨 의미인지 알 수 없다.

5 청룡(青龍) : 강우규는 첫 공판에서 블라디보스토크에서 폭탄을 누구에게 얻었느냐는 재판장의 질문에 "신흥동 근처 하바로스케 청룡이란 곳에서 러시아인에

게 샀다."라고 대답하였다. 이로 볼 때 청룡역은 블라디보스토크에서 하바로프스크 사이의 신흥동 근처에 있는 역인 듯하다.

6 오노〔大野〕: 오노지로〔大野次郎〕는 남만주철도회사 경성관리국 소속 열차 급사로 당시 18세였다.

7 쓰루미〔鶴見〕: 학견(鶴見)은 쓰루가라고도 읽힌다.

8 스에히로〔末弘又二郎〕: 스에히로는 경기도 순사였다.

9 다이쇼〔大正〕: 다이쇼는 일본 제123대 천황으로 1912년 7월 30일 메이지천황〔明治天皇〕의 뒤를 이어 즉위하였다.

10 이때……감형되었다 : 영친왕은 일본의 정략결혼정책에 의해 1920년 4월 28일 일본왕족 나시모토노미야 미사코〔梨本宮方子 : 한국명 이방자〕와 결혼하였다. 이때 일본천황 다이쇼가 영친왕의 결혼 기념으로 사면한 일을 말한다.

11 비석을 세우고자 하였으나 : 원문에는 頊珉으로 되어 있다. 그런데 국어대사전에는 정민(貞珉)을 단단하고 아름다운 돌이라고 풀이하였다. 따라서 頊珉과 貞珉은 동일한 의미로 사용된 것으로 보인다.

12 매장하였다 : 순국 직후 유족들이 선영으로 유해를 모시고자 하였으나, 일본 경찰의 불허로 성사되지 못하였다. 이는 조선인들의 민심을 자극할 우려가 있다는 판단 때문이었다. 결국 유해는 경기도 고양군 은평면 신사리(현 은평구 신사동) 소재 서대문감옥 공동묘지에 임시로 가매장되었다.

이수택 李壽澤

이수택의 호는 일몽(一夢)이다. 고종 신묘년(고종28, 1891) 2월 17일, 칠곡군(漆谷郡) 왜관면(倭舘面) 석전리(石田里)에서 태어났다. 임자년(1912), 경성으로 가 보혜(普惠) 학교에 입학하였으나 다음해(1913)에 퇴교하였다.

기미년(1910) 2월, 독립만세가 크게 일어나는 것을 보고[1] 일찍이 독립에 뜻을 두었다. 당시 이수택은 경성에 있었는데 박중화(朴重華) 등 여러 사람이

"지금 우리들이 장차 독립을 바란다면 중국으로 가 도모하는 편이 훨씬 낫다."

라고 하였다. 이수택이 그 말을 옳게 여기고 6월에 중국 길림(吉林)으로 가 군정서 회계과장 황상규(黃尙奎) 및 남파(南波) 박찬익(朴贊翊), 한봉근(韓鳳根) 등과 서로 왕래하였다. 하루는 황상규가

"서간도(西間島) 고산자(孤山子)에 무관학교[2]가 있으니 그대가 가서 입학하기를 바란다."

라고 하였다. 이에 이수택이 그곳을 찾아가 교관 남일호(南一湖)를 만났으나 당시 학교는 이미 없어진 상태였다. 이수택이 다시 길림으로 돌아와 한봉근, 김원봉(金元鳳), 곽재기(郭在驥), 양건호(梁建浩), 윤소룡(尹小龍), 서상락(徐相洛), 김상윤(金相潤) 등과 함께 날마다 왕래하면서

친분을 쌓았다. 김원봉이 여러 사람들에게

"지금 세 가지 할 일이 있다. 하나는 단체를 조직하고 마땅히 의열(義烈)이라 칭하는 일이요, 하나는 상해(上海) 임시정부의 안창호(安昌浩) 명령에 따라 길림에서 폭탄제조기를 가져오는 일이요, 하나는 박용만(朴容萬), 안창호 등의 요구에 응하여 그 폭탄을 보내는 일이다. 우리가 세 가지 목적을 실행하려면 한 달 안에 폭탄을 휴대하고 모두 조선으로 들어가 파괴하고 암살해야 한다."[3]

라고 하였다. 이수택, 배중세(裵重世), 윤치형(尹致衡) 등이 모두 그 말에 따라 장차 거사를 하려 하였다. 이때 이수택은 형이 병들었다는 소식을 듣고 귀국하였다. 후에 곽재기, 배중세가 부산(釜山)에 왔음을 알고 찾아가 그들을 만났다. 그 두 사람이 말하기를

"폭탄 세 개가 지금 안동현(安東縣)의 이병철(李丙喆)[4] 집에 있으니 그대가 조선으로 운반하여 우리의 목적을 달성할 수 있도록 도와야 한다."

라고 하였으나 이수택이 또 발병하여 실행하지 못하였다.

다음해(1911) 음력 2월, 밀양 장석봉의 별채로 가 곽재기, 한봉근, 이병철을 만나 지난번에 말한 폭탄이 이미 밀양읍(密陽邑) 김병환(金鉼煥)의 집에 도착하였고 폭탄을 투척할 자는 바로 한봉근, 윤소룡, 신우동(申愚童)임을 알게 되었다. 이때에 이수택은 곽재기의 명령으로 김견환에게 가 숨긴 폭탄을 확인하였다. 그러나 폭탄을 투척할 곳이 바로 경성이었기 때문에 여비 문제로 인하여 마침내 중지하고 부산으로 가 곽재기, 배중세, 윤치형과 함께 의논하였다. 4월, 드디어 상경하여 인사동(仁寺洞)으로 가 윤소룡, 이성우(李成宇), 신우동, 서상락, 황상규(黃尙奎), 김견환 등을 만나 돕기로 약속하였으나 이수택이 또 발병하였다.

음력 5월, 부산으로 가 배중세가 영주동(瀛洲洞) 정만기(丁萬基)의 집에 있다는 소식을 듣고 다시 폭탄 13개와 권총, 탄환 등을 비밀리에 창원(昌原) 진영역(進永驛)으로 보내 강원석(姜元錫)으로 하여금 무점리(武店里) 강상철(姜祥哲) 집에 숨겨 놓게 하였다. 6월 20일, 김기득(金奇得)이 부산으로 와 이수택에게

"윤소룡, 이성우 둘 다 체포되었으니 그대가 폭탄을 내게 주고 계획을 변경하기 바란다."

라고 하였으나 이수택이 듣지 않았다. 그 후 이수택이 마산(馬山)으로 가 곽재기, 김기득 또한 남문역(南門驛)에서 체포되었다는 소식을 들었다. 이 때문에 이수택도 경찰의 수사선상에 있게 되었다. 이수택이 그 폭탄을 조치하려고 김견환을 찾아 갔으나 만나지 못하였다. 곧바로 동래(東萊)로 가 윤치형, 배중세와 폭탄 은닉 문제를 상의하고 동지 구영필(具榮泌)을 기다리려고 경남은행 지점장 김재수(金在洙)의 집으로 몰래 피신하였다. 8월 9일, 동지들이 모두 체포되었지만 이수택만은 체포되지 않았다. 마침 밀양(密陽)에서 또 최경학(崔敬鶴)의 폭탄 투척 사건이 있었다. 이때 이수택도 부산 경찰서에 체포되어 7일 동안 한마디 말도 하지 않고 다만 손으로 가리키면서 벙어리 흉내를 내니 경관이 잘못 잡았다고 생각하여 풀어주었다. 이수택이 귀가하여 머리를 묶고 망건을 써서 문득 촌부처럼 변장하여 암암리에 중국의 각 독립단과 연락할 때마다 나라 안의 실정을 알렸다. 어떤 독립단원이 조선에 들어오면 자금을 조달하고 지리를 안내하였다. 마침내 양건호(梁建浩), 이종암(李鍾巖), 김상윤, 서상락 등과 다시 군자금을 모금하고 폭탄을 투척하는 일을 모의하다가 경북(慶北) 경찰부에 체포되었다.

갑자년(1924) 봄, 2년형을 받고 여러 동지들과 함께 서대문 감옥에서 옥고를 치렀다. 병인년(1926)에 이종암 등과 함께[5] 대구 감옥으로

이감되었다. 겨울에 출옥하여 동지 고인덕(高仁德)이 옥중에서 사망하였다는 소식을 듣고 비분을 감당하지 못하여 병을 얻었다. 정묘년(1927) 6월 4일, 잠자리에서 죽으니 향년 37세였다. 이때 아들 이달진(李達珍)은 병으로 몸져누웠고 또 집이 가난하여 장례를 제대로 치르지 못하였다. 칠곡(漆谷) 사회단체에서 연합으로 장례를 지내려 하자 왜관(倭舘) 경찰서에서 국사범을 이유로 금지하여 실행하지 못하였다. 조문(弔文), 조전(弔電), 조문객 또한 모두 금하고 부의금, 제수 등 모든 예물을 돌려보내게 하여 장의위원이 경북 경찰부로 가 교섭중이라고 한다.

1 기미년……보고 : 3 · 1운동을 가리킨다. 여기서는 2월이라 함은 음력으로 기록했기 때문이다.

2 서간도(西間島) 고산자(孤山子)에 무관학교 : 신흥무관학교를 뜻한다.

3 김원봉이……한다 : 이 일은 1919년 11월 중국 길림에서 김원봉을 비롯한 신흥무관학교 출신들이 의열단을 창립한 것을 가리킨다.

4 이병철(李丙喆) : 기념관본에는 이양철(李兩喆)로 되어 있으나, 이성우(李成宇)를 소개하는 글에 이병철(李丙喆)로 되어 있고, 당시 곽재기 등과 활동한 인물 중에 이양철이 아니라 이병철이 있어 바로 잡았다.

5 이종암 등과 함께 : 기념관본에 증인(證人)으로 되어 있으나 국편본에 따라 등인(等人)으로 해석하였다.

이성우 李成宇

이성우는 밀양(密陽)에 살았다. 고종 기해년(광무3, 1899)에 태어났다. 중국 중동선(中東線) 소수분(小綏芬)[1]으로 가 거주하였다. 무오년(1918) 2월, 동지 이종암(李鍾巖), 서상락(徐相洛), 강세우(姜世宇)와 함께 통화현(通化縣)으로 가 그곳 무관학교[2]에 입학하였다. 기미년(1919) 2월, 조선에서 독립만세가 크게 일어난 것을 보고

"배우기만 하는 것은 실행함만 못하다."

라고 하며 모두 퇴학하였다. 길림(吉林)으로 가 김원봉(金元鳳), 한봉건(韓鳳建), 신철휴(申喆休)를 만나 조선으로 들어가 적을 상대로 파괴, 암살하는 문제를 의논하였다.

경신년(1920) 1월, 여러 사람과 함께 의열단(義烈團)을 조직하고 김원봉을 추대하여 단장으로 삼았다. 목적을 달성하고자 강세우, 곽재기(郭在驥), 이병철(李丙喆) 등과 함께 상해로 가 폭탄 13개, 권총 두 자루를 구하여 경성으로 잠입하였다. 한봉근(韓鳳根), 윤소룡(尹小龍), 신우동(申愚童)으로 하여금 폭탄을 투척하게 하려 하였으나 6월 20일에 윤소룡, 곽재기, 김기득(金奇得), 이성우 모두 체포되어 마침내 실행하지 못하였다. 재판에서 8년형을 언도받고 서대문형무소에서 옥고를 치렀다. 뒤에 청진으로 이송, 수감되어 전일(全一)과 함께 탈옥을 공모하다가 몇 년의 형기가 더해져 경성 감옥에서 옥고를 치렀다. 무진년(1925)

3월 8일, 마침내 출옥하여 문화관으로 가 몸조리하였다. 처음에 수감되고 3년 동안은 병들어 신음하였으나 그 후 다시는 병들지 않았다. 70세 조모가 생존해 계셨으나 이성우는 기력이 없어 고향으로 돌아가 조모의 안부를 살피지 못하고 밀양으로 내려가 요양하였다. 당시 31세였다. 아우의 이름은 이성연(李成璉)이다.

곽재기(郭在驥)는 청주 강외면(江外面) 상봉리(上鳳里) 사람이다. 곽증엽(郭曾燁)의 아들로 곽지(郭芝)의 양자가 되었다. 이 사람이 바로 밀양 폭탄투척사건의 주범이다. 체포되어 7년형을 받고 경성 감옥에서 옥고를 치렀다. 쇼와〔昭和〕[3]의 결혼 기념 사면으로 2년 감형되어 다음해인 정묘년(1924) 1월 22일에 마침내 출옥하였다. 이때 노모 차씨와 아들 곽대현(郭大鉉), 친척, 동지, 각 신문사 사진반이 모두 감옥 문 밖에 모여 성황을 이루었다. 하루는 곽재기가 기자들에게

"7년간 철창신세를 지면서 온갖 고초를 겪어 다소 감상이 없을 수 없다. 그 감회를 갑자기 다 말할 수는 없지만 수감 중에 세 가지 감상이 있었다. 대체로 생각해 보면 혹 기쁜 일도 있었고 혹 슬픈 일도 있었으며 혹 분개하는 마음도 있었다. 그러나 출옥하여 부모님을 뵈니 다만 희비만 교차하고 분개하던 마음은 없어졌다. 또 나의 거취는 어디든 가자니 갈 곳이 없고 안 가자니 머물 곳이 없으니 내가 머무는 곳을 내 집으로 삼을 수밖에 없다."

라고 하고 더 이상 말하지 않았다.

1 중동선(中東線) 소수분(小綏芬) : 청나라 이홍장은 1898년 5월 러시아와 비밀리에 모스크바조약을 조인하였다. 이 조약은 아무르지방과 길림성을 통과하여 블라디보스토크까지 연결되는 중국동부 철도, 이른바 중동철도를 부설하기로 합의한 것이다. 이 조약에 따라 청과 러시아는 중동철도 부설을 관리하기 위한 철도공정국을 송화강(松花江) 연안에 설치하기로 했는데, 이 황량한 습지가 바로 오늘날의 하얼빈으로 발전하였다. 중동철도는 중동선이라고도 하였는데, 원문에서 중동선 소수분이라고 표현한 것은 소수분이 길림성 동녕현에 위치하여 중동철도가 지나가는 곳이라는 의미로 보인다. 소수분은 중국 길림성(吉林省) 동녕현(東寧縣)에 위치한 곳이다.

2 통화현(通化縣)으로……무관학교 : 1910년 7월경 이회영 일가가 중심이 되어 만주 유하현 삼원보에 조직한 경학사는 1912년 가을 부민단으로 새롭게 조직되었으며, 이때 신흥강습소 역시 통화현 합니하로 이전하였다. 따라서 통화현 무관학교는 신흥무관학교를 말한다.

3 쇼와〔昭和〕 : 1901~1989. 일본 제124대 히로히토〔裕仁〕 천황의 연호이다. 1924년 방계 황족인 구니노미야〔久邇宮〕 구니요시의 딸 나가코〔良子〕 공주와 결혼하였다. 1926년 12월 25일, 다이쇼〔大正〕 천황의 죽음으로 황위를 계승하여 천황이 되었다.

김시현 金始顯

김시현의 자는 구화(九和), 호는 학우(鶴右), 본관은 안동(安東)이다. 삼당공(三塘公) 김영(金瑛)[1]의 후손으로 원래 김태동(金台東)의 아들인데 백부 김택동(金澤東)에게 양자로 갔다. 안동(安東) 풍북면(豐北面) 현애리(玄厓里)에 살았다. 그는 태황 계미년(고종20, 1883)에 태어났다. 사람됨이 훤칠하고 조용하여 말수가 별로 없었다. 처음 일본으로 유학하여 메이지 대학〔明治大學〕 법학과를 졸업하였다. 기미년(1919) 봄, 독립만세 운동이 크게 일어났다. 이에 김시현은 우리나라 동포들의 정황을 살펴보려고 5월 길림성(吉林省)으로 가 의열단장(義烈團長)[2] 김원봉(金元鳳)을 만났고 그 해 10월에 마침내 귀국하여 휴직한 경기도(京畿道) 경부(警部) 황옥(黃鈺)과 처음 알게 되었다.

이때 중국에 살고 있는 우리 동포들은 세계의 공산당이 창궐하는 것을 보고 또 한 당을 조직하였는데,[3] 그 기세가 상당히 컸다. 이 당시 경성의 시라가미〔白上〕 부장이라는 자가 공산당에 입당하지 않으면 공산당의 실체를 알 수 없다고 여기고 황옥을 입당시켜 밀정으로 삼았다. 김시현은 그것을 알지 못하였다. 서로 친하게 된 이후에 김시현은 동양민족대회(東洋民族大會)[4]가 러시아 모스크바에서 열린다는 소식을 듣고 회의에 가려 하였다. 황옥은 경찰서에서 밀정 경비를 가져와 여비로 50원을 주었고 김시현은 그것을 받아 상해로 갔다. 김시현은 안병찬(安秉瓚)을 통해 고려공산당(高麗共産黨)[5]에 입당하고 대표가 되어 회의에 갔다. 5월, 상해로 돌아와 역시 공산당원인 장건상(張健相)을 만나고 7월에 경성으로 돌아왔다. 11월에 동지 이현준(李賢俊)이 상해에서 와서 말하기를

"경성으로 폭탄을 운반하려면 안동현(安東縣)에 중계소를 설치해야 한다."

라고 하였다. 김시현은 황옥과 함께 이 문제를 의논하였다. 황옥은 몰래 경찰부장으로 하여금 홍종우(洪鍾祐)를 추천하여 조선일보 안동지국장(安東支局長)으로 삼게 하고 마침내 중계소를 설치하였다. 12월, 김원봉은 이현준을 시켜 김시현을 편지로 불러들였다. 김시현은 황옥과 함께 가기를 청하였으나 황옥은 사양하고 김시현 혼자 천진(天津)에 도착하였다. 김원봉과 장건상이 말하기를

"독립을 도모하기 위해서는 암살과 파괴가 반드시 필요하다."

라고 하고 폭탄을 가지고 가기를 청하였다. 김시현은 마침내 그 임무를 담당하였다.

다음해(1920) 2월, 종로경찰서 폭탄 투척사건이 갑자기 발생하였다. 종로경찰서에서는 황옥과 일본 경부 하시모토〔橋本〕를 중국으로 보내 범인을 수색하게 하였다. 황옥 등이 천진에 도착하자 김원봉, 장건상이 말하기를

"당신은 범인을 잡으러 온 사람이 아닌가? 종로경찰서 폭탄 투척은 맹호단(猛虎團) 이강연과 나모(羅某)씨가 한 짓이니 당신이 잡을 수 없소."

라고 하였다. 또

"안동과 국경 사이에 폭탄을 운반하려 하는데 어떻게 하면 되겠는가?"

라고 하고 도움을 청하였다. 당시 김시현은 종로서 폭탄투척 사건을 염탐하려고 안동현으로 갔다. 황옥은 그 소식을 듣고서 김시현에게 전보를 쳐서 오라고 하였다. 김시현은 가지 않고 황옥에게 부탁하여 폭탄을 몰래 보내게 하였다.

같은 달 그믐에 김시현과 백영무(白英武)는 천진으로 가 김원봉과 장건상을 만났다. 그리고 폭탄 36개와 많은 양의 선전문을 얻었다.

3월 5일, 김시현은 유석현(劉錫鉉), 황옥, 백영무, 하시모토 등과 함께 안동현으로 돌아왔다. 홍종우에게 폭탄을 주면서 말하기를

"이 모과 수통을 강을 건너는 값으로 주겠소."

라고 하였다. 그리고는 밤에 황옥과 함께 기생 초선(楚仙)을 불러 질탕하게 술을 마셨다. 초선은 모과 수통을 백영무에게 돌려보냈다. 나머지는 황옥에게 맡겨 경성으로 가져와 조동근(趙東根)에게 보내 보관하였다.

황옥은 경성에 도착하여 이경희(李慶熙)를 시켜 각 도의 도지사와 경찰부에 선전문을 보냈다. 13일 아침, 김시현이 서울에 들어오자 황옥이 말하기를

"폭탄 몇 개를 경찰서에 가져다주면 어떻겠소?"

라고 하자 이에 김시현은 비로소 황옥이 적의 심복임을 알아챘다. 그는 매우 분노하였으나 황옥이 경부(警部)라서 마침내 분을 참고 말하기를

"만약 그게 좋다면 전부 다 가져다 줘도 무방하니 어찌 몇 개만 갖다 주겠소?"

라고 하였다. 그날 밤, 김시현은 거사가 이미 실패로 끝날 것을 알고 밤새 잠을 자지 못하였다. 어느 날, 황옥은 그 아우를 보내 김시현에게 피신하라고 청하였다.

15일에 폭탄은 모두 압수되었고 김시현 등 13인 역시 모두 체포되었다. 공판에 이르러 미츠야[三矢] 재판장이 말하기를

"피고는 민족대회에 가서 조선독립은 혁명적 수단이 아니면 불가하다고 여기고 폭탄을 들여오기로 모의하고 자본주의자와 일본정부를 파괴하려고 했는가?"

라고 하였다. 김시현은

"대회는 단지 조선만을 위해 열린 것이 아니다. 때문에 이러한 의논도 없었다."

라고 하였다.

"그렇다면 그 뜻은 어떠한 것인가?"

김시현은

"당시 자본주의파는 태평양회의를 열어 약소민족을 삼키려고 하였다. 때문에 우리가 이 대회를 연 것은 그것에 저항하기 위함이다."

라고 하였다. 또 재판장은

"폭탄을 안동현에 들여온 것을 황옥 역시 알았는가?"

라고 하였다. 김시현은

"내가 말하지 않았으니 황옥은 반드시 몰랐을 것이다."

라고 하였다.

"그 당시 폭탄을 던지려 했던 이가 누구인가?"

김시현은

"본인은 다만 폭탄을 들여오는 것에 가담했을 뿐이다. 폭탄 투척에 대해서는 모른다. 또 길림(吉林)에 농장을 소유하고 있어 폭탄만 서울로 들여보내고 길림성으로 농장을 살펴보러 가려고 했는데 잡힌 것이다."

라고 하였다. 문관은 또 황옥을 불러 말하기를

"너는 공산당에 무슨 마음으로 들어갔는가?"
라고 하자 황옥은
"염탐하기 위해서였다."
라고 하였다.
"그렇다면 폭탄을 안동현에 들여 온 것을 너는 어찌 알지 못했는가?"
황옥은
"내 수중에 있는 데 알지 못한들 무슨 해가 되겠는가? 또 당시 가방을 들어보니 매우 무거워서 짐작만 했을 뿐이다."
라고 하였다.
"그렇다면 그때 네가 김시현 등을 체포하지 않은 것은 무엇 때문인가?"
황옥이 말하기를
"폭탄을 투척할 사람이 상해에서 온 연후에 모두 다 잡아 큰 공을 이루려고 했다."
라고 하였다. 또
"네가 천진으로 갔을 때 만일 김원봉을 잡았다면 반드시 종로서 폭탄투척 범인을 알아냈을 것이다. 그런데도 체포하지 않았으니 죄가 없을 수 있겠는가?"
라고 하였다. 황옥이 말하기를
"그 곳은 프랑스 조계이다. 프랑스가 허락하지 않으면 조사할 수 없다. 내 목숨도 생각한 것이다."
라고 하였다.
"그렇다면 네가 경관으로서 폭탄을 입수했으면 기쁘게 받았어야 했는데 받지 않은 것은 어째서인가?"

황옥이 말하기를

"다른 날 일이 발각되면 김시현이 나의 행동을 의심할까 해서였다."

라고 하였다. 또

"네가 김원봉을 만나고 당국에 보고해야 했는데 어째서 만나지 않았다고 말했는가?"

라고 하자 황옥이 말하기를

"이것은 하시모토에게도 말하지 않은 일이기 때문에 감히 보고하지 못했다."

라고 하였다. 미츠야 재판장은 이어서 유석현, 이현준, 남영득(南寧得) 등을 불러 차례로 신문하였다. 히라야마〔平山〕 검사는

"기미년(1919) 이래로부터 강도들이 독립을 표방하여 직업을 삼는 이가 많습니다. 김시현도 직업적인 독립운동을 한 것에 불과합니다. 황옥은 낮에는 경관 일을 하고 밤에는 독립운동을 하여 박쥐나 다름없으니 이들 모두에게 징역 10년을 구형합니다. 또 유석현 · 남영득은 8년, 유시태(柳時泰)는 7년, 유병하(柳秉夏) · 홍종우는 6년, 이현준 · 조황(趙晃) · 백영무는 5년을 구형합니다."

라고 하였다. 김시현은

"내가 독립운동을 한 것은 결코 직업적으로 한 것이 아니요, 우리 민족을 위해 내 한 몸을 희생한 것이다. 다만 나의 형벌이 비록 백년에 구형될 지라도 조금도 상관없다. 그러나 조동근(趙東根)은 죄가 없으니 석방해주길 원한다."

라고 하고 마침내 태연하였다. 보는 사람들이 모두 그를 칭찬하였다.

황옥 또한 말하기를

"내가 이러한 일을 한 것은 진실로 같은 직장동료들보다 공을 더

세우고 싶어서였다. 지금 이 같이 큰 공을 세웠으니 같은 직장 동료들이 모두 내 휘하에 들어올 것이다."

라고 하였다. 유석현이 그 소리를 듣고 크게 성을 내서 황옥의 열 가지 죄를 따졌다. 또 크게 꾸짖으며 말하기를

"황옥이 이 같이 추악한 놈이라는 것을 일찍 알았더라면 오늘 이 법정에 함께 서서 판결을 받지 않았을 것이다. 그러나 이러한 흉계가 있었음을 내가 참으로 몰랐구나. 처음 체포당하여 온갖 악독한 고문을 당하면서도 내가 황옥을 위해 죽게 되더라도 숨겨주었는데 후회가 막심하도다."

라고 하였다. 이현준은

"지금 저 놈과 공범이라고 하여 이 법정에 함께 서있는 내가 참으로 치욕스럽다. 의열단에 들어가면서 내가 이미 죽기를 각오했었는데 징역 7년이 뭐 별 것이겠는가."

라고 하였다. 병인년(1925) 봄, 황옥은 병을 칭하여 보석으로 풀려나 다시 수감되지 않았다.

살피건대, 옛날 금(金)나라 사람 중에 대인(大人)이 어떤 일에 대해 모의할 것이 있으면 대인 무리들이 나란히 강 가 모래사장에 나와 글자를 써서 서로 보여주고는 그 흔적을 없앴다. 금나라 사람이 모두 대인인데도 오히려 이렇게 삼가며 은밀히 하였거늘, 하물며 황옥과 같은 보잘것없는 사람이랴.

파괴와 암살이 얼마나 비밀스러운 일인데 한갓 황옥 같은 이가 공산당에 들어온 것만 보고 동지로 여겨 함께 일을 처리하다가 결국에는 그에게 기만당했는가. 그 일을 도모하는 것이 어찌도 이같이 허술

한가.

진술 내용을 살펴보면 일본 놈들이 김시현에게 징역 10년을 구형한 것은 괴이할 것이 없으나 황옥에게도 10년을 구형한 것은 어째서인가?

나는 잘 모르겠으나, 황옥의 본래 마음은 과연 그렇지 않아서 죄를 면하기 위해 혹 왜곡된 진술을 한 것인가. 똑같이 징역 10년을 받을 것인데 황옥은 어찌하여 정직하게 진술하기를 여러 피고들과 같이 하지 않았는가. 그가 정직하게 진술했다면 비록 죄를 받더라도 괜찮은 사람은 되었을 것이다. 또 정직하게 진술했더라도 반드시 죄를 받지 않았을 수도 있다.

1 김영(金瑛) : 1475~1528. 조선 중기의 문신으로 본관은 안동(安東), 자는 영지(英之), 호는 삼당(三塘)이다. 할아버지는 계권(係權)이고 아버지는 장령 영수(英銖)이며, 어머니는 김박(金博)의 딸이다. 1506년 별시문과에 급제하였고 무오사화로 해를 입은 자들의 억울한 죄를 회복시켜 줄 것을 상소하였다. 문집으로 《삼당집》이 있다.

2 의열단장(義烈團長) : 1919년 11월 중국 길림성에서 김원봉, 윤세주, 이성우, 이종암 등 13명이 의열단을 조직하고 김원봉을 단장에 선임하였다. 이후 의열단은 부산경찰서, 밀양경찰서, 조선총독부, 종로경찰서, 동양척식회사, 식산은행, 도쿄 일본 황궁 등 일제 주요기관에 대한 파괴 활동과 요인 처단 활동을 추진하였다.

3 세계의……조직하였는데 : 세계의 공산당은 코민테른을 말하며 우리 동포가 조직한 한 당은 이르쿠츠크파 고려공산당을 가리키는 듯하다.

4 동양민족대회(東洋民族大會) : 정식 명칭은 극동인민대표자회의, 또는 극동피압박민족대회이다. 이 대회는 1922년 1월 21일부터 2월 2일까지 모스크바에서

열린 코민테른 국제대회로, 중국, 한국, 일본, 몽고, 인도네시아 등 피압박민족 대표들이 참가하였다. 한국 대표단은 23개 단체 대표 53명으로 구성되었으며 여운형이 대회의장단에 선출되었다.

5 고려공산당(高麗共産黨) : 1918년 4월 이동휘 등은 러시아 하바로프스크에서 한인사회당을 결성하였으며, 1921년 당명을 고려공산당으로 개칭하였다. 그러나 1920년 7월 이후 이동휘와 김립 등을 배제한 채 새로운 당 중앙위원회를 결성하였고, 당 중앙위원회는 1921년 5월 이르쿠츠크에서 고려공산당을 창당하였다. 이후 고려공산당은 상해파와 이르쿠츠크파로 나뉘어 활동하였으며 안병찬은 이르쿠츠크파 고려공산당에서 활동하였다.

서상한 徐相漢

서상한의 본관은 달성으로 대구부(大邱府)에 살았다. 체구가 작았으며 이마가 넓고 얼굴이 희었으니 잘 생긴 수재였다. 서상한은 어린 나이에 고아가 되었는데 큰 형인 서상일(徐相一) 밑에서 자랐다. 서상한은 14세에 고등보통학교[1]에 들어갔으나 졸업은 하지 못하였다. 일본 도쿄로 건너가 메이지〔明治〕 대학에 들어가 경제와 영어 두 과를 전공하였다. 학비가 없어 간혹 신문과 우편배달을 하였으며 또는 직공(職工)이 되기도 하였고 또는 인삼을 팔기도 하여 학비를 마련하였다. 동지들을 만나면 항상 말하기를

"만약 큰 일이 일어나면 나는 목숨을 아끼지 않겠다. 일본의 동화정책에 반대한다."

라고 하였다. 대화를 나누다 조선에 관한 이야기가 나오면 그는 항상 흥분하였다. 경신년(1920) 4월 영친왕 이은(李垠)이 나시모토노미야〔梨本宮〕의 딸 마사코〔方子〕와 결혼하자,[2] 서상한은 '이것은 우리나라 사람을 일본으로 동화시켜 아무 소리도 내지 않게 하기 위한 것이다. 독립에 대단히 방해가 될 것이다.'라고 생각하였다. 몰래 폭탄을 만들어 영친왕과 마사코, 그리고 결혼식에 참여하는 내무성과 외무성 관리, 사이토 마코토〔齋藤實〕 총독 및 이완용 등을 모두 죽이려고 하였다. 그러나 일이 발각되어 체포되었다.

서상한이 처음 도쿄에 왔을 때 조선 유학생 신 아무개를 만나 여러 날을 같이 지냈다. 그에게 동지가 되자고 요청한 뒤 마음속에 담아두었던 일을 말했다. 그리고 이마카와〔今川生郞〕, 우에무라〔上村欣作〕 등과 폭탄을 제조하여 물고기에 던져 실험하기 위해 오지원〔王子原〕으로 갔다. 폭발력이 대단히 강하자 마침내 거사를 결의하였다. 그러나 입장할 방법이 없어 걱정하였다. 신 아무개가

"우편배달부로 가장하면 어디든 갈 수 있다. 배달부 복장을 입으면 걱정할 것 없다. 내가 한 벌을 구해 주겠다."

라고 하였다. 신 아무개는 본래 밀정인데 겉으로는 서상한과 동지를 맺어 비밀스럽게 진행되는 일을 탐지하고 속으로는 경찰서에 고발하였으니 누가 그럴 줄 알았겠는가.

서상한은 인삼을 팔 때 다른 사람에게 팔지 않고 항상 경찰서 관계자들에게만 판매하였으니 그의 생각을 알 수가 없다. 매일 소득이 많을 때는 30여 원이나 되었다. 그러므로 일찍이 고등공업학교나 도요대학〔東洋大學〕에 들어가려 하였으나 뜻대로 되지 않았다. 영친왕 이은이 일본 황족과 결혼하려 하자 서상한은 관계를 맺어서는 안된다고 주장하면서 절대적으로 반대하였다. 공판이 시작되자 우리 유학생들이 변호사를 고용하여 서상한의 변호를 맡겼다. 3차 공판이 열릴 때, 우에무라〔植村〕 검사는 6년을 구형하였다. 서상한의 진술은 비밀에 부쳤기 때문에 그 내용을 아는 사람이 없었다. 그의 벗인 유진걸(柳震杰)이 말하기를

"법정에서 서상한의 자태는 단아하고 차분하였다. 그러므로 사람들이 보고 모두 존경하였다."

라고 하였다. 4차 공판에서 여학생 이영화(李英華) 등 세 사람이 방청하였다. 4년을 구형하는 것을 보고 모두 눈물을 쏟았다. 그 당시 서상

한의 나이는 20세였다.

작년 기미년(1919) 봄에 그의 형 서상일은 독립운동을 하다가 지금 감옥에 갇혀 있고 둘째 형 서상규(徐相奎)는 러시아의 니콜라예프스크에서 일본군 300여 명을 죽였다. 서상규는 독립운동의 과격파가 되었다.

살피건대, 한(漢)나라 북지왕(北地王) 유심(劉諶)의 자살과 신라 왕자가 금강산에 들어간 것은 모두 나라가 망한 것을 보고 상대국의 종이 되지 않기 위해서이다. 불행하게도 우리 대한이 망하여 한의 유심과 신라의 왕자 같은 마음을 가지게 되었다. 그런데 영친왕 이은은 어찌 일본 황실과 결혼하게 되어도 거절하지 않았는가. 깊고도 큰 원한을 받았으면서도 부끄러움과 분함이 없는 자는 비록 살았다고 해도 죽은 것과 마찬가지다. 참으로 살아 있는 사람으로 대접할 수 없다. 서상한은 어찌 그리 지혜와 힘을 써서 폭탄을 투척하려 하였던가. 이완용과 일본 놈들에 대한 그의 거사가 그가 계획한 대로 이뤄졌다면 이토 히로부미[伊藤博文]를 죽인 안중근과 오늘날 지하에서 만났을 것인데 사악한 놈과 도모하여 마침내 일을 그르쳤으니 대단히 한스럽다.

1 고등보통학교 : 일제강점기 보통학교를 졸업한 우리나라 학생을 대상으로 중등 교육을 실시하던 4, 5년제의 학교로 1940년에 중학교로 이름을 고쳤다.

2 영친왕……결혼하자 : 1919년 1월 일제는 왕세자였던 영친왕 이은과 일본 황족 나시모토미야 마사코(梨本宮方子)를 정략적으로 결혼시키고자 하였다. 그러나 1919년 1월 21일 고종의 서거로 인해 결혼식은 이듬해인 1920년 4월 28일에야 이루어졌다. 이 정략결혼은 한일 양국이 이미 오래 전부터 한 나라였다는 것을 세계 각국에 알리기 위한 선전용이자 동화정책의 일환이었다. 또한 3·1운동으로 인한 독립운동 열기를 식히려는 의도가 담겨 있었다.

이득수 李得壽

이득수는 체포되었을 당시 19세였다. 그는 경기도 수원군 수원면 하광교리(下光敎里)에 살았다. 동지 이선태(李善泰)[1] 및 여학생인 임순남(林順男), 최문순(崔文順), 이선경(李善卿) 등과 함께 단체를 조직하고 혈복단(血復團)이라 이름 지었다. 상해의 대한민국임시정부 요원 차관호(車寬鎬)와 서로 연락을 취하며 독립문서를 배포하여 광복사상을 고취하였다. 일본경찰이 이들을 체포하여 취조할 때, 임순남과 이선경은 몸에 병이 있어서 공판이 연기되었다. 그들의 발표문은 '4월 4일로 공판 날짜가 정해졌으니 모든 피고들은 마땅히 경성지방법원에 출두하라. 이토〔伊東〕 재판장이 담임 재판장이며 가토〔加藤〕 검사가 그 사실에 대해 신문하여 장차 언도할 것이다.'라고 하였다.

이들이 체포되기 전에 수원군 삼일학교(三一學校) 교사인 이득수와 네 명의 여학생, 그리고 윤익중(尹益重)이 독립운동을 목적으로 《대한민보창가집(大韓民報唱歌集)》과 불온 문서를 각지에 배포하여 독립사상을 고취시키려 하였다. 처음에 단체를 모집하여 구국민단(救國民團)이라 일컬었는데 뒤에 이름을 혈복(血復)이라 고쳤다. 그리고 원근의 남녀 청년을 모집하여 독립운동을 지원하였다. 그 당시 세 명의 여학생은 상해 대한민국임시정부의 적십자회에 들어가 간호원이 되어 뒷날 미일전쟁(美日戰爭)이 일어날 때 있는 힘을 다해 병사를 구원하려고 상해로 건너가려 했으나 체포되었다.

제1차 공판은 이선경이 병이 들었기 때문에 여러 차례 연기되었다. 그러다가 지난 5일 비로소 이득수, 임순남, 최문순 등이 법정에 나와 심문을 받았는데 그들은 조금도 두려워하는 기색이 없었다.

경신년(1920) 6월에[2] 이득수와 동지 박선태(朴善泰)는 네 명의 여학생 및 여학교 교사인 차인재(車仁載)와 함께 서호(西湖)로 가 사진을 보여주는 것으로 독립운동 하는 것에 대해 의논하였다.

"사진을 보여주는 것으로 독립운동을 하는 것이 참으로 좋은 것 같다. 내가 비록 능력이 없지만 있는 힘을 다하려고 한다. 같이 활동하는 것이 어떻겠는가?"

라고 이득수가 묻자 모두

"그렇게 하겠다."

라고 대답하였다. 그 후 그들은 서로 노력하여 독립신문과 대한민보, 그리고 창가집을 비밀리에 배포하며 활동하였다. 박선태가 말하기를

"내가 구국민단의 총장이 되었으니 매주 금요일 삼일여학교에 모여 진행 방침에 대해 연구해봅시다."

라고 하였다. 그리고 이득수와 세 명의 여학생에게 말하기를 '사진을 찍기 위해 서호로 가자.'라고 한 것이 동기가 되어 독립사상을 고취하였다.

임순남이 말하기를

"삼일여학교 졸업생 차인재가 함께 서호로 가서 사진을 찍자고 하였다. 그래서 갔다. 그 당시에는 아직 독립운동에 참여하라고 권할지 생각하지 못하였다. 마침내 단체에 가입하였다. 차인재의 집으로 가 독립문서를 가져다가 수원에 배포하였다. 이 일은 다만 나와 이선경이 남문으로 가 그곳 주변에 널리 배포하려고 하였는데 실행하지 못

하였다."[3]

라고 하였다. 최문순 또한 공립보통학교 졸업생으로 임순남과 함께 서호로 가서 마침내 독립운동에 참여할 것을 찬성하고 이득수가 지은 암호일기를 맡아 기입하는 일을 하였다. 그녀는 상해로 가 적십자회에 가입하려 한 것이 공부 목적이었다. 나머지 피고들도 모두 하나하나 자백하였다.

가토〔加藤〕 검사가

"피고가 한 행동은 비록 크게 영향을 미치지는 못하였지만 총독 정치에 대단히 불만을 가지고 감히 이렇게 불온한 일을 행하였다. 그 이유를 살펴보니 크게 걱정스러운 일이 아닐 수 없다. 이득수와 박선태는 징역 3년, 임순남과 최문순은 징역 2년을 구형한다."

라고 하였다. 김우영(金雨英) 변호사가

"이것은 어린아이들이 장난치는 것에 불과한데 구형이 너무 심하다. 무죄로 방면해야 한다."

라고 변론하였다. 체포될 당시에 이득수는 19세, 김선태는 20세, 임순남 17세, 최문순 17세였다.

1 이선태(李善泰) : 밑의 박선태와 동일 인물로 보인다. 국가기록원 기록을 보면 박선태로 나와 있다.

2 경신년 6월에 : 이하의 내용은 검찰의 조사 결과를 기록한 것으로 보인다.

3 삼일여학교……못하였다 : 원문의 "以寫眞故往之得未對計勵其獨立運動爲其勸諭遂加盟坐仁載家持獨立文書而來以配布本邑此事但與善卿欲往南門"라는 부분은 문장의 의미가 분명하지 않다고 행간에 적혀 있다.

현순을玄淳乙

현순을은 평안북도(平安北道) 개천군(价川郡) 내래면(內來面) 용봉리(龍奉里) 사람이다. 그는 비밀결사인 한족회(韓族會)[1]와 신민단(新民團)의 우두머리이다. 현순을은 기미년(1919) 8월에 간도에서 국내로 들어와 군자금을 모집하기 위해 전국 각지를 돌아다녔다. 그는 많은 동지들에게

"지금 이러한 시대 상황에서 우리가 궁벽한 시골에 처박혀 있을 수는 없다. 그대들은 우리 조국을 위해 최선의 노력을 다하여 독립을 위한 활동을 전개해 주기 바란다."

라고 권하였다. 그는 신민단을 조직하고 동지 수십 명을 단원으로 삼았다. 여러 사람들이 그 단체에 참여하여 임원을 선임하였다. 그리고 단원들로 하여금 개천과 평원(平原), 안주(安州), 영변(寧邊) 등의 지역을 돌면서 독립문서를 배포하게 하고 드디어 군자금 모집에 주력하였다.

현순을이 순천에 사는 김관하(金寬河)의 집으로 가 자금을 모으려고 하였으나 목적을 이루지 못하였다. 현순을은 성천의 모처에 머무르고 있는 차상목(車相穆), 이기오(李基五)를 부추겨 독립운동에 참여하도록 하였다. 그는 순천(順天)에 사는 이귀모(李龜模)에게 가 군자금 300원을 받았다.

경신년(1920) 5월, 현순을은 안주에 거주하는 신영안(申永晏)을 방문

하였다. 그곳에서 동지 오광윤(吳光胤)이 소지하고 있던 권총을 만지작 거리다가 자기도 모르게 권총을 발사하여 실수로 오광윤을 죽이고 말았다. 마침내 현순을은 평양과 개천 등 각지에서 활동하고 있는 동지들과 함께 권총을 가지고 사방을 돌아다니며 군자금을 모았는데 협박장(脅迫狀)과 경고문(警告文)을 돌려 민심을 흔들었다.

8월에 개천군 용봉리에 있는 산속으로 숨어 들어가 영변경찰서 수사반원들과 한바탕 격투를 벌였는데 이때 현순을은 권총 30여 발을 발사하고 도주하였다. 이번에는 경관들과 크게 격전이 벌어졌으나 마침내 체포되었다. 신유년(1921) 3월에 검사국에 송치되었다. 이현수(李賢洙), 이인형(李寅亨), 전천일(田千日) 등 여섯 명[2]이다.

1 한족회(韓族會) : 1912년 남만주(南滿州) 일대에서 활동하던 독립운동단체인 부민단(扶民團)은 1919년 3 · 1운동을 계기로 같은 해 4월 남만주 지역 단체대표들과 함께 독립전쟁의 총본영과 동포자치기관을 결성하기로 하고 한족회를 조직하였다. 그 후 11월 임시정부와의 통합방안을 논의한 결과, 군정부를 임시정부 산하의 남만주지역 군사기관인 서로군정서로 개편하면서 한족회도 그에 맞게 재편되었다.

2 이현수(李賢洙)……여섯 명 : 원문에 서술어 없이 이 내용이 기록되었는데 의미가 정확하지 않다.

오학수 吳學洙

오학수는 평안북도(平安北道) 곽산군(郭山郡) 읍내에 거주하는 사람으로 현재 나이 36세이다. 일찍이 집에서 한문을 배웠으며 중년에는 중국 각지를 마음대로 돌아다녔다. 그러나 견문을 넓히기가 어렵다고 판단하여 세계에서 출간되는 새로운 서적을 아주 많이 구매하여 견문을 넓히려고 하였다. 그는 5, 6세 때부터 기독교를 믿었고 지금은 그의 가족 모두가 기독교를 믿는다. 집에는 그의 아내와 1남 1녀가 있는데 가난하여 먹을 것이 없었지만 오학수는 이런 집안의 형편을 전혀 개의치 않은 채 사방을 돌아다니며 우울한 세월을 보냈다.

기미년(1919) 3월에 천도교주 손병희가 독립선언서를 발표하였고 이어 곽산군에서도 독립운동이 일어났다. 오학수는 곧바로 상해로 가 갖은 고생을 겪으면서도 임시정부 사람들과 함께 독립을 위한 활동을 전개하였다. 경신년(1920) 음력 6월에 폭탄과 독립신문을 소지하고 오학수는 상해에서 안동현(安東縣)에 도착하여 이륭양행(怡隆洋行) 주인 쇼(Show G. L.)의 집[1]에 투숙하였다. 그곳에서 비밀리에 독립운동 전개 방안을 논의하고 있었는데 갑자기 일본 관헌(官憲)이 와서 오학수를 체포하였다. 오학수는 피신하려고 하였으나 폭탄에 맞고 쓰러져 결국 체포되었다. 오학수 말고도 공모한 수십 명이 내란죄로 체포되어 갇혔다. 고등법원 예심판사 나가누마〔永沼〕가 현재 예심을 진행 중이다.

오학수의 부인은 의지할 곳이 없어 친정에 머물다가 남편이 서대문형무소에 체포, 수감되었다는 소식을 듣고 사식을 넣어주기 위해 경성으로 온 지 넉 달이 되었다. 작년부터 밤을 낮 삼아 모든 일을 꾸려왔는데 매번 산길을 통해 왕래하였으므로 말로 표현할 수 없을 만큼 힘든 고통을 겪고 있다. 그러나 남편을 만나고 나오면 항상

"우리는 나라 잃은 민족이지만 일을 주도하는 사람은 하늘이 반드시 그 앞길을 인도해 준다."

라고 말하였다.

1 이륭양행(怡隆洋行)……집 : 1919년 5월 대한민국임시정부는 안동현에 교통국을 설치하였는데, 그 사무실이 바로 영국 국적의 아일랜드인 조지 쇼(Show G. L.)가 경영하는 무역회사인 이륭양행 내에 있었다. 이륭양행은 조지 쇼가 1919년 5월 설립한 무역선박회사이다. 쇼가 조선의 독립운동을 도운 이유는 그가 영국의 식민지인 아일랜드 출신이라는 점이 작용하고 있었다. 때문에 이륭양행은 독립운동가의 망명, 군자금 모집, 무기 반입 등 임시정부 연락사무소로서 역할을 충실히 수행하였다. 김구의 《백범일지》, 여성독립운동가 정정화의 《장강일기》를 보면 이륭양행에 관한 이야기가 자세히 적혀 있다.

최창선 崔昌善

최창선은 강서군(江西郡) 이룡면(離龍面) 용운리(龍雲里)에 거주하고 이기영(李基榮)은 평양(平壤) 교구정(橋口町)에 살았다. 병인년(1926) 당시 최창선은 23세, 이기영은 31세였다. 기미년(1919) 봄에 3·1운동이 일어나는 것을 본 두 사람은 마침내 조선 독립을 위한 활동을 전개하기로 마음먹었다.

경신년(1920) 2월에 동지 37명을 비밀리에 모아 만주 관전현(寬甸縣)으로 가 조맹선(趙孟善)의 부하가 되었다. 3월에 군자금을 모으기 위해 영변(寧邊)의 초동(草洞)에 도착하여 수사대(搜查隊) 미야자와[宮澤] 등과 교전하여 경관 몇 사람을 살해하였다.

7월, 함경남도(咸鏡南道) 장진군(長津郡)으로 가 군자금을 모았다. 부자인 이명학(李明學)이 그들의 요구를 거부하고 돈을 내지 않자 그의 아내 최씨를 잡아 살해하였다. 그리고는 강계(江界)로 가 문명동(文明洞)의 주재소를 습격, 순사 스가와라[管原] 등 몇 사람을 살해하였다. 또 주재소 건물을 불태우고 무기와 탄환을 탈취하였다. 2월부터 12월까지 희천(熙川), 영변(寧邊), 의주(義州), 창성(昌城), 초산(楚山), 위원(渭原), 벽동(碧潼), 강계(江界), 운산(雲山) 등의 지역을 오가며 수사대와 충돌하였다. 이러한 활동을 전개하는 동안 혹은 수사대 소속의 밀정(密偵)을 죽이기도 하였고 민가 10여 곳을 태웠으며 동지들도 몇 사람 희생되었다. 그러면서 백 수십 회에 걸쳐 자금을 모아 몇 만원을 확보하였다.

갑자년(1924) 11월 3일에 39명은 모두 강서경찰서에 체포되어 취조를 마친 다음 평양 법원으로 보내져 2년간 심리가 진행되었다. 병인년(1926) 5월 15일에 판결이 내려졌는데 최창선은 7년, 이기영은 6년간의 징역형에 처해졌다. 나머지 37명도 각각 형기는 차이가 있지만 징역형에 처해졌다. 검사 아카이〔赤井〕가 이들의 항소에 맞서 항소하였다. 당시 여론은 이들 39명에 대해 명월관 48인 사건[1] 이후 가장 큰 일을 한 사람들이라고 평가하였다.

살피건대, 어떤 사람은 내게 다음과 같이 말한다.

"요즘 많은 청년들이 독립을 표방하며 해외를 떠돌다가 형벌을 받거나 목숨을 잃고 있다. 그들은 그들의 부모와 처자의 입장은 전혀 고려하지 않으니 비록 패륜의 무리라고 불러도 될 듯하다. 또 그들이 하는 행위에 대해 언급하면 곧바로 일본에 의해 해코지를 당한다. 그런데 당신은 무슨 생각으로 전국 각지를 돌며 몇 년간이나 자료를 수집하여 스스로 해코지를 당하려고 하는가."

이 말에 대해 나는 다음과 같이 나의 생각을 말하였다.

"그렇지 않다. 당신은 한(漢)나라 사마천이 지은 《사기》를 보지 못하였는가. 《사기》의 〈골계전〉은 고작 희학을, 〈유협전〉은 자신들의 목숨을 기꺼이 내놓는 것을 숭상하는 사람들에 대한 기록이다. 이런 사람들에 관한 기록은 나라나 백성들에게 아무런 보탬도 없지만 사마천은 그들의 이야기를 모아 기록하였다. 지금 내가 기록한 이종암(李鍾巖), 고인덕(高仁德), 양승우(楊承雨), 김예진(金禮鎭), 이수선(李秀善), 장진원(張鎭元), 최병선(崔炳善), 김광선(金光善), 최창선(崔昌善) 등은 젊은 나이에 혈기가 왕성하여 어떤 일을 보면 앞뒤 따지지 않고 경솔하게 나선 인물들이다. 그들이 거둔 성과는 밀정을 죽여 일제의 협력자를 제거하고 주재소를 습격하여 거기 근무하는 순사를 죽이고 혹은 폭탄을 던져서 영관(領館, 영사관)의 벽이나 경찰서의 창문을 파괴한 정도에 불과하다. 그러나 처음 우리 대한제국이 망함으로부터 몇 년 동안 해외에서 활동하며 밤이나 낮이나 적을 토벌하느라 집안도 망하고 자신의 목숨도 희생되었지만 저들은 모두 그런 것에 대해 전혀 개의치 않았다. 이런 점을 볼 때 그들의 한결같은 고충(苦衷)은 〈골계전〉이나 〈유협전〉 등에 수록된 인물들과 비교가 되지 않는다. 내가 이렇게 자료를 모아 그들에 관한 일을 기록하더라도 글솜씨가 부족하기 때문에 사마천의 《사기》처럼 후세에 유구하게 전해질 수 있을 지는 장담하지 못하겠다. 그러나 이들은 모두 나의 동포이다. 저들은 목숨 바쳐 독립운동에 매진하였는데, 나는 어찌 따뜻한 이불을 덮고 편안히 누워서 처한 상황에 안주한 채 별것도 아닌 해코지가 두려워 여러 열사들의 행적이 후세에 전해지지 못하고 흔적도 없이 사라지게 할 수 있겠는가."

1 명월관 48인 사건 : 흔히 3 · 1운동의 민족대표는 33인으로 알려져 있다. 그러나 3 · 1운동은 각 종교단체와 학생들에 의해 각기 독자적으로 추진되었다. 추진과정에서 천도교, 기독교, 학생 측의 추진계획이 통합되고 불교측이 가담함으로써 독립선언서에 서명할 민족대표를 인선하였고, 이 과정에서 천도교 15명, 기독교 16명, 불교계 한용운, 백용성 등 33인이 결정되었다. 그러나 이들 외에도 재판과정에서는 33인 중 상해로 탈출한 김병조나 예심 중에 옥사한 양한묵 외 31인과, 제2선에서 후일 활동을 도모하기로 계획했던 인사들, 또 문서의 대외전달을 맡았던 인사들, 학생동원을 맡았던 이들 그리고 황해도 수안사건의 주모자들을 합하여 모두 17인이 경찰의 심문과 경성지방법원 예심판사의 예심을 거쳐 한 사건으로 묶어져 48인이 되었다. 이것이 이른바 명월관 48인 사건이다.

김예진 金禮鎭

김예진은 평남(平南) 대동군(大同郡) 출신이며 김두연의 아들[1]이다. 고종 병신년(광무 원년, 1897)에 태어났다. 생김새가 곱상하였으며 과묵한 성격에 담력과 용기가 있었다. 애초에 평양(平壤) 신양리(新陽里)로 가 숭실중학교를 졸업하였다.

기미년(1919) 3 · 1만세운동에 가담하여 보안법(保安法)[2] 위반으로 6개월 형을 선고받았으나 병보석으로 풀려났다. 병이 낫자 만주(滿洲)[3]로 가 독립단에 가입하여 여러 차례 평남(平南)의 대동(大同), 중화(中和), 강서(江西), 진남포(鎭南浦) 등지로 들어가 군자금을 모았다.

경신년(1920)에 김예진은 도보로 평양에 도착하였다. 3월 1일, 김예진은 3 · 1운동 1주년을 기념하지 않을 수 없다고 생각하여 동지 최봉민(崔鳳敏), 박성식(朴聖植) 등과 함께 격문을 지어 시내에 배포하는 것으로 독립운동을 하였다. 4월에 동지 김석황(金錫璜)이 상해에서 오자 김예진이 기홀(紀笏)병원[4]에서 그와 만나 대한민국의용단 평남(平南) 지회를 조직하고 서무부장이 되었다. 6월에 평남 강서군(江西郡)으로 가 김경하(金景河) 등 20여 인과 대한일신청년단 결사대를 조직하였다. 7월 그믐, 장덕진(張德震), 안경신(安敬信) 여사 등과 함께 안주(安州)에 이르렀을 때 경관과 서로 충돌하여 경관 한 명을 사살하였다. 또 이용목(李用穆), 김효록(金孝祿), 표영준(表永準), 안경신 등 여러 사람과 함께

"평양으로 가 도청, 부청, 경찰서 등 세 곳을 일시에 폭파하자."
라고 논의하였다. 8월 3일 밤, 김예진이 안경신을 안내하여 경찰서로 가 담벼락과 유리창에 폭탄을 투척하여 모두 폭파하였다. 김예진이 또 김효록을 안내하여 도청으로 가 폭탄을 투척하였으나 실패하였다. 이에 폭탄 터지는 소리가 울려 퍼지고 부중 전체가 진동하였다. 요코야마〔橫山〕 순사가 칠성문 밖을 경계하여 지키다가 지나가는 청년을 보고 아주 수상하게 여겨 큰 소리로 묻자 청년이 권총을 쏘아 요코야마가 땅에 쓰러졌다. 이 또한 김예진이 표영준을 시켜 쏘게 한 것이다. 며칠이 지난 후, 밤에 자동차 한 대가 경제강(鏡濟江)변[5]을 지나갔는데 이 차가 경찰부의 자동차라고 생각하고 습격하여 운전수를 살상하였다. 이 때문에 평양부중이 완연히 전장이 되어버렸다. 사정이 이렇게 되자 김예진과 안경신이 모두 피신하였다. 안경신은 함남(咸南) 원산(元山)으로 도주하였고 김예진은 처자를 거느리고 중국 상해의 프랑스 조계로 달아났다. 이때부터 하얼빈과 길림(吉林)을 왕래하면서 동지들을 규합하고 독립을 모의하였다. 그 후 전차감독이 되었으므로 전 조선의 경관이 모두 평양에 집결하여 김예진을 체포하려 하였으나 끝내 체포하지 못하였다.

신유년(1921) 2월, 동지 최용주(崔龍周)와 박경옥(朴經玉) 등이 모두 국경에서 체포되었다. 안경신은 원산에서 체포되어 대동(大同) 경찰서에서 취조를 받았고 평양법원으로 이송되어 10년형을 받았다. 이때 검사국과 경찰부에 투서가 들어왔는데
"진범은 안경신이 아니라 바로 나다."
라는 내용이었다. 이 사람은 곧 연전에 상해에서 비명에 죽은 장덕진이었다. 애초 장덕진은 북만주에서 국경으로 들어왔는데 그때 안경신과 결탁하여 폭탄을 갖고 온 사람이었다.

병인년(1926) 3월에 김예진이 또 동지 이수선(李秀善, 일명 李英善) 등과 자동차를 타고 일본 영사관으로 가 폭탄을 투척하였으나 실패하였다. 이에 일본 경찰이 김예진을 의심하였으나 남의 조계였기 때문에 감히 체포하지 못하였다. 그리고 전차회사 영국인에게

"전차감독 김예진은 강도이다."

라고 속이면서 영국인에게 전보로 부르기를 청했다. 김예진이 오자 일본 경찰이 그를 체포하였으니 바로 15일이었다. 수십 일 동안 취조하였으나 단서를 찾지 못하였다. 어느 날 평양에서 공문을 보내 송치해줄 것을 요청하였다. 4월 7일, 김예진[6]은 상해로부터 문사(門司) 우편함(郵便艦) 산성환(山城丸)을 타고 시모노세키와 부산을 경유, 19일에 평양에 도착하여 경찰청에서 하룻밤을 묵었다. 여기에서 그의 죄가 판명되어 21일, 검사국으로 보내 예심[7]에 회부되었다. 아라마키〔荒卷〕 예심판사가 표영준, 김효록, 안경신 등을 증인으로 채택하였다. 심문하여 전후로 작성된 조서가 15,000여 매였고 범죄사항도 50여 가지나 되었다. 김예진은 격문을 배포한 일, 지단(支團)을 조직한 일은 모두 시인하였으나 폭탄 투척에 대해서는 완강히 부인하였다. 변호사가

"안경신이 폭탄을 투척했을 때 피고는 한성은(韓聖殷)에게 피신하였다. 나카무라〔中村〕 경부가 안경신을 취조할 때 피고는 '내가 바로 진범이다.'라고 하였다. 오늘 한성은과 나카무라를 불러 물으면 바로 알 수 있다."

라고 말하였다. 2차 공판에서 다케오〔竹尾〕 재판장이 두 사람을 불러 심문하였다. 한성은이

"7월 26일, 김예진이 내게 와서 머물다가 8월 6일에 떠났다. 그때 화재로 집 여섯 채가 불탄 일이 있어서 지금까지도 김예진이 머물다 간 것을 잊지 않고 있다."

라고 하였다. 나카무라는

"김예진이 폭탄 투척에 관여했음을 안경신과 김효록에게서 들었다. 그리고 김예진은 원래 불량한 사람이기 때문에 그가 이 사건과 관계있음을 안다."

라고 하였다. 최 검사는 논고에서

"한성은은 피고의 장인이니 믿을 수 없으므로 치안유지법과 형법, 법령 등 3종의 법을 적용하여 15년을 구형한다."

라고 하였다. 그의 제부(弟婦) 성진(成鎭)과 도신(道信) 등이

"오늘 공판은 본래 없는 사실을 조서에서 나카무라가 사실처럼 작성하였으니 어찌된 일인가?"

라고 하고 이를 반박하니 법정이 마침내 혼란에 빠졌다.

이수선은 일찍이 김예진 등과 병인의용대를 조직하여 함께 영사관에 폭탄을 던졌다. 마침내 뜻을 이루지 못하자 매우 분노하고 안타까워하며 다시 거사할 것을 생각하였다. 이때에 이르러 6월 10일이 융희황제의 인산일이라는 소식을 듣고 조선에 잠입하여 거사를 도모하려 하였다. 마침내 동지 이수봉(李秀峯), 고준선(高俊善), 김적룡(金磧龍) 등과 총탄을 소지하고 상해를 출발, 오송만(蜈松灣)에 이르러 수상경찰에 체포되었다. 곧바로 일본영사관으로 구인되어 취조를 받았다.

이수봉은 일본 우선(郵船)회사 선원 마츠모토[松本]를 일본 외무성에서 촉탁한 사람으로 잘못 알아 그를 죽였다. 그리고 자살하였으니 병인년(1926) 6월 16일 밤의 일이다. 이수봉은 평북(平北) 철산군(鐵山郡) 서촌면(西村面) 출신이다. 그의 유서에는

"내가 죽거든 아우 이덕용(李德用)에게 보내 달라."

라고 쓰여 있었다. 이덕용은 지금 상해 프랑스 조계에 있다고 한다.

1 김두연의 아들 : 원문에는 두칠의 아들[斗七子]로 되어 있으나 두칠은 김예진의 자(字)이다. 부친은 김두연(金斗淵)이다.

2 보안법(保安法) : 원문에는 보수법(保守法)으로 되어 있으나 보안법(保安法)의 오류인 듯하다.

3 만주(滿洲) : 원문에는 만주(滿珠)로 되어 있으나 滿洲의 오류인 듯하다.

4 기홀(紀笏)병원 : 평양사회복지의 중심이 된 기홀병원(紀忽病院, The Hall Memorial Hospital)은 의료선교사로 평양지역에서 활동했던 홀(William J. Hall) 선교사를 기념하여 설립된 병원이다. 홀은 캐나다 출신으로 1891년 미국 북감리회 선교사로 내한하였으며, 이듬해인 1892년 평양에서 가장 먼저 의료선교를 시작한 인물이었다. 청일전쟁의 와중에도 그는 자신의 건강을 돌보지 않은 채 부상군인이나 한국인들을 치료하였다. 그러나 과로가 누적된 그는 말라리아에 걸리게 되었고, 결국 서울로 돌아오던 중에 발진티푸스까지 걸려 1895년 11월 24일 사망하였다. 홀이 사망한 이후 부인 로제타 셔우드 홀은 남편의 뜻을 기리고자 기홀병원 설립을 추진하였고, 1897년 2월 기홀병원이 탄생하였다. 기홀병원은 홀을 기념한다는 의미이다.

5 경제강(鏡濟江)변 : 평양 경제리의 강변이라는 의미로 쓰인 듯하다. 경제리는 대동강변에 위치해 있으므로 대동강변으로 보아도 될 듯하다.

6 김예진 : 원문에는 영진(永鎭)으로 되어 있으나 문맥상 예진(禮鎭)의 오류인 듯하다.

7 예심 : 공소 제기 후에 피고 사건을 공판에 회부할 것인가의 여부를 결정하고 아울러 공판에서 조사하기 어렵다고 생각되는 증거를 수집하고 확보하는 공판 전의 절차이다.

안경신 安敬信

안경신 여사는 평안남도(平安南道) 강서군(江西郡) 강서면(江西面) 덕흥리(德興里)에 살았고 기독교 감리파(監理派)이다. 원래 여자 고등보통학교 기예과(技藝科) 출신으로 일찍부터 배일사상이 있었다.

기미년(1919) 10월에 평양에 갔다가 서문동(西門洞)에 군중들이 많이 모여 있는 것을 보고 선동하여 독립만세를 불렀다가 20여 일 유치장에 갇혀 있었다. 이 일이 있은 이후로 안경신은 더욱 분개하여 온 마음으로 항상 나라 잃은 치욕을 씻으려고 하였다.

11월에 평양의 신도 중 오신도(吳信道)와 안정석(安貞錫) 등이 대한애국부인회(大韓愛國婦人會)를 조직하여 각 군에 지부를 설치하였다. 안경신은 강서지부(江西支部) 재무원(財務員)이 되었다.

얼마 되지 않아 모두가 체포당하는 것을 보고 마침내 안경신은 동지 김행일(金行一)과 함께 상해로 갔다. 안경신은 임시정부 요원들과 왕래하며 친밀하게 지냈다. 어느 날, 임시정부의 요원인 황병무(黃丙武)가 장덕진(張德辰), 김창수(金昌洙), 문현철(文賢喆), 안경신 등에게 말하기를

"듣자하니 미국 의원단이 동양을 시찰하기 위해 조선에 들른다[1]고 한다. 여러분들이 지금 평양으로 가 큰 사건 하나를 일으킨다면, 미국 의원들은 반드시 우리나라의 독립에 대한 열기를 알게 될 것이고 쉽

게 동정을 얻지 않겠는가?"
라고 하였다. 그리고는 폭탄과 권총을 가지고 와 그들에게 주었다. 안경신은 마침내 분개하면서 제안을 수락하였다.

7월에 여러 사람들과 함께 상해를 출발하여 안주(安州)에 이르렀다. 당시 미야도〔宮東宗三郎〕 경부가 삼엄하게 수색하자 안경신은 그를 사살하였다. 8월에 대동군(大同郡) 박치은(朴致恩) 집에 도착하여 피신하였다가 동지와 함께 평양에 잠입하였다. 3일 밤, 도청(道廳) 제3부로 가 폭탄을 투척하였다. 폭탄소리가 크게 나자 온 고을이 그 때문에 진동하였다. 안경신은 체포될까봐 대동강의 움막에 몸을 숨기고 밤을 보냈다. 다음날 아침, 기자릉(箕子陵) 숲 속으로 가 문현철을 만나 폭탄 한 개를 얻고 다시 박치은 집에 도착하였다. 수색이 날로 심해져 피할 만한 곳이 없었다. 이에 안경신은 동쪽 함흥(咸興)으로 달아났다.

신유년(1921) 3월, 대동경찰서에서 그 소식을 듣고 마침내 안경신을 체포하였고 심한 고문과 심문을 하였다. 평양법원에 송치한 후 사형을 선고하였다. 안경신은 판결에 불복하여 항소하였으나 복심법원은 다시 사형을 선고하였다. 그 뒤에 원래 형을 고쳐 10년형을 언도받았다. 공모한 김효록(金孝祿), 김이도(金利道), 박치은, 최용주(崔龍周), 박경옥(朴經玉) 다섯 명 역시 모두 감금형을 받았다.

살피건대, 폭탄을 투척한다는 것은 죽음을 각오해야 하는 일이다. 이 때문에 2천만 동포 중에 비록 장부일지라도 다만 강우규(姜宇奎), 표영준(表永準), 박재혁(朴在赫), 최수봉(崔壽鳳), 김익상(金益相), 김지섭(金祉燮) 등 몇 사람만이 거사를 했을 뿐이다. 안경신은 여자인데도 폭탄을 투척하여 세상 사람들을 깜짝 놀라게 하였다. 안경신은 수건을 두른 여자이지 장부가 아니다. 장부 중에서도 강우규와 박재혁 등 위에 열거한 사람들만 폭탄을 투척하지 않았는가. 설경헌(薛敬軒)[2]이 말하기를

"진실로 배움에 뜻을 두면 하늘이 내가 원하는 바를 이루어준다."라고 하였다. 이제까지 폭탄을 던진 사람들이 비록 한 사람도 성공한 적이 없었으나 그 정성은 독립을 도모하는 것이었으니 모두 지극하다고 할 수 있다. 하늘이 혹 독립을 이룰 수 있게 해줄 것이다. 나는 귀도 어둡고 절름발이라서 비록 폭탄을 투척할 수는 없지만 그럴 마음은 있다. 그 날만을 손꼽아 기다린다.

당시 안경신의 나이는 27세였다.

1 미국……들른다 : 1차 세계대전 전후(戰後) 처리문제에서 잘못된 것 중의 하나는 극동 문제였다. 한국 민족의 호소를 묵살했던 것은 물론, 독일이 점유하고 있던 중국 산동 반도의 이권을 일본에 넘겨줌으로써 일본의 제국주의적 팽창을 지원, 보장해 주었다. 때문에 대한민국임시정부와 중화민국정부의 영수 손문(孫文)으로부터 신랄한 공박을 받았다. 이처럼 극동지역의 논란은 미국 의회에서 크게 문제시되어 국제연맹 가입을 반대하는 발언에서는 거의 극동 문제 처리의 오류를 들추고 있었다. 이에 미국 의회에서는 1920년 여름 중국과 한국 등 여러 곳을 돌아보도록 극동 지역 시찰단을 파견하였다. 미국 의원단의 방문을 계기로 일본은 조선의 통치를 찬양 선전하기 위해 혈안이 되었고, 임시정부는 일본의 부당한 조선통치와 잔학성을 폭로하기 위해 외교전을 펼쳤다.

2 설경헌(薛敬軒) : 설선(薛瑄)으로, 자는 덕온(德溫), 호는 경헌(敬軒)이다. 산서성 하동(河東)의 하진(河津) 출생이며, 1421년 진사, 예부우시랑(禮部右侍郎)으로부터 누진(累進)하여 한림원(翰林院) 학사(學士)가 되었다. 그의 학문은 오강재(吳康齋)와

함께 정주학(程朱學)을 닦은 뒤에 이를 주창하고 복성(復性 : 내 자신을 수양하고 사람을 가르치는 수기교인(修己敎人)으로서 인간의 본성에 복귀하는 것)을 종지(宗旨)로 하였으며, 제자도 많아 하동학파(河東學派)라는 일파를 이루었다. 평생을 주자의 백록동서원(白鹿洞書院)의 규약에 따라 역행(力行)하였다. 사상적으로는 독창성이 적지만 각고실천(刻苦實踐)한 유학자이며, 사후에 문청(文淸)이라는 시호를 받고 공자묘에 종사(從祀)되었다. 저서에는 《독서록(讀書錄)》 정(正) · 속(續) 24편 외에 《종정명언(從政名言)》, 《설자도론(薛子道論)》, 《문집(文集)》 등이 남아 있다.

박재혁朴在爀

박재혁은 부산부(釜山府) 범일동(凡一洞) 사람이다. 나이는 26세이고 원래 상업학당(商業學堂) 출신으로 부산 전기회사(電氣會社) 차장(車長)이었다. 후에 경부선 왜관(倭館)역에 갔다가 무역상에게 고용되었다.

정사년(1917) 6월에 주인에게 청하여 700여 원의 자금을 받아 상해로 들어갔다가 다음해 6월에 집으로 돌아왔다. 수개월 후에 또 상해와 싱가포르로 가 무역을 하고 경신년(1921) 3월에야 돌아왔다.

7월에 상해 김원봉(金元鳳)[1]이 사람을 보내 박재혁에게 독립운동을 하자고 권했는데, 처음에 박재혁은 거절했다. 8월, 김원봉이 또 박재혁을 불러 주선금 300원을 주고 폭탄을 투하하라고 권유하니 박재혁은 이를 응낙하고 폭탄을 가지고 귀국하였다. 그러나 박재혁은 노모 때문에 실행하지 못하자 동지와 함께 날마다 술을 질탕하게 마셨다. 9월 14일에 박재혁은 마침내 결심하였다.

부산 경찰서장 하시모토[橋本秀平]는 박재혁과 익히 알고 지내던 사이이다. 박재혁은 하시모토 서장을 찾아가 만나보고 밖으로 나와 폭탄 뇌관에 불을 붙여 던졌다. 그러나 폭탄 사용하는 방법을 배우지 않아 잘못하여 자기 무릎을 맞춰 쓰러졌다. 헌병이 그를 병원으로 옮겨 응급처치를 하였다.

공판이 열렸을 때에도 박재혁은 폭탄으로 인한 상처가 아물지 않았고 얼굴은 창백했으며 전신이 삐쩍 말랐다. 노다[野田]가 그에게 사형을 선고하자 박재혁은 어머니와 누이들을 만나기를 청하며 목 놓아 크게 울었고 방청객 역시 눈물을 흘렸다. 대구에서의 항소심에서는 다시 무기징역을 선고받았고 결국 감옥에서 생을 마쳤다.

박재혁이 감옥에 있을 때에 일본인이 그를 다른 죄수들과 달리 매우 특별하게 대우해 주었다.

1 김원봉(金元鳳) : 1896∼? 1919년 11월에 중국 길림에서 윤세주, 이종암 등 13명과 의열단을 조직하고 단장에 선임되었다. 이후 의열단은 일제 주요기관에 대한 파괴 활동과 요인 처단 활동을 추진하였다.

박치의朴治毅

박치의는 평안북도(平安北道) 선천군(宣川郡) 신성학교(信聖學校) 학생으로 나이는 21세이다. 경신년(1920) 8월에 미국의원단이 경성(京城)을 지난다는 소식을 듣고 박치의는 혼자

"이때 어떻게든 독립 운동을 해야 하는데……."

라고 중얼거렸다. 그가 이런 생각을 할 때 이학필(李學弼), 임용일(林龍日), 김응식(金應植) 세 명이 찾아와 다음과 같이 말했다.

"우리들은 현재 관전현(寬甸縣) 광복단 결사대로 미국 의원단이 온다는 소식을 듣고 당신과 함께 독립을 위해 미국의원단에게 진정서를 제출하고 선천 정거장과 경찰서에 모두 폭탄을 투척할 것이다. 만세운동을 높이 제창하여 세상 사람들과 미국 의원단이 모두 우리 독립의 열기를 알도록 할 것이다. 이러한 일에 당신이 죽음을 무릅쓰고 힘을 다하여 이 기회를 잃지 않는다면 목적을 달성할 수 있을 것이다."

박치의는

"이것이 바로 나의 뜻이오."

라고 하고, 마침내 거사를 하기로 결심하였다. 이학필 등은 다시 중국으로 들어가 폭탄을 구해 돌아왔다. 그러나 미국의원단이 이미 일본으로 가버린 뒤라서 거사는 이루어지지 못하였다. 이들은 다시 거사

를 모의하고 선천으로 내려갔다.

9월 1일 정오에 한 사람이 군청 토지대장 창고에 폭탄을 던졌으나 폭발되지 않았고 박치의가 다시 경찰서 현관에 폭탄을 던져 폭발하였으나 다만 유리창만 파괴되었다. 9월 7일에 모두 체포되었다. 공모한 자들은 김성호(金聖灝), 박세건(朴世鍵), 백시찬(白時瓚) 등 15명이다.

신유년 음력 3월, 고미〔五味〕 재판장은 김성호 징역(監禁) 15년, 박세건 · 백시찬 10년, 백경옥(白敬玉) · 안병균(安秉鈞) 8년, 박승세(朴承洗) · 박치상(朴致祥) 5년, 김응식 등 다섯 명은 3년형을 언도하였고 박치의만 사형을 언도하였다. 박치의는 갑자기 일어나 두 손을 하늘로 향해 들고 외치기를

"우리 천주님께서 나에게 주신 은혜에 감사한다."

라고 하였다. 방청객들이 모두 놀라 웅성거렸다.

이창덕李昌德

이창덕은 함경남도(咸鏡南道) 북청군(北靑郡) 중산면(中山面) 광천리(廣川里) 사람으로 나이는 28세이다. 처음에 만주 통화현(通化縣) 칠도구(七道溝)로 가 살았는데 항상 대한독립을 희망하였다. 경신년(1920) 3월에 통화현에 사는 우리나라 사람들이 군정서를 설치[1]하고 암살단을 조직하였다. 이창덕 역시 이 암살단에 입단하였다. 당시 후창(厚昌) 군수 계응규(桂膺奎)와 헌병 한승무(韓承武)는 오래전부터 친일행각으로 매번 독립운동을 방해하였다. 군정서에서 이것을 못되게 여겨 이창덕으로 하여금 군수와 헌병을 암살하라고 하였다.

이창덕은 동지 이종식(李宗植)과 함께 후창으로 가 순사 및 군 서기를 사귀어 경계를 느슨하게 해놓고 두 사람의 동정을 염탐하였다. 1일 저녁에, 이종식은 한승무가 집에 있는 것을 보고 창문 틈으로 그를 저격하였으나 실탄이 없어 암살하지 못하였다.

그믐날에, 이창덕은 서기 김영석(金榮錫)에게서 군수가 병으로 집에 들어간다는 소식을 들었다. 마침내 이창덕은 순사와 함께 요리점으로 가 술을 질탕하게 먹고 한밤중에 몰래 군수의 집에 들어갔다. 사방에 인적이 없었고 온 세상이 조용하였다. 이종식은 문밖에 서있고 이창덕이 방으로 들어가 총으로 그를 사살하였다.

처음 이창덕이 후창으로 와 군 서기 김영석을 만나 말하기를

"나는 암살단으로서 계응규 군수와 한승무 헌병을 죽이러 왔으니 그대가 도와주시오."
라고 하였다. 그러나 김영석은 처음에 거절했다가 자기에게 화가 미칠까봐 마침내는 허락하였다. 그 후에 이창덕은 체포되어 죽고 김영석은 12년 감금형에 처해졌다.

살피건대, 계응규는 친일을 했지만 우리나라 사람이다. 이창덕은 어찌하여 일본인을 뒤로하고 우리나라 사람을 먼저 죽였는가?

《춘추》 전에 이르기를

"적을 토벌하는 데에 먼저 그 당여(黨與)를 다스려야 한다."
라고 하였다. 계응규는 일본 앞잡이 군수로서 마음과 얼굴이 왜적 아닌 것이 없었다. 적과 허물을 비교해본다면 일본에 빌붙어 동조한 것만 말할 것이 아니니, 어찌 우리나라 사람이라고 용서해 줄 수 있겠는가. 온 나라에 이처럼 일본 앞잡이 노릇을 하는 군수들이 있으니 유독 후창 군수인 계응규가 먼저 살해되었을 뿐이다. 계응규가 저지른 죄는 죽을 만하니 이것으로 미루어 어찌하여 우리나라 사람을 먼저 죽였는지를 알 수 있을 것이다.

이창덕은 헤이그 만국평화회의에서 할복하여 죽은 이준(李儁)의 가까운 친척이라고 한다.

1 군정서를 설치 : 이때 조직된 군정서는 서로군정서(西路軍政署)이다.

최일호 崔一浩

최일호는 나이 69세로, 황해도(黃海道) 수안군(遂安郡) 수안면(遂安面) 용골리(龍骨里)에 살았는데 성품이 강개하였다. 경술년(1910) 이후에 불평스런 마음으로 지내다가 세상에 무언가 하고자 하였으나 유학자인데다가 나이가 많아 매번 별 방법이 없음을 한스럽게 생각하였다. 그러다가 상해에 임시정부가 있다는 이야기를 듣고 임시정부와 연락하여 대한독립분단장(大韓獨立分團長)이 되었다.

최일호는 동지들을 규합하여 독립운동을 하고자 하였으나 관헌에게 체포되어 취조를 받고 서흥(瑞興) 검사국에 송치, 구금되었다. 최일호는 감옥에서 13일 동안 절식하다가 숨을 거두었다. 그의 가족과 면 사람들이 고향으로 운구하여 장례를 성대하게 치르려 했으나 관헌이 금지하여 결국엔 그렇게 하지 못하였다.

양승우 楊承雨

양승우는 평양부 수구리(水口里)에 살았다. 고종 신묘년(고종28, 1891)에 태어났다. 그는 담력과 용기가 있었다. 14세에 광성학교(光成學校)를 졸업하였다. 무신년(융희2, 1908)에 아버지 상을 당하였다.

양승우는 시국이 평안하지 못한 것을 항상 한스럽게 여겼다. 하루는 장사를 핑계대고 만주에 들어가 동지들과 독립운동에 참여하여 항상 앞장서서 활동하였다. 기미년(1919) 봄에 독립만세운동이 크게 일어난 것을 보고 그는 더욱 열심히 활동하였다. 8월에 그의 아내인 황씨와 이혼하고 길림(吉林)으로 갔다가 다시 유하현(柳下縣)으로 갔다. 그곳에는 광복단(光復團)이 있었는데 양승우는 광복단에 가입하고 훈련을 받았다. 제26대장으로 승진되었다가 이윽고 자신 휘하의 한 부대를 이끌고 러시아로 가 러시아를 위해 전투에 나갔다. 다시 돌아와 광복단의 군자금이 부족한 것을 보고 평북으로 가 군자금을 모집하였다. 그는 광복단의 여러 문제에 대해 계획을 세웠다. 상해 대한민국 임시정부가 그에 대해 소식을 듣고 그에게 일을 맡겨 대단히 신임하였다.

경신년(1920) 8월에 양승우는 벽창의용단(碧昌義勇團)을 조직하였는데 많은 사람들이 그를 단장으로 추대하였다. 양승우는 다시 돈을 모금하러 의주로 갔는데 보민회장(保民會長) 오 아무개가 친일 행위를 한다는 소식을 듣고 그를 죽였다. 그리고 대동군(大同郡) 전촌(全村) 주재소를 습격하여 세 명의 경관을 죽였다. 평북으로 가 금융회사를 습격하였는데 동지 한 사람이 탄환에 맞고 넘어졌다. 양승우는 그를 등에 업고 순안(順安)의 병원까지 가서 치료하게 하였다. 그 뒤로도 관서 지방을 다니며 밀정과 경관을 보는 즉시 죽이고 그들의 집을 불살랐다. 이 때문에 관서 일대에서 크게 소동이 일어났다. 적(賊)들도 또한 그런 소식을 듣고 두려움에 뼈마디가 온통 떨렸다. 국경 안팎으로 비상선을 만들어 주야로 양승우를 잡으려고 혈안이 되었다.

갑자년(1924) 4월에 이름을 세진(世振)으로 바꾸고 부하인 한동진(韓東振)과 함께 간도의 장춘(長春)으로 갔는데 둘 다 체포되었다. 일본 영사가 그들을 신의주법원에 송치하고 취조하여 그 죄를 나열하였다. 죄를 열거하면 제령(制令)위반, 살인강도, 방화, 공갈, 협박, 상해 등으로 사형을 선고하였다. 양승우는 이를 인정하지 않고 항소하였다. 평양복심법원에서도 사형을 판결하였다. 양승우는 또 서울의 고등법원에 상고하였다. 처음에 변호사 한근조(韓根祖)는 양승우에게 권하여 상고하도록 하였는데 갑자기 태도를 바꿔 상고를 취하하라고 하였다. 양승우는 대단히 의심하여 오랫동안 침묵하다가

"떠도는 말이 있는 것을 나도 들었다. 구차하게 사는 것은 내 마음이 아니다."

라고 하며 드디어 취하하였다. 을축년(1925) 음력 12월 4일 고등법원에서 그의 상고를 기각하였다. 병인년(1926) 2월 18일에 총독 사이토 마코토〔齋藤實〕가 형을 집행하라고 명령하자 2월 21일(음력 정월 9일)에 드디어 형을 집행하였는데 13분이 지나서야 절명하자 사람들이 기이하게 여겼다.

양승우는 형을 집행할 때 유언을 남겼는데 적(賊)들이 발표하지 않

았다. 그 전에 양승우는 부인의 상을 당하였는데 재혼한 다음 만주로 들어갔다. 그러나 이 당시 이혼하였기 때문에 그 가족으로는 다만 늙은 어머니 함씨와 어린 딸인 양탄실(梁彈實)만 있었다. 양승우가 신의주에 송치되었을 때 그의 어머니는 구걸하여 감옥에 물건을 넣어주었다. 평양으로 이감될 때도 가정집의 식모를 하면서 매일 두 번 옥바라지를 하였다. 서울로 이송되었을 때는 하루에 두 번 옥바라지하는 것이 어려워 한 번씩 만하였다. 21일 양승우가 이윽고 형을 받고 죽자 창광산(蒼光山)에 장사지냈다. 그러나 딸인 양탄실은 그런 사실을 모르고 있었다. 그 다음날 또 먹을 것을 가지고 감옥에 갔을 때 탄실은 비로소 그 사실을 알게 되었다. 이에 펄펄 뛰며 통곡하였다.

"먹을 사람도 없는데 어제 저녁에는 왜 밥을 넣었느냐."

라고 하며 너무도 슬프게 울었는데 그 모습을 사람들은 차마 보지 못하였다. 6일 전에 그의 어머니가 감옥으로 찾아갔는데 양승우가 기뻐하며

"이번 음력 정초(正初)에는 어머니 생각이 더욱 간절해졌는데 지금 어머니께서 마침 오셨습니다."

라고 하였다. 다시

"우리 집에 재산이 없는데 어머니께서는 무엇으로 설을 지내셨나요? 나라는 망하고 집안은 풍비박산 되었는데 불효의 죄가 커 어머니께서 이처럼 고생하시는군요."

라고 하였다. 또 다시

"이처럼 불효가 크니 비록 불행한 일이 생기더라도 어머니께서는 너무 슬퍼하지 마세요."

라고 하고 옷을 벗어 어머니에게 주면서

"너무 오래 입어 더 이상 입을 수 없습니다. 잘 빨아주세요."

라고 하였다. 이에 어머니 함씨는 눈물을 흘리며 돌아와 급히 수선하여 다시 감옥에 넣어주었다. 옥리가

"지금은 들여보낼 수 없다. 뒷날 다시 오라."

라고 하였으니 그날이 바로 양승우가 죽던 날이었다. 탄실이 돌아오자 어머니는 비로소 그 사실을 알게 되었다. 이에 이장하여 아들의 죽은 아내와 합장하려 하였다.

양승우가 감옥에 있을 때 항상 시서(詩書)를 읽었는데 형을 받으러 나가면서도 태연하였다. 신문에서 평양부 종로 금○상회[1] 박영로(朴永魯)씨 집에 사는 어머니 함씨에게 보내는 유서를 보도하였고 그 아래에는 형무소 안에서 '아들 세진이 올린다.'라는 글로 시작되는 편지를 실었는데 글자의 획이 모호하여 알 수 없다. 형을 받을 때 양승우의 나이는 36세였다. 그의 동지 김태원(金泰源) 또한 신의주 법원에서 코시오〔越尾〕 판사가 사형을 언도하였는데, 승복하지 않고 항소하였다.

1 금○상회 : 금(金)자 다음에 한 글자가 빠졌다는 주가 있다.

박선일 朴善一

경신년(1920) 9월(음력 7월)에 궁인성(弓寅聖)이 대한독립단 본부의 명령으로 평안남도의 군과 면에 지부(支部)를 설치하려고 군자금을 모집할 때, 박선일 등에게 군자금 모집을 권유하였다. 그러면서

"지부를 설립하려는 것은 뒷날 만약 일이 터지면 우리 대한의 독립을 위해 각자 무기를 들고 있는 힘을 다해 싸우기 위함이다. 아울러 강서(江西) 지부를 조직하고 임원과 단원을 선정하여 군자금을 모집하려고 한다."

라고 하였다. 이에 박선일 등은 화석리(花石里) 김동미(金東昧)의 작은 막사에 모여 대한독립단 지부를 조직하였다. 단체의 목표는 군자금을 모아 본부로 보내면 본부에서는 암살원을 파견하는 것이었다. 또한 만일 독립전쟁이 일어나면 각자 자신의 힘을 다하여 용감하게 싸우는 것이었다. 그들은 다음 네 가지 조목을 약속하였다.

1. 임원을 선정할 것
2. 지부의 도장을 작성할 것
3. 본 단원은 궁인성 대장의 명령을 받고 매달 5원씩 단비(團費)를 낼 것
4. 매월 10일에 모이되 평범한 농회(農會)처럼 한다. 서로 모여 안건

을 협의하는데 음력 8월 이후로는 작은 막사에 모이기 전에 결의된 것을 보고한다. 단원을 모집하고 지부를 설치하며 기타 제반 사항에 대해 협의한 뒤 실행한다.

여러 사람들이 평남지부장인 안창일(安昌一)이 체포되었다는 신문 보도를 보고 본부에서 내린 지령서와 기타 증거물들을 모두 태웠다. 그 당시 홍서순(洪敘淳), 김만길(金萬吉), 문일(文一), 박정호(朴正鎬), 김관성(金觀成) 등이 군자금을 모집하고 관공서의 관리들을 암살하기 위해 조선으로 들어와 김동미와 김용림(金容琳)을 찾아왔다. 그리고 찾아온 지부원들을 자신의 집으로 돌아가게 하였다. 11일, 앞에 열거한 네 명을 숙박하게 하면서 이전에 모았던 군자금과 여비 10원을 주었다.

앞에 보이는 권총단원(拳銃團員) 김관성은 군자금을 모으러 평양부 계림리(鷄林里) 북쪽에 있는 금융조합으로 갔다. 그곳에서 경관과 총격전을 벌여 부상을 입고 김동미의 집으로 돌아와 하루를 묵은 다음 박선일의 집에서 이틀을 묵었다. 그들은 그를 숨겨 화를 피하게 하였다.

신유년(1921) 3월에 제1차 공판이 열렸다. 사람들이

"이와 같은 공판은 근래에 드문 일이다."

라고 하며 7, 80리를 멀다 여기지 않고 와서 방청하여 법정 안팎은 송곳 꽂을 땅도 없었다. 이에 재판장이 16일로 연기하자 방청객들이 크게 실망하였다.

이종암 李鍾巖

이종암은 대구부(大邱府) 남산정(南山町) 사람으로 일명 이종순(李鍾淳)이다. 처음에 공립보통학교[1]에 들어가 공부하였고 다시 농업학교에 입학하였으나 5년 만에 퇴학하였다.

19세에 대구은행(大邱銀行)의 견습생(見習生)이 되었다가 얼마 뒤에 출납계(出納係) 주임(主任)이 되었다. 정사년(1917) 10월, 동지 가운데 만주를 왕래하는 사람이 있었는데 그와 함께 국권회복을 도모하여 비밀결사를 조직하고 밀양에 사는 구영필(具榮泌), 김대지(金大地) 등과 동지가 되었다. 12월에 은행돈 1만 9천원을 빼내 구영필, 김대지 두 사람과 함께 미국으로 유학을 떠나려고 하였다. 당시 제1차 세계대전이 벌어지고 있었기 때문에 곧바로 가는 배를 탈 수가 없었으므로 상해로 갔으나 끝내 미국으로 가지는 못하였다. 그 뒤에 만주의 봉천(奉天)으로 돌아와 만주인들의 부락에 거주하였다.

이때에 이르러 우리나라 사람들이 독립을 위해 통화현(通化縣)에 무관학교를 세우고,[2] 청년들을 모아 군사학을 가르쳤다. 무오년(1918) 2월에 이종암은 무관학교에 입학하여 《보병조전(步兵操典)》과 《군대내무(軍隊耐務)》 등의 책을 배웠다. 이때 학생은 100여 명에 불과하였다.

기미년(1919) 2월에 독립만세운동[3]이 조선에서 대대적으로 일어나는 것을 본 이종암은 동지 이성우(李成宇), 서상락(徐相洛), 강세우(姜世

宇) 등과 의논하기를

"배우기만 하는 것은 실제로 운동하는 것만 못하다."

라고 하였다. 그들은 함께 학교를 그만 두고 길림(吉林)에 도착하여 김원봉(金元鳳), 한봉건(韓鳳建), 신철휴(申喆休) 등을 만나

"우리는 조선으로 들어가 일본의 관청을 파괴하고 관리들을 암살하여 총독정치를 방해하고자 하니 폭탄을 제조하는 것이 가장 좋은 방법이다."

라고 하였다.

6월에 김원봉과 함께 상해에 있는 프랑스 조계로 갔다. 그곳에는 폭탄제조법을 잘 아는 동포 김성근(金聲根)이 있었으므로 3개월에 걸쳐 제조법을 익혔다. 9월에 김성근과 함께 다시 길림으로 돌아와 동지들에게 제조법을 가르쳤다. 이때 영안현(寧安縣) 동경성(東京城)에 간민소학교(懇民小學校)가 있다는 소식을 듣고 이종암은 그곳으로 가 입학하였다.

경신년(1920)에 아버지 상을 당했으나 집으로 돌아가지 못하였다. 11월에 배중세(裵重世), 김상옥(金相玉), 고인덕(高仁德) 등 여러 사람들과 함께 밀양(密陽) 마산리(馬山里)에 거주하는 한봉인(韓鳳仁)의 집으로 가 폭탄 두 개를 비밀리에 제조하였다. 12월 27일, 최경학(崔敬鶴)을 시켜 밀양경찰서에 폭탄을 던지게 하였다.

이듬해 1월, 김원봉, 김상옥, 서상락, 윤소룡(尹小龍), 이성우, 한봉건, 곽재기(郭在驥), 강세우 등과 함께 의열단을 조직하였다.[4] 김원봉을 단장으로 추대하고 이종암은 부단장이 되었다. 이때 목적을 달성하기 위해 강세우, 곽재기, 이성우, 이병철(李丙喆) 등과 함께 상해로 가 폭탄 16개, 권총 두 자루, 탄환 100발을 구입하여 몰래 조선으로 들어왔다. 그 가운데 세 개는 이병철이 밀양으로 보내 김병환(金鉼煥)에게 보

관하도록 부탁하였다. 그 나머지는 이일몽(李一夢)이 배중세를 시켜 창원(昌原)의 진영역(進永驛)으로 가지고 가게 하여 강원석(姜元錫)에게 보관을 부탁하였다. 그리고 이수한(李壽漢)에게 1개월 내에 폭탄을 던지게 하였다.

7월에 김원봉과 함께 서둘러 실행으로 옮기게 하고자 중국 안동현(安東縣)으로 갔다. 밀양에 숨겨두었던 폭탄은 관헌(官憲)에게 발각되었고 창원에 보관하였던 것은 불발탄이었다. 이에 배중세에게 가서 폭탄을 찾아 서상락, 김상옥 등으로 하여금 던지게 하였다. 그러나 배중세가

"이 폭탄은 이일몽의 담당이므로 이 사람을 만나야만 내어줄 수 있다."

라고 말하며 거절하여 성사시키지 못하였다.

이종암이 빼돌린 은행돈은 처음에 이종암의 벗 구여순(具汝諄)이 봉천(奉天)에 삼광상회(三光商會)를 설립할 때 이종암이 70원을 자본금으로 주었고, 그 나머지는 3년 동안 한봉인, 서상락, 김원봉의 생활비 및 기타 여러 동지들이 북경과 조선, 상해, 길림 등을 왕복할 때의 비용으로 모두 사용하였다. 이로 인해 뜻한 일을 성취하지도 못한 채 빈털터리가 되었다. 마침내 김원봉, 서상락 등과 함께 다시 북경으로 가 뒷날의 기회를 기다리게 되었다.

임술년(1922) 3월에 이종암은 김원봉의 명령으로 상해에 위치한 중국인의 이발관으로 가서 김익상(金益相)과 오성륜(吳成崙)을 만나 다음과 같이 말하였다.

"내가 들은 바에 의하면 일본 육군 대장 다나카 기이치〔田中義一〕가 필리핀을 시찰하고 돌아오면서 중국에 들른다고 한다. 다나카는 일본 군벌의 거두(巨頭)이니 마땅히 그를 암살하여 적의 우두머리[5]를 제거하

는 것이 어떻겠는가. 그가 올 때 만일 남경(南京)과 천진(天津)을 경유하지 않는다면 반드시 상해를 경유할 것이다. 그를 죽이려면 우리 세 사람 가운데 한 사람은 남경, 한 사람은 천진, 한 사람은 상해로 가 기다리다가 상황에 따라 저격해야 한다. 이렇게 하는 것이 이 일을 그르치지 않고 만전을 기할 수 있는 방법이 아니겠는가. 지금 한 곳에서만 기다리고 있다가 만일 이 기회를 놓친다면 다시는 가망이 없으니 세 곳으로 나누어 가서 기회를 엿보는 것이 좋겠다."

막 길을 떠나려고 하는데 28일에 다나카가 과연 상해에 도착하였다. 이종암이 말하기를

"그가 상륙할 때 거사하지 못한다면 영관(領館)[6]에서 연회할 때 거사해야 한다."

라고 하였다. 이날 아침 이종암은 영관으로 가 몇 차례에 걸쳐 그곳의 동정을 살폈다. 그리고는

"상해의 부두는 하나가 아니니 우리들이 각각 한 곳씩 나누어 맡아 기다려야 한다."

라고 하고 윤소룡과 함께 권총을 가지고 갔다. 정오쯤에 신문을 보니 다나카가 세관 잔교(棧橋)에 도착하였다는 내용이 있었다. 이 소식을 접하고 이종암은 이발관으로 돌아와

"이곳에는 김익상과 오성륜이 모여 있으니 내가 가지 않더라도 암살할 수 있을 것이다."

라고 하고 마침내 가지 않았다. 그러나 다나카 암살은 결국 실패하고 김익상과 오성륜은 모두 체포되었다.

7월에 이종암은 프랑스 조계의 규안리(閨安里)에 머물고 있었다. 김원봉, 강세우, 오성륜과 다시 의논하기를

"올해 안에 마땅히 조선으로 들어가 파괴와 암살을 결행할 것

이다.”
라고 하고 폭탄을 가져가려 하였다. 12월에 김시현(金始顯) 등도 같은 계획을 가지고 있었다. 김원봉이 이에 김시현과 협력하여 몰래 무기를 들여왔다. 이듬해 3월에 이르러 일이 또 실패로 돌아갔다.

계해년(1923) 7월, 이종암은 자금이 부족하여 활동할 수 없게 된 것을 보고 자금을 모으려고 조선으로 들어가려 하였다. 구여순과 함께 혁명선언서(革命宣言書)와 임시정부 외교총장 장건상(張建相)의 위임장을 소지하고 상해를 출발하여 북경에 도착하였다. 그러나 이종암은 조선으로 들어오지 못하고 구여순만 혼자 들어왔다.

을축년(1925) 9월 11일에 이종암은 다시 자금을 모으기 위해 대구에 도착하였다. 이병호(李丙浩)가 그를 인도하여 이병태(李丙泰)에게 갔다. 14일에 김재수(金在洙)가 이종암을 자기 집으로 맞아들여 숨겨주었다. 그리고 부산금융(釜山金融)에 맡겨진 자신의 예금 5천원과 박종원(朴宗源)의 어업 운영 자금 5천원을 10월 15일에 내어주기로 약속하였다. 이때 이종암은 몸이 아파 16일에 배중세와 함께 이기양(李起陽)의 산장(山庄)으로 가 요양하다가 11월 5일에 체포되었다. 혹은 9월 20일이라고도 한다.

1년간 예심이 진행되고, 병인년(1926) 11월 18일에 이르러 공판이 시작되었다. 공판이 시작되자 안동(安東)과 예안(禮安), 밀양 등의 군민들이 모두 방청하러 왔다. 공판에 이르러 문관(問官)이 말하기를

“네가 마산으로 가 배중세를 만나 폭탄을 달라고 했다던데 어디에 쓰려 했는가?”
라고 하였다. 이종암이 얼굴빛을 바르게 하고 말하기를

“조선 땅 안에 있는 각 관청와 주요 건물을 다 파괴하고 현직에 있는 고위 관료들도 모두 암살하려고 하였다.”

라고 하였는데 그의 말이 마치 서릿발 같았다. 그러므로 문관이 이종암을 다시 보게 되었고 방청객들도 모두 등골이 오싹하였다. 이에 문관이 더욱 부드러운 목소리로

"그렇다면 실행으로 옮기려고 하였는가?"

라고 하자 이종암이

"그렇다."

라고 하였다. 이종암의 대답은 매번 거리낌이 없었다. 문관이 말하기를

"네가 다나카씨를 죽이려고 한 것은 무엇 때문인가?"

라고 하였다. 이종암이 발끈하여 말하기를

"충분한 시간을 준다면 자세하게 말하겠다. 그럴 수 있겠는가?"

라고 하였다. 문관이 놀라고 두려워하며 서둘러 상황을 수습하며 말하기를

"다나카씨는 군벌의 거두이다. 그런데 약소국 민족의 적이라고 판단하여 이 일을 한 것이니 과연 그러한가?"

라고 하였다. 그리고는 곧바로 재판을 끝냈다. 다음날 문관이 또 말하기를

"만일 피고가 세관 부두로 가 오성륜이 다나카를 적중시키지 못한 것을 보았다면 피고도 과연 폭탄을 던질 수 있었겠는가?"

라고 하였다. 이종암이 말하기를

"내가 이미 가지 않았으니 그 문제를 반드시 말할 필요는 없다. 만약 그곳에 갔었다면 말할 것도 없이 폭탄을 던졌을 것이다."

라고 하자 법정에 있던 사람들이 다시 오싹해졌다. 문관이 말하기를

"혁명선언서의 취지는 무엇인가?"

라고 하자 이종암이 발끈하여 말하기를

"조선이 일본의 압박을 벗어나기 위해서는 반드시 혁명을 해야 한다는 것이다."
라고 하였다.

재판이 끝나자 검사가 무기징역을 구형하였다. 변호사 조주영(趙柱泳)과 나카야마〔中山〕 등이 모두 가벼운 형벌을 주장하였으나 재판장이 들어주지 않아 징역 13년에 처해졌다. 정묘년(1927) 당시 이종암은 32세였으니 그는 고종 병신년(건양 원년, 1896)에 태어났다.

1 공립보통학교 : 원문에는 공보(公普)로 되어 있다. 오늘날의 초등학교에 해당한다.

2 통화현(通化縣)에 무관학교를 세우고 : 무관학교는 이회영 일가가 세운 신흥강습소, 즉 신흥무관학교를 말한다.

3 기미년(1919) 2월에 독립만세운동 : 3·1운동을 말한다. 2월이라고 한 것은 음력으로 표기하였기 때문이다.

4 이듬해……조직하였다 : 의열단이 조직된 것은 1919년 11월 9일 길림성 파호문 밖의 중국인 농부 반(潘)가의 집이었다. 모인 사람은 김원봉을 비롯하여 윤세주, 이성우, 곽경, 강세우, 이종암, 한봉근, 한봉인, 김상윤, 신철휴, 배동선, 서상락 외 1명 등 총 13명이었다. 참여자들은 대부분 밀양과 대구 일원의 경상도 출신이었다.

5 적의 우두머리 : 원문은 적국(敵國)인데 내용으로 보면 일본의 지도층 인사 정도의 의미이다.

6 영관(領館) : 일본영사관을 뜻한다.

고인덕 高仁德

고인덕은 밀양군(密陽郡) 내이동(內二洞)에 살았다. 애초 대구 계성(啓聖)학교에서 공부하였다. 무오년(1918) 11월에 고인덕은 개탄하며 조국을 떠나 만주로 들어가 상해와 길림 사이를 오가면서 독립운동을 하였다. 기미년(1919) 봄, 조선에서 3·1 운동이 일어나는 것을 보고 동지 김원봉(金元鳳)[1]과 폭탄을 밀수하여 우선 밀양에서 파괴, 암살의 횃불을 들려고 모의하였다가 마침내 일이 발각되어 체포되었다. 대구형무소로 가 3년형을 받고 복역 중 1년 만에 가석방되었다.

그 후 다시 독립운동을 위해 해외에 특파원을 보낼 때 고인덕은 집안의 농지를 팔아 받은 돈 3,000원을 독립운동자금으로 보냈다. 을축년(1925) 11월, 이종암(李鍾巖)이 체포되었다. 고인덕도 이 사건에 연루되어 대구형무소에 체포 수감되었다. 발병하여 감옥에서 죽으니 22세였다. 죽음이 알려지자 친척과 동지들이 모두 와서 곡하니 감옥 문 앞이 눈물바다가 되었다. 병인년(1926) 12월 22일, 열차로 시신을 운송하여 밀양역에 도착하였다. 깊은 밤인데도 여학생과 친구 100여 명이 나와 맞이하였다.

고인덕이 옥중에서 죽었을 때 유언비어가 나돌자 조선일보 기자 신경순(申敬淳)이 대구형무소장 고마츠 가즈마〔小松數馬〕를 방문하였다. 고마츠가 당황하며 다음과 같이 말하였다.

"고인덕이 지난 14일에 우연히 열병풍에 걸려 곧바로 의원을 불러 진찰하고 약을 처방하였다. 고인덕은 약을 복용하지 않고 약병을 들어 깨더니 파편을 주워 자기 목을 찌르고 여러 군데 상처를 내어 부득이 수갑을 채웠다. 조금 차도가 있었는데 17일에 다시 발열하여 다음날 공판이 있었지만 법정에 나가지 못하였다. 그 후 수갑으로 요강을 깨고 그 파편으로 배를 찔러 자살하려 하였다. 21일, 다시 발열하여 죽었다. 고인덕은 성품이 온순하여 경찰서에서도 그를 매우 공손하게 대하였다."

일설에는 경오년(1930) 봄에 병보석으로 풀려나 4월 29일 집에서 죽었다고 한다.

1 김원봉(金元鳳) : 의열단 단장 김원봉을 가리킨다. 그의 호는 약산이다.

최경학 崔敬鶴

최경학은 밀양군(密陽郡) 상남면(上南面) 마산리(馬山里)에 살았으며 기독교 신자이다. 27세 때 처음에는 사립인 동화(東和)학교에 입학하였다가 그 후 동래(東萊) 범어사(梵魚寺)로 가 명정(明正)학교에 입학하여 졸업하였다. 경술년(1910) 이후[1] 늘 불평을 품었고 꿈속에서조차 조선 독립을 생각하였다. 몇 해 전에 간도로 들어가 봉천(奉天)과 안동(安東) 사이를 방황하다가 귀국하여 평북(平北) 정주(定州)로 가 광산 인부가 되었고 다시 우편배달부가 되었다.

애초에 기독교 신도인 임태구(任泰具)와 사이가 좋았다. 어느 날 최경학이 밀양 정류장에서 임태구를 만났다. 임태구가 최경학에게

"지금 온 나라가 독립운동을 하고 있는데 영남(嶺南)에서만 독립운동을 한다는 소식이 없다. 그대는 영남인으로서 부끄럽지 않은가? 바라건대 그대가 밀양경찰서에 폭탄을 던져 민심을 고무하여 독립에 도움이 된다면 영남 전 지역을 빛낼 수 있을 것이다."

라고 하였다. 최경학이

"좋다."

라고 하고 산중으로 들어가 폭탄을 비밀리에 제조하여 동지 송혜덕(宋惠德)에게 부탁하여 숨겨놓고 기회가 오기를 기다렸다. 경신년(1920) 11월 18일, 경찰서장이 경찰서 직원들을 모아놓고 훈시한다는 소식을

듣고

“지금이 바로 좋은 기회이다.”

라고 말하였다. 곧바로 경찰서로 가 폭탄을 던졌으나 폭발력이 약하여 마침내 뜻을 이루지 못하였다. 경찰서에서 크게 놀라 출동하자 최경학이 다시 폭탄 하나를 던졌으나 또한 실패하였다. 이에 최경학이 서문 쪽으로 달아나다가 일본경찰이 바짝 추격해 오는 것을 보고 황석(黃石)의 집으로 들어가 칼로 스스로 목을 찔렀다. 일본경찰이 그를 체포하여 의사에게 진찰하게 하였다. 칼 길이 25㎝ 중 15㎝나 깊게 찔렸는데 목숨이 끊어지지 않아 병원으로 보내 치료하였다.

12월, 부산(釜山) 법원으로 이송하였다. 아오야마〔靑山〕 재판장이

“부산의 박재혁(朴在爀), 남문역(南門驛)의 강우규(姜宇奎)를 아는가? 그들이 모두 사형을 당했으니 너 또한 그것이 틀림없이 죽을 짓임을 알텐데 어찌 이런 망동을 저질렀는가?”

라고 하였다. 최경학이

“내가 그때 목적을 달성했다면 곧 자살했을 것이다. 그러면 너희들에게 욕을 당하지 않았을 텐데 일이 뜻대로 되지 않았으니 어찌 운명이 아니겠는가.”

라고 하였다. 노다〔野田〕가 사형을 선고하자 최경학은 태연하게 웃음을 띠며 물러났다. 그리고 옥중에서 죽었다. 장례를 지낼 때 각 교회와 학도들이 모여 장례를 도우려 하였으나 금령(禁令)이 내려져 그렇게 하지 못하였다. 최경학은 일명 최수봉(崔壽鳳)이라고도 한다.

살피건대, 삶을 좋아하고 죽음을 싫어함은 인지상정인데 강우규, 표영준(表永準), 이창덕(李昌德), 박치의(朴治毅), 박재혁, 최경학 같은 사

람들은 틀림없이 죽을 것을 알면서도 일부러 폭탄을 던져 사형을 당하였으니 이는 인정과는 동떨어진 것이 아닌가? 내가 그 사람들도 똑같은 감정을 갖고 있음을 알고 있으니 어찌 그들이 삶을 좋아하고 죽음을 싫어한다는 것을 모르겠는가. 좋아하는 것을 버리고 싫어하는 것을 취한 것은 깊이 원수들을 부끄럽게 여기고 적을 토벌함을 급히 여겼기 때문이니 이것이 바로 곰발바닥 요리를 선택하고 죽음을 기러기 터럭처럼 가볍게 여긴 것이 아니겠는가.[2]

1 경술년 이후 : 1910년 8월 대한제국이 멸망한 이후를 말한다.

2 이것이……아니겠는가. : 《맹자》 〈고자(告子)〉에 "생선과 맛있는 곰발바닥 요리 중 하나를 선택해야 한다면 당연히 곰발바닥 요리를 선택할 것이다. 그러나 삶과 의(義) 중 하나를 선택해야 한다면 삶을 버리고 의(義)를 선택할 것이다."라는 내용이 있다.

김도원 金道源

김도원은 평북(平北) 선천군(宣川郡) 심천면(深川面) 월곡동(月谷洞)에 살았다. 나이는 27세이다. 처음에 김인준(金仁俊)[1]은 오성(五成)학교에 입학하였다가 중퇴하였다. 22세에 철령(鐵嶺)의 육영학당(育英學堂)에 입학하였으나 다음해에 또 퇴학하고 간도 통화현(通化縣)으로 이주하였다. 경신년(1920) 6월에 김동식(金東植), 백운기(白雲起), 김유신(金攸信), 박초식(朴初植), 김병식(金丙植), 김중량(金仲亮) 등이 정주(定州) 동암산(東巖山)으로 들어가 보합단(保合團)[2]을 조직하여 김중량을 단장으로 추대하고 군자금을 모금하여 상해 임시정부로 보냈다. 이에 이광세(李光世)와 김도원 등 14인이 마침내 입단하여 박초식과 철산(鐵山)과 선천 사이를 오가며 군자금을 모금하였다.

8월에 동암산 본부를 선천 산속으로 옮겼으나 일본 군대가 늘 침입하였다. 마침내 이를 피하여 간도 관전현(寬甸縣)으로 옮겼다. 또 보합단에서는 암살단을 설치하고

"조선의 청년들을 일시에 분기하게 하려면 군자금 모금이 급선무이다."

라고 하고 조선 각도에 사람을 파견하였다. 김도원은 이 때문에 경성으로 파견되었다. 경성에 도착하여 이종영(李鍾榮)과 조상백(曺相伯) 등이 먼저 경성에 와서 무장을 계획하고 있다는 소식을 듣고, 이종영

등에게 무장단과 보합단 두 단체를 하나의 단체로 통합할 것을 청하였다. 11월 밤에 서울 운니동(雲泥洞)으로 가 변석연(邊錫淵)에게 군자금을 요청하였는데 후일을 약속하였다. 약속한 날짜가 되어 이종영에게 동행하기를 청하였으나 이종영은 위험하다고 사양하였다. 김도원이 큰 소리로

"만약 관헌이 오면 내가 당연히 사살하겠다."

라고 하며 마침내 혼자 갔다. 변석연의 아들 변덕영(邊德永)이 종로경찰서에 알려 형사 3인이 이미 출장 나와 변석연의 집에 있었다. 김도원이 도착한 것을 보고 체포하려 하자 김인준〔김도원〕이 급히 총을 꺼내 쏘았다. 이정선(李廷善)은 즉사하였고 곤도〔近藤茂禮〕는 복부를 관통하여 얼마 후에 죽었다. 김인준은 대적할 수 없음을 알고 담을 넘어 익선동(益善洞)으로 달아났다. 경찰들이 바짝 추격해오자 김인준이 격투를 하다가 마침내 힘이 다하여 체포되었다. 형사가 혹독한 고문을 하면서 강도로 취조하였다. 김인준은

"나는 강도가 아니라 바로 보합단원이다. 길림(吉林)에 본부를 두고 상해 임시정부와 서로 연락을 취한다. 나는 암살단으로 이광세와 함께 서울에 와서 군자금을 거절하는 자와 친일하는 자를 죽였다. 한성, 한일 두 은행을 습격하여 우리나라의 독립을 도왔다. 변적(邊賊)[3]의 고발로 이 지경이 되었으나 내 어찌 강도이겠는가."

라고 하였다. 이에 제3부[4]에서 비로소 보합단이 있음을 알고 평북(平北) 각 경찰서에 급전을 보내 보합단의 폭탄, 권총, 자금모집 장부, 은행회사 분해도,[5] 전주 절단 기계, 회중전등, 과격문서를 모두 압수하였다. 경성과 평북 사이에서 또 이광세, 김내홍(金迺洪), 김내범(金迺範), 이일화(李一華), 이창근(李昌根), 김병규(金炳奎), 조기화(趙基和) 등 30여 인을 체포하였고 백운기 등 3인을 모두 총살하였다. 또 이종영을 불러

"너는 만주(滿洲)[6]에 들어갔다가 다이쇼〔大正〕 7년(1918)에 고국으로 돌아왔는가?"
라고 물었다. 이종영이
"나는 일본인이 아니라서 일본의 연호는 모른다."
라고 하였다. 재판장이 크게 노하며
"네가 이번에 만주일보 기자가 되어 또 경성으로 들어와 무장계획을 세웠는가?"
라고 하자 이종영이
"조선독립은 피를 뿌리지 않고 할 수 없다."
라고 하였다. 매번 손을 들어 고성을 질렀고 그의 진술이 흡사 연설 같았다. 재판장이 그의 거동이 매우 좋지 않다고 보아 마침내 제지하였다. 사람들은 그것을 고성재판이라고 하였다.

이종영은 경북(慶北) 영주군(榮州郡) 안정면(安定面) 생현리(生峴里)에 살았다. 당시 27세였다. 애초 원산(元山)으로 가 미국인이 세운 중학교에서 공부하였고 그로 인하여 그 학교의 교사가 되었다. 형이 언도될 때 함께 체포된 자들은 모두 형기는 다르나 징역형에 처해졌는데 김인준만 사형이었다. 이에 김인준이 화를 내며
"짐승 같은 놈을 죽이고 나쁜 놈을 해친 대장부를 죽인다는 것이냐?"
라고 꾸짖기를 그치지 않았다. 그 후 마침내 사형에 처해졌다. 김인준은 김도원의 또 다른 이름이다.

살피건대, 김도원과 김상옥(金相玉) 두 사람은 일찍이 독립을 위해 헌신적이었다. 척후병으로 활동하다가 궁지에 몰려 불과 몇 명의 적

만을 죽이고 도리어 사형을 당하였으니 진실로 이를 대장부의 사업이라고 할 수는 없다. 그러나 혈혈단신으로 독립을 위해 적에 항거하여 조금도 굽히지 않았다. 경성에서 대소동, 대참극이 일어난 날, 그가 적들의 간담을 서늘하게 하였으니 그의 충성과 용기는 참으로 장쾌하다. 이날 만약 공자가 이곳을 지나가셨더라면 어찌 서문을 수리한 진(陳)나라 사람을 대하듯 공경하지 않았으리오. 독립자금을 비록 요구하지 않았어도 돈이 있는 자들은 의리에 근거하여 그를 도왔고 또한 한인으로서의 의리를 저버리지 않았는데, 저 변씨는 얼마 안 되는 돈 때문에 적을 사주(使嗾)하여 동포 의사를 죽였으니 이런 사람은 도대체 어떤 사람인가.

1 김인준(金仁俊) : 김도원의 다른 이름이다.

2 보합단(保合團) : 1920년 3월 신흥무관학교 출신 김동식(金東植)이 만주로부터 귀국해 백운기(白雲起) 등과 대조선청년결사대(大朝鮮靑年決死隊)를 조직하고 임시정부의 군자금을 모집했다. 김동식은 5월 하순경 청년결사대를 보합단으로 확대하고 김중량(金仲亮)을 단장으로 추대하였다. 보합단은 의주군 내 동암산(東巖山)을 근거지로 군자금 모집, 친일반역자 처단 활동에 주력했다. 그 후 근거지가 탄로나 부대를 선천군 산면(山面)으로 이동하던 중, 10월 2일 산면 보곡사(普谷寺) 뒷산에서 추적해 온 철산경찰서 경찰대의 습격을 받아 일대 교전을 벌였다. 이때 세 명의 단원이 피살되고 김중량은 중상을 입었다. 또 백운기가 체포되고 문서를 빼앗겨 조직의 전모가 알려지게 되자 서간도 관전현(寬甸縣)으로 근거지를 옮기고 조직을 재편하였다. 김도원은 국내에 잔류하며 본부와 연락을 취하는 한편, 서울에서 이종영(李鍾英) 등이 조직한 무장계획단과 연합해 독립투쟁을 계속했다. 그러나 12월 5일 서울 운니동(雲泥洞)에서 밀정의 밀고로 이종영와 김도원 등 20여 명의 조직원이 체포되면서 국내 활동이 거의 끝나게 되었다. 그 후 서간도의 대한

독립단에 합류해 김중량은 대한독립단의 관서총관이 되었다.

3 변적(邊賊) : 변석연, 변덕영 부자를 말한다.

4 제3부 : 일제가 문화통치의 일환으로 헌병경찰제도를 폐지한 탓에 경무총감부와 각 도 경무부가 폐지되어 경찰권은 각 도 지사에 이관되었다. 이에 따라 도에 제3부를 설치하여 지방경찰 업무를 보게 하였다. 1921년 2월에는 도 기구인 제1부, 제2부, 제3부는 각각 내무부, 재무부, 경찰부로 개칭되었다.

5 분해도 : 분해도(分解圖)인 듯하다.

6 만주(滿洲) : 원문에는 만주(滿珠)로 되어 있으나, 만주(滿洲)로 보는 것이 타당하다. 이하 같다.

황동률黃東律

황동률은 함경남도(咸鏡南道) 북청군(北靑郡) 양화면(陽化面) 동리(東里) 사람이다. 처음에 황동률은 전국 도처에서 독립운동이 일어남을 보고 격분하면서

"나 역시 2천만 동포 중 한 사람인데 수수방관하고 있으니 마음이 참으로 부끄럽다."

라고 하고 마침내 크게 흥분하였다.

경신년(1920) 12월에 친구 김원길(金源吉)을 찾아가 이러한 마음을 전달하자 김원길 역시 크게 기뻐하며 함께 독립을 위해 일하기로 허락하였다.

이들은 19일에 비밀회의를 열고 독립군자모집단(獨立軍資募集團)을 조직하였다. 당시 모인 사람 여섯 명이 각각 10원씩 내고 원근의 사람들에게 권유하여 단원을 모집하였다.

신유년(1921) 정월에 대대적으로 군자금 모집에 착수하였다. 그러나 뜻하지 않게 신포(新浦) 경찰서에 익명의 투서가 있었다. 이 일로 인해 단장 김원길이 먼저 체포되고 심한 고문과 취조를 받았다. 김원길은 모진 고문을 견뎌낼 수 없어 일일이 모든 사실을 자백하였고, 이 때문에 동지 33인이 일시에 검거되고 마침내 일망타진되었다. 또 청호리(靑湖里) 마준섭(馬俊燮)을 체포하였는데 그 역시 그 단체에 관계된 사

람이다.

또 같은 북청군 노덕면(老德面) 문리(門里)의 천도교구장(天道敎區長) 박창훈(朴昌勳) 등 열 명이 한 단체를 조직하였는데, 이 단체의 구성원은 작년 서울과 시골을 떠들썩하게 했던 사람들로 거의가 천도교도들이다. 이들은 홍원(洪原) 방면으로 가 3천여 원의 군자금을 모았는데 그 당시 경계가 삼엄하여 그 돈을 처리할 수가 없었다. 이 때문에 동지 정영조(鄭永祚)와 함께 이 돈을 융통하기로 하고 정영조가 이 돈으로 곡물상을 차리려고 했다가 끝내 실패하였고 또한 일이 발각되어 체포되었다.

송승택(宋承澤)의 집을 수색하여 폭탄 10개를 압수하였고 일본경찰은 피고와 여러 증거물을 검사국에 인계하였다. 황동률은 이 단체의 단장이고 김태석(金泰錫)은 총무이다.

윤의병 尹誼炳

윤의병은 전라남도(全羅南道) 함평군(咸平郡) 해보면(海保面) 상곡리(上谷里) 사람으로 나이는 33세이다.

경신년(1920) 12월 20일, 글을 지어 우리나라 모든 도의 각 학교에 고하기를

"예법으로 말하면 상복을 벗어야 하겠으나,[1] 그러나 지금은 언제 독립을 성취하고 원수를 갚을 수 있을지 기약이 없다. 생각건대 우리 동포들은 이를 헤아려서 일제히 상복을 벗지 않기를 바란다."

라고 하였다. 경찰이 그 이야기를 듣고 윤의병을 검거하여 목포 검사국(檢事局)으로 송치하였다. 20일 동안 구류되어 있으면서 윤의병은 굴복하지 않았고 글을 지어 대구 복심법원(大邱覆審法院)에 항소하였다. 그가 지은 항소문에는 크고 장대한 기상이 많이 있었다고 한다.

1 상복을 벗어야 하겠으나 : 1919년 1월 21일 고종이 덕수궁에서 서거하였다. 여기서 상복을 벗어야 함은 고종의 탈상을 말한다.

조선은행 회령지점사건鮮銀會寧支店事件

함경북도(咸鏡北道) 회령군(會寧郡) 조선은행 지점(朝鮮銀行支店)에서는 은행권 15만원을 북간도(北間島) 용정촌(龍井村)으로 보냈다. 전홍섭(全洪燮), 한상호(韓相浩), 최사붕(崔似鵬), 박웅세(朴雄世), 김준(金俊), 임국정(林國貞), 윤준희(尹俊熙) 등 7인은 그 소식을 듣고 신문을 발간하고 군인들을 양성할 목적으로 자금을 운송하고 보호해주는 순사를 살해해 거액의 돈을 탈취하였다.

체포된 후, 함흥(咸興) 지방법원 청진 지청(淸津支廳)에서 논고하기를

"전홍섭은 15년 징역형, 한상호와 최사붕 · 박웅세 · 김준 네 명은 무기징역에 처하고, 임국정 · 윤준희 두 명은 사형에 처한다."

라고 하였다. 검사는 이 판결에 항소하였다.

신유년(1921) 2월 2일, 경성 복심법원(京城覆審法院)은 심리를 마치고 미즈노〔水野〕 검사는 또

"전홍섭은 15년에 처하고 나머지는 모두 사형에 처한다."

라고 논고하였다.

10일, 다시 심리가 열렸고 그 뒤 12일 주가하라〔塚原〕 재판장은 원래의 판결을 취소하고 전홍섭은 15년, 나머지 여섯 명에게 모두 사형을 언도하였다.

전홍섭 · 한상호 · 임국정 · 윤준희 네 명은 상고하지 않았고, 최사붕 · 박웅세 · 김준은 상고하려 한다고 한다.

양애심 梁愛心

양애심은 22세인데 선천(宣川) 읍내에 살았다. 의주성(義州城) 안의 기독여학교 교사를 지냈다.

신유년(1921) 2월, 양애심은 경의선(京義線) 선천 정거장에서 신의주(新義州)로 가 열차 안에서 배일문서를 승객들에게 다수 배포하다가 도중에 발각되었다.

지난 23일, 신의주를 떠나 돌아오다가 의주(義州) 관헌이 마침내 그녀를 체포하였고 지금은 취조 중이다.

양근환 梁槿煥

양근환은 황해도(黃海道) 연백군(延白郡) 은천면(銀川面) 연남리(蓮南里)에 살았고 천도교인이다. 얼굴이 크고 넓적했다. 나이 14, 5세 때 그는 소학(小學)에 들어가 졸업하였다. 기미년(1919) 봄에 독립만세를 외치고 9월에 도쿄로 가 와세다 대학〔早稻田大學〕에 입학하였으나 학비가 없었다. 그러므로 낮에는 국수와 인삼을 팔고 밤에는 인력거를 끌며 힘들게 공부하였다.

양근환은 성명을 이시이〔石井勝三郎〕로 바꾸고 일본 여인 가츠코〔勝子〕를 아내로 삼았다.

합방된 이후에 항상 불평스런 마음을 가지고 있으면서 우리나라의 독립을 간절히 바랐다. 우리나라 사람 중에 만약 합병을 지지하며 독립운동을 비난하는 사람이 있으면 양근환은 곧바로 질색하며 그를 꾸짖었다. 심한 경우에는 혹 과격한 행동을 하기도 하여 모두들 그를 두려워하고 감히 다시 그런 말을 하지 못했다.

이때에 총독부 부찬의(副贊議)[1] 민원식(閔元植)이 경성에 국민협회(國民協會)[2]를 세우고 스스로 회장이 되어 말하기를

"비록 조선 민족이 이미 일본이 되었지만 두 나라 민족이 완전히 동화하려면 반드시 노력해야 한다."

라고 하였다. 그는 동지 만여 명과 함께 참정권을 얻고자 청원서를

제출하고 도쿄에 체류하여 그 정당을 수립하고 우리나라의 독립을 저지하였다. 그의 뜻은 조선도 중의원(衆議院)[3]을 설치하여 의원선거법(議員選擧法)을 시행하려는 것에 있었다.

양근환은 중앙신보(中央申報)[4]에서 이러한 이야기를 보고 분개하면서

"이 사람의 소행은 우리 동포에게 큰 치욕이니 이 사람을 죽이지 않는다면 친일파가 걷잡을 수 없이 퍼질 것이다."

라고 하였다. 그는 비수를 가지고 철도호텔로 가 자신을 이기령(李基寧)이라고 사칭하고 민원식을 만나 말하기를

"우리는 학생 동우회로서 공이 먼 곳에서 왔다는 소식을 듣고 환영회를 한번 열려고 하니 공께서 와주십시오."

라고 하였다. 그리고는 조선의 현황에 대해 물었다. 민원식은 조선의 형편은 평온하다고 대답하였다. 양근환은

"지금 온 나라가 독립운동으로 들끓고 있는데 어찌하여 평온합니까? 우리나라를 기만하는 자가 바로 당신이니 당신만 우리 조선 사람이 아닙니까?"

라고 하였다. 민원식은

"상해에서 독립운동을 하는 자들은 모두 폭도이다. 이들이 어찌 독립을 할 수 있겠는가?"

라고 하였다. 양근환은 분을 참지 못하고

"당신이 상해 동포들을 모두 폭도라고 하니 이 무슨 말이오?"

라고 하였다. 민원식은 벼루상자로 그를 쳤다. 양근환은 크게 화가 나서 둘 사이에 격투가 벌어졌고 양근환은 칼을 꺼내 민원식의 배를 찔러 죽였다. 이때가 신유년(1921) 음력 2월 16일 낮이었다.

양근환은 본래 외박하는 것을 좋아하지 않아 밖에 나가면 매번 저녁에는 돌아왔다. 전 날, 시간이 늦었는데도 양근환이 돌아오지 않자

아내 가츠코는 이상하게 여겼다. 다음날 아침, 양근환이 외박하고 오자 그 까닭을 물었으나 양근환은 대답하지 않았다. 그는 느지막이 일어나 외출하고는 점심 때 조화를 사가지고 돌아와 두 아이들에게 나누어 주었다.

저녁이 되자 2층으로 올라가 이은종(李殷宗)의 옷으로 바꿔 입고 중절모를 쓰고 아내에게 말하기를

"내 잠시 친구에게 다녀오겠소."

라고 하고는 차부복(車夫服)을 가지고 가 돌아오지 않았다. 이 날 민원식을 죽이고 체포될 것을 우려해 다른 곳으로 가 피신하려 했다.

아내 가츠코는 양근환이 며칠 동안 집에 돌아오지 않자 애타게 그를 기다렸다. 하루는 한 젊은 남자가 와서 말하기를

"제가 양씨의 친구인데 부인은 이번 일에 조금도 염려하지 마십시오."

라고 하고 양근환의 아내를 정중하게 위로하였다. 그 남자는 양복 직공 김성범(金聖範)이었다. 양근환은 도쿄의 경계가 매우 삼엄하여 피할 수 없다고 판단하고 상해로 가려 하였다.

24일, 양근환은 나가사키〔長崎〕 항으로 가 일본배 야하다마루〔八幡丸〕를 타려다가 체포되었다. 잡히고 나서 양근환은 위스키를 평상시처럼 마시고 엎어져 코를 우레처럼 골면서 잠을 자며 조금도 걱정하는 기색이 없었다. 참으로 대담하기가 짝이 없었다.

나카지마〔中島〕 형사가 사람들에게 말하기를

"양근환이 체포될 때에 내가 그의 수상한 점을 발견하고 검문하니 양근환은 유창한 일본어로 대답하면서 '나는 원래 일본인으로 러일전쟁 때에 조선으로 갔다가 지금 도쿄로 돌아와 목수가 되었다.'라고 하였소. 그의 말투가 일본인 못지않았소. 내가 또 '당신이 목수라면 어

째서 나무냄새가 나지 않소?'라고 하여 그를 끌고 왔소. 양근환은 태연히 돈을 순사에게 주면서 '덤부리(덮밥)나 사오시오.'라고 하며 그를 심부름꾼처럼 부리는 것이었소."
라고 하였다.

함께 연루된 자는 김성범, 신원정(申元正), 이인종(李寅宗), 김태용(金泰容), 신현성(申鉉聲), 천도교(天道敎) 동경지부장(東京支部長) 방정환(方定煥), 박달성(朴達成) 등으로 이들 모두 체포되었다. 김태용은 일찍이 일본 관헌이 주목한 자였는데 그 역시 와세다대학 학생으로 독립을 위해 큰일을 도모했다고 한다. 본서에서 취조하고 도쿄로 송치되었다.

도처에서 양근환의 이야기를 듣고 많은 사람들이 구경하러 왔다. 양근환은 옥중에서 날마다 저녁때까지 계속 책을 읽었다. 그는 형 양진환(梁鎭煥)에게 다음과 같이 편지를 썼다.

"동서 천리에 소식이 끊겼는데 가을밤 달이 뜨니 부모님과 형제 그리워하는 마음이 항상 간절합니다. 다만 제가 한 행동은 반드시 세상에서 얘기가 많을 것이나 의(義)를 보고도 행하지 못하면 용기가 없는 것입니다. 때문에 제가 그렇게 행동한 것입니다.

그러나 끝내 극형에 처해지지는 않을 것 같으니 안심하십시오. 제 사랑하는 가츠코는 나를 위해 헌신하고 아침저녁으로 정성을 다하였습니다. 비록 의복이 같지 않고 말은 다르지만 종종 편지를 써서 그 마음을 위로해 주십시오. 사식은 도쿄에 있는 우리 동지들이 모두 돈을 모아 넣어 주고 있습니다."
라고 하였다.

일본인 기자가 양근환의 감옥을 찾아왔는데 양근환은 처음에는 매우 활발하게 이야기하다가 처자식의 이야기에는 한번 보고 싶다며

"무릇 사람은 모두가 이런 감정을 가지고 있소."

라고 하면서 이내 고개를 떨구었다. 이것이 이른바 '처자식에게는 영웅열사도 어쩔 수 없다.'는 것이다.

음력 5월 2일, 법관이 개정하여 신문하니 양근환이 아직 심문에 답변을 하지 않았는데 갑자기 젊은 여성[5] 한 명이 방청석에서 큰소리로 다음과 같이 말하였다.

"양씨 같은 사람이 유죄판결을 받는다는 것은 참으로 불가합니다. 저는 이런 처분에 반대합니다."

또 법관이

"생명과 재산의 안전이 조선과 일본이 합병한 전후로 어떠한가?"

라고 하자 양근환이 말하기를

"물론 합병하기 전이 낫소."

라고 하자 기무라〔木村〕 법관이 말하기를

"이것은 감정적인 것이 아닌가?"

라고 하자 양근환은

"이것이 사실인데 어찌 감정적으로 말한 것이겠는가."

라고 하였다.

공판이 끝나고 사형을 내리자는 논의가 있었으나 하나이〔花井〕 박사[6] 등이 상해치사혐의로 죄를 논하여 다시 무기징역에 처해졌다.

양근환에게는 아이가 둘 있었는데[7] 그의 아내 가츠코가 키울 수가 없어 조선으로 보냈다. 신현성(申鉉聲)과 여학생 유영준(劉英俊) 등이 양근환의 할머니에게 보내 기르게 하였다. 당시 양근환의 나이는 28세였다.

1 부찬의(副贊議) : 일제시기 조선총독부 자문기관이었던 중추원의 한 벼슬로 찬의와 부찬의가 있었다. 이들은 친일반민족행위자로 규정되어 있다.

2 국민협회(國民協會) : 1920년 1월 친일파 민원식이 조직한 친일단체로 총독부 시정방침지지, 참정권 청원운동 등을 전개하였다.

3 중의원(衆議院) : 일제시기 귀족원과 함께 제국의회를 구성하는 양원 중의 하나로 하원에 해당한다.

4 중앙신보(中央申報) : 1921년 당시 간행된 신문 중 중앙신보라는 명칭은 없다. 또한 중앙일보나 중외일보 역시 이 시기에는 간행되지 않았다.

5 젊은 여성 : 이 일본 여성은 가츠코의 동생으로 알려져 있다.

6 하나이〔花井〕 박사 : 하나이〔花井卓藏〕는 변호사로 양근환의 형량에 대해 상해치사(傷害致死)죄로 논하여 가벼운 형을 줄 것을 주장한 사람이다. 당시 하나이 변호사는 당시 일본 법조인으로는 제1인자로 일컬어지는 사람이었고 상원격(上院格)이던 귀족원(貴族院) 의원까지 역임한 인물이었다. 그는 105인사건과 3 · 1운동의 민족 대표 33인 공판에도 자진 변론한 유지였다.

7 아이가 둘 있었는데 : 이 아이들을 양근환의 고향 친구인 신현성에게 넘겨준 사람은 박순천으로 알려져 있다. 막내는 얼마 안되어 병사하였고 큰 딸은 이화여대를 다니다가 6 · 25전쟁 당시 죽었다고 한다. 양근환 역시 6 · 25 당시 납북되어 실종되었다.

김신근 金信根

신유년(1921) 4월 3일 밤에 어떤 사람이 익명의 편지를 가지고 함경남도 홍원(洪原) 읍내 시장의 어떤 상점의 판장[1]에게 전해주었다. 그 편지에는 '이번 독립기념일에는 반드시 만세를 불러야 한다.'라고 적혀 있었다. 경찰서에서는 그 편지를 보낸 단체가 신정부[2] 방화단(新政府放火團)이라고 여겼다. 다음날 밤에 똑같은 일이 다시 일어났다. 일제 당국은 그것을 알아차렸다. 비록 며칠 동안 조사를 해도 그 실마리를 잡을 수 없었다.

이에 읍내의 뜻 있는 청년 20여 명을 체포하여 엄중하게 취조하니 어떻게 그 일이 발각되지 않겠는가. 1919년에 벌어진 군자금 모집 사실이 마침내 드러나게 되었다. 그 내용은 대략 다음과 같다. 즉 지난 1919년 7월에 대한민국임시정부 군자금 모집원이었던 박용운(朴龍雲)이 홍원의 김신근에게 찾아왔다. 정영구를 통해 목사 한원칠(韓元七)을 소개받고 박용운은 한원칠의 집에 머물게 되었다. 박용운이 떠나면서 김신근과 한원칠에게 이르기를

"만약 군자금이 모집되면 블라디보스토크로 가 한억건(韓億健)에게 주시오."

라고 하였다. 그러므로 뒤에 정영구는 3만 루불과 50엔을 가지고 블라디보스토크로 가 한억건에게 주려고 하였는데 발각되고 말았다. 청

년구락부장 김신근, 재무부장 정영구, 목사 한원칠, 금융조합장 한억환(韓億煥), 덕홍회지점장 도명수(都明洙), 기독교인 강래구(姜來求), 농부 최대용(崔大鏞)·김태균(金泰均) 등 여덟 명을 함흥 지방법원으로 압송하였다.

1 판장 : 판매원 가운데 책임자란 의미로 사용된 듯하다.

2 신정부 : 대한민국임시정부를 가리킨다.

김익상 金益相

김익상은 평안남도 강서군(江西郡) 사람이다. 처음에는 숭실학교 학생이었다가 기독교 계열 학교의 교사가 되었다. 김익상은 13세에 어머니를 여의고 21세에 아버지마저 돌아가셨다. 아버지는 일찍이 일본인과 목재상을 동업하였는데 마침내 자산을 다 탕진하고 말았다. 이 때문에 김익상은 서울로 와서 광성연초공사 기계감독이 되었다.

그 당시 동서양의 비행기가 새처럼 창공을 날아다녔다. 김익상은 비행기를 조종하는 것은 대장부다운 일이라고 생각하여 비행술을 배우려고 하였다. 회사의 주인인 송광순(宋光順)이 김익상을 기관사로 삼아 중국 봉천(奉天)에 지점을 설치하였다.

경신년(1920) 6월에 김익상이 봉천에 왔는데 봉천에서의 임무가 성공할 수 없다는 것을 확신하였다. 이에 감시관인 송병휘(宋秉輝)와 함께 연초를 횡령하였는데 그것은 비행술을 배우기 위해서였다. 먼저 상해로 갔는데 비행학교가 광동(廣東)에 있었기 때문에 김익상은 천진(天津)을 거쳐 그곳으로 갔다. 그러나 그 당시 중국내 국공내전(國共內戰)으로 학교를 폐쇄한 상태였다. 다시 상해로 가 이정룡(李正龍) 및 서양사람 구이루도와 더불어 전차 감독이 되었다. 이정룡은 오성륜(吳成崙)이나 혹은 오름(吳凜)이라는 가명을 사용하였다.

김익상은 일본에 대해 반발하여 항상 독립에 뜻을 두고 있었다. 뒤에 북경으로 가 철혈단장 김약산(金若山, 김원봉)을 보고 바로 철혈단[1]에 들어가 맹세하였다. 김약산이 김익상에게 말하기를

"조선의 독립을 얻기 위해서는 우리 2천만 민족의 피를 흘리지 않으면 이룰 수 없소. 우리들이 마땅히 먼저 희생하여 선구자가 되어야 하오."

라고 하였다. 김익상은 그 말을 듣고 분격하며 그렇게 하겠노라고 약속하였다. 김약산은 지니고 다니던 권총을 김익상에게 주면서

"그대는 조선으로 들어가 사이토 마코토〔齋藤實〕 총독을 암살하시오. 그러면 독립에 커다란 영향을 미칠 것이오."

라고 하였다. 김익상은 이에 그 권총을 받아 품속에 지녔다.

신유년(1921) 9월 10일에 김익상은 북경을 떠나 압록강에 도달하였다. 가을바람이 스산하게 불고 강물은 차가웠다. 11일에 서울에 도착하여 집에서 유숙하였다. 12일 정오 무렵에 일본인 노동자로 변장하여 곧바로 총독부[2]로 들어갔다. 총독부 안에는 2층 건물이 있었는데 김익상은 2층으로 올라가 비서과와 회계과를 향하여 폭탄을 던졌다. 그 소리가 천지를 진동하였다. 헌병 두어 사람이 김익상에게 와서

"이것이 무슨 소리인가?"

라고 묻자 김익상은

"모르겠다."

라고 대답하고는 틈을 엿보아 도주하였다. 김익상은 조선인이 운영하는 여관은 반드시 일본 놈들이 수색할 것이라고 생각하고 일본 요리점으로 갔다. 곧 철장복(鐵匠服)을 구입하여 입고 열차를 타고 평양으로 내려갔다. 질탕하게 며칠을 논 다음 다시 북경을 향하여 출발하였다. 신의주에 도착하였을 때 헌병이 그를 의심하자 김익상은 자신을 일본 사람 미다카미〔三田神〕라고 속였다. 김약산을 만나 서울에서의 자

초지종을 자세히 설명하자 김약산은 낯빛을 엄숙하게 하고 진지하게 들었으며 한편으로 김익상의 실수를 안타까워하였다. 얼마 뒤에 총독부에 폭탄을 던진 일이 크게 영향을 미치지 않았다는 것을 알게 되자 김익상은 다시 의거를 일으키기 위해 김약산과 의논하였다.

임술년(1922) 2월에 상해로 가 동지인 이정룡〔오성륜〕을 만났는데 그는 큰 협객이었다. 마침 전 육군대신 다나카 기이치〔田中義一〕가 필리핀에서 온다는 소식을 듣고 김익상은 매우 기뻐하였다. 이정룡과 함께 각각 권총을 품고 세관의 선창가로 나갔는데 그곳에는 동서양의 관광객으로 꽉 차 있었다. 다나카 기이치가 도착하자 오성륜이 먼저 권총을 발사하였다. 그러나 오발되어 영국 여인이 맞고 즉사하였다.[3] 김익상은 곧이어 폭탄을 던졌는데 그것도 불발되었다. 거사가 실패한 것을 깨닫고 막 도주하려고 하였는데 중국 경찰이 그를 체포하였다. 김익상은 이에 권총을 쏘며 위협한 다음 구강로(九江路)를 지나 사천(四川)을 향해 급히 내달렸다. 영국 여인의 남편인 톰슨[4]이 길을 막고 권총을 쏘자 김익상은 손과 발, 그리고 가슴에 총탄을 맞고 쓰러져 마침내 체포되었다. 이때가 3월 28일이었다.

항무국경찰서에서 취조하다가 일본 영사에게 인도하였다. 경찰관이 살인미수로 구속하고 정치범으로는 기소하지 않았다. 오성륜은 어느 날 새벽에 일본인 죄수 다나카 주이치〔田中忠一〕와 함께 벽을 뚫고 달아났다. 김익상은 곧바로 일본의 나가사키〔長崎〕 재판소로 압송되었다. 김익상이 배에서 다음과 같이 스스로 말하였다.

"내가 예전 서울에 있을 때 철공직장의 노동자였는데 북경으로 와 철혈단에 들어가 러시아 영토를 두루 돌아다녔다. 올 봄에 상해로 왔는데 다나카 기이치〔田中義一〕가 온다는 소식을 들었으나 거사를 성공하지 못하였다. 어찌 운명이 아니겠는가. 처음에는 300여 명의 동지와 우리 대한의 독립을 도모하였는데 결국 지금 성공하지 못하였다. 그러므로 독립을 위해 죽는다면 비록 죽더라도 무슨 여한이 있겠는가."

나가사키에 도착하자 재판장 마츠다〔松田〕가 공판을 시작하였다. 학력에 대해 묻자 김익상은

"내가 어릴 때 책을 펼치면 항상 골치가 아파 책을 읽지 않았다. 또한 집안이 가난하여 학교에 다니지 못하였다. 그러므로 아는 것이 없다."

라고 대답하였다.

"열차를 타는 승객은 일반적으로 예의주시한다. 너는 어떻게 속여 넘겼는가?"

"마침 기차 안에 어느 일본 부인이 함께 타고 있었다. 서로 이야기를 주고받았는데 남문역(南門驛)에 도착하였을 때 봉천(奉天)에서 넘어온 조선사람 때문에 경계가 매우 심하였다. 그러므로 나는 어쩔 수 없이 일본 부인에게 요청하여 여자아이를 품고 같이 역 구내에 함께 서 있었다. 이에 일본 헌병이 일본인 부부로 알고 경계하지 않아 무사할 수 있었다."

"네가 중국 경찰을 쏜 것은 일부러 그런 것인가?"

이에 김익상은 차갑게 비웃으며

"다나카 기이치〔田中義一〕는 우리 원수 중의 원수이다. 말할 것도 없이 중국 사람을 내가 왜 죽이겠는가."

라고 하였다. 그리고 두 손을 하늘로 향해 들어 총을 쏘는 시늉을 하고 난 뒤 빙그레 웃었다. 나가사키의 각 신문에서는 그의 대담함을 대서특필하여 보도하였고 도처에서 김익상의 이야기를 커다란 화제로 삼았다. 검사가 김익상에게 자신에게 유리한 증거를 대라고 하자

김익상은 웃으면서

"내가 이롭게 생각하는 것은 조선의 독립뿐이다. 이밖에 달리 바라는 것은 없다."

라고 하였다. 재판장이 그를 위해 휴정 하였다.

제2차 공판이 열렸다. 이시카와〔石川〕 검사가 말하기를

"맨 처음 김익상이 총독부에 폭탄을 던졌고 그 뒤에 상해에서 다나카를 저격하였다. 만일 그때 김익상이 목적을 이뤘다면 세상 사람들은 얼마나 놀랐을까 상상하기 힘들다. 지금 생각해보면 아직도 꿈 같으니 이에 사형을 구형한다."

라고 하였다. 변호사인 다나베〔田邊〕가 말하기를

"피고의 범행은 비록 대단히 두렵지만 개인적인 영달을 위한 것이 아니라 국가적인 차원에서 바라보아야 한다. 즉 국가를 잃은 사람의 입장에서 헤아려본다면 그의 마음이 원통하지 않겠는가."

라고 하였다. 재판장 마츠다는 무기징역을 선고하였다. 공소가 제기되자 재판장 모리〔森〕가 사형을 선고하였다. 김익상은 크게 화를 내어 의자를 들어 이모리〔伊森〕[5]에게 내리치니 법정은 아수라장이 되었다. 김익상이 장차 감옥에 갇히게 되었는데 군중을 향해 말하기를

"저들이 비록 나를 죽일 수 있지만 이 뒤에 나 같은 사람이 계속 나타날 것이다. 일본은 반드시 나 같은 사람 때문에 망할 것이고 우리 조선은 반드시 독립하게 될 것이다."

라고 하고 크게 만세를 세 번 외쳤다. 그의 나이 28세였다.

살피건대, 김익상은 두 개의 폭탄을 던졌다. 하나는 비서과에 던지고 하나는 회계과에 던졌는데 총독이 비록 건물 안에 있더라도 분명

죽지 않았을 것이다. 그러나 만약 총독부에서 나가지 않았다면 크게 놀라 정신이 나갔을 것이다.

김익상이 먼 중국에서 왔기 때문에 총독이 나갔는지 알지 못하고 잘못 폭탄을 던졌으니 대단히 한스럽다. 그러나 김익상은 혈혈단신으로 아무도 지키고 있는 사람이 없는 것처럼 총독부에 들어갔다. 그 뒤 상해에서 또 다나카를 저격하였으니 이것이 이른바 '조자룡의 온몸은 온통 담으로 이뤄졌다.〔子龍全身, 都是膽.〕'는 경우가 아니겠는가. 나가사키〔長崎〕의 각 신문이 김익상의 담대함을 대서특필한 것은 참으로 당연하다. 만일 김익상이 천자를 보필하였다면 태평시대를 이루고 국가를 태산처럼 튼튼하게 만들 것이라고 우리들이 장담할 수 없지만, 장군의 임무를 맡거나 성을 지키는 관리가 된다면 비록 지혜가 부족하여 전쟁에서 패해 펄펄 끓는 솥이 뒤에 있고 도끼가 앞에 있더라도 반드시 그의 정신을 빼앗을 수 없을 것이다. 그의 이런 영웅스런 풍모와 굳센 절개는 우주를 지탱할 수 있을 것이다. 28세의 청년이 폭탄을 던졌으나 뜻을 이루지 못하고 적에게 죽음을 당하였으니, 오호라, 애석하구나.

1 철혈단 : 1919년 11월 중국 길림에서 김원봉 등이 결성한 의열단을 말한다. 1919년 4월 임시정부 산하단체로 파괴와 암살을 지향하는 구국모험단이 조직되었으나 성과를 거두지 못하고 1년 만에 소멸하였다. 구국모험단 소멸 직후 의열단은 본부를 북경으로 옮겼다고 하는데, 이전 시기는 1920년 늦봄이나 여름으로 추정된다.

2 총독부 : 당시 총독부 건물은 현 중구 예장동에 위치하고 있었다. 경복궁 앞에

서 있던 조선총독부 건물은 1916년 착공하여 1925년 완공되었다.

3 영국……즉사하였다 : 총에 맞아 죽은 서양 여자는 미국인 미세스 스나이더였다. 그녀는 남편과 함께 신혼여행 중이었다.

4 톰슨 : 영국인으로 파이낸스 앤 콘마스 잡지사 기자였다. 톰슨은 달아나는 김익상과 격투를 벌였는데 이때 톰슨은 가슴에 중상을 입었다. 일본은 톰슨의 용감한 행위를 찬양하여 그에게 포상하였다.

5 이모리 : 나가사키공소원〔長崎控訴院〕의 재판장은 이모리인 것으로 보아, 앞의 재판장 모리〔森〕는 이모리〔伊森〕의 오기로 보인다.

안창남 安昌男

안창남은 경성(京城) 서문(西門) 밖의 평동(平洞)에 살았으며 목사 아무개의 아들로 고종 경자년(광무4, 1900)에 태어났다. 여덟 살에 미동소학교(渼洞小學校)[1]에 입학, 11세에 우수한 성적으로 졸업하였다.

안창남은 소학교에 재학할 때부터 이미 하늘을 날아보겠다는 큰 꿈을 품고 있었다. 당시 미국인 비행사 스미스(Art Smith)가 조선을 방문하였다. 이때 우리나라 사람들은 모두가 항공기에 대한 지식이 없었으므로 보는 사람마다 하늘을 우러르며 경탄해 마지않았다. 당시 안창남은 조그마한 어린 아이로서 스미스의 비행을 구경하는 사람들 가운데 섞여 있었다. 그도 하늘을 올려다보며 말하기를

"저 사람이 어찌 대단하겠는가. 나도 장차 비행술을 배워 스미스를 압도하는 비행사가 되겠다."

라고 하였다. 안창남은 고사리 주먹을 불끈 쥐고 장담하였다. 이에 자신의 꿈을 이루기로 결심하고 당차게 일본으로 건너갔다. 당시는 수없이 많은 사람들의 붉은 피가 유럽대륙을 물들이다가 평화를 가장한 북소리가 전 세계에 울려 퍼지던 1918년이었다.

오사카 자동차학교에 도착한 안창남은 몇 달 만에 교육과정을 마치고 곧바로 아카바네〔赤羽〕 비행제작소(飛行製作所)로 가 비행기 제조 방법을 배웠다. 그리고 다시 오쿠리〔小栗〕로 가 비행학교에 입학, 조

종술을 배웠다. 그러므로 그는 자신의 능력을 한 번 시험할 기회가 주어진다면 장차 세상 사람들을 놀라게 하고자 하였다. 마침 도쿄와 오사카 사이를 오가는 우편 비행을 한다는 소식을 들은 안창남은 마침내 그 시험에 참여하였으며 일본 항공계에 사라지지 않을 공로를 세웠다.

그 뒤 1921년 12월 4일에 안창남은 고국으로 돌아왔다. 같은 달 10일, 금강호(金剛號)를 타고 우리나라 상공을 날아 백사장을 가득 채운 사람들을 환호하게 하였다. 그는 다시 일본으로 건너가 비행교관이 되었다. 그때 마침 봉천(奉天)의 장작림(張作霖)[2]과 직예(直隷)의 오패부(吳佩孚)[3]가 충돌하여 중국 정계가 급격히 풍운에 휩싸이게 되었다. 이 격돌을 통해 장작림은 중국의 정권을 장악하고 악랄한 정치를 자행하였다. 그러므로 광동정부(廣東政府)의 풍옥상(馮玉祥)[4]은 오패부와 협력하여 장작림을 배격하였다. 이로 인해 장작림의 세력이 날마다 위축되었다. 당시 남만주와 북만주의 100만 동포들은 정국의 상황을 관망하면서

"장작림이 망할까? 아니면 오패부가 망할까?"

라고 하며 적잖은 관심을 가졌다. 일반 동포들도 이처럼 뜨거운 관심을 갖는 상황에서 피가 끓는 젊은 용사들이 어찌 조용히 있을 수 있었겠는가. 그러므로 안창남과 스즈키〔鈴木〕 등 두 비행사가 들으니, 장차 일본이 오패부 등 두 사람을 암살하려 한다는 말이 있었다. 스즈키가 참혹하게 살해되자 안창남은 교묘히 조선으로 피신하였다. 그러나 경찰의 경계가 매우 심하여 중국으로 탈출할 수가 없었다. 이에 안창남은 날마다 술을 마시며 세상사에 아무런 뜻이 없음을 내보였다. 그러자 안창남에 대한 당국의 관심이 조금 느슨해졌다.

안창남은 이상재(李商在) 등 여러 사람의 도움을 받아 상해로 빠져

나갔다. 여운형(呂運亨)은 안창남을 산서성(山西省)으로 보냈다. 처음에 염석산(閻錫山)[5]에게는 태원(太原) 비행학교가 있었는데, 이때에 이르러 안창남은 그 비행학교의 교원이 되었다. 이로부터 중국혁명전선에 가담하여 용맹하게 싸웠다. 그러다가 1930년 4월 10일 비행 중 추락하여 참담하게 죽었다. 아, 풍운(風雲)을 타고 중국으로 가 그 위세와 명성이 세계에 울려 퍼졌는데 고작 다른 나라 땅에서 외로운 혼령이 되고 말았단 말인가.

1 미동소학교(渼洞小學校) : 정식 명칭은 미동공립보통학교였다.

2 장작림(張作霖) : 1873~1928. 중국의 군벌로, 1913년부터 1928년 사이에 만주지방과 중국 북부지방의 일부 지역을 지배하였으며, 일본의 묵시적인 지원을 받으면서 사실상 만주를 지배하였다. 그러나 1928년 6월 일본 극우파들이 그가 탄 기차에 폭탄을 설치하여 폭파시켰다. 사후 그의 지위는 아들 장학량이 계승하였다. 장작림과 오패부의 군벌간의 전투는 흔히 봉직전쟁이라고 불린다.

3 오패부(吳佩孚) : 1873~1939. 1917년부터 1924년 사이에 북경을 지배한 중국의 군벌로, 반일적 성향이 강한 인물이었다. 그는 장작림 군대를 만주에서 몰아내고 중국 북부를 지배하였으나 1924년 천진 근처에서 벌어진 전투에서 패배함으로써 몰락하였다.

4 풍옥상(馮玉祥) : 1882~1948. 중국 군벌로 1924년 국민군으로 부대를 개편한 뒤 장작림과 전투를 벌이다 패배하였다. 그러나 다시 장개석에게 협력하며 세력을 키워 1928년 산서성 군벌 염석산과 함께 북경을 점령하였다. 1929년 국민당에 대해 독립을 선언하고 1930년 중원 대전투에서 패배하여 추방당하였다. 1947년 미국으로 건너갔으며 1948년 소련 선박을 타고 귀국하던 중 흑해에서 화재로 사망하였다.

5 염석산(閻錫山) : 1883~1960. 어려서 일본으로 건너가 군사학을 배웠으며 1905년 도쿄에서 중국동맹회에 가입하였다. 1909년 일본 육군사관학교를 졸업한 후 귀국하여 산서성 육군감독을 역임하면서 혁명 활동에 참가하였다. 1927년 국민혁명군 북방총사령관직을 맡았으며 1929년에는 국민군의 육해공군 부사령관으로 임명되는 등 장개석 국민군의 중심축을 이루면서 항일전쟁을 이끌기도 하였다.

백남준 白南俊

백남준은 운산군(雲山郡)[1] 성면(城面) 연봉하동(延峰下洞)에 살았는데 뒤에 길림성(吉林省) 액목현(額穆縣) 중가(中街)로 이주하여 정미업(精米業)에 종사하였다. 그는 고종 을유년(고종22, 1885)에 태어났으며 백신일(白信一), 백우광(白愚狂)이라는 이름을 사용하기도 하였다.

융희 4년 경술년(1910), 일본이 조선을 합병하자 백남준은 대단히 못마땅하게 생각하였다. 그러므로 동지 윤치호(尹致昊)와 함께 데라우치〔寺內正毅〕 총독 살해를 도모하다가 체포되었다. 이듬해 신해년(1911)에 5년형을 받았다. 백남준은 판결에 불복, 항소하였는데 임자년(1912) 양력 2월에 무죄를 인정받아 석방되었다.

백남준은 조선 독립에 뜻을 두었다. 갑인년(1914) 양력 2월에 미국으로 유학을 떠나고자 상해를 향해 가다가 요녕성(遼寧省) 흥경현(興京縣)에 도착했을 때 여비가 부족하여 뜻을 이루지 못하였다. 그는 독립기관회의 뜻있는 청년들과 함께 흥동학교(興東學校)를 세우고 학생들을 가르치면서 민족사상을 고취시켰다.

기미년(1919) 3월, 백남준은 현익철(玄益哲), 김규환(金奎煥) 등과 함께 유하현(柳河縣) 삼원포(三源浦)에서 한인공회(韓人共會)를 조직하였다. 같은 달에 한인공회 대표 김규환·이시열(李時悅)·계홍범(桂洪範), 그리고 한족회(韓族會)의 회장 이상룡(李相龍), 회원 이계동(李啓東)·이천민

(李天民), 조선독립단(朝鮮獨立團)의 단장 조맹원(趙孟元), 단원 현정경(玄正卿)·양규열(梁奎烈)·윤기섭(尹基燮) 등과 함께 상의하여 세 단체를 통합하기로 확정하였다. 다만 군정서(軍政署)는 백남준을 참모로 삼기로 하였는데 9월에 간부들과 알력이 있어서 그 자리에서 물러났다.

경신년(1920) 3월, 관전현(寬甸縣) 서로(西路)에서 광복군총영(光復軍總營) 오동진(吳東振)의 권유를 받아 광복군총영에 가입하였다. 그리고 대표 자격으로 상해로 가 대한민국임시정부와 관계를 맺었다.

임술년(1922) 1월, 제3국제공산당[2] 동양민족대회(第三國際共産黨東洋民族大會)가 모스크바에서 개최되었다. 백남준은 광복군총영 대표의 자격으로 이 대회에 참석하였다. 8월에 상해에서 환인현(桓仁縣) 대우구(大牛溝)로 가 대표의 자격으로 장지환(張芝煥)·정도산(鄭道山), 그리고 집안현(輯安縣) 군정서(軍政署)[3] 대표 김유하(金攸厦)·백광운(白狂雲), 한교민단(韓僑民團) 대표 손서하(孫西夏)·윤세즙(尹世葺), 대한독립단(大韓獨立團) 대표 이웅해(李雄海), 벽창의용단(碧昌義勇團) 대표 양승우(楊承雨), 통군부(統軍府) 대표 전덕원(全德源) 등과 함께 의논하여 각 단체를 통합, 통의부(統義府)[4]를 조직하였다. 10월에 상해로 갔다.

계해년(1923) 1월에 국민대표대회가 상해에서 개최되었다. 백남준은 통의부의 대표 자격으로 이 회의에 참석하였다. 7월에 홍경현(興慶縣) 삼도구(三道溝)로 갔다.

갑자년(1924) 11월에 길림성(吉林省) 화전현(樺甸縣) 성 안으로 가 또 통의부 대표가 되었다. 김동삼(金東三), 복복단(復復團) 대표 정원철(鄭元喆)·방윤풍(方允豐), 군강서(軍江署) 대표 김원식(金元植)·이신산(李信山) 등과 함께 다시 각 단체를 통합하여 정의부(正義府)[5]를 조직하였다. 기사년(1929) 3월, 마침내 해산하였다.

백남준은 독립에 뜻을 두고 당시까지 20여 년 동안 심혈을 기울였는데 이때에 이르러 체포되어 신의주에 갇혔다. 예심이 종결되자마자 곧바로 공판에 회부되었는데 검사가 5년을 구형하였다.

1 운산군(雲山郡) : 평안북도 동부에 있는 군이다. 동쪽은 향산군과 자강도 희천시, 서쪽은 동창군 · 태천군, 남쪽은 구장군 · 영변군, 북쪽은 송원군과 접하고 있다.

2 제3국제공산당 : 코민테른을 말한다.

3 집안현(輯安縣) 군정서(軍政署) : 서로군정서를 말한다.

4 통의부(統義府) : 정식 명칭은 대한통의부이며, 대한통군부를 계승 확대한 조직이다. 만주와 중국내 독립운동단체의 통일을 위해 노력한 준정부적 조직이었다.

5 정의부(正義府) : 1924년 11월 길림에서 양기탁, 이청천, 오동진 등이 조직하였다. 정의부는 서로군정서 등 12개 독립군 단체를 통합한 것으로 주로 통의부를 토대로 조직되었다. 정의부는 후일 국민부로 통합되었다.

박준혁 朴俊赫

박준혁은 단천군(端川郡) 수하면(水下面) 고성리(古城里)에서 태어났다. 7세 때 아버지를 따라 간도(間島)[1] 장백현(長白縣) 십육 도구(十六道溝) 신창동(新昌洞)으로 가 살았다. 좀 성장한 후에는 농사일을 하였다.

기미년(1919) 봄에 박준혁은 조선에서 3 · 1운동이 크게 일어났다는 소식을 듣고 무송현(撫松縣)으로 가 흥업단(興業團)[2]에 입단하여 독립운동을 하였다. 임술년(1922) 여름에 태극(太極)과 태진(太震) 등 여러 단체와 합하여 다시 국민단(國民團)을 조직하였다. 8월 5일 새벽, 동지 38인과 함께 압록강을 건너 삼수군(三水郡)으로 갔다. 소대장 강승경(姜承京)이 3분대로 나누어 영성(嶺城) 주재소를 포위하여 순사 마츠이〔松井〕를 죽이고 호리우치〔堀內〕와 김동정(金東挺) 등을 다치게 하였으며 소방수 이석윤(李錫潤)과 김경조(金瓊祚)의 집을 불태웠다. 이석윤의 처를 위협하여 군자금 50원을 빼앗았고 전주(電柱) 세 개를 뽑았다.

갑자년(1924) 음력 9월, 군비단(軍備團)과 합하여 국민단을 광정단(光正團)으로 개칭하였다. 10월 6일, 단장 윤덕보(尹德甫)가 조선으로 들어가 군자금을 모금하라고 명하자 박준혁이 김성연(金成淵) 등 26인과 홍원(洪原)으로 가려 하였으나 중도에 폭설을 만나 결행하지 못하였다. 삼수군 중평리(中坪里)에 이르러 경찰서를 공격하기로 모의하였으나 수비병이 있다는 소식을 듣고 경솔하게 진격하지 않았다. 9일, 운전

(雲田)으로 가 김성연의 지휘에 따라 주재소를 포위하고 폭탄을 던져 순사 토미마츠〔富松〕와 닛타〔新田〕 2인을 다치게 하였다. 그리고

"자경단(自警團)은 동포이니 모두 멀리 피하시오."

라고 외치며 주재소 안으로 들어가 장총 두 자루, 권총 한 자루와 폭탄을 챙긴 다음 주재소에 불을 질러 모두 태워버렸다. 체포되어 징역 10년에 처해지자 박준혁은 이에 불복하여 항소하였다.

1 간도(間島) : 중국의 길림성(吉林省), 요녕성(遼寧省) 일대의 서간도와 두만강 북쪽의 북간도를 지칭한다.

2 흥업단(興業團) : 1920년 만주 봉천성 무송현에서 대종교인들이 중심이 되어 조직한 독립운동단체이다. 김호(金虎), 윤세복(尹世復), 이원일(李源一), 오제동(吳濟東), 이현익(李顯翼), 김혁(金爀) 등의 주도로 민중 계몽 훈련과 독립군기지 건설에 힘썼다.

김좌진 金佐鎭

김좌진의 호는 백야(白冶), 본관은 안동(安東)이다. 김형규(金衡均)의 2남으로 청음(淸陰) 김상헌(金尙憲) 선생의 후손이며 고균(古筠) 김옥균(金玉均)의 4종질이다. 고종 경인년(고종27, 1890) 3월에 충청도(忠淸道) 홍성군(洪城郡) 고도면(高道面) 행산리(杏山里) 자택에서 태어났다. 크고 건장한 풍채에 성격이 호방하였다. 6세 때에 아버지가 돌아가셨다. 어려서부터 활 쏘기와 말 타기를 하며 놀기를 좋아하였다. 어려운 처지에 있는 사람을 보면 도와주려는 면모가 있어 떠도는 걸인을 보면 밥을 갖다 주었고 추위에 떠는 자를 보면 옷을 입혔다. 이 때문에 모두 그가 훌륭한 인물이 되리라 기대하였다.

취학하여 《삼국지(三國誌)》, 《수호지(水滸誌)》 등을 읽기 좋아하였고 《소미사(小微史)》[1]나 《소학(小學)》 등의 서적은 모두 좋아하지 않았다. 아이들과 항상 진용을 베풀고 전쟁하고 진을 치는 일을 하였으며 한 번도 어린애의 자잘한 놀이는 하지 않았다. 그 깃발에 큰 글씨로 '억강부약(抑强扶弱, 강한 자는 억제하고 약한 자는 도와줌)'이라고 썼다. 이즈음 형 아무개가 마침내 경성(京城)으로 이사하였다. 때문에 김좌진이 15세의 나이에 집안 살림을 맡게 되었다. 하루는 수십 명의 노비를 부르더니 잔치를 열어 마음껏 즐기게 하였다. 잔치가 끝나자 노비문서를 모두 태우고 각각 재산을 주어 돌아가게 하며

"이제부터 너희들은 자유를 얻었다."
라고 말하였다. 김좌진의 나이 16세인 을사년(1905), 당시 경성의 학교는 관립학교와 종교계 학교 몇 개에 불과하였다. 옛것을 배우는 것이 무익함을 이미 알고 있었던 김좌진은 홍성에 사립 호명(湖明)학교를 세우고 총명하고 뛰어난 아이들을 모집하여 신학문을 가르쳤다. 당시에는 공부할 수 있는 건물이 없었다. 김좌진은 가솔들을 작은 집으로 옮기게 하고 방 80여 칸을 내어 교실로 삼았다.

같은 해 10월, 일본 놈이 태황을 위협하여 을사조약을 강제 체결하자 경향의 뜻있는 사람들이 모두 불평을 품고 각자 의병을 일으켜 적을 쳐서 국권을 회복하려 하였다. 이에 김좌진도 경성으로 가 노백린(盧伯麟)과 윤치성(尹致成)을 만나고 각 군의 의병들과 서로 연락하며 운동을 하였다. 그리고 대한협회(大韓協會)[2]로 가 홍성군 지부장이 되었고 고향으로 돌아가 대한협회 지부를 설치하였다. 대한협회는 독립으로써 주지를 삼았으니 바로 이른바 민정당(民政黨)이다. 이때부터 김좌진은 민정운동에 전력하였으며 인재를 육성하는 일에도 결코 소홀히 하지 않았다. 또한 홍성에 기호흥학회(畿湖興學會)를 설치하고[3] 호명학교 학생을 선발하여 경성으로 유학을 보냈다.

정미년(1907), 이춘봉(李春奉)이 경성에 고아원을 설치하였는데 김좌진이 총무가 되었다. 이때 처음으로 한성신보(漢城申報)가 나왔으니 곧 민간 언론기관이다. 김좌진이 또 한성신보의 이사가 되었다. 이때 김좌진이 비록 여러 가지 일에 종사하였지만 그의 흉중은 쇠기둥처럼 확고하였다. 이것뿐만이 아니었다. 이하 2행이 묵판이다. 이 기사는 경오년(1930) 음력 정월 18일호에 실려 있다고 한다.

그래서 관철동(貫鐵洞)에 상점 하나를 설치하여 이창양행(怡昌洋行)이라고 하였다. 신의주(新義州)에 또 염직회사를 설치하여 후일 내외에 연락을 취하고 재원을 확보할 수 있는 터전으로 삼으려 하였으나 마침내 실패하였다. 20세 때, 김좌진이 한 번 만주로 가 뜻있는 청년들과 비밀결사를 만들어 의병을 양성하고 적을 쳐서 복수하려고 하였으나 자금이 없어 뜻을 이루지 못하였다. 당시 친족 김종근(金鍾根)이 돈의동(敦義洞)에 살았는데 큰 부자였다. 융희2년인 무신년(1908)에 김좌진이 모금을 하려다가 체포되었다. 이 때문에 각 사회에서 센세이션을 일으켰다. 또 통감부 기관지인 매일신보[4]가 양반 강도(兩班强盜)라고 네 글자를 크게 써서 공박하였다. 처음에 체포되었을 때 경관이 포박하려 하자 김좌진은 웃으면서

"비록 포박하지 않더라도 나는 달아나지 않는다."

라고 말하며 한번 힘을 주자 포승줄이 모두 끊어졌다. 경관이 크게 놀라 마침내 포박하지 않은 채 보냈다.

김좌진은 공판에서 징역 3년을 언도받았다. 김좌진이 서대문 감옥에서 복역할 때 어느 날 양손에 각각 쌀 한 가마씩을 들고 운반하는데 두 손으로 한 가마를 든 사람보다 더 쉽게 운반하였다. 간수 한 사람이 그가 힘이 센 것을 보고 감탄을 금하지 못하였다. 김좌진이 풀려나자 간수가 김좌진에게 와서

"이제부터 공의 휘하가 되고 싶다."

라고 하더니 간수를 그만두고 김좌진에게 귀의하였다. 김좌진은 사람을 대할 때마다 비록 아랫사람이라도 말을 함부로 하여 홀대하지 않았다. 애당초 단발령이 내려졌을 때 사람들은 모두 도리어 피하는데 김좌진은 거리낌 없이 먼저 깎았다.[5] 가문에 과부가 있으면 매번 개가할 것을 권하였다. 성격이 자유분방하고 평소 행동이 종종 법도에서 벗어났다. 이 때문에 친척과 고을 사람들이 모두 질시하여

"이 사람은 문호를 더럽히는 놈이다."

라고 하며 한결같이 사람으로 대해주지 않았다. 이 때문에 김좌진은 감히 향리에 발걸음을 하지 못하였지만 또한 이에 개의치 않고 경성으로 가 세 들어 살았다. 김좌진은 또 광복단(光復團)[6]에 입단하여 여러 동지들과 함께 전국의 부호 12인을 죽였고 그 후 또 인동(仁同) 장 아무개[7]를 죽였다. 이 때문에 박상진(朴尙鎭)·김한진(金漢鎭)은 체포되어 대구(大邱)에서 죽었고, 우이견(禹利見)[8]·채기중(蔡基中)[9]은 서대문 감옥에서 사형되었으며 김좌진은 만주로 달아났다.[10] 달아나면서 노래를 지었으니, 노래 가사는 묵판이다. 지금 간도 학생들이 모두 이 노래를 부른다. 당시에 만주에 사는 동포들은 무려 수천, 수만이었다. 김좌진은 동서로 방랑하면서 동지들을 규합하여 장차 큰일을 하려 하였다. 윤준(尹浚), 이상룡(李相龍) 등이 이미 만주에 터를 잡고 군사행동을 하면서 먼저 주도권을 잡았다. 기미년(1919) 3·1독립만세가 일어나자 국내외에서 독립운동의 불길이 맹렬하게 타올랐다. 이에 김좌진은 윤준 등과 함께 군정사(軍政司)를 설치하였다.[11] 경오 정월 20일 이하 몇 호의 신문기사는 모두 묵판이다.

임술년(1922)과 계해년(1923) 간에 김좌진은 독립군 총대장이 되어 각 단체대표들과 상해에 모여 국민대회를 열고

"매년 3월 1일은 독립운동기념일이다. 여섯 개의 파괴, 암살대를 조직하여 조선으로 들어가 거사를 하고자 한다."

라고 말하였다. 제1대는 러시아구 정소원〔正所員〕, 제2대는 조선 청림당(朝鮮靑林黨), 제3대는 북경 아정단(北京兒正團), 제4대는 간도 용정촌 아정단(間島龍井村兒正團), 제5대는 조선 고려혁명당(朝鮮高麗革命黨), 제6대는 북경 광복단(北京光復團)이다. 이때 김약산(金若山),[12] 김국빈(金國彬), 서왈보(徐日甫), 한진산(韓震山), 황학수(黃鶴秀)는 북경에 있으면서 서로 협력하였다. 이에 김좌진은 모국인(某國人)에게서 무기를 사들였다.

애초에 김좌진에게 아들이 하나 있었는데 이름은 김두한(金斗漢)이다. 김두한이 6세 때인 신유년(1921), 어머니 김계월(金桂月)이 김두한을 데리고 만주의 해림(海林)[13] 목단강(牧丹江)으로 갔다. 이때 김좌진 부자가 처음 만났다. 김계월은 바로 한성(漢城)의 명기(名妓)였다. 일찍이 김좌진이 김계월을 만나 아들 김두한을 낳았던 것이다. 김계월이 만주에 도착했을 때 김좌진의 어머니가 뜻밖에 발병하여 김계월이 어머니를 모시고 함께 귀국하려 하였다. 김좌진이

"두한이는 여기에 두고 교육해야 장차 큰 인물이 될 수 있다."

라고 하며 보내려 하지 않았다. 김계월은

"나는 이 아이와 헤어질 수 없다."

라고 하며 마침내 김두한을 데리고 갔다. 그래서 김좌진 부자가 다시 서로 이별하게 되었다.

이에 앞서, 김좌진은 길림(吉林)으로 가 군무서 독판(軍務署督辦)이 되었고 곧이어 북만군정서[14] 총사령(北滿軍政署總事令)으로 승진한 일이 있었다. 이때에 이르러 신민부(新民府) 군사위원장(軍事委員長)이 되었다.

경오년(1930) 음력 정월 24일, 부하 김일성(金一星)에게 살해되었으니 당시 42세였다. 애초에 김일성이란 자가 함남(咸南) 홍원(洪原)에서 블라디보스토크로 와서 김좌진을 만나 군인이 되기를 청하였다. 얼마 후 하직하고 떠났는데 작년 봄에 다시 왔고 정말(丁抹)[15]로 가 다시 군인이 되기를 청한다고 하였다. 김좌진이 마침내 이를 허락하였다. 이때에 이르러 김좌진은 산시역(山市驛) 정미소로 가 기계가 고장난 것을 보고 있었다. 김좌진이 서서 바라보고 있을 때 김일성이 등 뒤에서 총을 쏴 등과 가슴을 관통하여 살해하고 도망쳤다.[16] 장례식에 동지 95인이 중동선(中東線) 산시역에 모여 사회장으로 하기로 의견을 모았다. 원래 김좌진에게는 60세이신 노모와 부인, 그리고 딸이 하나가

있었는데 모두 길림으로 와서 살고 있었다.

살피건대, 김좌진은 일찍이 명문귀족의 후손으로 조선왕조 말엽에 태어나 벼슬을 한 것도 아니고 녹을 먹은 것도 아니었으나 충효와 큰 절개가 있었다. 이때에 이르러 나라가 망하는 것을 보고 분개한 마음을 이기지 못하여 결연히 고국을 떠나 서쪽으로 만주에 들어가 의병을 규합하고 적을 토벌하여 복수하려 하였다. 또한 대한독립을 위해 노력하였으나 한번 군사를 출동하지도 못하고 불행하게 잘못 죽었으니 어찌 슬프지 않으랴. 성격이 자유분방하고 평소 행동이 간혹 법도에 어긋나는 일이 있었지만, 이것은 좋은 재목에 조금 썩은 부분이 있는 정도에 불과하였으니 훌륭한 목수가 어찌 버리겠는가? 공보(工甫)의 시[17]에

출사표 올리고 이기지 못한 채 몸이 먼저 죽음이여　　出師未捷身先死
영웅들의 옷소매에 길이 눈물을 적시게 하리라　　長使英雄淚滿衿

라고 하였다. 나는 초야의 쓸모없는 늙은이로 비록 영웅은 아니지만 나에게는 아직 눈물이 있으니 내가 김좌진을 위하여 한 번 눈물을 흘리고자 한다.

1 《소미사(小微史)》 : 사마광(司馬光)의 《자치통감(自治通鑑)》은 총 294권으로 양이 너무 많아 쉽게 읽을 수 없었는데, 송(宋)나라 때 강지(江摯)가 요점을 정리하여 《통감절요(通鑑節要)》라고 하였다. 송 휘종이 강지에게 소미선생(少微先生)이라고 사호(賜號)했는데 이 때문에 《소미통감(少微通鑑)》이라고도 한다.

2 대한협회(大韓協會) : 1907년 11월 대한자강회의 후신으로 조직된 계몽운동단체이다.

3 홍성에 기호흥학회(畿湖興學會)를 설치하고 : 기호흥학회 홍성지회가 인가를 받은 것은 1909년 1월 16일이었다. 김좌진이 홍성지회에 가입한 것은 1909년 2월에서 4월 사이로 보인다.

4 매일신보 : 1910년 8월 대한제국 강제 병탄 후 대한매일신보를 매일신보로 개칭하면서 총독부 기관지 역할을 하였다. 1904년부터 발행된 대한매일신보는 영국인 베델〔한국명 裵說〕이 일제 침략을 비판하는 등 항일언론지로서 활약하였다. 이 때문에 일제는 1908년 신문지법을 통해 대한매일신보를 탄압하였고 그 결과 1908년 5월 하순부터 대한매일신보는 만함에게 넘어갔다. 이후 대한매일신보는 친일 논조로 변화하였다. 따라서 1908년 당시 신문 이름은 대한매일신보이고 통감부 기관지는 아니었다.

5 김좌진은……깎았다 : 김좌진이 상투를 자른 것은 1907년으로 알려져 있다.

6 광복단(光復團) : 정식 명칭은 대한광복회이다. 대한광복회는 1915년 7월 경상북도 풍기의 채기중 등이 조직한 광복단과 대구 박상진 등이 조직한 조선국권회복단이 통합하여 조직한 무장독립운동단체이다. 1916년 이후 전국적으로 조직이 확산되었으며, 만주까지 조직을 확대하였다. 독립군 양성을 목적으로 군자금 모집과 무기 구입, 친일부호 처단 등의 활동을 하였다.

7 인동(仁同) 장 아무개 : 친일부호 장승원을 말한다. 장승원은 초대 수도경찰청장을 지낸 장택상의 부친이다.

8 우이견(禹利見) : 우재룡(禹在龍, 1884~1955)으로, 본관은 단양, 자는 이견, 호는 백산(白山)이다. 대한제국 군인출신으로 1906년 산남의진(山南義陣) 정용기(鄭鏞基)가 일본군에 체포되자 탈영하여 의병에 합류하였다. 1907년 이후 정용기, 정환직(鄭煥直)의 의진(義陣)에서 의병으로 활동하였다. 1908년 대구에 잠입하다가 체포되어 종신형을 선고받고 복역 중 1911년 출옥했다. 1915년 7월 채기중(蔡基中)이 1913년 풍기(豊基)에서 조직한 광복단(光復團)에 가입해 국내 및 만주 등지의

연락책임을 맡고 활동했다. 1918년 대한광복회가 일본경찰에 발각되어 조직이 거의 파괴당하자 재조직에 주력하다가 1920년 군산에서 체포되었다. 무기징역을 선고받고 복역 중 감형되어 1937년 출옥했다. 8·15해방 뒤 대한광복회를 재건하였다.

9 채기중(蔡基中) : 원문에 채기두(蔡基斗)라고 한 것은 채기중(蔡基中, 1873~1921)의 오류이다. 채기두는 친일파 실업인이고 채기중은 풍기에서 광복단을 조직한 인물로 장승원을 직접 처단하기도 하였다. 1918년 이종국의 밀고로 광복회 단원이 체포될 때 상해로 망명을 시도하던 중 전라남도 목포에서 체포되어 서대문형무소에서 총살형을 당하였다.

10 김좌진은 만주로 달아났다 : 김좌진은 1917년 3월 최익환, 신효범 등과 함께 군자금을 모집하다 체포되었으나 무죄로 풀려났다. 그 후 김좌진은 다시 군자금 모집 활동을 벌이다가 만주 부사령으로 임명되어 파견되었다. 이 때문에 2차 군자금 모집 사건이 발각된 후 김좌진은 체포를 면할 수 있었다.

11 기미년……설치하였다 : 1919년 4월 결성된 서일(徐一) 등 대종교 계열의 대한정의단은 그해 8월 김좌진 등 신민회 계열의 민족주의자들과 합작하여 대한군정회를 조직하였다. 그해 10월 대한정의단과 대한군정회는 통합하여 대한군정부로 개편되었고, 12월에는 임시정부의 지시로 다시 대한군정서로 개칭되었다. 대한군정서는 속칭 북로군정서로 널리 알려져 있다. 따라서 본문의 군정사는 대한군정서를 가리킨다.

12 김약산(金若山) : 본명은 김원봉으로, 1919년 조직된 의열단의 단장이다.

13 해림(海林) : 중국 흑룡강성(黑龍江省)에 위치한 곳으로 현재는 한중우의공원이 있으며 그 안에 김좌진 장군 동상이 건립되어 있다.

14 북만군정서 : 북로군정서를 말한다.

15 정말(丁抹) : 덴마크의 한자식 표기이다. 김일성이 덴마크로 가 군인이 되겠다고 한 것으로 보기는 어렵다. 그렇다면 정말(丁抹)은 중국내의 지명일 가능성이 높으나 어디인지 분명하지 않다.

16 김일성이……도망쳤다 : 독립운동가 이강훈의 회상에 따르면, 김좌진을 직접 암살한 인물은 박상실(본명 공도진)이며, 이를 사주한 자는 김봉환으로 알려져 있다. 김봉환의 가명이 바로 김일성인데 김봉환은 조선공산당 화요파에서 파견된 인물로서 일제에 매수되어 일찍이 변절, 김좌진의 암살을 계획한 것으로 밝혀지

고 있다. 소설 《인간문제》를 쓴 강경애가 그의 처이다.

17 공보(工甫)의 시 : 두보(杜甫)가 성도(成都)에 있는 제갈량(諸葛亮)의 사당을 참배하고 지은 〈촉상(蜀相)〉이라는 칠언 율시를 말한다. 《두소릉시집(杜少陵詩集) 권9》

김상옥 金相玉

김상옥은 동대문 밖 창신동(昌信洞)에 살았고 기독교 신자이다. 당시 나이는 34세였다. 처음에 김상옥은 집이 가난하여 양말 만드는 일을 했었다. 사람됨이 절개가 있었다. 경술년(1910) 이래로 항상 불평한 마음으로 지내다가 기미년(1919) 2월, 독립만세운동이 크게 일어나는 것을 보고는 양말 짜는 기계를 집어던지며

"장부가 이 세상에 태어나 어찌 구구한 일을 하리오."

라고 하고 독립신문을 등사하여 은밀히 배포하였다.

그는 손바닥 가운데에다 화(火) 한 글자를 쓰고 시내 상점을 협박하며

"오늘 상점 문을 닫지 않으면 불을 지를 것이다."

라고 하고 만세를 크게 외쳤다. 그는 또 군자금 모금 활동을 하였다.

다음해 경신년(1920), 미국 의원단이 서울에 들른다는 소식을 듣고 한우석(韓禹錫)과 함께 공모하여

"만약 의원단이 온다면 총독 이하 사람들이 반드시 모두 환영하러 나올 것이다. 이때를 틈타 암살하면 일이 반드시 성공할 수 있을 것이다."

라고 하였다. 그는 한 단체를 조직하고 때를 기다렸다.

어느 날, 동부 경찰서 순사가 부랑자를 잡으러 집에 왔는데 김상옥

을 부랑자라고 착각하여 일이 발각되었다. 김상옥은 마침내 다락에서 뛰어내려 달아났다. 얼마 되지 않아 한우석 역시 체포되는 바람에 결국 거사는 성공하지 못하였다. 김상옥은 다시 사람을 시켜 몰래 군자금을 모았고 중국 봉천(奉天)으로 달아났다. 그러나 또 부랑자로 잡혔다. 10일 만에 석방된 후 김상옥은 상해로 달아났다.

임술년(1922) 12월, 임시정부 재무총장 이시영(李始榮)과 내무총장 이동휘(李東輝)와 조소앙(趙素昂)이 김상옥에게 말하기를

"지금 독립을 하려면 조선으로 가 총독 사이토 마코토〔齋藤實〕를 죽이고 관공청을 파괴하여 인심을 격동시켜야만 한다."

라고 하였다. 또 공산주의자 소인(蘇印), 남파(南玻), 단원(檀園), 원명(圓明) 등 네 명이 적화선전을 청하자 김상옥은 허락하였다.

김상옥은 동지 세 사람과 함께 상해를 떠나 극동의 시베리아를 출발해 원산에 도착하였고 도보로 경성에 들어갔다. 집으로 가 어머니를 만나보고 문밖에서 들어가지 않았다. 그는 동지를 모으고 결사단을 만들어 스스로 단장이 되었다. 종로경찰서로 가 폭탄을 투척하고 어머니의 안내에 따라 용산(龍山)의 삼판통(三版通) 고봉근(高奉根)의 집으로 가 잠복하였는데, 고봉근은 그의 매부이다.

처음에 그의 어머니는 동부경찰서 순사 조용주(趙龍珠) 어머니와 이웃으로 잘 아는 사이였다. 이때 조용주의 어머니가 집에 왔었는데 김상옥 어머니가 그 아들에게 삼판통으로 가라고 한 것을 알고 집으로 돌아가 조용주에게 말하였다. 조용주는 동부경찰서에 보고하고 종로경찰서 형사 다무라〔田村長七〕와 이마세〔今瀨金太郎〕 및 우메다〔梅田新太郎〕 등 17인과 함께 삼판통에 도착하여 고봉근 집을 포위하고 김상옥을 체포하려 하였다.

김상옥은 권총을 난사하여 다무라는 즉사하고 이마세와 우메다는

모두 총을 맞고 땅에 쓰러졌다. 이에 김상옥은 달아났다. 때는 새벽이라 어두워 관헌은 추격하지 못하였기에 김상옥은 무사할 수 있었다.

다음날, 경관이 비상경계선을 펼쳐 남산을 포위하였다. 김상옥은 사태가 급박함을 알고 산등성이로 올라가 달아났다. 소나무 사이에 눈이 쌓여 길이 없었다. 김상옥은 눈길에 넘어지고 신발은 벗겨져 동상으로 피를 철철 흘리며 왕십리(往十里) 안정사(安靜寺)에 도착하였다. 김상옥이 절의 스님에게

"제가 도박을 하다가 경관에게 추격을 당하여 여기까지 이르렀소. 저를 좀 살려주십시오."

라고 하자 스님이

"그러지요."

라고 하였다. 다음날 저녁, 눈만 나오는 모자와 짚신을 사서 변장을 하고 집에 도착하였다. 어머니께서

"관헌의 수사가 너무 삼엄하여 집안 식구가 살 수가 없으니 네가 빨리 체포되어 죽어라."

라고 하였다. 김상옥은 역시 감히 집에 들어가지 못하고 시내 쪽으로 갔다.

당시 수사망이 사방에 퍼져 있어서 어디에도 몸을 숨길 만한 곳이 없었다. 김상옥은 길에서 여직공 한 명을 만나 협박하였다.

19일 밤, 이름을 김영진(金永鎭)으로 바꾸고 효제동(孝悌洞)으로 가 이태성(李泰成)에게 숨을 곳을 청하였다. 관헌은 그의 부하 전우진(全宇鎭)의 자백을 통하여 김상옥이 효제동에 있다는 것을 알아냈다.

22일 새벽, 각 경찰서의 순경과 함께 전우진을 데리고 효제동에 도착했으나 김상옥은 있지 않았다. 경관 쿠리타〔栗田〕가 방에 들어가 수색했다. 김상옥은 병풍 뒤에 숨어 있다가 쿠리타에게 총을 쏴 어깨를

맞혔다. 애초에 경관은 세 겹으로 포위하여 김상옥을 생포하고자 하였다. 여러 번 투항을 권유하였으나 김상옥은 듣지 않고 몸을 던져 적에게 항거하였다. 여러 시간 격투가 벌어진 후에 김상옥은 정수리에 총을 맞고 죽었다. 김상옥은 양손에 권총을 쥐고 쓰러져 있었다. 26일, 집안사람이 그의 시신을 거둬 양주(楊州) 산에 장사지냈다.

애초에 김상옥은 동성인 여자에게 장가를 갔었다. 그의 어머니가 기자에게 대답하기를

"무릇 우리 집안 선대에 문장으로 뛰어나신 이도 있고 재물도 있었다. 지금 하루아침에 이렇게 된 것은 혹 김상옥이 동성과 혼인해 그렇게 된 것이 아니겠는가?"

라고 하였다.

살피건대, 김상옥은 중국 봉천에 본부를 설치하고 경성에 지부를 설치하여 대대적인 독립활동을 하고자 하였으나 뜻을 이루지 못하고 죽었다. 아, 안타깝도다. 비록 뜻을 이루지 못하고 죽었으나 예로부터 용감한 선비가 성공하지 못하고 죽은 이가 얼마나 많은지 알 수 없다. 그러하니 지금 김상옥의 죽음은 반드시 슬퍼할 것이 아니요, 다만 독립은 기약이 없어 김상옥 같은 이가 날마다 죽을 것이니 어찌하리오.

옛날 왕릉(王陵)의 어머니가 자식 왕릉을 위하여 칼로 자결[1]하면서도 후회하지 않았었다. 지금 김상옥의 어머니는 비록 환란이 죽음에 이르지는 않을 것인데도 목숨이 경각에 달려 있는 아들에게 대고 자신의 생을 위해 자식에게 죽으라고 꾸짖었다.

오호라, 김상옥 어머니여.

신유년(1921) 김상옥은 김원봉(金元鳳), 이종암(李鍾巖) 등과 의열단(義烈團)[2]을 조직하였다. 이때에 블라디보스토크의 국민회(國民會) 지부장인 이상묵 역시 입단하였다. 김상옥은 동지를 만나 함께 형제가 되기로 결의하였다. 후에 김상옥은 서울로 가서 죽었다.

이때에 이상묵 또한 그를 따라 안동현(安東縣)으로 갔는데 김상옥이 죽었다는 소식을 듣고 다시 시베리아 옴스크로 갔다. 4월 북경에 이르러 유학생회 간부와 함께 김상옥을 위해 원수를 갚고자 은밀히 최씨와 임씨 두 사람을 서울로 보냈다.

처음에 독립당 동지 김동순(金東淳)이 권총 세 자루를 가지고 길림성(吉林省) 우마항(牛馬港)으로부터 몰래 귀국하였는데 김상옥과 한우석 등 20여 명은 결사동맹(決死同盟) 행동반(行動班)을 조직하여 기회를 엿보며 기다렸었다. 마침 미국 의원단이 동양을 시찰하러 서울에 이르렀다. 동맹은 이때에 총독 사이토 마코토가 반드시 환영하러 나올 것이라 여기고 이때를 틈타 암살하여 우리나라 사람의 배일사상을 천하에 선포하려고 하였다. 거사 전날 저녁에 동맹한 이들이 많이 체포당하였고 김상옥만이 체포되지 않고 상해로 달아났다. 그는 다시 거사를 일으킬 웅대한 뜻을 가지고 마침내 조선에 잠입하였다.

대정 11년(1922) 임술년, 조선인 노동자를 대거 학살한 사건이 일본 니가타 현〔新瀉縣〕에서 일어났다. 다음해 계해년(1923) 1월 12일 밤, 종로경찰서에 폭탄을 투척한 사건이 있었다. 같은 달 23일 또 김상옥 사건이 있었다. 폭탄이 폭발할 때, 경무계 서쪽 건물 일부가 파괴되었다. 경관은 다치지 않았으나 당시 사직동 박봉환 등 청년 여섯 명 등이 함께 가다가 이곳에 이르러 파편을 맞고 다쳤다. 종로경찰서는 즉시 각 경찰서에 범인을 수배하였고 많은 경관들이 시내를 대대적으로 수색하여 혐의자 수십 명을 붙잡아 취조하였으나 단서를 찾지 못하였다. 다만 부상자 김영칠의 콧구멍에서 파편을 얻어 증거로 삼아 검사국에 감정하라고 보냈다.

이 달 16일 밤에 비로소 범인들의 조직통을 알아내고 종로서 경관 500명이 무장하여 삼판통 아무개의 집으로 가 포위하여 돌격하였다고 한다.

왕십리에서 다시 시내 효제동(孝悌洞) 이진옥(李鎭玉) 집에 들어가 잠복하였다. 22일 아침, 경관이 이진옥 집에 도착하여 포위하여 수색하였다. 구리타〔栗田〕 경부, 종로서 ○○ 경부가 방으로 들어갔는데 그 다락 위에 인적이 있었다. 모 경부가 다락문을 두드리며

"너는 사회를 위해 지금 거사한 사람으로 만약 나와서 자수하면 죄를 감해줄 것이다."

라고 하였다. 김상옥은 육혈포를 쏘면서 뛰어 나왔다고 한다. 이에 경관이 김학수 집 식구를 불러 체포하려고 하니 김상옥이 뛰쳐나와 변소에 숨어 권총을 난사하여 큰 총격전이 벌어졌다. 경관 사상자가 모두 다섯이고 김상옥 역시 총을 맞고 죽었다.

27일에 집안사람들이 김상옥의 시신을 수습하고 숭인면(崇仁面) 이문동(里門洞) 뒷산에 장사지냈다.

경관이 연루된 자 20명을 체포하여 취조해 검사국으로 송치하였고 그들 가운데 8인은 곧바로 기소하였다.

김상옥은 처음에 미국의원단이 서울에 오는 것을 보고 그들을 암살하여 미국과 일본 양국 간의 국교를 단절하려 하였다. 총독을 암살하려 했으나 마침내 하지 못했다. 서쪽 상해로 가 의열단이 북경에 있다는 소식을 듣고 또 북경으로 가 입단하였다. 단장 김원봉의 명을

받고 이번 사건을 일으켰다고 한다.

연루된 자 8인은 나이 41세 관수동(觀水洞)의 김한(金翰)·인의동(仁義洞) 전우진(全雨鎭), 21세 함흥(咸興) 풍남읍(豐南邑)의 안홍한(安弘翰), 28세 효제동(孝悌洞)의 이혜수(李惠受), 44세 낙원동(樂園洞)의 서석두(徐石斗), 27세 봉익동(鳳翼洞)의 정설교(鄭卨敎), 27세 당주동(唐珠洞)의 신화수(申華秀), 28세 홍성(洪城) 광천리(廣川里)의 윤익중(尹益重)이다.

1 왕릉(王陵)의……자결 : 왕릉의 어머니는 그 아들이 자기 때문에 한(漢)나라를 배반하고 초(楚)나라에 가담하는 것을 차마 볼 수 없어 달가운 마음으로 자살을 감행하기까지 하였다.

2 의열단(義烈團) : 의열단이 조직된 것은 1919년 11월 9일 길림성 파호문 밖의 중국인 농부 반(潘)가의 집이었다. 모인 사람은 김원봉을 비롯하여 윤세주, 이성우, 곽경, 강세우, 이종암, 한봉근, 한봉인, 김상윤, 신철휴, 배동선, 서상락 외 1명 등 총 13명이었다.

전인학 全仁學

전인학은 함경북도 길주군 덕산면(德山面) 상하동(上下洞) 사람이다. 처음에 전인학은 나라가 망하게 된 것을 보고 가족을 이끌고 블라디보스토크로 갔다. 그곳에서 동지 신대용(申大勇), 이정국(李政國) 등과 더불어 조선의 독립에 뜻을 두고 만주와 시베리아 등지를 돌아다니며 독립운동을 하였다. 기미년(1919) 3월에 만세운동이 벌어지자 러시아 각지에서 독립선언서를 배포하였다. 전인학은 일찍이 신한촌 한인신보사의 대표와 기자를 겸하여 3년 가까이 활동하였는데 대략 80건에 가까운 배일(排日) 기사를 작성하였다.

경신년(1920) 2월에 조선 사람이 대한국민의회[1]를 조직하자 전인학은 선전부장이 되어 러시아 혁명군사령부 연해주 선전국장인 포리소와 공모하여 일본 군대를 향해 사회주의를 선전하고자 하였다. 이에 거짓으로 일본 군경에게 고하는 문장을 만들었는데 그 내용은 '세계는 모두 공화로 혁명을 일으키고 있다.'이다. 다만 일본의 정책이 이러한 주장을 펼치기에 시세가 대단히 불편하였기 때문에 블라디보스토크에 머물며 활동하였다. 이때 일본의 군인들이 철수하기 시작하자 전인학은 일본개조동맹회를 조직하여 각 역의 광장에 선전물을 게시하고 주장을 퍼트리다가 마침내 체포되어 4년형을 받았다. 청진(清津)에서 옥살이 할 때 서감(西監)과 함흥으로 옮겨졌다가 뒤에 다시 청진으로 이감되었다. 전인학은 감옥에서 14명의 동지와 비밀리에 적유의용단(赤油義勇團)을 조직하였다. 계해년(1923) 5월 8일 전인학과 신대용이 많은 죄수들에게 말하기를

"지금 우리들이 모두 한 곳에 모였으니 어찌 거사를 일으키지 않겠는가."

라고 하고 간수를 묶어 가두었다. 죄수들을 두 부대로 나누어 마침내 감옥을 부수고 탈옥하였다. 이 당시 짙은 안개가 끼고 양동이로 퍼붓는 듯한 거센 비가 내렸다. 추격하는 일본 놈이 총을 난사하자 최익룡(崔益龍), 신예균(申禮均), 신대용 등은 총탄에 맞아 죽었다. 이정국은 바닷가로 도주하였는데 간수와 육박전을 벌였다. 간수인 히라노〔平野〕가 검을 뽑아 이정국을 내려쳤다. 한 번 두 번 휘두르니 머리가 거의 땅에 떨어질 지경이 되었다. 이때 아이들이 몰려와 구경하고 있었는데 이정국이 말하기를

"아, 어린 동무들아. 너희들도 장차 조선의 국민이 될 것이니 이런 참혹한 광경을 보지 마라. 너희들의 뻗어나가는 기운이 꺾일까 두렵다. 내가 조선의 동포를 위해 여러 해 동안 피를 흘리며 고생하였는데 이제 죽게 되었으니 한스럽구나."

라고 하였다.

이전에 전인학은 모든 죄수들을 내보내고 감옥 문에 서 있다가 죄수들의 뒤에서 크게 소리치며 내달려 도망갔다. 매우 급박하게 추격하는 일본 놈을 보고 칼을 집어던졌다. 기야마〔坐山〕[2] 간수가 칼로 전인학의 머리를 두세 차례 공격하자 전인학은 땅에 쓰러졌다. 옆에 있던 사람을 돌아보며

"나 전인학은 조선의 2천만 민족을 위하다가 이제 죽으니 소원을 다 이루었다."

라고 하였다. 취조를 하게 되자 그는 당당한 어조로 옥을 부수고 탈출한 사건에 가담하게 된 전말에 대해

"이것은 전부 내가 한 일이다."

라고 하였다. 최치홍(崔致弘)이 어느 곳으로 달아났는데 그 마을 사람들이 그를 붙잡았다. 최치홍은 마을 사람들에게

"그대들도 또한 대한 사람인데 어찌 이처럼 나를 잡으려 하는가."

라고 하고 온갖 방법으로 애걸하였으나 마을 사람들은 끝내 들어주지 않았다. 공판이 열리자, 전인학의 얼굴에는 검으로 벤 상처가 아직 붙지 않았다. 전인학은 다음과 같이 말하였다.

"죄수도 또한 사람이다. 자유를 귀하게 여기는 것은 옛날이나 지금이나 마찬가지이다. 그러므로 자신의 피를 흘리고 자신의 몸을 다치면서까지 돌보지 않고 싸우게 된 것은 자유 때문이다. 사람이 자유가 없으면 비록 살았더라도 죽은 것이나 다름없다. 어찌 목숨이 끊어지지 않았다고 하여 살았다고 할 수 있겠는가. 이 때문에 나는 작게는 나의 자유를 위해 싸웠고 크게는 나라의 자유를 위해 싸웠다. 오랜 기간 분투하다가 감방의 주인공이 되었다."

또한 갑자기 화를 내면서 다음과 같이 말하였다.

"우리들은 한창 피가 솟구치는 용감한 청년이다. 그런데 감옥에서 좋은 시절을 헛되이 보내고 있으니 이 자유스럽지 못한 철창이 답답하겠는가, 그렇지 않겠는가. 그러므로 이번에 감옥을 부순 것은 일본법에는 비록 죄가 되지만 우리들에게는 당당한 의리가 된다."

또 말하기를

"내가 옥살이한 것이 3년이 지났으니 곧 감옥에서 나갈 수 있었으나 그런 것을 고려하지 않고 감옥을 부수고 도주한 것은 죽은 친우 이정국 때문이다. 이정국은 나의 친우일 뿐 아니라 민족의 자유를 위

하여 함께 걸어왔다. 그런데 이정국은 무기징역을 선고받아 다시 살아날 수 없는 징역을 살고 있으니 내가 대단히 안타깝게 여겼다. 그러므로 감옥을 쳐부수고 거의 희망이 없는 일을 도모한 것이다."

라고 하였는데, 어투가 매우 비장하였다. 야마자와〔山澤〕 검사가 말하기를

"전일(全一, 전인학의 다른 이름)의 사람됨과 학식은 감옥 안에서 주도자가 될 만하다. 또한 그는 적유단을 결성하였다."

라고 하였다. 그가 구형할 때 어떤 사람은 2년, 또는 3년을 구형하였는데 오직 전인학에게는 5년을 구형하였다. 이 당시 전인학의 나이는 28세였다.

신대용은 안변에 거주하고 이정국은 성진(城津)에 거주하였으니 둘 다 북쪽 지역의 의기가 넘치는 용사이다. 전인학은 병인년(1926)에 경성감옥으로 이감되어 정묘년(1927) 음력 8월 21일에 만기출옥한 뒤에 북간도 훈춘(琿春)의 삼원포(三源浦) 본집으로 돌아갔다. 그의 다른 이름은 전일(全一)이다.

살피건대, 세상에서 이른바 '죽고 사는 것을 함께 하는 친우'라는 것을 들여다보면 아무런 일이 생기지 않을 때는 아교풀칠을 한 것처럼 사이가 좋지만 어려운 일이 발생하면 진나라와 월나라 사람처럼 대단히 사이가 좋지 않게 된 경우가 대부분이다. 지금 전인학의 복역기간이 3년을 지나 곧 감옥에서 나갈 수 있는데도 의용단을 조직하고 그의 벗인 이정국을 위해 자신의 처지를 고려하지 않고 감옥을 부쉈다가 4년형을 더 받았다. 일이 비록 성공하지는 않았지만 전인학처럼 벗을 위한다면 '살고 죽는 것을 같이한다.'고 말할 수 있으니 의용단

이라고 이름 지은 것은 참으로 단체 이름에 걸맞다.

정당방위에 대한 법률이 있다고 하지만 추격하는 자는 많고 도망치는 자는 적은 상황이니 비록 무기가 없더라도 체포할 수 있다. 전인학을 체포할 때 검과 총으로 위협한 것은 무슨 행위란 말인가. 우리 조선 사람과 일본 사람 구분할 것 없이 죽음이 두려워 그렇게 한 것이지만 죄가 작은데 짐승을 죽이듯이 조금도 주저하지 않고 칼로 베었으니 심하구나, 일본 사람이여.

이정국과 전인학이 죽을 지경을 당하였는데도 그들의 말이 더욱 비장하였으니 참으로 열사라고 할 만하다. 저 마을 사람들은 최치홍과 같은 조선 동포인데 이처럼 비정하게 그를 붙잡았으니 도대체 그들은 무슨 마음을 지녔단 말인가.

1 대한국민의회 : 1919년 2월 전로한족중앙총회를 개칭하여 탄생한 민족운동단체이다. 대한국민의회는 1919년 임시정부를 선포하기도 하였으며 러시아 한인의 민족운동 단체로서 중심 역할을 하였다.

2 기야마〔坐山〕: 원문의 坐山이란 성은 《日本人名よみかた辭典》에는 없는 성씨이다. 따라서 佐山을 잘못 표기한 것으로 보인다.

전덕원 全德元

전덕원의 호는 호은(湖隱)이고, 의암(毅庵) 유인석(柳麟錫)의 문인이다. 용천군(龍川郡) 북중면(北中面) 인좌동(仁左洞)에 살았다. 고종 경오년(고종7, 1870)에 태어났다. 을사년(광무9, 1905) 겨울에 일본인이 을사조약을 강제 체결하자 전덕원은 이 소식을 듣고 분개하여 격문을 지어 경성(京城)으로 가 각국 공사에게 보내 을사조약을 파기하게 하려고 생각하였다. 일이 뜻대로 되지 않자 의병을 일으켜 여러 동지들과 국난을 극복하려다가 다음해인 병오년(1906)에 체포되어 음력 11월에 15년 유배형을 받았다.

임자년(1912), 봉천성(奉天省) 관전현(寬甸縣)으로 가 살았다. 그 후 여러 차례 이사하여 집안현(輯安縣), 덕혜현(德惠縣) 등에 이르렀다. 기미년(1919) 3월, 동지들이 유하현(柳下縣) 삼원포(三源浦)에 모여 조선독립단(朝鮮獨立團)을 설치하고 조맹선(趙孟善)을 추대하여 단장으로 삼았다. 전덕원은 재무부장이 되었다.

12월에 전덕원은 부하 김용보(金用甫), 옥영준(玉英俊) 등과 권총을 소지하고 용천(龍川) 장일갑(張日甲)에게 가서 군자금 5천 원을 모금하였다. 그리고 철산(鐵山) 임상민(林尙民)에게 가서 200원을, 다시 임천민(林天民)에게 가서 500원을 모금하고, 경신년(1920) 1월에 본부로 돌아왔다. 그 후 다시 부하 장한성(張漢星) 등을 철산과 용천으로 보내 약 1,000여 원을 모금하였다. 전덕원은 혼자 평양으로 가 수십 만 원을 모금하고 다시 개성(開城)으로 가 10여 만 원을 모금하여 전후로 약 30여 만 원을 모금하였다.

임술년(1922) 1월, 모든 단체들을 합하여 대한통군부(大韓統軍府)로 개칭하였다. 이때 전덕원은 재무부장이 되었다. 7월, 대한통군부의 위세가 크게 떨치자 다시 대한통의부(大韓統義府)로 개칭하였을 때 참모부 감독으로 발탁되었으나 전덕원은 사양하였다.

계해년(1923) 1월, 부하들이 환인현(桓仁縣) 대황구(大荒溝)에 모여 의군부를 조직하고 채상덕(蔡相德)을 추대하여 수령으로 삼았다. 이때 전덕원이 또 입단하여 군무부장이 되었다. 2월에 전덕원은 부하를 거느리고 대고산(大孤山) 중에 있었다. 8월에 부하 30여 인을 보내 의주(義州) 청성진(淸城津) 주재소 및 세관을 공격하게 하였다. 또 관공서 폭파를 모의하였다. 이때 신의주경찰서 직원이 오도구(五道溝)의 목재저장소에 왔다가 소대장 최신을(崔信乙) 등 4인을 체포하였다. 관헌이 전덕원, 박승윤(朴勝尹), 이후관(李候觀), 장덕시(張德是), 최경여(崔京汝) 등이 압록강 하류 임가구(林家溝)에 있다는 것을 알아채고 체포하였다. 전덕원은 아직 머리를 깎지 않은 상태였다. 취조하게 되자 전덕원이 자백하기를

"합방 이래 나는 지금까지 의병대장으로서 부하 3천 명을 거느리고 만주와 국경 사이를 오가며 우리 대한의 독립을 위해 운동하였다."

라고 하였다.

정묘년(1927) 2월 26일, 예심을 마치고 공판할 때 강도, 살인, 방화, 폭발물취체령 벌칙 및 제령위반[1] 죄를 적용하여 전덕원은 12년, 장한성은 7년이 구형되었다. 처음 심문할 때 심문하는 말이 마음에 차지 않으면 매번 하늘을 우러러 크게 웃으면서 발언권을 얻어 말을 다 하지 못하였으므로 일이 대부분 실제와 다르다고 하였다. 그 후 평양에

서 항소하였다.

무진년(1928) 4월 17일, 공판이 열리자 전덕원이 일어나

"나는 전후로 일본의 멸망을 위해 행동한 것이 수십 년이다. 이 일을 들어 벌한다면 비록 죽더라도 기꺼이 수용할 것이나 강도죄를 적용한다면 절대로 복종할 수 없다."

라고 큰 소리로 말했다. 검사가 12년을 구형하였다. 전덕원은 상고하려고 아들 전의택(全毅澤)에게 변호사를 사도록 명하였다. 애당초 전덕원은 집에 수만 원이 있었으나 이때 다 써버리고 남은 돈이 없어 전의택이 변호사를 세우려 하였지만 대책이 없었다. 또 전덕원에게는 팔십 노모가 계셨다.

장한성(張漢星)은 신의주 가산면(加山面) 추동(楸洞) 사람이다. 신해년(1911)과 임자년(1912) 간에 관전현(寬甸縣) 망실전(望室甸)으로 가 살았다. 그 후, 안동현(安東縣) 하육도구(下六道溝)로 이사하여 노동에 종사하였다. 기미년(1919) 3월, 대한독립단(大韓獨立團)에 들어가 전덕원의 부하가 되었다. 다음해인 경신년(1920)에 여러 동지들과 용천과 철산으로 가 천여 원을 모금하였다. 투옥되자 장한성은 병으로 몸이 수척하여 뼈만 남았으나 집이 가난하여 병보석을 신청할 수도 없었다. 장한성 또한 팔십 노모가 계셨다. 장한성은 고종 갑오년(고종31, 1894) 생이다. 지금 전덕원의 옥사는 조선공산당 창당 이후로 처음 있는 대옥사라고 한다.

1 제령위반 : 제령이란 일제강점기 조선 총독이 법률을 대신하여 발포한 명령을 말한다. 제령위반자는 독립운동을 한 사람을 일컫는 경우가 대부분이다.

윤응념 尹應念

윤응념은 경성(京城) 적선동(積善洞)에 살았다. 계해년(1923) 8월, 상해(上海) 임시정부로 가 참사에 발탁되었다. 윤응념은 동지들과 독립단을 조직하여 주비단(籌備團)이라고 하였다. 동지들이 윤응념을 추대하여 단장으로 삼았다.

윤응념은 단원을 거느리고 인천(仁川)으로 가 배를 타고 연안을 위아래로 왕래하면서 군자금을 모았다. 12월, 인천경찰서에서 윤응념을 체포하여 제령위반 및 강도죄를 적용하여[1] 징역 15년에 처하였다. 윤응념은 서대문감옥에서 복역 중 폐병이 발생하였다. 을축년(1925) 5월 13일, 보석으로 석방되어 세브란스병원으로 가 요양하였다. 다음해 9월 19일, 마침내 중국으로 달아났다. 하루는 어떤 엽서가 서대문경찰서에 도착했는데

"나는 지금 장춘(長春)으로 와 신의 충만한 은혜에 깊이 감사하고 있다."

라는 내용이었다. 서대문경찰서에서는 윤응념이 자기들을 농락하고 있다며 매우 분개하였다.

이에 앞서, 김마리아(金瑪利亞) 여사도 보석으로 풀려나 요양 중이었다. 신유년(1921) 여름에 윤응념이 알선하여 김마리아를 상해로 가게 하였다. 어느 날 기자가 윤응념을 찾아오자 그의 처 김훤엽(金烜燁)이

"지난 해 9월, 집을 나간 후로 돌아오지 않았으니 나는 그가 어디 있는지 모른다. 그 후 엽서가 왔지만 별다른 말은 없었다. 다만, '내가 양해를 얻으려 하였으나 당국이 허락하지 않았다. 병이 날로 심하여 만약 다시 감옥에 갇힌다면 살 수 없었으므로 멀리 이곳까지 왔으니 두 아이를 잘 길러 후일을 기약하라.'라는 내용이었다. 이 또한 당국에서 압수해 갔다. 형기는 비록 15년이나 히로히토〔裕仁〕[2]의 혼인 의식으로 4년이 감형되어 10년 후에는 옥에서 나올 수 있겠지만 지금은 멀리 떠나 부재중이다."

라고 하였다. 당시에 한 아이가 웅얼거리며 옆에 있었는데 김훤엽이

"이 애는 남편이 병보석으로 풀려났을 때 임신하여 태어났으나 아직 제 아비와 상면하지 못하였다."

라고 하며 눈물을 삼켰다.

1 강도죄를 적용하여 : 일제는 독립운동가들이 군자금 모집을 하다 붙잡힌 경우 죄명으로 강도죄를 선고하였다.

2 히로히토〔裕仁〕: 본명은 미치노미야 히로히토〔迪宮裕仁〕, 연호는 쇼와〔昭和〕로서, 일본 역사상 가장 오랜 기간 재위한 군주였다. 히로히토는 아버지 다이쇼〔大正〕가 정신질환으로 은퇴하자 섭정으로 임명되었으며, 1924년 구니노미야 나가코〔久邇宮良子〕와 결혼했다. 그 후 부친 다이쇼 천황이 사망하자, 1926년 12월 25일 천황이 되었고, 1989년 사망할 때까지 천황의 자리를 지켰다.

박열 朴烈

박열의 처음 이름은 박준식(朴準植)이고, 일명 박혁(朴赫)이라고도 한다. 본관은 함양(咸陽)이며 박영수(朴英洙)의 셋째 아들로 고종 임인년(광무6, 1902)에 문경군(聞慶郡) 오천리(梧泉里)[1]에서 태어났다. 박열은 체구가 크고 담력은 물론 기운도 셌다. 총명한 재주를 지니고 있어 한 번 본 것은 곧바로 외웠으므로 같은 책을 두 번 보는 일이 없었다.

다섯 살 때 아버지가 운명하였다. 여덟 살에 한학(漢學)을 배웠다. 이듬해 경술년(융희4, 1910)에 대한제국과 일본이 마침내 합병되었다. 당시 박열은 비록 어린 나이였지만 큰 한이 깊이 뿌리 박혀 허무사상(虛無思想)을 가지게 되었다. 마키노 기쿠노스케〔牧野菊之助〕[2]의 말

11세에 경북 함창(咸昌)으로 가 공립보통학교[3]에 입학하였다. 날마다 〈경성안내(京城案內)〉를 구해 보았다. 그 가운데 일본으로부터 작위를 받은 72명의 명단이 있었는데[4] 자작(子爵) 조중응(趙重應), 민병석(閔丙奭), 이용직(李容稙), 김윤식(金允植), 송병준(宋秉畯), 임선준(任善準), 윤덕영(尹德榮)과 윤택영(尹澤榮) 등의 이름에는 모두 붉은 색으로 표시하였으니 그 의도가 무엇인지 알 수 없었다.

15세에 박열은 경성(京城)으로 가 공부하였다. 또 일본 와세다〔早稻田〕대학교 외생(外生)이 되어 정치학과 경제학을 공부하였다. 영어와 중국어는 배우지 않고도 잘 구사하였다. 어느 날 길에 떨어진 돈을

발견하고 그 주인을 찾아 돌려주었다. 고등보통학교[5]에서 장하게 여겨 음식을 한 상 차려서 먹였다.

무오년(1918) 8월에 어떤 일에 자극을 받아 학교를 그만두었다. 기미년(1919) 봄에 만세를 불렀으나 피신하여 체포되지 않았다. 10월에 도쿄로 건너갔다. 이로부터 그의 어머니 정씨(鄭氏)는 아들 박열을 위해 마치 제사를 지내듯이 하늘에 빌었는데 음식과 구운 고기가 정결하지 않으면 지금까지도 일체 입에 대지 않고 있다. 사람들이 모두 말하기를

"참으로 이런 어머니가 있기 때문에 이런 아들이 있는 것이다."

라고 하였다.

처음에 박열은 조선의 중산층 농가에서 태어났다. 학교에 입학한 뒤로 항상 사회의 차별대우에 분개하는 마음을 품었다. 그로 인해 도쿄로 갔으나 그곳에서도 규칙이 학교에서 행해지지 않아 하급노동을 하다가 마침내 좌경 사상단체에 가입하였다. 이때 도쿄에는 이와사키〔岩崎〕[6]라는 사람이 있었는데 그가 바로 사회주의 사상을 주도한 인물이었다.

임술년(1922) 3월에 박열은 이와사키에게 가 처음으로 일본 여인인 가네코 후미코〔金子文子〕를 만나게 되었는데 그녀 역시 사회주의에 빠진 인물이었다. 그녀와 이야기를 나눠보고 보통 여자가 아니라는 것을 안 박열은 자신의 마음을 털어놓았다. 이에 두 사람은 뜻이 맞아 사랑이 깊어졌다. 후미코가 학교에서 돌아오면 박열은 날마다 그녀와 함께 조용한 곳으로 가 사회주의에 대해 토론하며 생사를 함께 하기로 굳게 약속하였다.

5월에 세타가야〔世田谷〕 하태(下馱)에 위치한 집을 세내서 함께 살아 일설에는 도요다마 군〔豐多摩郡〕 요요기 도미야〔代代木 富谷〕에 살았다고 함 마침내 부부

가 되었다. 그들은 인삼엿을 팔아 생활하였으며 혹 양식이 떨어져 며칠 동안 먹지 못하더라도 불평하는 마음이 조금도 없었다. 본래 박열은 비범한 사내였으며 후미코 역시 보통 여인이 아니었다. 박열이 후미코를 아내로 맞이한 것은 그녀의 외모 때문도 물질적 풍요 때문도 아니었다. 오직 하나의 사상에 대해 공감하는 관계였기 때문에 두 사람의 사랑은 철석(鐵石)과도 같았으며 황금으로도 그들의 사랑을 빼앗을 수 없었고 죽음으로도 그들의 사랑을 변하게 할 수 없었다.

이에 박열은 항상 사회주의를 연구하여

"인간 세상은 추악한 곳에 불과하다."

라고 말하며 자기의 생존을 근본적으로 부정하고 온갖 사물을 없애는 것을 최후의 이상으로 삼았다. 그는 드디어 대한제국 사람과 일본인 이와사 사쿠타로〔巖佐作太郎〕,[7] 그리고 유학생 수십 명과 함께 도쿄에서 무산동지회(無産同志會)를 설립하고, 《기관잡지(機關雜誌)》와 《무산자(無産者)》를 발행하였다. 이로 인해 경찰은 항상 박열을 요주의 인물로 감시하였다.

이때에 이르러 니가타 현〔新潟縣〕 광산의 임금이 다른 곳에 비해 몇 배나 된다는 소식을 들은 많은 동포들이 그곳으로 가 광부가 되었다. 그런데 일본 사람들이 동포 300여 명을 함부로 죽이고 그 사실을 숨겼다. 이 소식을 들은 박열은 크게 화가 나서 말하기를

"지금 한 마디 말도 하지 않는다면 동포들이 장차 모두 죽을 것이다."

라고 하고, 사건의 실상을 조사하기 위해 비밀리에 니가타현으로 갔다. 중간에 일본인들이 그를 죽이기 위해 돌을 던지니 마치 비가 쏟아지는 듯하였다. 그러나 박열은 조금도 동요하지 않고 끝내 실상을 조사하여 일본 정부를 상대로 따졌고 정부는 그의 주장에 굴복하여

사과하였다. 규슈〔九洲〕에 있는 동포들도 심한 핍박을 받아 살아갈 수가 없었다. 박열은 니가타현의 경우처럼 정부를 상대로 이 문제를 따졌다. 이로 인해 일본인들은 우리 동포들을 압박하지 않았고 동포들이 편안하게 살 수 있게 되었으니 이는 모두 박열의 노력 덕분이었다. 이에 일본정부는 박열에게 미국 유학을 권유하는 한편 출사(出仕)를 권했으나 모두 거절하였다.

계해년(1923) 2월, 후미코와 박열은 서로 헤어져 도쿄 요요기〔代代木〕로 가 과격한 일을 벌이고 《흑도(黑濤)》와 《후토이센징(太い鮮人)》 등의 사회주의 잡지, 그리고 《현사회(現社會)》 등을 발간하였다. 이 일로 인해 후미코도 일본 경찰의 주목을 받게 되었다.

가을에 일본 황태자의 가례(嘉禮)를 거행한다는 소식을 들은 박열이 개연히 말하기를

"우리 대한제국이 일본 통치 아래에 핍박받는 것을 나는 부끄럽게 생각한다. 가만히 살피건대 도쿄는 일본의 핵심 지역이고 섭정(攝政)[8]은 일본의 핵심 인물이다. 가례를 치르는 날 다이쇼〔大正〕와 섭정이 모두 그 자리에 나올 터, 내가 마땅히 도쿄를 파괴하고 그들을 암살하여 나라의 원수를 갚을 것이다."

라고 하였다.

4월에 도쿄부 아래 도요다마 군〔豊多摩郡〕 요요하타 마치〔代代幡町〕 요요기 도미야〔代代木 富谷〕의 은밀한 방에 10자 빠짐, 이에 3자 빠짐 사회주의의 선전과 사회주의에 필요한 사회운동을 표방하였다. 기타 2자 빠짐의 2자 빠짐 행동을 목적으로 한 비밀결사 불령사(不逞社)를 조직한 뒤에 그 일을 실행으로 옮기고자 모의하였다.

5월에 후미코가 다시 왔다. 박열은 크게 기뻐하며 마침내 후미코와 함께 일을 도모하고 경성으로 돌아왔다. 의열단원 김한(金翰)이 상해

에서 폭탄을 들여오려고 한다는 소식을 듣고 그에게 가서 폭탄을 달라고 요청하자 김한이 허락하였다. 같은 달에 박열은 다시 도쿄로 돌아왔다. 김중한(金重漢)을 시켜 상해로 가 의열단과 접촉, 폭탄을 구해 대기하도록 하였다.

9월 1일 음력 8월 21일이다, 관동대지진[9]이 발생하여 도쿄가 파괴되고 섭정의 궁중에서 커다란 음모(陰謀)가 발각되었다.[10] 이튿날 불령사의 단원 박열과 홍진유(洪鎭裕), 최규종(崔圭悰), 육홍균(陸洪均), 서동성(徐東星), 정태성(鄭泰星), 김중한, 장상중(張祥重) 일명 장찬수(張讚壽), 서상경(徐相庚), 하세명(河世明) 일명 하일(河一), 한현상(韓現相), 그리고 오카와 다케시〔小川武〕, 노구치 시나루타〔野口品二〕, 구리하라 가즈오〔栗原一男〕, 가네코 후미코, 니야마 하츠요〔新山初代〕 등 16명이 모두 체포되어 시부야〔澁谷〕 형무소에 갇혀 조사받았다. 10월, 예심에 회부되었다.

옥중에서 박열은 날마다 책을 읽고 또 《암초일년(暗抄一年)》을 저술하였다. 어느 날 박열은 사형을 면하지 못할 것이라고 판단하고 조헌영(趙憲泳)을 보내 어머니를 모셔오게 해서 영결하고자 하였다. 어머니 정씨(鄭氏)가 상주(尙州)에 도착했을 때 박열이 다시 전보를 보내 말하기를

"제가 지금 재판장과 시비(是非)를 다투고 있으니 오지 마십시오." 라고 하였으므로 어머니와의 만남은 이루어지지 않았다. 이때에 이르러 박열은 이치가야〔市谷〕로 이감되어 더욱 심하게 조사를 받았다. 박열은 분노하여 〈불령선인(不逞鮮人)〉과 〈일본특권계급자(日本特權階級者)〉, 〈엄지선언서(俺之宣言書)〉, 〈좌식론(坐食論)〉, 〈음모론(陰謀論)〉 등을 지어 재판장 다테마츠 가이세이〔立松懷淸〕에게 주었다.

갑자년(1924) 봄, 박열이 자백하였다. 이에 다테마츠가 깊은 의구심을 가지고 진지한 자세로 철저히 취조하였다. 그러나 박열이 매번 조

서를 찢어버렸으므로 심리를 진행하기가 대단히 어려웠다. 다테마츠는 만약 잘 다독여 회유한다면 심리에 유익할 것이라고 판단하여 재판정과 형무소 사이를 오갈 때의 자동차 이용과 형무소 밖의 통행, 자유로운 목욕 등을 특별히 허락하였다. 또 가래와 낫, 설탕, 붓 등도 공급하였다.

어느 날 박열이 다테마츠에게 요청하여 말하기를

"나는 죽은 목숨이나 마찬가지다. 어머니께서 살아계신데 오랫동안 뵙지 못하였다. 우리 두 사람의 사진을 찍어 어머니께 보내드려 영결의 뜻을 표시하게 해 달라."

라고 하였다. 7월 9일 일설에는 5월 2일이라고 하고, 또는 10월 7일이라고도 함. 다테마츠가 박열을 재판소 본관에 위치한 예심실로 불러 후미코와 각각 떨어져 앉아 사진을 찍도록 하였다. 막 초점을 맞추려고 할 때 서기 오쿠야마〔奧山〕가 문득 조심하라고 외쳤다. 다테마츠가 돌아보는 틈을 타서 박열이 후미코의 옆으로 달려들어 후미코와 다정하게 앉아 왼쪽 팔을 그녀의 어깨에 올리고는

"다테마츠씨 보시오. 이렇게 찍는 것이 보기 좋지 않습니까? 이 포즈로 촬영해 주시오."

라고 하였다. 다테마츠가 제지하려고 하였으나 박열은 웃으면서 그의 말을 듣지 않은 채 후미코를 더욱 꼭 끌어안았다. 어쩔 수 없다고 생각한 다테마츠는 그대로 촬영해 주었다. 그리고 다시 박열 등에게 모두 한복을 입혀 두 사람을 따로따로 앉게 한 다음 촬영하였다. 이때 찍은 두 장의 사진은 오쿠야마가 모두 보관하였다.

이런 일이 있기에 앞서 이시구로 에이이치로〔石黑英一郎〕는 모 은행에 대한 공갈 혐의로 박열과 같이 수감되어 있었다. 그는 11월 23일에 보석으로 풀려났는데 박열의 동지였다. 이때 박열은 다테마츠에게

부탁하여 사진을 한번 보여달라고 하였다. 다테마츠가 그의 부탁대로 한번 보게 해 주었는데 박열은 사진 두 장과 일설에는 다테마츠가 사진 한 장을 서랍에 두었는데 재판소 서기 아무개가 훔쳐 모 정당에 팔았다고 함 예심결정서, 단가 한 편 등을 훔쳐 비밀 열쇠와 함께 이시구로에게 주었다. 이에 이시구로가 이것들을 가지고 출옥하였다. 처음에는 히라이와〔平巖〕에 있는 이시구로의 아내에게 전해졌고, 여러 차례 전달되어 다카이〔高井〕 변호사가 보관하게 되었다. 23일에는 또 다츠가와〔辰川龍之助〕에게 전달되었는데 다츠가와는 크게 기뻐하여 우경파의 모 단체와 함께 박열의 격렬한 문구와 사진 수백 매를 복사하여 일본과 조선, 중국, 러시아 등 각국에 배포하였다.

을축년(1925) 5월, 김중한의 아내 니야마 하츠요가 불령사 사건의 예심이 마침내 종결되자 홍진유와 최규종 등 13명은 다 기소를 면하였고 박열과 가네코 후미코, 김중한 등만 치안경찰법 및 폭발물 취체(取締)[11] 벌칙위반으로 추가 기소되어 계속 심리하는 것을 보고 모든 사실을 다 말하였다. 이에 다테마츠가 사건의 진상을 확실히 알고 크게 놀라 섭정에게 보고하였다. 이 공로로 다테마츠를 공소원(控訴院)[12] 판사로 임명하였다. 대개 일본에서 이처럼 큰 옥사(獄事)는 지금까지 네 차례 발생하였는데 박열 사건이 그 가운데 하나였다. 일본 법률에 특별범은 비록 감옥에 있어도 특별하게 대우해 주었다. 생활공간과 의복이 모두 왕에게 비견될 만하였다. 그러나 면회는 전면 금지되었다. 박열은 수감된 이후로 동지들을 한 사람도 만날 수가 없었다. 이에 박열은 이와마츠〔巖松〕 검사에게 글을 보내

"너희들이 하는 짓을 내가 모두 상관하지 않지만 치욕스러운 일에 대해서는 분노를 참을 수가 없다."

라고 하였다. 그리고는 3일 동안 음식을 먹지 않고 죽음으로써 의리

를 지키려고 하였다. 박열이 단식에 돌입하자 당국에서 크게 놀라 면회를 허락하였다. 면회객들이 모두 감방에 들어가 슬퍼하며 음식을 먹으라고 권유하였다. 이로 인해 날마다 면회하는 사람이 저자거리에 모인 것처럼 많았다.

10월, 박열을 지방재판소로 압송하여 특별재판에 회부하였다. 박열이 말하기를

"일본의 법률을 내가 승인하거나 인증할 수 없다."

라고 하고 자신의 뜻을 글로 써서 변호사를 통해 법원에 제출하게 하였다. 재판이 시작되던 날 마침 후미코가 병에 걸려 25일로 재판이 연기되었다.

박열의 형 박정식(朴廷植)이 일본으로 가 박열을 만났다. 무려 7년 만의 만남이었으므로 박정식은 얼굴 가득 눈물을 흘리며 목 놓아 울었다. 그 모습을 본 후미코와 간수도 눈물을 흘렸지만 박열은 조금도 얼굴빛이 바뀌지 않았다. 도리어 그는 형을 위로하여 안심시켰다.

항소심에서 다테마츠는 박열의 죄에 대해 형법 제73조를 적용할 수 있다고 판단하여 대심원(大審院)[13] 대법정에서 공판을 열도록 하였다. 대심원 대법정에서는 이전에 고토쿠 슈스이〔幸德秋水〕[14]와 난바 다이스케〔灘波大助〕[15]에 대한 공판을 진행한 일이 있었다. 이제 또 박열에 대한 공판을 진행하게 되었다. 대개 대심원은 특별한 죄수에 대해서만 공판을 진행하는 곳이다. 대심원이 설치된 이후로 대법정에서 진행한 공판은 일본에서 지금까지 위에 언급한 몇 사람 밖에 없었다.[16] 이러한 사실만을 보더라도 박열의 가치를 알 수 있지 않겠는가.

이때에 이르러 12월에 공판이 열린다는 소식을 들은 박열은 다음의 4개 조항을 재판장에게 요청하였다.

첫째, 공판할 때 피고(被告)와 심문(審問)이라는 용어를 모두 사용하

지 못한다.

둘째, 한복을 입고 출석한다.

셋째, 내가 앉을 의자와 재판장의 자리 높이가 같아야 한다.

넷째, 나의 선언문을 낭독하게 해 달라.

그러면서

"이러한 요구가 받아들여지지 않으면 공판에서 나는 죽는 한이 있어도 한 마디도 하지 않을 것이다."

라고 하였다. 법원은 한복 이하의 요구 사항을 허락하였다. 이에 우리나라 유학생들이 돈을 갹출, 한복을 마련하여 넣어주었다. 박열은 우리 부부가 지금껏 혼례를 치르지 않았으니 후미코를 호적에 올리기가 어려울 것이라고 판단하였다. 이에 후미코를 박문(朴文)이라고 고치고 변호사 후세 다츠시〔布施辰治〕[17]를 시켜 그의 어머니에게 허락을 받아 혼인신고서〔結婚届〕를 우시고메구〔牛込區〕 담당기관에 제출하게 하였다. 그리고 조선에서 혼례복을 구해 와 옥중에서 혼례를 치르도록 해 달라고 요청하였다.

병인년(1926) 1월 16일, 대심원 재판장 마키노 기쿠노스케〔牧野菊之助〕는 법정에서 예기치 못한 사태가 발생할 것을 염려하여 경관과 헌병 수백 명을 불러 각 건물을 지키도록 함으로써 불의의 사태에 대비하고 나서야 드디어 법정을 열었다. 사람들이 모두 말하기를 '오늘은 일본에서 전에 없었던[18] 공판이 열리는 날이다.'라고 하였다.

이에 박열은 사모관대를 갖추고 몸에는 예복을 발에는 가죽신을 신고 등장하였고 후미코는 검은 치마에 흰 저고리를 입고 금테안경을 착용한 모습으로 대형 자동차를 타고 법정으로 나왔다. 죄수가 호송차를 타지 않고 법정에 나온 것은 전에 없던 일이었다. 마키노 기쿠노스케가 묻기를

"나이는 몇인가?"
라고 하였다. 박열은 앉은 채로 우리나라 말로 '모른다.'라고 대답하였다.

"경찰부의 문서에 메이지 13년 2월 생이라고 기록되어 있는데 모른다고 대답하는 것은 어째서인가?"

"모른다."

"직업은?"

"경찰의 문서에 그 내용은 기록되어 있지 않은가?"

"성명?"

"박열"

"주소?"

"도쿄 형무소가 아니던가?"

"본적?"

"조선의 상주이다."

"신분?"

"신양반이다."

그가 답할 때 박열은 모두 '너'라는 호칭을 사용하였을 뿐 한 번도 존칭을 사용하지 않았다. 그럼에도 문관(問官)은 어찌하지 못하였다.

이날 밤 박열은 마침내 형무소 응접실에서 혼례를 치렀다. 박열은 3년 동안 비밀감옥에 투옥되어 있었으므로 외부 사람들을 한 번도 만나지 못하였다. 이날 공판을 통해 동지들과 한 번 만나보려고 하였으나 재판이 시작되자마자 갑자기 방청이 금지되었다. 대단히 화가 난 박열은 두 주먹으로 탁자를 내리치며

"방청을 공개하라. 그렇지 않으면 예기치 않은 사태가 발생할 것이다."

라고 하였는데 그 소리가 사자의 포효와도 같았다. 그러나 마키노 기쿠노스케는 각 대관(大官)[19]과 귀족, 군벌파(軍閥派), 종교가, 여러 신문사의 대표 등에게만 특별히 방청을 허락하였다. 그 나머지 유학생과 내, 외국인은 모두 법정 밖으로 쫓아냈다. 법정에서 쫓겨난 100여 명은 모두 분노하여 고함을 지르며 경관들과 충돌하였다. 삭풍회(朔風會) 회원 다케시〔武〕와 후루가와〔古川〕, 자아인사(自我人社)의 마츠나가〔松永〕와 이노우에〔井上〕, 자연아연맹(自然兒聯盟)의 요코야마〔橫山〕와 라쿠모토〔掠本〕, 해방전선사(解放戰線社) 소속의 고토〔後藤〕, 유학생 한길(韓吉) 등 13명은 모두 체포되었다.

이때 박열은 소매에서 〈불령선인〉, 〈일본특권계급〉, 그리고 대략 수만 글자로 작성된 선언문을 꺼내 일본어로 크게 낭독하였다. 그 말의 뜻이 대단히 과격하였으므로 듣는 사람마다 모골이 오싹해졌다. 휴정하자 박열이 후미코를 돌아보며 말하기를

"반나절동안 법정에 있었으니 대단히 피곤하겠소."

라고 하였다. 후미코는

"저는 상관없어요. 당신이 피곤하겠네요."

라고 하였다. 이렇게 두 사람은 담소를 나누며 서로를 위로하였다. 이런 모습을 통해 볼 때 박열 부부는 장렬함이 천하의 제일일 뿐만 아니라 그 사랑도 세계적 승리라고 말할 수 있다.

오후에 다시 재판이 시작되었다. 심리의 내용이 혹시라도 불만스러우면 박열은 큰 소리로 꾸짖었다. 그러므로 재판장은 대단히 두려워하여 다시 말하지 못하였다. 박열이 손을 움직이거나 머리를 흔드는 모습을 보기만 하면 재판장은 눈빛이 달라지고 깜짝 놀랐다. 박열은 뒷짐을 진 채 법정을 오가며 마치 연극 한마당을 공연하는 것처럼 행동하였다. 재판장은 심문할 때마다 박열의 눈치를 살피고 질

문할 때마다 마음에 들지 않는 점은 없는지 물었으며 감히 너라고 하지 못했다.

후미코를 심리할 때 그녀도 역시 큰 소리로

“오늘의 일은 나와 박열이 함께 도모하였으니 죄과에 조금도 차이가 없다.”

라고 하며 거침없이 진술하였다. 문관에게도 박열과 마찬가지로 너라고 호칭하였다. 그녀의 이런 말을 들은 사람들은 모두 감탄하며

“후미코는 진정 박열의 아내이다.”

라고 하였다.

이에 마키노 기쿠노스케가 자백할 것을 여러 차례 재촉하였으나 박열은 듣지 않았다. 마키노 기쿠노스케는 이런 것을 정신병이라고 여겨 스기타〔杉田〕 박사에게 정신감정을 의뢰하려고 하였다. 그러자 박열이 발끈하여 말하기를

“내가 정말 정신병자란 말이냐? 이것은 대단히 모욕적인 일이다.”

라고 하였다. 그리고 마침내 투서하여 정신감정을 거절하였다.

이튿날인 17일에 박열 등은 모두 한복을 벗고 일본 옷을 입은 채 법정에 나왔다. 후미코가 먼저 일어나서 선언문을 꺼내 낭랑한 목소리로 읽었는데 그 과격한 내용은 박열과 다름이 없었다. 3년 동안 무려 열 한 차례에 걸쳐 취조하였으나 박열은 끝까지 굴복하지 않고 한결같이 항변하였다.

18일에 검사 오하라〔小原〕[20]가 논고하기를

“지금 사람들이 세계대전 이후에 그 영향을 받아 지위가 높은 사람이나 낮은 사람이나 모두 동요하고 있습니다. 그러므로 박열 부부도 6자 빠짐 사상을 품고, 감히 이런 범행을 저질렀습니다. 대개 천황과 태황태후(太皇太后), 그리고 태자와 태손(太孫)을 가해하는 사람은 그 형벌

이 73조에 해당합니다."
라고 하였다. 그러나 작은 목소리로 논고할 뿐 감히 입 밖으로 크게 말하지 못하였다. 박열은

"너의 논고가 이미 끝났는가?"
라고 하고 태연자약한 모습으로 있었다. 후미코가 일어나 재판장을 향해

"나와 박열의 죄는 동일하다. 교수대에 함께 올라가 죽은 뒤에 백골이라도 같은 무덤에 묻히고 싶으니 같은 형량으로 판결해 달라."
라고 하였다. 또 박열에게

"형량이 다르게 판결되어 당신 혼자 돌아가시더라도 저는 반드시 당신 뒤를 따라 죽을 것입니다."
라고 하였다. 이미 판결이 내려지자 두 사람은 각각 자서전을 저술하면서 장차 죽을 몸이라는 사실을 잊은 채 나날을 보냈다. 변호사 후세〔布施〕, 아라이〔荒井〕, 우에무라〔上村〕, 야마사키〔山崎〕, 다사카〔田坂〕, 나카무라〔中村〕, 진직현〔晉直鉉〕 등이 두 사람은 무죄라면서 변호하기를 바랐다. 박열이 말하기를

"우리 두 사람은 변호가 필요 없다."
라고 하고 모두 거절하였다.

3월 25일, 마키노 기쿠노스케가 사형을 언도하고 소송비용을 두 사람이 모두 부담하도록 하였다. 박열이 대단히 화가 나서 우리나라 말로 만세를 크게 외치자 후미코도 미소 지으며 만세를 외쳤다. 마키노 기쿠노스케가 개탄하며 다음과 같이 말하였다.

"오늘날 감히 이 조항을 범하는 사람이 있으리라고는 내가 일찍이 생각하지 못했다. 그런데 뜻 밖에도 이전에는 고토쿠 슈스이〔幸德秋水〕와 칸노지카〔管野지까〕, 난바 다이스케〔灘波大助〕 등이 이 조항을 범하였

고 또 대한제국의 박열이 이 조항을 범하였다. 이후로 염려되는 부분이 적지 않다. 또 두 사람의 재능과 지혜를 내가 아껴 그들이 반성하여 목숨을 잃지 않기를 간절히 바랐다. 그러나 두 사람이 모두 강력한 입장을 고수하여 굴복하지 않았다."

두 사람에게 사형을 선고했다고 사법성(司法省)에 보고하자 수상(首相) 와카츠키 레이지로〔若槻禮次郎〕와 사법성 대신 에기 타스무〔江木翼〕, 추밀원장(樞密院長) 호즈미 노부시게〔穗積陳重〕 등이 각의(閣議)를 열어 여론을 모으고 감형할 것을 주청하였다. 섭정이 조서를 통해 박열과 가네코 후미코를 특별히 무기형으로 감형하였다. 이에 박열 등이 사형되지 않고 각각 분리 수감되었다. 박열은 치바〔千葉〕로 송치하고 후미코는 우츠노미야〔宇都宮〕 지소 도치기〔櫪木〕 여자 감옥으로 보내 두 사람이 죽을 때까지 만나지 못하게 하였다.

처음에 박열의 사진이 사방으로 전파되었다. 야마모토 곤베〔山本權兵衛〕 백작이 가장 먼저 이 사진을 획득하고 이것은 황실에 관계된 일이라 판단하였다. 그리하여 궁내성에 출두하여

"박열 등은 대단히 위험한 인물인데 정부에게 감형을 주청하는 것은 무슨 까닭입니까."

라고 하였다. 궁내부 대신 이치키 기토쿠로〔一木喜德郎〕와 수상 와카츠키, 사법성 대신 에기 등이 크게 놀라며

"이것은 전혀 그런 사실이 없다."

라고 하였다.

7월 29일, 신문에 그들의 감형 소식을 게재하지 못하도록 하였다. 8월 상순에 두 번째 사진이 또 노출되었다. 사이온지 긴모치〔西園寺公望〕 공작, 마키노 기쿠노스케 대신, 야마모토 곤베 백작 등이 또 그 사진을 획득하여 항의하니 당국이 대단히 놀랐다.

24일, 서기를 취조하여 사건이 마침내 확대되었다. 도쿄에서는 커다란 물의가 빚어졌다. 이에 야당의 정우본당(政友本黨)이 흑룡회(黑龍會) 등 세 단체에 대해 공정하게 연구하고 추밀원(樞密院),[21] 귀족원(貴族院),[22] 중의원(衆議院)[23] 등이 모두 분기하여

"이 일은 국가의 기강이 해이해지고 위신이 실추되는 일에 관계된다."

라고 하며 1년 동안 정부를 규탄하여 정국이 온통 요동쳤다. 또 마츠시마 유곽〔松島遊廓〕과 대만은행의 일이 정부에 불리하게 작용하는 가운데 야권의 탄핵이 그치지 않았다.

정묘년(1927) 봄, 내각이 마침내 무너진 뒤에 마키노 기쿠노스케는 다음과 같이 말하였다.

"환경이 사람에게 미치는 영향은 결코 적지 않다. 박열의 일은 성장 환경에서 비롯되었으니 환경의 작용이 크다고 하지 않겠는가. 박열의 사건이 공개된 뒤에 전후의 사정을 세상 사람들마다 알고자 하였으나 사건의 전말은 자유롭게 발표하지 못하였다. 박열의 죄는 우리 일본의 입장에서 사면할 수 없지만 다른 사람의 입장에서 본다면 박열은 인간다운 사람이라고 할 수 있다. 그러므로 나는 동정하는 마음을 금할 수가 없다."

또 다음과 같이 말하였다.

"박열은 무정부주의자이다. 세상 사람들이 그의 주장에 호응하지 않았을 뿐 아니라 국가를 통치하는 사람들이 모두 배척하였다. 따라서 박열은 어디에도 몸 둘 곳이 없었다. 그의 재주와 용기를 볼 때 그는 사회적으로 기여할 수 있는 인물이었다. 나는 이 사람이 무슨 이유로 이러한 사상을 가지게 되었는지 모르겠다. 대개 대한제국의 사람으로 그의 행위는 보통사람들과 대단히 같지 않다."

또 다음과 같이 말하였다.

"박열이 이런 일을 하게 된 동기는 모두 우리 일본인에게서 비롯되었다. 오늘 죄는 박열을 논할 것이 아니라 마땅히 일본인들의 죄를 먼저 논해야 한다."

어떤 사람은 또

"박열은 원래 만성 폐렴 가답아(加答兒)와 분쟁성이라는 두 가지 병통을 가지고 있었다. 그러므로 감히 이런 범행을 저지른 것이다."

라고 하였다. 겨울이면 자주 피를 토했으므로 환자를 수용하는 감옥에서 요양하였다.

가네코 후미코〔金子文子〕는 일본 히로시마 현〔廣島縣〕 아키 군〔安芸郡〕[24] 온도 정〔音戸町〕에 거주하였다. 전직 순사였던 사에키 분이치〔佐伯文一〕의 장녀인데 부모가 혼인 신고하지 않은 상태에서 태어났다. 그녀는 메이지〔明治〕 임인년(1902)에 태어났으니 박열과 동갑내기이다.

처음에 사에키의 집안은 가난하여 그의 아내 가네코 기구와 술장사를 하였으나 사업이 뜻대로 잘 되지 않아 가네코와 사에키는 날마다 다투었으며 이로 인해 집안 살림은 나아지지 않았다. 이에 사에키는 마침내 이혼하고 가네코는 그의 딸을 데리고 외삼촌에게 갔다. 당시 후미코의 나이는 네 살이었다. 이때부터 어머니의 성을 따라 이름을 가네코 후미코라고 하였다. 그녀는 여섯 살이 되었지만 부모가 혼인신고를 하지 않았기 때문에 호적에 이름을 올리지 못하였다. 그녀의 어머니는 야마나시 현〔山梨縣〕 히가시야마나시 군〔東山梨郡〕 스와 촌〔諏訪村〕 추구(抽口)로 가 이모의 딸이라고 사칭한 다음에야 그녀를 호적에 올릴 수 있었다. 당시 사에키는 숙모를 설득하여 하마마츠 시〔濱

松市]로 도망쳐 술장사를 하였다. 얼마 있다가 후미코의 어머니도 재가하였다. 이렇게 되자 후미코는 의부(義父)와 서모(庶母)의 슬하에서 헤아릴 수 없는 고통을 겪어야 했다.

9세가 되었을 때 그녀의 외숙은 동양척식주식회사의 일로 이민을 가게 되면서 가네코 후미코를 데리고 조선 김천군(金泉郡)으로 오게 되었다. 그리고 충북의 부강(芙江) 일대를 떠돌며 생활하였다. 그의 집도 대단히 가난하였기 때문에 후미코는 종일 일에 시달려 잠시도 엉덩이를 자리에 붙이고 쉴 시간이 없었다. 이렇게 힘든 생활을 하다 보니 후미코는 기차에 뛰어들어 자살하려고 한 것이 한두 번이 아니었다. 그 뒤에 그녀의 외숙은 약 장사꾼이 되어 매일 밤마다 몰래 아편을 팔았다. 그런 외숙을 후미코는 악마처럼 미워하였다.

11세에 심상소학교(尋常小學校)[25]에 입학하였다. 후미코는 독서를 통해 일상적인 생활 외에 별도의 세계가 있다는 사실을 깨닫고 신문과 잡지를 즐겨 읽었다. 외숙 부부는 항상 화를 내며 그녀를 꾸짖었다. 후미코는

"이곳을 떠나지 않으면 공부를 할 수가 없다."

라고 하고, 드디어 집을 나가기로 결심하였다.

경신년(1920) 4월 12일, 부산과 시모노세키를 거쳐 오사카로 갔으나 여비가 다 떨어져 생활할 방법이 없었으므로 날마다 신문을 팔아 연명하였다. 혹은 저물녘에 떡 장수가 자리를 떠나면 그 자리에 가서 떨어진 것을 주워 먹었다. 남의 집 처마 밑에서 잠을 잔 것도 몇 달이나 되었다. 어느 날 그의 아버지가 외숙 가네코[金子玄衛]에게 시집보내려고 하였다. 후미코가 말하기를

"이것은 금수들이나 하는 짓입니다."

라고 하고 마침내 도쿄의 아사쿠사 구로 도망쳐 기독교를 믿었으며

틈 날 때마다 신문 읽기를 그만두지 않았다. 그렇게 1년이 지나자 그녀의 학문은 더욱 수준이 높아졌다. 음식점으로 일자리를 옮긴 뒤 매일 손님이 없는 오전 시간을 이용해 간다 구〔神田區〕 세이소쿠〔正則〕 학교로 가 영어를 배웠다. 그곳에서 비로소 여학생 니야마 하츠요를 알게 되었고 문예와 사상 서적을 구해 읽었다. 이에 그녀는 허무사상을 갖게 되었고 날마다 니야마와 함께 사회주의에 대해 토론하였다. 일할 시간에 조금이라도 늦으면 음식점 주인이 매번 화를 내며 강제로 통제하였다. 후미코는 이를 고통스럽게 생각하여 마침내 숙소를 옮겨 히바야〔日比谷〕에 있는 이와사키의 집으로 갔다. 그곳에서 예전처럼 간다 구를 오갔다. 이때 후미코의 나이는 20세였다. 후쿠 교우이치〔福狂一〕, 토시오 로닌〔藤田浪人〕 등 크고 작은 사회주의자들이 이와사키의 집에 많이 오갔다. 이에 후미코는 이 사람들과 친목을 돈독히 하였고 사회주의의 의미를 깊이 알게 되었다. 또한 책을 구입해 많이 읽었다.

임술년(1922) 5월, 후미코는 마침내 박열과 부부가 되었다. 이로 인해 그의 사상은 더욱 투철해졌고 머리도 깎게 되었다. 계해년(1923) 겨울, 박열과 함께 섭정의 암살을 도모하였다가 발각되어 체포되었다.

뒤에 이치가야〔市谷〕 감옥의 간수인 히라이〔平井〕와 오다 쿠라〔小田倉〕 등이 박열과 후미코 두 사람을 압송하여 재판소에 도착하였다. 곧이어 예심판사 다테마츠 가이세이와 서기(書記)가 법정에서 나가고 후미코와 박열만 조사실에 남게 되었다. 이들이 도망갈 것을 두려워한 간수가 방으로 들어가려고 하였으나 다테마츠가 꾸짖어 감히 들어가지 못하였다. 조금 있다가 다테마츠가 방으로 들어갔다. 이로부터 다테마츠는 두 사람을 재판소 임시 감옥에 함께 거처하게 하였다. 또한 형무소와 재판소 사이는 자유롭게 출입할 수 있도록 허락하였으며 서적을 후미코에게 대여해 주기도 하였다. 이것은 다이쇼〔大正〕 14년 을축년(1925) 말에 있었던 일이다. 같은 해 12월 박열과 후미코는 공소원(控訴院) 취조실에 함께 들어가 3시간 동안 있었다. 어느 날 조선일보 특파원 이석(李奭)이 방문하였다. 후미코가 이석의 손을 잡고

"나는 일반 여성이다. 비록 호소하고 싶은 생각은 없으나 듣자 하니 서울에 여성동우회(女姓同友會)가 있어 좋은 활약을 펼치고 있다고 한다. 앞으로 더욱 분발해 줄 것을 내가 간절히 바란다. 또 조선은 일찍이 내가 6년 동안 객지 생활을 하여 항상 그리워하는 마음을 품고 있고 지금 이번 일이 발각된 동기를 박열과 김중한의 내분 때문이라고 하는데 이는 사실이 아니다. 이른바 일본신문은 믿을 수가 없다."

라고 하였다.

후미코는 자신의 약력을 기록하였는데 그 분량이 수천 장이나 되었지만 멈추지 않고 계속 기록하였다. 후미코가 도치기〔櫪木〕 감옥으로 이감되었을 때 임신한 티가 확연하게 나타났다. 당국이 크게 놀라 뒤처리에 부심하였다. 이에 후미코는 스스로 목을 매어 운명하니 병인년(1926) 7월 22일의 일이었다.

후미코의 어머니 가네코는 낙태하려면 반드시 수술을 해야 하는데 좋지 않은 점이 있다고 생각하였고 후미코의 시신 인수를 거부하였다. 며칠 뒤에 변호사 후세 타츠시와 함께 시신을 수습하여 후세의 집으로 갔다. 이날 밤 경관 50여 명이 비상 경계 근무에 들어갔다. 31일에 화장하고 사문(沙文)이라는 법명을 받았다. 후세가 후미코의 유골을 조선으로 보내 장사할 수 있도록 허락해 줄 것을 요청하였다. 이때에 이르러 스가모〔巢鴨〕 경찰서에서 그녀의 유골을 보내주었다. 상주경찰서에서는 혹 사고가 발생할까 염려하여 한 달 여간 보관하다가 내주었다. 11월 5일 박정식이 신북면(身北面) 팔령리(八靈里)에 장사

지내고 둘째 아우 박두식(朴斗植)의 아들 박형걸(朴炯杰)을 양자로 삼아 주었다. 장사를 치르던 날 순경들이 철저하게 비밀을 지켜 외부 사람들이 장사에 참여하지 못하게 하였고 심지어는 제사조차도 당국의 통보를 기다린 뒤에 지내도록 지시하였으므로 마음대로 지낼 수가 없었다.

후미코는 피부가 눈처럼 희고 귀와 눈이 맑고 고왔다. 목소리는 크고도 맑았으며 소리 내어 크게 웃으면 그 소리가 멀리까지 들렸다. 어떤 사람은

"후미코는 그 성품이 칼 같지 않으면 반드시 가을서리와 같았다."

라고 하였다. 또

"후미코는 정신적으로 너무 무리하여 신경쇠약증이 있었다. 이로 인해 과격한 성품을 지니게 되었다."

라고 하였으나 그녀의 정신은 조금도 결함이 없었다. 어떤 사람은 또

"후미코가 이렇게 된 것은 가정과 사회에서 무한한 고통과 슬픔을 겪었기 때문이다."

라고 하였다.

김중한(金重漢)은 평안남도(平安南道) 용강군(龍岡郡) 지운면(池雲面) 두혁리(頭革里)에 거주하였으며 고종 임인년(광무6, 1902)에 태어났다. 그는 곱상한 외모를 지닌 인물로 세 살 때 아버지를 여의고 홀어머니 손에서 자랐다. 12세에 장가들었는데 고등보통학교에 들어가게 되자 이혼하였고 학비가 없어 학업을 마치지 못하였다. 무정부주의에 빠져 동지를 찾다가 마침 박열이 일본에 있다는 소식을 들었다. 계해년(1923) 4월에 소개장을 가지고 도쿄로 갔다. 당시 김중한은 22세였다. 박열

을 만난 그는 매우 기뻐하여 드디어 친한 사이가 되었다.

5월에 박열이 금성관(錦城館)에 도착하여 김중한을 만났다. 그는 김중한에게 상해로 가 의열단 및 공산당과 연락하여 폭탄을 들여오라고 요청하였다. 김중한이 상해로 가 폭탄을 몰래 들여오고 박열과 계획하여 기회가 오기를 기다렸다. 9월 1일 대규모 지진이 발생하여 도쿄가 무너져 내렸다. 일본인들이 의심하여 동포 4천여 명을 학살하였다. 김중한은 두려움에 도망쳐 귀국하였는데 도쿄에서 형사대를 보내 드디어 체포해갔다. 〈박열전(朴烈傳)〉에는, "지진이 발생한 다음날 김중한도 체포되었다."라고 하였는데 이곳에는 귀국하였다가 체포되었다고 하였으니 의심스러운 일이다. 법원 판사 시마즈〔島津〕가 폭발물취체령위반 혐의로 김중한을 예심에 회부하였다. 그러므로 이치가야〔市谷〕 감옥에 3년간 갇혀 있었다. 취조할 때 김중한은 입을 닫고 말하지 않았다. 문관이 이를 힘들게 여겨 1년 동안 김중한의 식사량을 줄여 제공하였다. 이로 인해 김중한은 시력이 약해져 사물을 볼 때 항상 돋보기를 착용하였다. 이에 김중한은 일종의 환멸감을 느껴 비로소 인생이 허무하다는 것을 맛보게 되었으며 인생이 아무런 가치도 없다는 것을 알게 되었다. 비록 이와 같았지만 그의 마음은 어떠한 고초에도 꺾이지 않았다.

을축년 가을에 비로소 공판이 시작되었다. 김중한이 법정에 나왔는데 그의 안색이 매우 창백하였다. 김중한이 재판장에게 요청하여

"내가 허리힘이 없어 서 있을 수가 없으니 의자에 앉았으면 한다."

라고 하였다. 공소원 원장 나가오카〔長岡〕가 이를 허락하고 무정부주의에 대해 물었다. 김중한의 진술은 초심(初審) 때와 동일하였다. 이에 말하기를

"내가 비록 사회주의자이지만 그 열성은 박열 부부만 못하다."

라고 하였다. 재판장에게 팔을 내보이며

"나는 1년 동안 굶주림에 시달려 이 팔에 뼈만 남았다."
라고 하자 법정을 가득 채운 사람들이 모두 크게 웃고 참담하게 여겼다. 그의 답변은 방청이 금지되어 들을 수가 없었다. 공판이 끝나자 징역 1년 6개월을 언도하였다. 구류되었던 500일을 계산하여 포함시키고 예심이 시작된 지 3년이 경과되었기 때문에 실제 형기(刑期)는 48일에 불과하였다.

병인년(1926) 1월, 김중한은 박열과 후미코가 사형된다는 소식을 들었다. 이튿날 그들을 찾아가 만나니 박열과 후미코가 모두 기쁜 표정으로

"내가 한 번 죽기를 기다렸는데 이제 3년이 지났다. 이제야 사형이 집행되게 되었으니 내가 죽은 뒤에도 그대는 건강을 지켜 우리의 바람에 부응해 주기 바란다."
라고 하였다.

김중한이 말하기를

"마음속에 바라는 바가 있는가? 있다면 말해주게. 내가 비록 몸이 부서지는 한이 있더라도 거절하지 않고 들어주겠네."
라고 하였다. 이에 간수가 더 이상의 대화를 막았으므로 말을 주고받을 수 없었다. 겨울에 다이쇼〔大正〕가 죽고 연호를 쇼와〔昭和〕로 바꾸었다. 정월 6일에 사면되어 출옥하였다. 사람들에게 말하기를

"지난 번 박열을 만났는데 당시의 정경은 지금 생각해 보아도 머릿속에 또렷이 남아 있다."
라고 하였다. 23일에 경성에 도착하였다. 처음 출감한 날은 국장 전날이었다. 김중한은 요코하마〔橫濱〕에 도착하여 이틀 간 머물렀다. 일본의 국수주의자들이 마침 이 소식을 듣고 김중한을 죽이려고 비밀리에 자객을 보냈다. 그러므로 김중한은 귀국할 때 몰래 출발하여 여러

동지들을 만나지 못하고 매우 친밀한 관계에 있는 몇 사람만 만났다. 조선일보 기자가 이후로 어떻게 살아갈 생각인지 묻자 김중한은

"지금은 몸이 쇠약한 상태이므로 무엇을 할지 모르겠다. 집으로 돌아가 건강을 돌보고 완쾌한 뒤에 생각해 보겠다."

라고 하였다.

살피건대, 관산(冠山)은 탄환만큼 작은 하나의 성이지만 영남과 호남의 요충지와 조령(鳥嶺)의 아래에 위치하여 우리나라의 가장 중요한 지역이다. 조령은 태백산의 남쪽 두류산의 북쪽에 있어서 천혜의 요충지이다. 관산 일대는 귀신이 깎아놓은 것 같은 험한 절벽이 늘어서 있고 먼 곳과 가까운 곳이 서로의 빼어남을 다투고 있으니 그 모습은 마치 백만 마리의 맹수가 노려보고 있는 것 같다. 이곳은 원기가 웅장하게 배치되어 있어 빼어난 인물이 그 사이에서 하나쯤 날 만한 지형인데 어쩐 일인지 지금까지 수천 년 동안 잠잠하게도 세상에 알려질 만한 인물이 나오지 않았다.

지금 박열은 오천(梧泉)에서 태어나 그의 됨됨이가 만 명의 필부를 능가할 만한 웅대한 마음을 지녔고, 기운은 천하를 덮을 만하다. 그러므로 9세에 대한제국이 일본과 합병되는 것을 보고 대단히 한스럽게 생각하였고 17, 8세에 또 바다를 건너 동쪽으로 가 대한제국과 일본인 남녀 몇몇과 함께 비밀리에 한 조직을 결성하고 파괴와 암살을 도모하여 나라의 원수를 갚고자 하였다. 이렇기 때문에 마키노(牧野)가 '사람이 이와 같다.'라고 하였으니 바로 박열이 그런 사람이 아니겠는가. 양(梁)나라 태사 왕언장(王彦章)이 말하기를

"표범은 죽어서 가죽을 남기고 사람은 죽어서 이름을 남긴다."

라고 하였다. 생각건대 박열은 한 청년에 불과하지만 그 이름은 대양(大洋)의 동쪽과 서쪽에 진동하여 장차 천지, 우주와 함께 영원할 것이니 대장부로서 해야 할 일을 다 했다고 할 수 있다. 진실로 그가 한 일의 성패를 가지고 그의 됨됨이를 논할 수가 없다.

계해년 9월 1일에 박열이 진실로 자신의 목적을 이루었다면 도쿄를 파괴했을 뿐만 아니라 일본천황도 암살했을 것인데 끝내 둘 다 하지 못하였다.

아, 하늘이 일본에 내려주는 복이 아직 다 끝나지 않은 것이란 말인가. 사람이 꾸민 일이 치밀하지 못한 것이 있는 것인가. 예로부터 우리 대한제국은 일본에 대해 병사의 숫자는 부족하고 병력도 약하였다. 그들의 위세와 무력은 비록 대적할 수 없었으나 충의(忠義)의 정신만은 꺾이지 않았다. 그러므로 신라 때는 박제상(朴堤上)이 일본에 사신으로 갔다가 온갖 심한 형벌을 당하면서도 충의의 자세를 꺾지 않고 죽었다. 고려 때는 우십문(于什門)이 일본에 사신으로 가 20여 년 동안 감옥에 갇혀 있었으나 또한 충의의 정신을 지키다가 돌아왔다. 당시의 사람들은 이 두 사람을 한나라의 소무(蘇武)보다 어질다고 평가하였다. 오늘날 양근환(梁權煥), 김익상(金益相), 김지섭(金祉燮), 박열 등이 일본에 수감되었으나 생사를 염두에 두지 않았다. 이 때문에 나는 고금의 우리 역사를 세계열강에 내놓고 자랑하더라도 부끄러운 것이 전혀 없다고 생각한다. 또 나라의 원수를 갚기 위해 다른 나라 군주를 죽이려고 계획한 경우는 천고의 역사를 헤아려보아도 예양(豫讓)[26]과 박열뿐이었으니, 그 어려움이 이와 같단 말인가.

천하의 모든 일은 벗에 의해 이루어지고 부인에 의해 실패한다. 그러므로 사람들이 큰일을 도모할 때 벗들에게는 알게 하면서도 부인에게는 알지 못하게 한다. 그러므로 예양이 저자거리에서 걸식할 때 그

벗은 그를 알아보았지만 그의 처는 알아보지 못하였다. 박열이 처음에는 김중한을 상해로 보내 폭탄을 구해오게 했는데, 비밀스러운 계획을 세울 때는 후미코와 함께 계획하고 김중한과 함께 하지 않았다. 필부의 신분으로 만승(萬乘)이나 되는 큰 나라의 군주를 죽이는 일이 얼마나 중대하며 얼마나 위험한가. 그런데도 그런 일을 부인과 함께 도모하였으니 진실로 천고 역사상 하나의 기이한 일이 아니겠는가. 그 부인이 또 일본 사람이었으니 더욱 기이하도다.

1 오천리(梧泉里) : 오천리는 마성면에 위치해 있다.

2 마키노 기쿠노스케〔牧野菊之助〕: 박열의 재판을 맡았던 재판장이다.

3 공립보통학교 : 보통학교는 오늘날의 초등학교에 해당한다.

4 일본으로부터……있었는데 : 1910년 8월 29일 일제는 〈조선귀족령〉을 공포하고 10월 7일 조선총독부 건물에서 자신들이 선정한 조선귀족 76명에게 귀족작위 수여식을 거행하였다. 이중 한규설, 조정구, 김석진, 윤용구, 민영달, 조경호, 홍순형 등은 작위를 거절했으며, 유길준은 작위는 받지 않고 은사금만 받았다. 또 김윤식, 이용직, 김사준, 김가진은 독립운동과 관련하여 작위를 박탈당하였다.

5 고등보통학교 : 일제 시대 보통학교를 졸업한 학생을 대상으로 중등교육을 실시하던 4, 5년제의 학교이다. 1940년에 중학교로 이름을 고쳤다.

6 이와사키〔岩崎〕: 이와사키의 한자 표현은 '岩崎'가 맞다. 원문의 '岩綺'는 잘못된 표현이다.

7 이와타 사쿠타로〔巖佐作太郎〕: 일본의 저명한 아나키스트이다.

8 섭정(攝政) : 여기서 섭정은 미치노미야 히로히토〔迪宮裕仁〕를 가리킨다. 히로히토는 아버지 다이쇼〔大正〕가 정신질환으로 은퇴하자 섭정으로 임명되었으며, 1924년 구니노미야 나가코〔久邇宮良子〕와 결혼했다. 때문에 당시 히로히토 황태자는 섭정으로 불렸다. 그 후 부친이 사망하자, 1926년 12월 25일 천황이 되었고,

연호는 쇼와〔昭和〕로 정해졌다. 히로히토는 1989년 사망할 때까지 천황의 자리를 지켰다.

9 관동대지진 : 1923년 9월 1일 일본 관동 곧 간토 지방에서 큰 지진이 발생하여 많은 인명과 재산 피해로 일본 내 민심은 흉흉하였다. 이러한 사회적 불안을 해소하고자 일본 정부는 '조선인이 폭동을 일으킨다', '조선인이 일본인을 죽이기 위해 우물에 독약을 넣었다'는 등 유언비어를 퍼뜨렸다. 이 유언비어 때문에 일본인들은 일본 내 조선인을 학살하는 대참사를 벌였다. 이때 학살된 조선인 숫자는 약 6천여 명으로 알려져 있다. 조선인 학살과 더불어 일본 사회주의자, 아나키스트 등 좌파 계열의 운동가에 대한 학살 또한 진행되었다.

10 음모(陰謀)가 발각되었다. : 박열이 폭탄을 확보하기 위해 노력하던 당시, 9월 1일 대지진으로 상황이 급변하였다. 이 일을 계기로 일본 군부와 경찰은 9월 3일부터 "불령선인들을 수색하고 선량한 조선인들을 보호한다."는 명분으로 한인들을 검속하였다. 이 때문에 박열과 가네코 후미코는 3일 새벽 세다가야〔世田谷〕경찰서로 연행되었고 정태성과 장상중 등 불령사 회원들도 모두 검속되는 등 6,200여 명의 한인이 검속되었다. 일본 정부는 10월 20일 느닷없이 불령사 회원 16명을 비밀결사 조직 혐의로 검사국에 기소하였다. 박열 부부에게는 왕세자 결혼식 때 일왕 등을 암살하려 했다는 혐의를 씌워 사형에 해당하는 대역죄(大逆罪)를 적용했다. 그 유일한 근거는 김중한의 애인 니야마 하츠요〔新山初代〕가 그런 말을 전해 들었다는 진술뿐이었다. 일제 검찰은 1924년 2월 14일 박열 부부와 김중한에 대해 '천황 폐하와 황태자 전하에게 위해를 가하려 한 대역 예비죄'라고 예심을 종결지었지만 폭탄 구입에 관해 논의한 것을 대역죄로 모는 것은 무리였다. 이에 나머지 불령사 회원들은 예심 종결과 함께 1924년 6월 방면되었고 이 가운데 홍진유와 서상경은 귀국해서 흑기연맹을 만들었다.

11 취체(取締) : 단속이라는 의미이다.

12 공소원(控訴院) : 우리나라의 고등법원에 해당한다.

13 대심원(大審院) : 우리나라의 대법원에 해당한다.

14 고토쿠 슈스이〔幸德秋水〕: 1910년 일본 메이지〔明治〕 천황의 암살을 기도한 혐의로 수백 명이 검거되었는데 1911년 대심원에서 고토쿠 등 12명이 사형을 당하였다.

15 난바 다이스케〔灘波大助〕: 쇼와천황이 황태자로서 섭정하던 1923년에 황태자

의 암살을 시도하였다.

16 대심원이……없었다 : 대역죄란 당시 절대 신성한 존재였던 일본 황실에 대한 반역사건으로 형법 제73조에 의하여 극형에 처하게 되어 있었다. 즉 천황과 그 직계 존속(尊屬)과 비속(卑屬)에 대하여 위해(危害)를 가하였거나 가하려 하는 자는 사형에 처하되, 재판도 형법에 대심원 단심으로 규정되어 있었다. 박열 사건은 고토쿠 사건, 러시아황제저격사건, 난바 다이스케 사건에 이어 일본에서 열리는 네 번째 대역사건이었다.

17 후세 다츠시〔布施辰治〕: 1880~1953. 인권 변호사로 활동하였으며, 간토 대지진 후 일본인이 조선인을 학살하자 100여 명을 숨겨주고 숙식을 제공하기도 하였다. 특히 그는 1919년 2·8독립선언으로 체포된 조선청년독립단의 변호를 비롯하여 의열단 김시현 변론, 형평사운동 순회강연, 박열과 가네코 변론, 조선공산당 사건 변론 등 조선의 독립운동가 변론을 도맡았다. 그러나 1930년 들어 일본정부는 후세의 변호사 자격을 세 차례나 박탈하는 한편, 두 차례나 감옥에 가두었다. 해방 이후에도 후세 변호사는 재일조선인 관련 사건을 무료 변론하는 등 조선의 쉰들러로 불리게 되었다.

18 전에 없었던 : 파천황(破天荒)은 천지개벽 이전의 혼돈상태를 깨듯이 지금껏 아무도 생각하지 못한 놀라운 일을 하는 경우를 가리킨다.

19 대관(大官) : 높은 벼슬 또는 그 지위에 있는 사람이다.

20 오하라〔小原〕: 小原은 고하라로 읽히기도 한다.

21 추밀원(樞密院) : 천황의 자문기관으로 1888년 4월부터 1947년 5월까지 존속하였다.

22 귀족원(貴族院) : 중의원과 함께 일본 제국의회를 구성하는 기관이었다. 1947년 폐지되었다.

23 중의원(衆議院) : 귀족원과 함께 일본 제국의회를 구성하는 기관이었다. 종전 후 일본국 헌법 시행 이후에는 참의원과 함께 국회를 구성하며 하원에 해당한다고 할 수 있다.

24 아키 군〔安芸郡〕: 본문에는 芸郡으로 되어 있으나, 히로시마에는 芸郡이 없다. 따라서 安芸郡이 아닌가 추정된다.

25 심상소학교(尋常小學校) : 일제 시대 초등교육을 행하던 학교이다.

26 예양(豫讓) : 전국 시대 진(晉)나라의 자객(刺客)이다. 그는 지백(智伯)으로부터 국사(國士)의 대접을 받은 것에 보답하기 위해 복수하려고 하면서 "선비는 자기를 알아주는 사람을 위하여 목숨을 바치고, 여인은 자기를 좋아하는 사람을 위하여 화장을 한다.〔士爲知己者死, 女爲說己者容.〕"라는 유명한 말을 남겼다. 《사기(史記) 권86 자객열전(刺客列傳) 예양(豫讓)》

문창숙 文昌淑

문창숙[1]은 황해도(黃海道) 신계군(新溪郡) 마서면(麻西面)에 살았다. 고종 무술년(광무2, 1898) 생으로 정묘년(1927)에 30세였다.

기미년(1919) 봄에 3·1운동이 일어나자 독립사상을 품고 만주 통화현(通化縣)으로 갔다. 신흥군사학교(新興軍事學校)[2]에서 수학하고 군정서(軍政署)[3]에 들어갔다.

당시 백광운(白光雲)이 참의부서(參議府署)[4]를 만들었는데 문창숙은 부사(副士)가 되었고 얼마 뒤 소대장과 중대장을 역임하였다. 계해년(1923) 11월, 하순경(河舜卿)의 부하 다섯 명과 함께 강계(江界) 문흥리(文興里)로 가 하루 밤에 수천 원을 모금하였다.

처음에 중대장으로서 밀정 홍종락(洪鍾洛)을 살해하려고 했으나 후에 결국 체포되었다. 신의주(新義州) 법원에서 제령위반으로 사형을 언도받았다. 문창숙은 판결에 불복하여 항소하였다. 정묘년(1927) 10월 20일, 평양복심법원 재판장 사이토〔齋藤〕 역시 그에게 사형을 언도하였다.

1 문창숙 : 일명 김석산(金石山), 김기준(金基準), 김승숙(金勝淑)으로 알려져 있다.

2 신흥군사학교(新興軍事學校) : 신흥무관학교를 가리킨다. 이회영 일가 6형제와 이동녕 등은 1910년 7월 중국 유하현 삼원보 추가가에 무관학교인 신흥강습소를 설치하였다. 1912년 신흥강습소는 통화현 합니하로 이전한 뒤, 1913년 신흥중학으로, 1919년 다시 신흥무관학교로 개칭하였다.

3 군정서(軍政署) : 서로군정서를 가리키는 것으로 보인다.

4 참의부서(參議府署) : 참의부를 말한다. 1923년 8월 임시정부 직할 군단으로 새로운 군정부인 참의부가 창립되었다. 참의부는 중앙의회를 두어 군사와 민정을 통괄하는 한편, 13개 지방행정구와 5개 무장중대로 구성되었다. 이중 백광운은 참의장 겸 제1 중대장이었다. 참의부는 국경지대에서 가장 활발한 항일무장투쟁과 국내진공작전을 전개한 단체이다. 백광운이 참의부서를 만들었다는 표현은 백광운이 참의부 조직에 주도적인 역할을 한 것을 말한다.

김지섭 金祉燮

김지섭의 자는 위경(衛卿), 본관은 풍산(豊山)이다. 설송공(雪松公) 김숭조(金崇祖)의 후손이며 안동군(安東郡) 풍북면(豊北面) 오미동(五美洞)에 살았다. 태황 갑신년(고종21, 1884)에 태어났다. 어려서 족숙인 운재(雲齋) 김병황(金秉璜)의 문하에서 수학하였는데 영특하여 천재라고 일컬어졌고 일찍 문장을 성취하였다. 21세의 나이에 일본어를 공부하였는데 몇 개월 만에 능통하였다. 상주보통학교(尙州普校) 교원이 된 후 혼자 과학(科學)을 공부하였고 그 뒤 금산 지방법원(錦山地方法院) 서기관이 되었다.

을묘년(1915)에 김응섭(金應燮) 법률사무소 출장원으로 상주에서 지냈다. 4년이 지나 기미년(1919) 음력 2월 1일, 독립만세운동이 크게 일어나는 것을 보고는 직책을 버리고 돌아와 김응섭과 함께 대구에 머물렀다. 경신년(1920) 5월, 북경으로 들어갔는데 김응섭이 김지섭에게 귀국하라고 애써 권유하자 얼마 후 김지섭은 고국으로 돌아왔다.

임술년(1922), 김지섭은 다시 상해로 가 의열단(義烈團)[1]에 들어갔다. 일설에는 신유년(1921)에 입단했다고 함 그는 단장 김원봉(金元鳳) 및 여러 동지들과 함께 상해와 북경 사이를 오가며 독립운동을 하였다. 당시 상해에 있는 우리나라 사람들은 두 당이 있었는데 하나는 고려공산당(高麗共産黨)이고 하나는 한족공산당(韓族共産黨)[2]이었다. 러시아 사람이 사회주의 선전비로 20만 원을 보냈는데 고려당원 김립(金立)이 선전은 하지 않고 돈을 다 써버렸다. 이 일이 있은 뒤에 러시아 사람은 경비를 다시 보내주지 않았다.

이에 김지섭은 극동민족대회(極東民族大會)[3]가 모스크바에서 열린다는 소식을 듣고 회의에 참석하러 갔다. 임술년(1922)에 상해로 갔다면, 어느 틈에 이 대회에 갈 수 있었겠는가? 4월에 고려당원 장건상(張健相)이 러시아에서 상해로 돌아왔다. 김지섭은

"극동 민족은 너무 어리석어 말로는 깨우칠 수가 없다. 또 선전자금을 얻으려면 마땅히 조선으로 가 파괴와 암살 같은 큰 거사를 한 연후에 사회주의를 선전할 수 있고 러시아로부터 자금을 얻어낼 수 있다."

라고 하였다. 10월에 마침내 결의하고 계해년(1923) 3월에 김시현(金始顯), 유석현(劉錫鉉) 등과 함께 은밀히 폭탄을 가지고 경성을 파괴하려고 하였다. 그러나 김시현 등 13인이 모두 체포되었다.

이때 김지섭과 김원봉, 장건상은 안동현(安東縣)에 이르러 거사가 실패하는 것을 보았다. 함께 상해로 도망가면서 김지섭은

"지금 조선에서 실패하였으니 내가 마땅히 일본으로 가 거사를 해야겠다."

라고 하였다.

9월 1일, 일본에 대지진이 있었는데 도쿄가 마침내 지진으로 무너져 내려앉았다. 일본인은 우리나라 사람을 의심하여 우리 동포 4천여 명을 학살하였다.[4] 김지섭은 그 소식을 듣고 매우 분개하였다.

마침내 윤자영(尹滋英), 김반(金班) 등과 함께 결사대를 조직하고 자신은 특파원이 되었다. 그때 마침 일본으로 가는 미쓰이 물산상회〔三井物産商會〕의 텐조야마마루〔天城號〕 배편이 있었다. 김지섭은 일본인 공

산당원 히데시마 고지〔秀島廣二〕 및 이발사 고바야시 히라쿠〔小林開〕를 시켜 선원 구로시마 리게이〔黑島利卿〕와 고바야시 간이치〔小林貫一〕 등을 속이게 하여

"일본 코카인을 수입해 중국으로 가져오면 그 이득이 10배이니 서로 함께 나눕시다."

라고 하였다. 구로시마 리게이가 그렇게 하기로 하였다.

이에 김지섭은 작은 폭탄 세 개와 나카무라 히코타로〔中村彦太郞〕라는 명함 30장을 가지고 고바야시 히라쿠와 함께 텐조야마마루 배에 승선하였다.

배는 상해를 출발해 평양을 지나 12월 그믐에 후쿠오카 현 야와타〔八幡〕 제철소 앞에 도착하였다. 그는 밤을 틈타 육지에 내렸다. 김지섭이 배를 타고 오면서 지은 시는 다음과 같다.

만 리에 떠가는 가벼운 좁쌀 같은 내 몸	萬里飄然一粟身
배안 사람 모두 적이니 친한 이 누가 있는가	舟中皆敵有誰親
장량의 철퇴와 형가의 검 가슴에 품은 지 오래되었고	張椎荊劍胸藏久
노중련의 바다, 굴원의 상수에 뛰어들 생각 자주 했다네	魯海屈湘思入頻
오늘 절치부심으로 배를 탄 나그네	今日腐心潛水客
옛날 와신상담하는 사람과 같도다	昔年嘗膽臥薪人
이렇게 가는 것은 이미 평소의 뜻을 결행하는 것	此行已決平生志
관문을 향하여 다시 나루를 묻지 않으리라	不向關門更問津

김지섭은 비젠야〔備前屋〕에 며칠 머물렀으나 여비가 없자 시계와 모포를 팔았다. 때는 갑자년(1924) 1월 3일이었다.

처음에 김지섭은 의회가 도쿄에서 열린다는 소식을 듣고는

"이때에 조선총독과 일본 고관이 반드시 모두 모일 것이니 내가 습격하여 모두 죽이겠다."
라고 하였다. 3일 밤, 오사카에 도착하여 신문을 보니 의회는 연기되어 열리지 않는다고 하였다. 김지섭은 분개하며
"도쿄 왜적 황제의 궁궐은 일본인들이 가장 숭배하는 곳이다. 지금 의회가 이미 연기되었으니 대궐문 앞에서 한바탕 폭탄을 터뜨려 내 울분을 쏟아내야겠다."
라고 하였다. 5일 아침, 그는 도쿄 시나가와〔品川〕 역에 도착하였다. 그는 조선학생들이 다카다노바바〔高田馬場〕 앞 심설관(深雪館)에 많이 있다는 이야기를 듣고 학생들이 많으면 은밀히 행동하기가 매우 편할 것이라고 여겨 성선(省線) 전차(電車)를 타고 심설관에 이르렀다. 그런데 사람이 많아 묵을 곳이 없어 부득이 옆의 여관에서 밥을 먹고 도쿄 지도를 사서 보았다.

일본 황제가 사는 궁 정문은 히비야〔日比谷〕에 있었다. 날이 저물자 김지섭은 니주바시〔二重橋〕 사쿠라다몬〔櫻田門〕에 도착하였다. 그는 순사가 문 앞에 서있는 것을 보고 곧바로 폭탄을 꺼내 던졌다. 뇌관에 불이 붙긴 했으나 도화선이 고장이 나 불발되었다. 김지섭은 다시 쳐죽이려고 쫓아갔으나 다리 복판에 이르러 파수병에게 체포당하였다. 그의 몸을 수색하였지만 아무 것도 없었고 다만 주머니 속에 동전 세 닢만 있었다.

8월 9일에 공판이 열렸다. 직업을 묻자 김지섭은
"나의 직업은 독립단(獨立團) 혁명사(革命社)이다."
라고 하였다.
"그대가 말하는 직업이 생활을 위해 하는 것이 아닌가?"
"대장부가 이 세상에서 어찌 먹고살려고 하는 일에 만족하겠는가?

내가 독립운동을 하는 이유는 일본이 우리를 핍박하고 모욕했기 때문이다. 나는 이 한 몸 바쳐 독립을 위해 희생할 것이다."

"총독부 판사 백윤화(白允和)에게 1만 원을 협박해서 얻은 것[5]이 아닌가?"

김지섭은 말하기를

"그것은 의무적인 것이지, 협박한 것이 아니다."

라고 하였다. 2차 공판에서 김지섭은 일본의 학정을 거론하며 한바탕 통렬한 논의를 하였다. 그의 논변은 마치 연설과 같았는데 방청객이 모두 장하게 여겼다. 또 말하기를

"지금 나의 행동은 세상을 한번 놀래키기 위한 것일 뿐만 아니라 일본을 반성하게 하려는 것이다."

라고 하였다. 그 후에 동생 김희섭(金禧燮)에게 편지를 써서

"너는 나로써 위로를 삼을 것이지 나 때문에 슬퍼하지 말라."

라고 하고 다른 말은 더 없었다.

10월 11일, 이시다〔石田〕 검사는

"피고는 무법자이므로 사형을 구형한다."

라고 하였다. 3차 공판에서 김지섭은 재판장에게 대답하기를

"예전에 군자금을 모금한 것과 지금 폭탄을 투척한 일은 지극히 광명정대한 것이다. 그런데 어째서 이를 강도라고 하는가? 속히 나를 죽여 고통스럽게 하지 말라."

라고 하였다. 재판장 나가시마〔長島〕는 그에게 무기징역을 선고하였다. 김지섭과 고바야시 등을 나누어 수감할 때 서로 웃으며 헤어졌다. 이치가야〔市谷〕 형무소로 간 김지섭은

"무기징역은 사형과 다를 것이 없다."

라고 하고 이에 사형원을 제출하였다. 그러나 대심원[6] 검총장 고야마

〔小山〕는 들어주지 않았다. 김지섭은

"똑같은 징역이니 조선으로 돌아가 복역하고 싶다."

라고 하고 변호사 후세 다츠지〔布施辰治〕[7]로 하여금 사법성(司法省) 행형국(行刑局) 대리국장(代理局長) 마츠이〔松井〕에게 청하도록 하였다. 마츠이는 고야마를 만났으나 고야마가 또 들어주지 않고 마침내 치바〔千葉〕로 이감하였다.

김지섭은 크게 성을 냈고 이 때문에 당국을 공격하였다. 그리하여 또 일본은 그를 홋카이도〔北海島〕 강구형무소(鋼尻刑務所)로 이감하려고 하였다.

병인년(1926) 가을, 다이쇼〔大正〕가 죽고 쇼와〔昭和〕가 왕위에 오르자 대사면이 있었다. 양근환(梁槿煥), 김익상(金益相), 박열(朴烈) 등은 모두 감형되지 않았으나 유독 김지섭만 무기징역에서 20년으로 감형되었다. 무진년(1928) 정월 그믐, 김지섭은 생을 마쳤다.

이때 친척 아우인 김구현이 도쿄에 있었는데 하루는 간수가 김구현을 불러 김지섭의 시신을 인도하였다. 그러나 김구현은 시신에 상처가 있는 것을 보고 병으로 죽은 것 같지 않았기 때문에 시신을 받지 않고 대구로 전보를 쳤다. 2월 4일, 김지섭의 아우 김희섭과 아들 아무개가 치바에 도착하였다. 형관이 유골이 담긴 봉투 하나를 그에게 주며 말하기를

"이것은 김지섭을 화장하고 남은 재이다."

라고 하였다. 김희섭이 봉투를 받아 부산에 도착하니 청년회가 옻칠한 관을 갖추고 명정에 '고 추강(秋岡) 김지섭의 관'이라고 써서 맞이하였다. 당시 모인 남녀노소 대략 만여 명이 모두 크게 곡을 하고 싶었으나 일본인이 금하여 곡을 하지 못하였고, 다만 여학생들 중에 통곡하는 이가 있었다.

김해에 도착하자 또 청년회에서 옻칠한 관을 갖추어 장사를 지내려 하였으나 그러지 못하였고 또 곡을 금하였으나 우는 여학생들이 있었다.

대구와 안동에 도착하여 만여 명의 모인 사람들이 또한 감히 곡을 하지 못하였다. 곡을 하는 이들은 다만 여학생들뿐이었다.

7일에 풍산에 도착했는데 마침 장날이었다. 일본인이 또 곡을 금지하였으나, 온 시장사람들이 모두 목놓아 크게 곡을 하였다. 그 소리가 마치 만 마리의 소가 울부짖는 것과 같았다. 어떤 이가 한 필의 비단을 부조하였는데 이때부터 수레에 싣고 집에 도착하였다.

장사지낼 때에 애도하는 글과 조문객 등을 일체 금하였고, 다만 집안사람과 경찰 약간만이 참석하여 집 뒷산 모 좌의 언덕에 장사지냈다. 봉분을 하지 않고 평평하게 무덤을 하였으니 이 역시 일본인이 그렇게 한 것이다.

애초에 감금된 자는 의례 일을 해야 했으나 김지섭은 감금되어 있는 동안 일을 하지 않고 날마다 독서하였다. 매번 이 때문에 구타를 당하였다. 이에 갑자기 죽으니 모두들 이를 의심하였다. 김지섭은 아들이 없었는데 김희섭의 아들 아무개가 대를 이었다.

살피건대, 비록 일본 황제가 사는 궁궐 정문에 폭탄을 터뜨렸지만 순사에게 폭탄을 던진 것은 아니었다. 안타깝도다. 김지섭은 어찌하여 황제에게 던지지 못하고 순사에게 던지게 되었는가. 게다가 폭탄을 던졌으나 제대로 맞추질 못하고 도리어 욕을 당하였는가. 김지섭의 말을 살펴보면 김지섭은

"내가 마땅히 대궐문 앞에 폭탄을 던져 내 울분을 펼칠 것이다."

라고 하였다. 김지섭이 황제에게 던지지 못하고 순사에게 폭탄을 던지게 된 까닭은 가슴 가득한 울분의 피가 큰 물줄기를 막고 있는 것 같아서, 한 번에 터져 육지에 퍼지면 급격하게 곧바로 쏟아져 모래나 돌을 분간할 겨를도 없었던 것이 아니겠는가. 김지섭은 소장부가 아니거늘 어찌 구구한 순사를 죽이는 것으로 목적을 삼았겠는가?

해서(海西)[8]의 의사 안중근 이래로 지금까지 폭탄을 투척한 사건이 많다고 할 수 있으나 일본으로 가 황제가 사는 궁궐 정문에 폭탄을 던진 것은 김지섭 한 사람뿐이니 그 용맹이 과연 어떠한가.

처음에 김지섭이 비젠야에 며칠 머물면서 여비가 없어 시계와 모포를 팔아 밥을 먹었다. 후에 체포될 때 주머니 속에는 동전 세 개뿐이었다.

황제에게 폭탄을 던지지 못하고 순사에게 폭탄을 던진 것은 황제를 겁내고 순사를 쉽게 생각해서가 아니다. 이것은 여비가 곤궁하여 차분하게 거사를 도모할 수 없었기 때문이 아닌가. 김지섭이 만약 여비가 넉넉하여 다시 차분하게 거사를 도모했다면 나카오카 곤이치〔中岡良一〕를 위해 하라 다카시〔原敬〕[9]를 죽일 수 있었고 난바 다이스케〔灘波大助〕[10]를 위해 섭정을 죽일 수도 있었을 것이다.

그러나 도쿄에서 의회가 연기되어 기약이 없었고 여비 100원도 이미 다 써버린 상태였다. 대장부가 큰일을 하는 처음에 자본이 없어 뜻을 이루지 못했으니, 아, 이른바 돈이라는 것은 도대체 무슨 물건인가.

1 의열단 : 1919년 11월 중국 길림성에서 김원봉, 윤세주, 이성우, 이종암 등 13명이 의열단을 조직하고, 김원봉을 단장에 선임하였다.

2 고려공산당(高麗共産黨)과 한족공산당(韓族共産黨) : 상해파 고려공산당과 이르쿠츠크파 고려공산당을 말하는 것으로 보인다.

3 극동민족대회(極東民族大會) : 정식명칭은 극동피압박민족대회이며, 일명 극동인민대표대회라고도 한다.

4 도쿄가……학살하였다 : 관동대지진으로 인해 일본이 조선인을 무참하게 학살한 사건을 말한다.

5 백윤화(白允和)에게……얻은 것 : 서울 시내 무교정(武橋町) 총독부 판사직에 있던 백윤화에게 군자금 5만원을 요구하였으나 전액(5만원) 지불이 불가능하다고 하여 1만원을 출연하라고 하였다. 이때 백윤화는 현금 2천원을 경성지방법원 사무실에서 주겠다고 하였다가 약속을 어겼는데 동지 윤병구(尹炳球)가 자금지원을 받기 위해 백윤화 집에 갔다가 미리 잠복해 있던 일본 경찰에 의해 잡히고 말았다.

6 대심원 : 우리나라의 대법원에 해당한다.

7 후세 다츠시〔布施辰治〕: 1880～1953. 인권 변호사로 활동하였으며, 간토 대지진 후 일본인이 조선인을 학살하자 100여 명을 숨겨주고 숙식을 제공하기도 하였다. 이후 조선인들을 위해 많은 사건의 변호를 담당하였다.

8 해서(海西) : 원문의 서주(西州)는 해서지방(海西地方), 즉 황해도 지역을 의미한다.

9 하라 다카시〔原敬〕: 1856～1921. 힘과 당리당략의 정치가로서 나카오카 곤이치의 칼에 찔려 암살당했다.

10 난바 다이스케〔灘波大助〕: 일본 황태자 미치노미야를 저격하려 했던 인물이다.

김창균 金昌均 / 이희준 李羲俊

김창균은 고종 임진년(고종29, 1892)에 태어났다. 무진년(1928)에 김창균은 37세였다. 임술년(1922) 8월에 동지인 이희준과 함께 만주로 가 대한독립단 중대장 백광운(白光雲)의 부하로 들어갔다. 이두성(李斗星)은 김창균에게 군자금을 모으도록 권유하였다. 이에 김창균은 이희준 등 여덟 명과 함께 강계(江界)의 청풍동(淸楓洞) 주재소로 가 순사를 쏴 죽이고 주재소에 불을 질렀으며 또한 민가에 불을 질렀다. 밀정이었던 닭 장수 장득성(張得成)을 붙잡아 창곡산속으로 데리고 가 파묻어 죽여 버렸다. 우체부를 습격하여 1,500원을 빼앗았으며 우편물을 모조리 태워버렸다. 신의주와 강계 사이의 전선을 잘라버려 통신을 끊어버렸다.

갑자년(1924) 5월 15일에 총독인 사이토 마코토〔齋藤實〕가 국경을 순시하러 압록강에서 배를 타고 강계를 지나갈 때 이희준 등은 남상호(南上湖)의 절벽 위로 가 저격하였으나 그를 맞추지 못하였다. 뒤에 두 사람은 체포되어 신의주 감옥에 갇혔다. 무진년(1928) 4월 28일에 검사가 사형을 구형하자, 두 사람은 승복하지 않고 항소하였다. 평양 배심판사 기쿠치〔菊池〕가 강계로 와서 현장 조사를 하였다. 8월 15일 공판이 열리자 총독을 저격하고 주재소를 습격한 일에 대해 김창균은 모두 인정하였으나 밀정을 죽이고 우체부를 습격한 것과 전선주를 절

단한 일에 대해서는 모두 부인하였다. 기쿠치가

"총독을 어째서 저격하였는가?"

라고 묻자 김창균은

"이것은 일종의 시위이다."

라고 하였다.

"죽이려고 한 것이 아닌가?"

"그 거리를 확인하면 알겠지만 총독에게 압록강 맞은 편 기슭에 독립군이 있다는 것을 알려주려 한 것뿐이다."

기쿠치가 군모와 복장을 꺼내 보이면서

"이것은 너희들이 경관과 교전할 때 잃어버린 것이 아니냐."

라고 묻자

"비록 맞다고 확신할 수 없지만 그 당시에 잃어버린 것이 있긴 하다."

라고 대답하였다.

공판을 마치자 또한 사형을 구형하면서

"피고 등은 모두 독립단으로 활약하면서 총독을 저격하였으니 세상에서 반드시 그들을 훌륭한 인물이라고 인정할 것이다. 그러나 그들의 약력을 살펴보면 그럴 자격이 없다. 또한 살인과 방화 및 전선을 절단한 것을 보면 전혀 동정할 수 없으므로 극형에 처해야 한다."

라고 하였다. 이에 김창균은 한바탕 연설조로 거침없이 말하기를

"나는 이미 죽는 것을 두려워하지도 꺼려하지도 않는다. 그러므로 나는 당당한 대의를 주장하여 독립운동을 하였으니 치안을 방해하였다는 죄목을 씌운다면 비록 죽더라도 달게 받겠다. 그러나 강도로 죄목를 씌운다면 원통하지 않겠느냐."

라고 하였다. 이희준 또한 일어나 김창균처럼 거침없이 말하기를

"나는 군인이므로 상관의 명령에 따라야 한다. 이 때문에 군자금을 모았고 총독을 저격하였으니, 내가 한 것이 아니라 이두성이 한 것이다. 또한 그 당시 우리들은 현장에 있지 않았다. 만약 우리들이 했다면 어찌 부인하겠는가."

라고 하였다. 쇼와〔昭和〕가 즉위할 때 김창균은 사형에서 무기징역으로 감형되었으나 이희준은 감형되지 않았다. 무진년(1928)에 이희준은 36세였고 김창균은 37세였다.

이시운 李時運

이시운은 평안북도 후창군(厚昌郡)에 거주하였다. 기미년(1919) 가을에 중국의 집안현(輯安縣)으로 가 노동일을 하며 살았다. 뒤에 독립단에 들어가 검찰관이 되었다. 갑자년(1924) 가을에 최경태(崔京泰)가 밀정이 되었다는 소식을 듣고 몇 명의 동지들과 함께 최경태를 유인하여 죽였다. 을축년(1925) 봄에 마침내 체포되어 신의주법원에서 재판을 하였는데 15년형을 언도받았다. 이 당시 이시운이 승복하지 않고 항소하였지만 복심법원에서도 마찬가지로 판결하였다. 이시운은 서울의 고등법원에 상고하려고 하였다.

이진무李振武

이진무는 평안도(平安道) 정주군(定州郡) 옥천면(玉泉面) 월옥동(月玉洞)에서 살았다. 이성상(李星霜), 이송해(李松海), 이득성(李得成), 이숙산(李肅山)이라는 네 개의 별명이 있었다. 고종38년 신축년(1901)에 태어났다. 인품이 뛰어났으며 생기발랄하였다. 계해년(1923) 음력 9월, 이진무는 조선 독립에 뜻을 두고 서쪽으로 만주(滿洲)에 도착하여 통의부(統義府)[1]에 들어가 제2중대장 최석순(崔錫順)의 부하가 되었다. 어느 날 최석순이 이진무에게

"지금 우리 통의부에는 재정이 궁핍하니 그대가 조선으로 돌아가 자금을 모집하기 바란다."

라고 하였다. 이에 이진무는 동지 11인과 함께 입국하여 선천(宣川) 월봉(月峯)으로 가 광주(鑛主)인 허경순(許京淳)을 위협하여 모금하였다. 그리고 선천 삼봉동(三峯洞) 주재소를 습격하여 말과 총을 빼앗고 불을 질렀다. 이로부터 전후로 10여 차례에 걸쳐 500여 원을 모금하였고 세 차례 경관과 충돌하였으며 두 명을 죽였다.

을축년(1925) 음력 4월, 정의부(正義府)[2]가 처음 조직되었을 때 이진무는 또 정의부에 들어갔다. 7월 4일, 철산(鐵山)에 도착하여 거련관(車輦館), 양조(釀造) 회사 및 우편국을 공격하여 경관과 접전 끝에 경관 네 명을 죽였다. 정묘년(1927)에 정사(正士)로 승진하였다. 정주와 구성

(龜城) 사이에 약수터가 하나 있었다. 8월, 이진무가 약수터에 갔을 때 약수를 마시러 온 자가 대략 40여 명이었다. 이진무는 조선독립에 대하여 일장 연설을 하고 군자금 모금에 협조할 것을 요청하였다.

무진년(1928) 11월 9일, 의주(義州) 청수동(淸水洞)으로 가 경관 11인과 충돌하였다. 이것을 시작으로 경관과 다섯 번 충돌하여 경관 여섯 명을 죽이고 1,600여 원을 모금하였다.

기사년(1929)에 다시 국민부(國民府)[3]가 조직되었을 때, 이진무도 국민부에 들어가 독립군 별동대가 되었다. 이때 국민부 간부가 자금을 의로운 일에 쓰지 않고 모두 절취하여 제 배를 채웠다. 이를 통탄한 이진무는 동지 김석홍(金錫洪), 이해산(李海山), 김응기(金應基), 안국형(安國亨), 김태묵(金泰默) 등과 함께 그를 죽이려고 무기를 가지고 흥경현(興京縣)에 도착하였으나, 중국 경찰 주마골(朱馬骨)의 무리에게 공격당하여 마침내 뜻을 이루지 못하였다.

경오년(1930) 2월, 동지 홍학순(洪學淳), 안국형, 박인홍(朴仁弘), 황세일(黃世日), 최영걸(崔永杰), 김광도(金廣道), 조원국(趙元國) 등이 국민부 외에 별개의 단체를 조직하여 노농자위군(勞農自衛軍)이라고 칭하였다. 4월에 조선인독립군(朝鮮人獨立軍)으로 개칭하였는데, 사람들이 이진무를 추대하여 대장으로 삼고 구성으로 들어가 자금을 모금하며 독립활동을 하였다. 당시 평안북도 일대에서 모두 이진무를 흑선풍호전왕(黑旋風好戰王)이라고 하였고, 또 외눈박이 장군이라고도 하였다.[4]

처음에 이진무가 만주에 갔을 때 민족주의와 관련 있는 단체들이 있었는데 조선독립단(朝鮮獨立團), 광복군(光復軍)사령부[5], 광복군총영(光復軍總營)[6], 의군부(義軍府), 통군부(統軍府), 통의부(統義府), 신민부(新民府), 참의부(參議府), 정의부(正義府), 국민부(國民府), 노농자위군(勞農自圍軍) 등 사상단체가 이것이다. 그 후 또 재만조선인독립군(在滿朝鮮人獨立軍)이 조직되었다. 이로 말미암아 계해년(1923)에서 임신년(1932)까지 10년간, 전후 100여 차례의 독립운동이 있었다.

홍학순(洪學淳)의 별명은 홍학원(洪學元)이고 또 홍학(洪學)이라고도 한다. 의주군 주내면(州內面) 어적동(於赤洞)에서 살다가 후에 요녕성(遼寧省) 관전현(寬甸縣) 안평하(安平河)로 이주하였다. 고종42년인 을사년(광무5, 1905)에 태어났다. 평소 담력과 용맹이 있었다. 갑자년(1924)에 홍학순이 20세였는데, 이해 2월에 통의부에 들어갔다. 당시 통의부는 재정이 궁핍하여 홍학순에게 군자금을 모금하라고 명하였다. 이로 말미암아 홍학순은 여러 차례 입국하여 마치 사람이 없는 것처럼 평안북도 일대를 마음대로 휘젓고 다녔다.

정묘년(1927) 8월 21일, 홍학순이 동지 장기천(張基千)과 김봉수(金奉秀)로 하여금 식산은행(殖産銀行) 의주지점을 습격하게 하였다. 홍학순은 이원진(李元珍)과 함께 용만금융조합(龍灣金融組合)으로 가 권총으로 이사를 위협하여 980여 원을 모금하였다. 용만은 압록강변에 있는 천하의 요충지이다. 또 이날은 용만 장날이라 모인 내외국인이 무려 수천수만 명이었다. 홍학순은 용만금융조합을 습격하여 거금을 모금하고 시장 사람들을 향하여 조선독립에 대한 연설을 하였다. 시장 사람들이 한결같이 모두 놀라 동조하여 소동이 일어났으니, 홍학순의 담력과 용기가 이와 같았다.

9월에 김관덕(金寬德), 정봉화(鄭鳳華) 등과 함께 국민부의 지휘를 받아 삭주(朔州)의 금산(金山) 사무소로 가 광산 주인을 위협하여 청화금(靑化金) 690매를 얻었으니 곧 시가로 2,300원이었다. 그 후 이진무의 독립군에 들어갔고 동지와 함께 삭주와 용천(龍川)으로 가 약 4,400여

원을 모금하였다. 이 과정에서 경관과 충돌한 것이 네 차례, 죽인 경관이 다섯 명이었으니 전후로 저지른 범죄가 모두 25종이었다.

이삼현(李三賢)의 별명은 이동렬(李東烈), 한충국(韓忠國)이다. 벽동군(碧潼郡) 오북면(吾北面) 화상동(化上洞)에 살았다. 고종38년 신축년(광무5, 1901)에 태어났다. 처음에 만주로 가 차례로 광복단 및 통군부, 통의부, 정의부 등에 들어갔다. 후에 또 이진무의 조선독립군에 들어갔다.

김태묵(金泰默)의 별명은 김택(金澤), 김용묵(金容默)이다. 창성군(昌城郡) 창성면(昌城面) 운평동(雲坪洞)에 살다가 후에 요녕성 관전현 장령자(長領子)로 이주하였다. 고종13년인 병자년(1876)에 태어났다. 처음에 광복단 및 국민부에 들어가 이진무의 독립군과 함께 여러 차례 창성으로 들어가 자금을 모금하고 동지들과 함께 밀정인 안(安) 아무개를 죽였다.

안국형(安國亨)의 별명은 안명보(安明保), 전학송(全學松)이다. 구성군 서산면(西山面) 용덕동(龍德洞)에 살았다. 후에 관전현 고창구(庫倉溝)로 이주하였다. 융희4년인 경술년(1910)에 태어났다. 16세에 조선독립에 뜻을 두고 홀로 만주로 가 통의부에 들어갔고 후에 정의부에 들어갔다. 무진년(1928) 7월 20일, 밀정 최상진(崔尙鎭)을 죽였다. 경오년(1930), 이진무 등과 함께 조선독립군을 조직하고 여러 차례 입국하여 자금을 모금하였다.

박인홍(朴仁弘)의 별명은 박순관(朴順官), 박오봉(朴梧棒)이다. 초산군(楚山郡) 초산면(楚山面) 수침동(水砧洞)에 살았다. 융희 원년 정미년(1907)에 태어났다. 갑자년(1924) 가을, 독립운동에 뜻을 두고 압록강을 건너 관전현으로 가 조선독립단 광무대(光武隊)에 들어갔다. 9월에 의군부에, 다음해인 을축년(1925) 8월에 정의부에, 무진년(1928) 8월에 국민부에 들어갔다. 경오년(1930), 이진무 등과 함께 조선독립군을 조직하였고 그 사이 여러 차례 의주군과 벽동군(碧潼郡) 등으로 들어가 자금을 모금하였다. 당시 국민부 간부 사마골(司馬骨) 등 5인이 공산주의자로 남몰래 활약하면서 국민부가 내부적으로 교란이 일어났다. 동지 하나가 사마골을 죽일 때 박인홍은 망을 보았다.

윤하운(尹河運)의 별명은 윤상룡(尹尙龍)이다. 의주군 광평면(廣坪面) 상광동(上廣洞)에 살다가 후에 요녕성 봉성현(鳳城縣) 석두성(石頭城) 판서구(板西溝)로 이주하였다. 고종41년인 갑진년(광무8, 1904)에 태어났으며 본래 농부였다. 22세에 독립에 뜻을 두고 마침내 만주로 건너갔다. 갑자년(1924)에 통의부에, 을축년(1925) 12월에 정의부에 들어갔고, 병인년(1926) 10월에 가족에 대한 사사로운 정 때문에 마침내 정의부에서 나와 농업에 종사하였다. 경오년(1930)에 다시 일어나 이진무 독립군에 들어가 여러 차례 입국하여 군자금을 모금하였다.

이월로(李月老)의 별명은 이달(李達)이다. 용천군 양광면(楊光面) 산태동(山台洞)에 살았다. 후에 관전현 장령(長嶺)으로 이주하였다. 고종33년인 병신년(건양1, 1896)에 태어났다. 24세에 마침내 만주로 건너가 농업에 종사하였다. 정묘년(1927)에 정의부에 들어가 지방 책임자가 되어 의무금(義務金)을 모금하였다. 또 지방재판소 사무관이 되었는데 독립운동과 역시 관련이 있었다.

경오년(1930) 겨울에 안국형과 박인홍이 안동(安東) 경찰서에 체포되었다. 신의주와 안동현의 양쪽 경찰서에서 안국형과 박인홍에게

"네가 우리로 하여금 이진무 등을 잡게 해주면 석방시켜 주겠다."

라고 유인하자 안국형과 박인홍이 이에 응하였다. 임신년(1932) 2월, 이진무 등이 모두 체포되었으나 안국형과 박인홍 또한 석방되지 못하고,[7] 이진무와 함께 예심에 회부되었다. 계유년(1933) 3월 3일, 기쿠치〔菊池〕 재판장이 강도살인, 불법체포, 방화 등의 죄목을 들어 공판을 열었다. 먼저 이진무를 불러 전후의 사실을 심리하였다. 이진무는 모두 시인하였으나 신연광산(新延鑛山)[8] 습격 및 살인사건 등에 이르러서는 모두 부인하였다. 기쿠치가 예심 기록을 가지고 추궁하려 하자 이진무는

"만일 예심 기록을 위주로 한다면 심리할 필요가 없다."

라고 하며 저항하였다. 기쿠치는 이진무 등 5인에 대해서만 심문하고 나머지 박인홍, 윤하운, 이월로 3인에 대해서는 심문하지 않았다. 이어서 기쿠치가

"이진무와 홍학순은 사형이다."

라고 논고하였다. 모두 이에 불복하여 평양 복심법원에 항소하였다.

갑술년(1934) 1월 29일, 평양복심법원에서 공판이 열렸다. 심리할 때 이진무는 갑자기 일어나

"우리의 범행은 틀림없이 사형에 해당될 것이고 또 사형을 언도받

았으니 심리를 받고 싶지 않다."
라고 하며 마침내 항소를 취하하였으나 홍학순은 심리를 받았다. 갑술년(1934) 2월 9일, 평양복심법원장이

"피고 이진무와 홍학순 등은 모두 경찰서에 자수하여 감형이 있을 듯하나 전후 범행이 대략 100여 차례이므로 극형을 면할 수 없다."
라고 말하였다. 26일에 기쿠치가 형을 언도하여

"이진무 · 홍학순은 사형, 안국형 · 김태묵 · 박인홍은 징역 12년, 이삼현은 징역 7년, 윤하운은 징역 4년, 이월로는 징역 2년에 처한다."
라고 하였다.

애초 이진무가 체포된 것은 안국형과 박인홍의 짓이 아니라 바로 영변(寧邊) 김삼산(金三山)의 짓이었는데 이진무는 그것을 알지 못하고 자수한 것이었다. 이진무, 홍학순, 이삼현 등 8인은 모두 몸소 독립운동을 한 사람들이다.[9] 이진무와 홍학순 두 사람도 마침내 사형되었다.

1 통의부(統義府) : 정식 명칭은 대한통의부이며, 대한통군부를 계승 확대한 조직이다. 만주와 중국내 독립운동단체의 통일을 위해 노력한 준정부적 조직이었다.

2 정의부(正義府) : 1924년 11월 길림에서 양기탁, 이청천, 오동진 등이 조직하였다. 정의부는 서로군정서 등 12개 독립군 단체를 통합한 것으로 주로 통의부를 토대로 조직되었다. 정의부는 후일 국민부로 통합되었다.

3 국민부(國民府) : 1929년 정의부 중심의 전민족유일당협의회 계열이 민족유일당조직동맹을 모체로 결성한 남만주의 독립운동 단체이다. 그해 5월 길림성에서 중앙집행위원회(위원장 현익철)를 구성하고, 산하에 민사, 경제, 외교, 군사, 교육, 법무, 교통위원회와 중앙호위대 및 8개 중대의 군대를 조직했다.

4 이진무를……하였다 : 이진무가 작은 체구로 신출귀몰하는 대담한 활동을 벌였기 때문에 수호지에 나오는 흑선풍과 같다고 하여 만주의 흑선풍이라는 애칭으로 불렸다고 한다. 또한 애꾸눈이었기 때문에 외눈박이 장군이라고 불리기도 하였다.

5 광복군(光復軍)사령부 : 원문에는 광복군으로 되어 있다. 1920년 초 남만주에서 결성된 무장독립운동 단체들의 통합단체이다. 평안북도 독판부, 청년단연합회, 독립단, 대한의용군사의회, 한족회, 기원독립단 등이 참여하여 결성하였다. 이를 보고받은 임시정부는 만주교민의 통치기관인 광복군 참리부를 임시정부 내무부 직속에 두는 한편, 군사기관인 광복군사령부는 임시정부 군무부 직속으로 두었다.

6 광복군총영(光復軍總營) : 원문에는 통영(統營)으로 되어 있다. 1920년 7월 관전현에 설치되었다. 앞의 광복군사령부가 각계 지도자를 망라한 영도기관이라면 광복군총영은 보다 효율적인 전투활동을 위한 정예 전투군단이었다. 총영은 후일 통군부로 편입되었다.

7 석방되지 못하고 : 원문에는 '석방되었다.〔得釋〕'로 되어 있으나 문맥으로 보아 '석방되지 못하였다.〔不得釋〕'로 보는 것이 타당하다.

8 신연광산(新延鑛山) : 평안북도 삭주군(朔州郡) 구곡면(九曲面)에 있던 한국 굴지의 금광산이었다.

9 몸소 독립운동을 한 사람들이다 : 원문에는 독립운동의 직접파로 되어 있다. 이는 몸소 항일무장을 통해 독립운동을 한 사람들을 일컫는 것으로 보인다.

김창준 金昌俊

김창준은 을축년(1925)에 31세였다. 5월에 부하 37명과 함께 함경북도 영역의 주재소를 습격하여 일본 순사 네 명을 살해하고 또 전선을 끊었다. 이 때문에 함경북도 일대가 한바탕 소동이 일어났다. 체포된 후 신의주 법원은 무기징역을 판결하였다. 김창준은 항소하였으나 평양 복심법원에서도 역시 무기징역으로 판결하였다.

윤우열 尹又烈

윤우열은 대구 남산정(南山町)에 살았고 병인년(1926)에 23세였다. 처음 윤우열은 경성으로 이사 가 중동학교(中東學校) 및 기독교청년관(基督教青年館)[1] 영어과에서 공부하였다. 학업을 마치지 않고 일본으로 가 세이소쿠 학교[正則學校]에서 공부하였다. 윤우열은 명문 문벌 집안으로서 그의 모든 집안이 일찍이 배일사상이 있었다. 이 때문에 윤우열 역시 적극적으로 일본을 배척하였다.

그는 귀국하여 사회운동에 뜻을 두었다. 현 사회가 철저하지 못한 것을 보고 항상 불평스런 마음이 있었다. 그는 공산주의, 무정부, 허무 등 세 개의 사상 서적을 구하여 많이 읽고 항상 무슨 일이든 하려고 하였다.

을축년(1925) 여름, 조선청년총동맹대회(朝鮮青年總同盟大會)[2]가 경성에서 열린다는 소식을 듣고 윤우열 역시 회의에 갔다. 그 자리에서 호남 사람 박흥곤(朴興坤)을 만났는데 뜻이 서로 꼭 맞았다. 마침내 함께 의기투합하여

"오늘은 반대를 하지 않을 수 없다. 마땅히 위정당국에 거사를 해야만 한다."

라고 하였다. 그는 7월, 박흥곤과 함께 한 당을 조직하였는데 당명은 허무(虛無)[3]였다. 이에 허무당원과 자금을 모집하였다. 그러던 중 박흥

곤이 병에 걸려 죽자 윤우열은 동지의 불행에 슬퍼하며 도모하던 일을 이루지 못함을 탄식하였다. 이에 윤우열 역시 병이 들었다. 10월, 윤우열은 뜻하던 거사를 이루지 못할까 걱정하며 이에 말하기를

"조선의 혁명을 직접 이루어야겠다."

라고 하였다. 12월, 선언서를 작성하여 서울에 도착한 그는 전일(全一)과 이상화(李相和) 두 사람을 만났다. 호우치〔報知〕 신문과 두 개의 연감을 참고하여 선언서를 보낼 만한 곳을 알아보았다.

3일, 선언서 300여 통을 베껴 국내에는 신문사와 통신사, 은행회사에 보내고 해외로는 일본과 중국의 각 정당 및 회사에 보낸 후 시내에 잠복해 있었다. 종로경찰서에서 그 소식을 듣고 조선 전체 경찰병력을 동원하여 대대적으로 수색하였다. 이에 윤우열은 체포를 피할 수 없음을 알고 해외로 달아나려고 하였다. 그는 여비를 조달하러 갔다가 돌아오는 길에 소격동(昭格洞)에서 체포되었다.

취조를 하는데 그와 함께 거사를 도모한 이는 몇 명되지 않았지만 그가 평소 관계한 단체는 매우 많았다. 그가 관계한 단체는 대구청년동맹(大邱青年同盟) 및 조선청년총동맹(朝鮮青年總同盟) 집행위원(執行委員), 대구 철성단(大邱鐵城團), 경북사회운동동맹(慶北社會運動同盟), 조선사회운동자동맹(朝鮮社會運動者同盟), 자유노동자조합(自由勞動者組合), 경성청년회(京城青年會) 등이다.

처음에 보안법 및 출판법 위반으로 징역 2년에 처해졌는데 병인년(1926) 겨울, 다이쇼〔大正〕가 죽자 사면되어 출옥하였다.

1 기독교청년관(基督敎青年館) : 오늘날의 YMCA이다.

2 조선청년총동맹대회(朝鮮青年總同盟大會) : 1924년 4월 조직된 사회주의 청년 운동 단체이다.

3 허무(虛無) : 1925년 4월 흑기연맹사건으로 다수의 무정부주의자가 체포되자, 대구 출신 아나키스트인 윤우열이 조직한 무정부주의 단체이다.

장진원 張鎭元

장진원은 평안북도(平安北道) 사람으로 정묘년(1927)에 28세였다. 장진원은 15세에 공립보통학교에 입학하였고 경신년(1920) 3월에 졸업을 한 후 면서기가 되었다. 기미년(1919)에 군자금 모집원 수십 명이 와서 그의 아버지를 협박하였다. 그러나 당시 돈이 없어 그들의 요구를 들어주지 못하자 모집원은 장진원을 잡아갔다.

이때에 만세를 외치고 독립운동을 하는 자는 경관이 모두 잡아갔다. 때문에 이를 피하여 간도에 들어간 자들이 자치(自治)를 위해 대한청년단(大韓青年團)[1]을 조직하고 배일사상을 고취하였다. 이에 장진원 역시 이 단체에 입단하였다. 신유년(1921) 5월, 장진원은 동지 최재경(崔在京)과 임일권(林日權) 등 네 명과 함께 군자금을 조달하고자 하였다. 다음해 6월, 그는 조선으로 들어가 4,000냥을 모금하였다.

이때 장진원은 방랑해서는 안된다고 여겨 북경으로 가 학교에 들어가려 했으나, 북경에 도착해 보니 무학력자라서 입학할 수 없었다.

을축년(1925) 봄, 광동대학(廣東大學)에서 조선인을 받아준다는 소식을 듣고 다시 광동으로 갔다. 당시 영국을 배척하는 분위기[2]가 매우 심하여 각 학교는 모두 휴교 중이라 역시 입학하지 못하였다.

2월 1일, 장진원은 최병선(崔炳善), 김광선(金光善) 등과 함께 의논하기를

"현재 박제건(朴齊乾)은 일본영사관의 통역관으로서 고다〔小田〕의 밀정이다. 우리의 독립운동에 해가 되니, 이놈을 제거하지 않을 수 없다."

라고 하였다. 그들은 북강(北江) 서로(西路)로 가 양복점과 신탄[3] 가게를 차리고 박제건의 동정을 살폈다.

12월 21일, 장진원과 김광선 등은 의용대(義勇隊)를 조직하고 각자 권총을 소지하고 야채시장으로 갔다. 그곳에서 박제건을 보고 그를 잡으려 하자 박제건이 놀라 달아났다. 장진원 등이 그를 추격해 사살하였다. 중국 순경 이지산(李枝山)이 이들을 체포하려고 하자 또 그를 죽였다.

처음에 김광선은 동지 이영선(李英善) 등 세 명과 함께 일본 영사관 폭파 계획을 세웠다. 병인년(1926) 4월 8일, 이들은 자동차를 타고 영사관으로 가 폭탄을 던졌는데 영사관 벽과 유리창이 파괴되었다. 그 후 세 사람은 다시 모의하며

"듣자니, 6월 10일이 곧 순종(융희황제)의 장례일이다. 이 날 내외 관리들이 반드시 많이 올 것이니 경성에 잠입하여 암살을 해야 한다."

라고 하고, 1일 상해를 출발하였다. 그러나 중도에서 영국 관헌이 배를 검열하여 장진원 등을 체포하였고 이들을 일본 영사관으로 인도하였다. 경찰서에서는 나가사키〔長崎〕 재판소로 보냈다.

정묘년(1927) 3월 2일에 미우라〔三浦〕 재판장이 심문하기를

"너희들은 박제건과 이지산을 왜 살해했는가?"

라고 하였다. 장진원은

"나는 박씨를 정말 알지 못한다. 어느 날 최병선과 김광선이 내게 '박제건이 까닭 없이 나와 사이가 좋지 않으니 마땅히 깨우쳐 화해해

야 한다.'라고 하며 함께 가기를 청하였다. 그래서 갔는데 박제건이 도망가려고 해서 우리가 쏜 것이다. 누구 총에 맞아 죽었는지는 모른다. 중국 경찰 이씨는 그때 내가 만나지도 않았는데, 어찌 알겠는가." 라고 하였다. 장진원은 장심원(張沈元)이라고도 한다.

최병선(崔炳善)은 상해 공동 조계(共同租界)[4]에서 살았다. 처음에 최병선은 잡화 행상과 금은 세공 일을 하였다. 나이 20세에 기독청년관으로 가 공업과를 공부하고 그 후, 상해로 가 영국인이 운영하는 전차 공사 기관수로 일했다.

을축년(1925) 12월, 사마로(四馬路) 동흥루(東興樓)에서 익명의 편지가 왔다. 그곳에 가보니 장심원과 김광선 두 사람이 말하기를

"지금 우리 동지들이 독립을 위해 의용대를 조직하니 그대도 입대하기를 바라오."

라고 하였다. 최병선은

"아내가 병으로 누워있고 세 자식들이 모두 어리오, 내 나이 또한 마흔이니 할 수 있는 일이 없을 것이오."

라고 하고 마침내 거절하였다. 최병선은

"병인년(1926) 2월 1일, 집을 얻으러 갑북(閘北)으로 갔다가 돌아오는 길에 갑자기 총소리가 나서 돌아보니, 장진원이 어떤 사람을 매우 급하게 쫓고 있었다. 잠깐 뒤 날아오는 탄환에 내 오른쪽 팔을 맞고 공무국(工務局) 병원으로 들어가 치료를 하다가 마침내 체포되었다. 이 때문에 밀정과 중국 순경을 죽인 일은 나는 정말 알지 못한다."

라고 하였다. 재판장은

"예심에서는 모두 시인해 놓고 지금은 어째서 부인하는가?"
라고 하였다. 최병선은
"이는 혹독한 고문 때문이었다."
라고 하였다. 그 후에 일본경찰은 장진원을 압송하여 병원에 이르러 최병선과 함께 대질하기를
"장진원의 권총은 피고가 준 것이 아닌가?"
라고 하자 최병선이 또 부인하였다.

김광선(金光善)은 상해 사마로(四馬路) 동흥루 채관(東興樓菜館)에 살았다. 정묘년(1927)에 김광선의 나이는 28세였다. 처음에 보통학교에서 공부하고 23세에 상해로 가 유학하였다. 공판 때에 김광선은
"병인년(1926) 2월 1일 아침, 장심원이 와서 함께 밥을 먹고 야채시장으로 가면서 내게 '어떤 쓰매애리[5] 양복을 입은 자를 특별히 잘 살펴보시게.'라고 하였다. 야채시장에 도착하자 그 모습이 흡사하여 내가 장심원에게 알려주고 돌아왔다. 그런데 갑자기 총소리가 나서 보니, 장심원이 그 사람을 매우 급하게 추격하였고 화가 나에게 미칠까봐 도망갔다. 때문에 영사관 폭파에 관한 일은 나는 정말 모르는 일이다."
라고 하였다. 재판장은
"그때 운전수를 잡아 물으니 '피고가 진짜 그 사람이고 또 코가 매부리코이다.'라고 하였다. 운전수의 진술이 이렇게 자세한데 어찌 부인하는가?"
라고 하였다. 김광선이 웃으며

"매부리코인 사람이 상해에 반드시 한 사람이 아닌데 어찌 이런 것으로 신문을 하는가?"
라고 하니 법정에 있는 이들이 크게 웃었다.

재판장은 육혈포와 탄환을 꺼내 보여주었다. 김광선은

"이것은 모두 이영선(李英善)이 자금을 모으기 위해 썼던 물건이지, 암살을 위한 물건이 아니다. 그러나 고문할 때 시인한 것은 고문이 너무 심하여 그렇다고 대답한 것에 불과하다."
라고 하였다.

공판이 끝날 때 마츠후지〔松藤〕 검사가 말하기를

"조선의 독립은 현재 정치상황으로 본다면 반드시 실행되지 못할 것임을 알 수 있습니다. 그런데도 이런 행위를 하는 것은 부당할 뿐만 아니라 장차 사회에 해악을 끼칠 것입니다."
라고 하였다. 이윽고 검사는 장진원·최병선에게는 사형, 김광선에게는 무기징역을 구형하였다. 그 죄명은 횡령, 살인강도 및 폭발물취체법규위반이었다.

정묘년(1927) 음력 3월 24일, 최병선·김광선에게는 무기징역, 장진원은 사형을 언도하였다. 후에 장진원은 감형되어 무기징역에 처해졌고 최병선은 죽었으며 김광선은 무기징역에 처해졌다.

1 대한청년단(大韓青年團) : 1919년 만주 관전현에서 조직된 독립운동단체이다.

2 영국을 배척하는 분위기 : 중국의 5·30사건을 말한다. 1925년 2월 중국에 있는 일본 방적공장에서 한 일본인 감독이 중국인 여공을 학대한 것을 발단으로 시작되었다. 중국인 노동자의 파업이 각지에서 일어나고 이를 진압하려는 권력과 충돌했다. 특히 5월 30일 상해에서 반일운동을 하다가 체포된 학생의 석방을 요

구하던 시위대를 향해 영국 관리가 인도인 경찰에게 발포를 명령해 13명이 사망했다. 이 사건을 계기로 반제운동이 중국 전역으로 번지자, 영국 등 공동 조계에서는 계엄령을 선포하였다. 그러던 중, 6월 23일 영국과 프랑스 해병대가 광동성 사기(沙基)에서 중국인 데모대에 발포한 일이 일어났다.(일명 6 · 23사건) 이에 중국 광동혁명정부는 6 · 23사건에 대해 항의의 표시로 영국을 상대로 경제 단교를 선언하였다. 때문에 당시 중국인들은 일본을 편들었던 영국 등을 배척하였다.

3 신탄 : 땔나무 숯을 말한다.

4 공동 조계(共同租界) : 조계란 불평등조약의 결과 개항장(開港場) 등에 설정되어 외국인의 자유로운 통상거주(通商居住)와 치외법권(治外法權)이 인정되던 구역으로 제국주의 침략의 전초기지였다.

5 쓰매애리 : 일본 순사복은 금색 단추가 다섯 개로 넥타이가 필요 없는 차이나 옷깃이다. 여기서 쓰매애리란 차이나 옷깃을 말한다.

김일산 金一山

김일산의 다른 이름은 김응선(金應先)으로, 대전군(大田郡) 유천면(柳川面) 대성리(大成里)에 살았다. 일설에는 옥천군(沃川郡) 이남면(伊南面) 강청리(江淸里)에 살았다고 한다. 고종 계미년(고종20, 1883)에 태어났다. 그는 남보다 용맹스러웠고 체격이 컸다. 처음에 김일산은 왜구[1]가 우리나라에 마구 들어와 국사가 날로 잘못되는 것을 보고 일찍이 분개하여 의병을 일으켜[2] 국권을 회복하려 하였다. 그러나 뒤에 당시로서는 아무것도 할 수 없음을 알고 마침내 병사들을 해산하고 집으로 돌아왔다.

그는 여전히 나라를 위한 뜻이 있어서 보부상을 하면서 전국을 두루 돌아다니며 나라를 구할 인재를 찾아다녔다. 어느 날 영해(寧海)에 신돌석(申乭石)[3]이라는 한 장사가 있다는 소식을 듣고 김응선은 한번 가서 만나고자 하였다. 계해년(1923)에 포항으로 가 그를 만나고 자신의 뜻을 말하였다. 신돌석은

"내가 정미년(1907)에 또한 의병을 일으켰다가 적이 체포하려고 하여 피신해 이곳에 이르렀소."

라고 하며 사양하고 의병을 일으키지 않았다. 김응선은 집으로 돌아왔다. 이에 그는 만주 집안현(輯安縣)으로 가 정의단(正義團)에 입단하고 상해와 만주를 오가며 나라의 독립을 도모하였다. 그는 우연히 황해도 창의단(倡義團) 단원 계의산(桂義山) 및 옥천(沃川)의 전좌한(全佐漢)을

만났는데 두 사람이 말하기를

"조선의 독립운동은 폭파와 암살을 하는 것이 제일이다."

라고 하였다. 김응선은 크게 기뻐하며 함께 맹약하였다. 이때 정의단에서도 김일산 등 7인을 조선으로 보내 거사하라고 하였다. 을축년(1925), 김응선이 이에 귀국하였다.

예전에 의병장이었을 때 김응선은 다섯 개의 요강을 10여 년 동안 항상 가지고 다녔다. 이때 그는 서천수리조합(舒川水理組合)으로 가 매부 정원득(鄭元得)을 만나 은밀히 폭약 다섯 개를 얻고 다섯 개의 요강에 감추어 집으로 돌아왔다. 또 대전에 이르자 어떤 일본인이 밭 가운데에서 양약을 팔고 있었는데 김응선은 그 약을 사가지고 돌아왔다. 김응선은 여섯 개의 폭탄을 만들고 11월에 진위산(鎭威山) 속에 들어가 시험하였다.

원래 전좌한과 계의산은 경기도 경찰부 고등과(高等課) 카와사키〔河崎〕, 다나베〔田邊〕 두 경부의 밀정이었다. 이들은 김응선으로 하여금 이 일을 도모케 하여 자신들의 공을 세우려고 하였다.

12월, 전좌한이 김응선에게 가서 도모하는 일이 이루어졌음을 확인하고 먼저 상경하여 경부에게 밀고하자 카와사키는 김응선을 서울로 불러들였다.

다음날, 김응선은 김운용(金云用), 정명옥(鄭明玉), 송암우(宋巖于) 등과 함께 용산역(龍山驛)에 도착하였다. 전좌한은 카와사키와 함께 그들 일행을 몰래 주시하며

"이들이 그 놈들이다."

라고 하였다. 이 당시에 김응선은 폭탄을 투척할 마음이 없었는데 병인년(1926) 1월 22일에 그가 폭탄 투척을 실행하려 한 것은 곧 전좌한이 재촉해서였다. 김응선은 서울로 들어온 후 사직동(社稷洞) 모 여관

에 거처를 정하였다. 29일, 폭탄을 투척할 다섯 곳을 각자 분담하였다. 총독관저에는 계의산이, 총독부에는 김응선이, 경성부청에는 김운용이, 조선은행 및 종로경찰서에는 정명옥과 송암우 두 사람이 폭탄을 투척하기로 하였다. 각자 역할을 나누고 마침내 청진동(淸進洞) 진일관(進一館)으로 거처를 옮겼다. 이 날, 광흥원(光興園)으로 가 최후를 기념하여 회식을 하고 날이 저물기를 기다려 거사하려고 하였다. 밤에 계의산이 밖으로 나갔는데 곧바로 경기도 경찰부가 습격하여 체포했다. 주동자 김응선 등 네 명은 모두 달아났고 나머지는 모두 체포당하였다. 이것은 모두 전좌한이 밀고해서 일어난 것이다.[4]

처음에 김응선은 체포될 것을 염려하여 또 여관을 옮기려고 하였으나 여관 주인이 식비를 내라고 하였다. 이 때문에 김응선이 외상값을 내고 그곳을 떠나 돌아오는 길에 동지들이 모두 붙잡혔다는 소식을 들었다. 그는 계의산과 함께 달아나 봉천(奉天)에 도착하였다. 계의산은 김응선을 조선관(朝鮮館)에 머물게 하고서

"당신은 여기 있으시오, 내가 잠깐 나갔다 오겠소."

라고 하였다. 잠시 후에 카와사키가 와서 김응선을 체포하고 검사국에 송치하여 예심중이다.

이 당시에 전좌한 역시 수감 중이었다. 이전에도 전좌한은 밀고하여 여러 사람을 체포당하게 만들었다. 그가 만주에 왔을 때 박헌(朴憲)이라고 사칭하고 또 어떤 계획을 꾸미려 한 적이 있었는데 우연히 김봉준(金鳳俊), 남정(南正) 등을 통하여 조선독립운동의 대본영이 있는 곳을 처음 알아냈다. 그러나 전좌한은 곧 본영으로 들어가지 않고 이응서(李應瑞)와 함께 이도하자[二道河子]로 가, 한 단체를 조직하고 조선독립대본영이라고 하였다. 그는 이도하자는 신민부(新民府)와 서로 가까운 지역이라서 두 단체가 함께 있기는 불가하다고 생각하여 다른

곳으로 옮겨 가며
"이곳은 본래 위험하니 몸을 보호하는 무기가 꼭 있어야 한다."
라고 하고 출입할 때 항상 총을 차고 다녔다.

8월, 전좌한은 군자금을 모금하려고 남정, 김정한(金正漢)과 함께 권총과 격문을 지니고 안동현(安東縣)에 이르렀다. 그는 이정해(李貞海)의 누이가 신의주에서 통학하는 것을 보고는 이정해에게 청하여 그 누이로 하여금 책보에 권총을 싸서 국경을 넘어 신의주에 이르게 했다. 그것을 다시 소포로 경성 누하동(樓下洞) 이영덕(李泳德)에게 보내고 취운정(翠雲町)을 근거지로 삼았다. 이 또한 전좌한이 다나베에게 밀고한 것이다. 김정한과 남정 두 사람을 모두 체포하게 한 후에 전좌한은 혼자 몰래 도피하려고 하다가 9월 5일, 체포되어 수감되었다.

대개 진일관의 거사는 김응선이 주동해 모의한 것인데 김응선이 도리어 전좌한과 계의산 두 사람의 명을 따른 것은 어째서인지 알 수가 없다. 그러나 김응선이 까마득하게 모르는 사이에 다른 사람만을 따른다는 것은 있을 수 없는 일이다. 그런데도 그가 진술한 내용을 보면 그는 그 사실을 조금도 알지 못했다. 이 때문에 전좌한과 계의산 두 사람은 항상 김응선에게
"이 계획이 만약 성공한다면 1만 원을 줄 것이다. 비록 성공하지 못하더라도 6,7천 원은 줄 것이다."
라고 하며 돈으로 유혹했으니 참으로 의심할 일이 아니겠는가.

공판에서 전좌한은 비록 노골적인 진술은 없었을지라도 그가 밀정이라는 것은 매우 명백했다고 한다. 전좌한은 사람됨이 거칠고 사기꾼 같으며 눈빛에 살기가 있다.

마츠다[松田] 검사는
"김응선은 4년, 김운용 · 송암우 · 정명옥은 1년 6개월, 정석조는 금

고(禁錮)[5] 3개월, 정원득은 6개월, 전좌한은 5년에 벌금 50원, 김봉준은 1년 6개월에 벌금 5,000원, 남정은 1년 6개월 감금형을 구형한다."
라고 하였다.

"김운용, 송암우, 정명옥 등은 모두 선량한 농민으로서 이러한 화망(禍網)에 걸렸으니 동정을 받을 만하다. 그런데 전좌한은 일찍이 밀정으로서 그 공을 세우려고 양민들을 이 같은 큰 죄에 빠지게 하였으니 벌을 받아야 한다."
라고 하였다.

김운용, 송암우는 옥천군(沃川郡) 이남면(伊南面) 이원리(伊院里)에 살았고 정묘년(1927)에 김운용은 32세였는데 그의 다른 이름은 김성근(金成根)이다. 송암우는 나이 31세였고, 송재선(宋在善)이라고도 한다.

정석조(鄭石祚)는 대전군(大田郡) 유천면(柳川面) 둔산리(屯山里)에 살았는데 나이 46세이다. 정원득(鄭元得)은 서천군(舒川郡) 종천면(鍾川面) 지석리(支石里)에 살았고 29세이다. 계의산은 해주(海州)에 살았는데 전에 창의단 모험부 단원이었고 35세이다. 이들이 곧 진일관파(進一館派)이다.

전좌한은 옥천군 옥천면에 살았는데 29세였다. 김봉준(金鳳俊)은 강계군(江界郡) 공서면(公西面)에 살았고 24세이다. 남정은 서산군(瑞山郡) 대호지면(大湖芝面)에 살았고 42세이다. 이들이 취운정파(翠雲町派)이다.

살피건대, 손무자는
"전쟁을 잘하는 자는 남을 이르게 하되 남에게 끌려가지 않는다."
라고 하였다. 남을 이르게 하는 사람은 주도권이 나에게 있고 남에게 끌려가는 자는 주도권이 나에게 있지 않다. 이 때문에 주도권이 나에게 있으면 비록 사기를 치는 간교한 사람과 있어도 무사할 수 있고 주도권이 나에게 없으면 비록 충성스럽고 정직한 사람과 함께 있어도 자기 뜻대로 이루기 어렵다. 하물며 지금은 세도(世道)의 수준이 옛날과 달라 속이는 이가 많고 충신(忠信)은 드물다. 때문에 여러 간특한 이가 출몰하여 사람의 정신을 현혹시켜 빼앗으니 남을 망치려는 것이 자기 뜻대로 되지 않을까 걱정하는 때이랴.

처음에 김응선은 일찍이 온 마음으로 적을 토벌함에 죽음도 생각지 않았다. 이미 거사의 성패와 상관없이 마땅히 자신이 스스로 하려 했거늘 어째서 매번 남에게 조종을 당하였는가.

전좌한과 계의산은 상황을 봐서 대처한 것[6]이 아니라 일찍이 밀정이 되어 공을 세우려고 남에게 일을 도모하게 하고 스스로 고발하였으니 간특함이 심한 것은 참으로 말할 것이 못된다. 김응선이 주동하여 모의를 하였다가 이와 같이 남을 이르게 하지 못하였으니 속임을 당하는 것은 마땅하다.

그러나, 전좌한은 겉으로는 함께 거사를 도모하고 안으로는 밀정 노릇을 하였다. 그가 체포되어 형벌이 김응선보다 가벼울 것 같았으나 언도에 미쳐 전좌한은 징역 6년, 김응선은 징역 5년에 처해졌다.

이로써 살펴보면, 간교한 이가 유익하게 되는 일이 과연 어디에 있는가.

정직한 이는 비록 화를 받더라도 역시 의로운 사람이 되는 것에는 해가 되지 않으니 무릇 선비는 마땅히 이를 법으로 여겨야 할 것이다.

1 왜구 : 시기상 일본이 조선을 침탈한 상황이므로 외구(外寇)를 왜구로 풀이하였다.

2 의병을 일으켜 : 1907년 일제가 구한국군을 강제 해산한 뒤 문태수(文泰洙) 의병장 휘하로 들어가 활동한 것으로 알려져 있다.

3 신돌석(申乭石) : 한말 대표적인 평민 출신 의병장이다. 특히 1907년 이후 영해지역을 중심으로 활발하게 항일투쟁을 하였으나 1908년 11월에 부하 김상렬 형제에게 암살당하였다고 전해진다.

4 전좌한 : 밀고자임에도 불구하고 1963년 건국훈장 국민장을 수여받았다.

5 금고(禁錮) : 금고형이 징역형과 다른 것은 교도소에 가두어 두기만 하고 노역은 시키지 않는 것이다.

6 상황을……대처한 것 : 원문의 수서(首鼠)는 수서양단(首鼠兩端)의 준말로 쥐가 의심이 많아 동굴 속에서 머리를 밖으로 내놓고 형세를 관망하는 것처럼 양편 중에 어느 편을 택해야 좋을지 몰라 망설이는 것을 말하는데 곧 사람이 진퇴(進退)와 거취(去就)를 결정하지 못하고 망설이는 것을 비유한 말이다.

방한상 方漢相

방한상은 대구부(大邱府) 남산정(南山町) 사람으로 한약상이다. 고종 기해년(광무3, 1899)에 태어났다. 정묘년(1927)에 29세였다.

을축년(1925) 7월, 방한상은 동지 신재모(申宰模)와 함께 현대사회에 많은 조직들이 있는 것을 보고 항상 불평한 마음으로 매번 기회를 기다려 사회주의를 실현하려고 하였다.

이때에 이르러, 방한상은 마침내 동지 정명준(鄭命俊), 서학이(徐學伊), 마명(馬鳴), 정해룡(鄭海龍), 안달득(安達得), 서동성(徐東星), 하종진(河鍾璡), 김동석(金東碩) 등 8인을 모아 진우연맹(眞友聯盟)이라는 한 단체를 조직하였는데 그들의 사상은 곧 무정부주의(無政府主義)이다. 공산당과 서로 자매가 되는 사상으로서 공산당은 곧 볼셰비키 계통이고 진우연맹은 아나키즘 계통이다. 그는 여러 사람들과 함께 실제적인 운동을 모의하면서, 한편으로는 그 단체의 리더를 양성하여 그들의 제일선에 세우려고 하였다. 방한상은 다음과 같이 말하였다.

"조선에서 이와 같은 운동을 하려면 마땅히 일본의 무정부주의자와 접촉해야 한다. 듣자하니, 자아인사(自我人社)의 회원 구리하라〔栗原一男〕, 흑화사(黑化社) 단원 라쿠모토〔掠本運雄〕, 흑우회(黑友會) 회원 김정근(金正根) 처음 김정근은 박열(朴烈)의 조직인 흑우회에 들어갔다가, 박열이 수감된 후 김정근이 주축이 되었다. 등이, 병인년(1926) 1월에 자아인사, 흑화사, 흑우회가 중

한상은 재심에서 폐병과 늑막염으로 변호사 손치은(孫致殷)과 김완섭(金完燮) 등이 보석을 신청하였으나 마침내 각하되었다.

공판에서 방한상 등은 모두 법정에 나와 친척, 동지와 서로 악수하고 평소처럼 담소를 나눴다. 일본인 서기가 이를 금지하니 피고들이 모두 큰소리로 말하기를

"빠가야로〔馬鹿野郞〕"[1]

라고 하였다. 서기는 감히 더 어쩌지 못하였다. 또 법관이 착석하였는데도 모두 일어나지 않았고, 공판에서 그들의 대답은 모두 노예를 대하듯이 한 번도 법관에게 경어를 쓰지 않았다. 공판할 때 심문관의 말이 불경스럽다고 여겨 이들은 일제히 단식하였다. 그러자 문관이 모두 겁을 냈다.

처음 법정이 열렸을 때 야마자로〔山澤〕 검사가 방청을 금지하였다. 김완섭 변호사는 불가하다고 하면서

"특수계급은 어째서 방청을 금하지 않고 친척 및 동지들만 방청을 금하는가. 이처럼 불공정한 재판은 변론할 수 없다."

라고 하며 마침내 법정을 나왔다. 이에 재판장은 어쩔 수 없이 방청을 허락하였다.

이때 이르러 마명 · 서동성 · 정명준 · 김정근 네 명은 후세 다츠시〔布施辰治〕에게 변론을 청하였는데 신재모 · 우해운(禹海雲) 등 여덟 명은 그에게 변론을 맡기지 않았다. 그들은 다음과 같이 사절하였다.

"후세 다츠시가 우리 공판에 대해 성의가 있었다면 예심 판결 이후에도 마땅히 계속해서 변론을 했어야 했다. 그러나 저 사람은 '지금은 우연히 변론을 맡은 것이다.'라고 하였으니, 이는 다른 이유가 있는 것이 아니라 후세 다츠시는 공산주의자이고 우리들은 무정부주의자라서 우리와 사상이 같지 않기 때문이다. 이 때문에 이러한 감정으로

후세 다츠시가 변론을 맡는다고 해서 우리들의 유죄가 무죄가 되고, 후세가 변론을 맡지 않는다고 해서 우리들의 무죄가 유죄가 되겠는가."

정묘년(1927) 음력 5월 14일, 야마자로 검사는 방한상·신재모는 각각 감금 5년, 서흑파(徐黑波)·정흑도(鄭黑濤)·서동성은 각 4년, 김동석·하종진·마명·우해운은 3년, 구리하라·라쿠모토·김정근은 10년 형을 구형하였다. 이 아래 신문란에 3단은 모두 묵판이다.

7월 5일, 이에 방한상·신재모·서학이·김정근 5년, 서동성·마명·우해운·구리하라·라쿠모토는 3년, 정명준·하종진·김동석은 2년 형이 선고되었다. 당시에 방한상의 어머니가 아들 방한상이 5년 형을 받게 된 것을 보고 울자 경리가 그의 어머니를 끌어냈다. 방한상은 분노하면서

"네가 뭔데 감히 그렇게 하는가?"

라고 하며 큰소리로 꾸짖었다. 모든 피고들도 역시 크게 꾸짖었다. 이에 법정이 갑자기 한바탕 아수라장이 되었고 경리도 다시 그렇게 하지 못하였다.

가을에 방한상은 동지 김정근이 죽었다는 소식을 듣고 2글자 빠짐 라고 생각하며 이에 목 놓아 울었다. 이때 이르러 후세 변호사가 공산당을 변호하러 경성에 왔다 돌아가는 길에 달성 감옥을 방문하였다. 신재모가

"이같이 괴이한 일을 내가 부정한다. 이 때문에 나를 재판하는 것도 부정하고, 법률도 부정한다. 나는 내 몸이 존재하는 것도 부정한다. 이 때문에 내 몸이 2글자 빠짐 의 2글자 빠짐."

라고 하고 후세 변호사에게 무언가를 던지려 하였다.

마명·우해운은 철성단원(鐵城團員)이고, 신재모는 노동친목회(勞動親

睦會) 위원이다. 안달득 · 서흑파는 용진단원(勇進團員)이고, 서동성은 전 관리인데 모두 달성(達城)에 살았다.

김동석은 잡지기자로 선산(善山)에, 정명준은 칠곡(漆谷)에 하종진은 함양(咸陽)에 살았다. 구리하라는 도쿄에 하시모토〔橋本龍雄〕는 도요타마 군〔豊多摩郡〕에 살았다. 구리하라와 하시모토는 모두 일본인 저술가이다. 김정근은 도쿄에 살았고 역시 저술가이다.

마명은 23세, 우해운은 22세, 신재모는 44세, 안달득은 25세, 서동성은 32세, 서흑파는 29세, 하종진은 27세, 구리하라는 26세, 하시모토는 27세, 김정근은 28세이다. 서흑파는 서학이의 다른 이름이고 서흑도는 정명준(鄭命俊)의 다른 이름이다.

1 빠가야로〔馬鹿野郎〕: 말과 사슴도 구별하지 못하는 사람으로 바보라는 뜻의 일본 욕이다.

공산당 共産黨

박헌영은 예산(禮山)에 살았다. 임원근(林元根)과 김단야(金丹冶) 본명은 태연(泰淵)는 화개(花開)에 살았다. 처음에 세 사람은 러시아 수도 모스크바로 가 공산대학에서 공부하였다. 돌아오는 길에 상해에 들렀는데 고려공산당원 여운형과 이동휘를 만난 다음 고려공산청년회를 조직하였다. 계해년(1923) 봄에 러시아의 제3국제공산당(코민테른)이 고려공산당의 알력을 보고 해산하라고 명령하였다. 여운형은 박헌영 등에게 경성으로 돌아가 조선공산청년회를 조직하라고 하였다. 박헌영 등은 몰래 들어오다가 국경에서 체포되어 신의주에서 1년간 옥살이를 하였다.

이 일이 일어나기 전, 기미년(1919) 3·1운동 이후로 세계의 사회주의가 극동까지 번지게 되었다. 그러므로 경성에도 각 사회단체가 생기게 되었다. 이른바 신생활사(新生活社)이다. 이는 신사상연구회(新思想硏究會)로 뒤에 화요회(火曜會)로 이름을 바꾸었다.[1] 토요회(土曜會)는 무산계급[2]의 동맹단체이다. 일본 도쿄의 유학생이 조직한 북풍회(北風會)가 있었는데 이것은 북성회(北星會)와 흑도회(黑濤會)의 전신이다. 대개 독립에 대해 운동한다거나 사회주의에 대해 선전하는 것은 모두 같았지만 당파끼리 서로 다투어 하나로 합할 수 없었다. 이러한 상황에 박헌영 등이 경성에 도착하여 신흥청년회(新興青年會)를 조직하고 화요회 간부인 김재봉(金在鳳)·홍증식(洪增植)·조봉암·유진희(兪鎭熙)·주종건(朱鍾建)·이준태(李準泰), 북풍회 간부인 김약수(金若水)·송봉우(宋奉瑀) 등과 함께 사단체합동위원회(四團體合同委員會)를 조직하여 사회주의 단체를 하나로 모으려고 하였다. 마침 경성에 부업공진회(副業共進會)가 열렸는데 그 기회를 틈타 조선공산당을 조직하려 하였다.

훨씬 전에 상해의 김립(金立)이 일찍이 국제공산당(코민테른)의 자금을 받으러 치타로 가 한형권(韓馨權)을 만나 40만 루불을 사취(詐取)하였다. 이 때문에 국제적인 신망이 땅에 떨어져 비록 조선공산당을 조직하지 못하였지만 조선의 공산당은 이 세 사람으로부터 시작하였다. 세상에서 이른바 삼인당(三人黨)이 이것이다.

을축 1925년에 전국기자대회가 경성에서 열렸다. 이 때문에 각 신문사 지국의 대표들이 서울에 모였다. 박헌영은 이것을 기회로 동지를 규합하였다. 3월 6일 조봉암, 김단야, 김재봉 등과 함께 신의주가 해외와 연락하기에 매우 편리하다고 여겨 그곳에 국경연락부를 두기로 협의하고 조선일보 신의주지국장 독고전(獨孤佺)을 연락책으로 삼았다.

4월 15일, 화요회와 그 밖의 3, 4개 단체의 대표와 함께 조선민중운동자대회를 열어 조선공산당을 은밀히 결합시키고자 하였으나 일제가 금지하여 열지 못하였다. 17일, 김재봉, 김두전(金枓全),[3] 유진희, 김찬(金燦), 김약수, 조동호(趙東祜), 김상주(金尙珠), 조봉암, 주종건, 송봉우, 윤덕병(尹德炳), 독고전, 진병기(陳秉基), 최원택(崔元澤), 홍덕유(洪德裕), 정운해(鄭雲海), 정우진(鄭宇鎭) 등이 황금정(黃金町)[4]의 중국인 요리집인 아서원(雅敍園)에 모였다. 그들은 모두 분연히

"조선이 일본의 굴레에서 벗어나고 공산주의를 실현하려면 마땅히 비밀리에 한 단체로 결합하여야 한다."

라고 하고, 조동호, 조봉암, 김찬 등으로 전형위원(銓衡委員)을 맡겼다. 이에 김재봉, 김두전(김약수), 유진희, 정운해, 주종건, 조동호, 김찬 등은 중앙집행위원이 되었고 윤덕병, 송덕만(宋德滿), 조봉암 등은 검사위원이 되었다. 마침내 조선공산당이 조직되었다.

다음날 김재봉 등은 제1회 위원회를 열어 비서, 조직, 정치, 경제, 인사, 조사, 선전, 노농 등의 일곱 개 부서를 만들어 그 책임을 맡게 하였다. 공산당을 조직할 때에 박헌영, 김단야, 임원근, 홍증식 등은 모두 참여하지 않았다. 이날 권오설(權五卨), 주세죽(朱世竹) 박헌영의 부인, 홍증식, 조봉암, 김단야, 임원근, 임형관(林亨寬), 김상주(金尙珠), 신철수(申哲洙), 장순명(張順明), 진병기(陳秉基), 조이환(曺利煥), 박길양(朴吉陽), 정경창(鄭敬昌), 안상훈(安相勳), 김동명(金東明) 다른 이름은 동광(東光) 등이 훈정동(薰井洞) 박헌영의 집에 모였다. 이들은

"공산당을 실시하려면 마땅히 사유재산을 부인해야 하며 공산주의를 선전하려면 마땅히 투사를 길러야 한다. 그 교육기관을 만들어 고려공산청년회를 조직해야 한다."

라고 하며, 홍증식, 박헌영, 조봉암 등에게 전형위원을 맡겼다. 이에 권오설·홍증식·신철수·박헌영·조봉암·김찬·김단야 등이 중앙집행위원이 되었고, 임형관·조이환·김동명 등이 검사위원이 되었으며, 권오설에게 체제와 회칙에 대해 제정하게 하였다. 이것이 출발은 같은데 갈래가 다른 조선공산당의 전말이다.

5월 16일 김재봉과 김두전 등은 기본기관별직업(基本機關別職業) 신분으로 서울부터 국내와 해외까지 돌아다니며 아홉 곳에 분소(分所)를 설치하였다. 그 조직 안에는 학생, 노농(勞農), 언론기관, 사상, 여성 등의 다섯 개 부서를 두었다. 서울 분소는 홍덕유·전정관(全政琯)·민창식(閔昌植)·전해(全海)·오희선(吳義善), 경남 분소는 김명규(金明奎)·

박태홍(朴台弘), 전남 분소는 신명준(辛命俊) · 김기호(金基浩) · 신동호(申東浩) 등으로 위원을 삼았다. 김명규와 신명준 등은 전경양도위원회(全慶兩道委員會)를 열고 교양, 비서, 책임 등의 세 개 부서를 설치하였다. 광주, 순천, 밀양 등에도 각각 군(郡) 세포조직[5]을 두었다. 최안섭(崔安燮) · 김유성(金有聲) · 조준기(曺俊基) 등은 광주에, 정진무(鄭晋武) · 김완근(金完根) · 신명준 등은 밀양에, 이영민(李榮珉) · 이창숙(李昌淑) · 박병두(朴炳斗) 등은 순천에, 염창렬(廉昌烈) · 박내원(朴來源) · 박영민(朴榮珉) 등은 서울에 예속시켰다. 해외에 설치한 세포조직으로는 일본, 만주, 상해, 연해주[6] 등 네 곳이다. 일본은 김정규(金正奎)를, 만주는 조봉암 · 송봉우 · 박응칠(朴應七) 등을 책임비서로 삼았고, 상해는 조동호 · 김단야 · 최원택 등을, 연해주는 김찬을 책임비서로 삼았다. 공산당을 만드는 것에 대해서는 의논이 통일되지 않아 끝내 결성하지 못하였다. 조동호를 모스크바로 보내 국제공산당의 승인을 받으려고 하였으나 조동호가 상해까지는 왔지만 러시아에는 이르지 못하였다. 이 당시 고려공산청년회 간부인 권오설이 위원회를 열어 비서, 조직, 조사, 교양, 연락, 국제 등의 여섯 개 부서를 설치하고 각각 그 책임을 맡게 하였다. 회원은 30세 이하로 한정하였다. 그리고 조봉암을 모스크바로 보내 국제공산당과 연락하게 하였다. 조봉암이 돌아올 때 러시아는 1,850루불을 보내주면서 유학생들이 공산대학에 들어오도록 요청하였다. 6월에 조선공산당과 고려공산당이 승인신청을 하였다. 이하 세 글자가 빠짐 등의 편지를 독고전을 시켜 상해의 여운형에게 보내 국제공산당에게 전하도록 하였다. 여운형은 김재봉, 독고전 등을 시켜 다시 조동호와 연락을 취하게 하였다. 8월 5일 마산(馬山) 공산당이 조선공산당으로 들어왔다. 이에 마산에 세포조직이 설치되었다. 9일 권오설, 임원근, 박헌영 등은 회원인 안상훈(安相勳), 김명시(金明時) 여사, 김응기(金應基), 정경창, 최춘택, 고명자(高明子) 여사, 조용암(曺龍岩), 박지성(朴知成), 정병욱(鄭炳旭), 정운(鄭雲), 이영조(李永祚), 김형관(金衡寬), 장서산(張曙山), 권오직(權五稷), 김칠성(金七星), 장도명(張道明), 강한(姜翰) 등 17명을 뽑아 모스크바로 보내 공산대학에서 유학하도록 하였다. 또한 도군연맹(道郡聯盟)을 조직하여 최안섭, 노상렬(盧相烈), 정순제(鄭淳悌) 등을 전남집행위원으로 삼았으니 이들이 도의 간부이다. 광주, 광양, 순천 등지에 각각 연맹을 설치하였으니 군연맹 세포조직이다. 최안섭 · 김재중(金載中) · 정홍모(鄭洪模) · 최일봉(崔一峰) 등은 광주 세포조직에 정순제 · 허영수(許永壽) 등은 순천 세포조직에 정순화는 광양에 예속시켰다. 이처럼 공산당의 세력을 더욱 발전시켰다.

이전에 신만청년회(新灣青年會)가 신의주에서 설립되었으니 서울의 화요회 계통이었다. 독고전이 또 그 회의 위원이 되었다. 10월 22일 독고전이 여러 동지들과 함께 아무개 회원의 결혼식에 갔는데 변호사 박유정(朴有楨), 순사 스즈키 도모요시〔鈴木友義〕[7], 의사 송계하(宋啓夏) 등도 와서 잔치가 벌어지는 경성식당서 함께 술을 마시게 되었다. 술이 얼큰하게 취했을 때 서로 언쟁이 붙었다가 곧 크게 싸움이 일어났다. 박유정이 마침내 고소하자 경관이 독고전, 임형관, 김경서(金景瑞), 김득린(金得麟), 조동근(趙東根) 등 10여 명을 잡아다 취조하였다. 어떤 사람이

"그날 밤 김득린[8]이 붉은색 토시를 벗고 분격하며 말하기를 '너희들이 나를 이길 수 있겠느냐.'라고 크게 소리를 질렀다."

라고 하였다. 이에 경관이

"이 말은 매우 평범하지 않다."

라고 하며, 김경서의 집을 수색하여 박헌영이 상해의 여운형에게 보내는 보고서 한 장과 비밀서류 등을 찾아냈다. 그것들은 모두 암호로

되어 있어 밤낮으로 연구하여 수십 일이 지난 뒤 간신히 해독할 수 있었다. 이에 크게 놀라 종로경찰서와 함께 박헌영, 임원근, 박길양(朴吉陽), 조이환, 홍증식, 장순명, 신철수(申哲洙) 등을 체포하였는데 이들은 모두 고려공산당원이었다. 김약수(다른 이름은 김두전),[9] 주종건, 서연희(徐延禧), 송봉우, 윤덕병, 유진희, 진병기, 김상주(金尙珠) 등을 체포하였는데 이들은 조선공산당원이었다. 이것이 제1차 대검거이다.

김단야, 조봉암, 조동호 등은 모두 상해로 달아났다. 김항준(金恒俊)은 평북으로 달아나서 도청 산업과 직원이 되었는데 몰래 김단야와 서로 연락하여 도청을 연락의 근거지로 삼았다. 김재봉은 이곳저곳으로 숨어 다녔으나 붙잡히지 않고 끝까지 도망다닐 수는 없다는 사실을 알았다.

병인년(1926) 3월 5일, 김재봉은 진주신문지국장인 강달영(姜達永), 이준태(李準泰), 이봉수(李鳳洙), 홍남표(洪南杓), 김철수(金哲洙) 등과 다시 제2차 공산당을 조직하였다. 책임비서에는 강달영, 내무부는 이준태, 조직부는 김철수와 전덕(全德), 선전부는 이봉수와 홍남표, 기술부는 권오설, 검사위원에는 홍덕유(洪悳裕)·김석준(金石駿)·구연흠(具然欽), 혁명후원에는 김철수와 박민영 등이 선출되었다. 그리고 만주, 상해, 일본, 연해주 등지의 조직과 서로 연락을 취하였다.

권오설은 안동군 풍산면(豊山面) 개일리(盖日里)[10]에 살았는데 비록 다른 사람처럼 공산당원이었지만 실상 그는 애국지사였다. 이 때문에 대한이 오래 유지되지 못할 것을 알고 민족주의자와 대한독립을 도모하였는데 뒤에 그것이 힘들다는 것을 알고 조선이 공산당의 힘을 빌려 일본의 굴레에서 벗어나야 한다고 생각하여 공산주의자와 함께 신만청년회에 들어갔다. 이에 조선의 공산화를 사명으로 여기고 메이데이와 함께 모종의 운동을 기획하였으나 결국 성공하지 못하였다. 고려공산청년회를 조직하여 틈을 엿보고 있었는데 3월 15일 순종이 붕어(崩御)하였으며 또한 송학선(宋學先)의 일[11]이 발생하자 도성 안의 공기가 침울하였다. 이에 도성 사람들은 분격하며 '인산(因山) 하는 날에 각 사회단체는 반드시 거사를 할 것이다.'라고 말하였다.

권오설도 또한 운동을 주장하는 격문을 지었는데 '대한독립만세'라고 제목을 지었다. 그 문장의 대의는 '조선 사람의 교육은 마땅히 조선 사람을 위주로 하여야 한다. 소작료는 마땅히 일본인 지주에게 바치지 말아야 한다. 옥에 갇혀 있는 세 글자가 빠졌다. 마땅히 석방해야 한다.' 등이다. 권오설은 박래원(朴來源), 민창식(閔昌植), 이용재(李用宰), 양재식(楊在植) 등과 함께 자신이 작성한 대한독립만세를 2만장을 인쇄하고 조선인 위주로 교육해야 한다는 것, 소작료는 일본인 지주에게 바치지 말아야 한다는 것은 각각 6,000장을 인쇄하였으며 대한독립운동을 하는 자들은 단결해야 한다는 것은 8,000장을 인쇄하였다. 여운형과 김단야가 상해에서 보낸 격문은 4,000장을 인쇄하였다. 이것들을 평북 도청에 있는 김항준에게 보냈고 다시 중국 안동현(安東縣)의 운송점으로 보내 점원 강연천(姜延天)에게 화물차에 숨겨 서울로 운송하게 하였다. 이 당시 김항준은 박람회 관계로 서울에 출장을 나와 있었는데 동지를 시켜 격문을 홍일헌(洪一憲, 권오설)에게 보냈다. 권오설은 앞에서 거론한 격문들을 가지고 박래원에게 대전으로 가져가게 하여 철도를 통해 삼남(경상, 전라, 충청)에 배포하게 하였다. 또한 민창식에게 사리원과 원산으로 가져가게 하여 철도로 해서와 관서지방 및 함북 지방에 배포하게 하였다. 이용재와 양재식에게 개벽사(開闢社)의 《신여성(新女性)》과 《신민(新民)》 등의 잡지와 상점 광고에 끼워 넣어 우편으로 총독부, 재판소, 도청과 그 밖의 각 관공서로 보내게 하였다. 그 나머지는 학생과 양말 공장의 직공들을 시켜 국장하는 날 상여가 지나가는 길에 배포하라고 하였다. 천도교 본부에 그것들을 보관하여 인산하는 날을 기다렸다.

5월에 제2공산당 간부들이 위원회를 열어 강달영, 이준태, 권오설, 이봉수 등에게 공산당규칙과 예산안을 만들게 하였다. 권오설과 이봉수는 러시아 공산당 규칙과 영국무산자 청년회칙을 참고하여 조선공산당규를 작성하였다. 또한 303,800원의 예산안과 설명서 그리고 청구하는 두 종류의 서류를 만들어 김찬의 손을 거친 뒤에 국제공산당(코민테른)에게 보내 자금을 요청하였다. 강달영과 이준태가 모금을 맡은 당원이었다.

6월 4일 종로경찰서 경찰이 오사카로 가 세 명의 중국지폐 위조범을 붙잡았는데 그 집을 수색하다가 격문 한 장을 발견하였다. 취조하다가 격문이 선천(宣川)의 광업자 안기성(安基成)에게서 온 것을 알게 되었고 마침내 그를 붙잡아 취조하게 되었다. 안기성과 권오설은 같은 마을 사람이었다. 이에 밀정을 두어 권오설과 박래원을 붙잡고 격문 34,000장과 경성역의 격문 4,000장을 압수하였다. 이것은 김단야가 보낸 것이다.

처음에 권오설이 인쇄에 필요한 돈 5,000원을 빌리기 위해 두 장의 격문을 가지고 광산주인 안기성에게 주었는데 안기성은 한 장의 격문을 이번에 발각된 지폐 위조범에게 준 것이 사건의 도화선이 된 것이다.

이 때문에 검거의 폭풍이 다시 일었다. 강달영 또한 죄를 면할 수 없음을 알고 크게 두려워 바나나 행상으로 변장하고 잠적하여 피하였다. 7월 17일, 강달영이 명치정(明治町)을 지나가다 체포되었다. 제2차

공산당 또한 발각되었다. 이때 조선공산당과 고려공산당 소속 단체는 대략 3,000개였다. 당 전체가 러시아처럼 국공, 국중의 대도시마다 모두 당이 있었다. 24일, 종로경찰서의 오오모리〔大森〕 부장이 여러 형사대를 거느리고 북부를 수색하여 권오설을 체포하고 전국적으로 당원 300여 명을 체포하였다. 이에 앞서 신의주경찰서에서 박헌영 등 10여 명을 체포하여 반년 동안 취조하였다. 이때에 이르러 경성으로 압송하여 권오설 등과 함께 합동으로 심리하고 모두 석방하였다. 단 신만회(新灣會)와 경성주의자(京城主義者) 101인은 예심에 회부하였다. 이것이 바로 일찍이 조선에 없었던 일대 비밀결사이다.

정묘년(1927) 양력 9월 13일, 처음으로 공판이 열렸다. 일본사회가 모두 그 소문을 듣고

"이는 조선약소민족에게는 실로 처음 있는 큰 공판이다."

라고 하였다. 농민조합(農民組合)은 후루야 사다오〔古屋貞雄〕[12]를 자유법조단(自由法曹團)은 후세 다츠시〔布施辰治〕[13]와 나카무라 고이치〔中村高一〕[14]를 보내 변호하게 하였다. 조선노동총동맹(朝鮮勞動總同盟) 소속으로 일본에 있던 자들은 정남국(鄭南局)·이동재(李東宰)를, 신간회(新幹會) 동경지회는 강소천(姜小泉)·권대형(權大衡)을, 대중신문사(大衆新聞社)는 최익한(崔益翰)을 보내 방청하게 하였다. 검사국이 비좁았으므로 3호 대법정으로 가서 공판하였다. 만일의 사태를 염려하여 재판정에 목책을 설치하고 구내와 구외 모두 엄중 경계하였다. 우편국의 서신 왕래와 정거장에 오고가는 사람들까지 모두 감시하였다. 도쿄나 오사카에 있는 자들은 말할 것도 없고 이날 한인과 일인은 일체 경성에 들어가지 못하게 금하였다. 경성의 각 관공서와 은행회사 모두 경비하였다. 재판이 열리자 김경서(金景瑞)·조동근(趙東根)·김세연(金世淵)·김영희(金瑛禧)·백기호(白基浩) 5인은 모두 석방되었고 주종건(朱鍾建)은 병보석

으로 풀려났다. 나머지 95인은 재판정에 나오는데 피고마다 각기 그 친척, 동지들을 보고 죄인 호송차에 앉아 모두 수건을 흔들며 다투어 목례를 하였다. 그 광경이 심히 비장하였다. 나카노〔中野〕 검사가 공소 사실을 읽으며

"이는 치안에 방해될 수 있으니 방청을 금하여 공개하지 말자."

라고 하였다. 변호사 김태영(金泰榮)이

"박헌영 등 20인의 예심은 처음에 신의주 지방법원에서 맡았는데 곧 경성으로 이송되었다. 재판법 제8조에 근거해 본다면 이것은 총독이 신의주 법원장에게 경성으로 가서 심리하도록 명했을 것인데 지금 경성 판사가 심리하는 것은 누구의 명인가? 이처럼 법에 따르지 않는다면 예심은 성립될 수 없다."

라고 하며 심하게 저항하였다. 여러 변호사들도 모두

"병인년(1926) 봄에 박헌영, 임원근(林元根)을 압송할 때 어두운 밤을 틈타 호송하였다. 이는 타당한 호송이라 할 수 없으니 또한 그것을 알고 있지 않은가?"

라고 하였다. 허헌(許憲)도

"신의주 법원에서는 비록 몇 년이라도 감금할 수 있겠으나 경성 법원에서는 이러한 권리가 없다. 박헌영이 경성에 온지 1년 반이나 되었으니 이 예심은 너무 불법적이지 않은가?"

라고 하였다. 김병로(金炳魯)가 요지를 주장하며 대들자 재판장이 바로 심리를 그쳤다. 김태영, 후루야 사다오, 이인(李仁), 이승우(李升雨) 등이 다시 격론을 벌였다. 나카노가

"총독이 신의주 법원에 이미 우리 감독의 명을 전한 일이 있으니 오늘 논변은 문제될 것이 없다."

라고 하였다. 이인, 김병로가 분기(奮起)하여 다시 끊임없이 논박하자

검사가 마침내 폐정(閉廷)하고 공소를 기각하였다. 이 때문에 공판이 어찌될 지 알 수 없었다. 피고 90여 인이 모두 변호사가 있었는데, 백광흠(白光欽)만 거절하였다. 변호사 이창휘(李昌輝)가

"법정의 법단이 얼마나 삼엄한 곳이냐. 그런데 판사의 뒤에는 이른바 특별방청객이 거리낌 없이 섞여 앉아 있으니 무슨 예법인가? 이 또한 방청을 금하기 위한 것인가?"

라고 하였다. 김병로, 후루야, 이승우, 김태영, 다케치 히로요시〔武智弘方〕 등이 경계를 완화할 것, 병자를 보석할 것, 공판을 공개할 것, 특별방청을 금지할 것을 내용으로 하는 네 개 조항의 요구서를 제출하였다. 당시에 양재식(楊在植), 신철수(申哲洙), 김동부(金東富), 백광흠, 임형관(林亨寬), 조이환(曺利煥)이 모두 병으로 법정에 나오지 않아 분리하여 심리하였다. 이창휘가

"백광흠의 심리 조서는 적용할 수 있는 법이 없다. 그래서 긴급제의를 통하여 마땅히 적용할 법을 써야 하는데 지금 이것을 쓰지 않았으니 심리를 할 수 없다. 그런데도 나머지 다른 피고들과 분리하여 심리하려고 하니 어찌 불법이 이 지경에 이르렀는가?"

라고 하였다.

15일, 2회 공판이 열렸다. 박헌영이

"지금 우리 피고들은 무산계급의 전위분자[15]이다. 지금 이 재판은 다수 경찰들의 경계가 너무 심하다. 이는 우리 피고들을 압박하는 것일 뿐 아니라 우리 무산대중 전체를 압박하는 것이다. 또한 방청을 공개하지 않고 다만 특별한 사람만 허락하니 오늘 나는 절대 입을 열지 않겠다."

라고 하였다. 재판장이

"오늘 공판은 대부분 공안에 방해되는 내용이 많아 방청을 금하지

않을 수 없다."

라고 하였다. 변호사들이 모두

"이런 공판은 위압적이라고 할 만하니 변호할 수 없다."

라고 하며, 모두 법정에서 나갔다. 또한 오늘 법정에서 간수는 15인으로 제한하고 경관은 일체 금할 것, 철망을 철폐할 것, 방청은 다만 판·검사 2인만 할 것, 신문기자와 가족의 법정 입실을 허락할 것을 요구하는 네 조항의 요구서를 제출하였다. 김태영이

"지난 번 공소 기각을 요청한 것은 비록 법적으로 당연하지만 박헌영 등이 다시 신의주로 가려 하지 않으므로 분리하여 심리한 것이다."

라고 하였다. 마침내 공판이 속행되었다. 당시 홍원(洪原)의 각 사회에서

"오늘 공판은 국제적 의의가 있다. 조선에서 처음 있는 역사적인 큰 공판이라고 할 만하다. 바라건대 적극 변호해 준다면 우리는 깊이 감사하겠다. 비록 국내외의 구분은 없으나 후루야, 나카무라,[16] 후세, 세 일본인에 대해서는 특히 고맙다."

라는 내용의 격려문을 보냈다.

17일, 3회 공판이 열렸다. 경계는 비록 풀렸으나 법정 구내는 여전히 엄중하였다. 김병로, 김태영, 강세형(姜世馨)이 기어이 공개를 요청하였으나 야모토[矢本]가 받아들이지 않았다. 변호사들이 모두 법정에서 나와 들어가지 않았다. 이 때문에 재판장과 변호사 사이에 알력이 더 심해졌다. 당시 피고들은 모두 한복을 입고 있었는데 10여 인만 죄수복을 입고 있었다. 정종명(鄭鍾鳴) 여사가 각각 한복 한 벌씩을 만들어 들여보냈다. 애초에 주종건이 병보석으로 평양과 석왕사(釋王寺)[17]로 가서 치료를 하다가 12일 밤 경성에 이르러 달아났다. 일본 간사

이〔關西〕의 조선노동총동맹연합회(朝鮮勞動總同盟聯合會), 오사카의 조선노동조합(朝鮮勞動組合) 간부 신재용(辛載鎔)·정동파(鄭東波)·정동명(鄭東鳴) 등이 이 공판을 위하여 일대 시위를 일으키려 하였다. 하지만 일이 발각되어 정동명 등 95인이 모두 체포되었다.

20일, 4회 공판은 비밀에 부쳐져 비록 잘 알 수는 없으나 공판이 열린지 불과 5분 만에 갑자기 법정이 묵판. 이날 경관의 활동이 더 심하여 법원 내외의 경계망이 더욱 삼엄하였다. 애초에 박헌영이 늘 도수 높은 안경을 쓰고 잠시도 안경을 벗지 않았다. 법정에서 나올 때 박헌영이 간수와 순사에게 포위되어 나오는데 안경을 쓰지 않았고 얼굴은 매우 창백하였다. 염창렬(廉昌烈)은 남의 등에 업혀 나오는데 마치 죽은 사람 같았다. 문관과 변호사들이 일제히 법정을 나서는데 모두 얼굴에 슬픈 빛이 있었다. 그러나 오늘 법정에서 무슨 일이 있었는지 알 수 없었다. 박헌영과 염창렬이 나오자 모두 간수실로 들어가 급히 감옥의 전담 의사에게 진료를 청하였다. 진료를 받고 염창렬은 바로 살아났고 박헌영도 진정되었다. 얼마 후 야마토가 다시 두 사람을 불러 공판하였는데 변호사가 또 법정에서 나가자 법정이 동요하였다. 박헌영의 부인 주세죽(朱世竹)이 면회하려고 하였으나 야모토가 허락하지 않았다. 19일, 어떤 여사가 옷 두 벌을 지어 이름을 알리지 않고 감옥으로 들여보냈다. 일본에 있는 각 단체에서 또 글을 보내 여러 변호인을 격려하였다.

22일, 5회 공판이 열렸다. 오하라〔大原〕 형무소장이 변호사 김찬영(金讚永)을 불러

"지난 새벽 박헌영이 갑자기 이상 증세가 있었다. 그러니 오늘 여러 피고로 하여금 이 때문에 소란을 일으키지 않게 하기를 청한다." 라고 하였다. 허헌, 김병로, 후루야, 주세죽이 박헌영의 면회를 청하

였다. 당국에서 모두 허가하였으나 주세죽만 허가하지 않았다. 허헌이 감옥에서 나와

"내용을 말할 수는 없으나 박헌영이 오늘 법정에 나오지 않은 것은 정신이상 때문도 아니고 외상 때문도 아닌데, 어쨌든……[18]."

주세죽이 안경을 구하여 들여보냈으나 당국에서 또 받아들이지 않았다. 이 때문에 계속하여 여러 어려움이 있었으나 그 기세가 더욱 위엄이 있고 씩씩하였다. 재판장이 하는 수 없이 박헌영만 분리하여 심리하였다. 이날 문관이 공판을 하지 않고 변호사와 함께 자주 들락거리기만 하였다. 사복 경관들은 살기를 띠고 경계가 더욱 삼엄하여 분위기가 살벌하였다. 이때 우리 측의 교토[京都] 신지부 및 노동총동맹(勞動總同盟)이 비밀재판을 문제 삼아 총독부에 항의하였다. 또 조선의 각 사회 및 변호사들이 피고와 함께 모두 항의하여

"오늘 공판은 국제적으로 의의가 있으니 공개를 청한다."

라고 하였으나 문관이 또 들어주지 않았다. 애초부터 방청을 엄격히 금하였는데 경부보(警部補) 김면규(金冕圭)가 재판정에 들어가 심리를 기록하자 변호사가 그것을 보고 문제를 제기하였다. 나카노 검사가 김면규를 불러 취조하자 김면규가

"미와[三輪][19]의 지휘를 받았다."

라고 하였다. 또 미와를 불러 취조하였는데 김면규는 여전히 재판정에 들어왔다. 김병로, 허헌, 이인, 이승우, 후루야, 권승렬(權承烈)이

"이는 법적 권리를 침해하는 것이다."

라고 하며 모두 법정에서 나가는 바람에 공판이 중단되었다. 일본의 조선노동총동맹 대표 정남국, 도쿄 신지부 대표 강소천, 교토 신지부 곽종렬(郭鍾烈)이 공개 금지를 들어 경무 당국에 항의하였다. 호서(湖西) 기자단, 부강(芙江) 노동동맹, 연기(燕岐) 청년회가 맹의섭(孟義燮)을

보내 후루야 등을 만나 감사의 뜻을 전했다.

다음날(23일), 6회 공판에서 변호사들이 또 다시 모두 물러났다. 이날 주세죽이 사식(私食)을 들여보내려고 하자 묵고 있던 집 주인이

"오늘 아침 형무소에 가보니 당국에서 말하기를 박헌영이 전날부터 갑자기 단식하여 점심은 가져올 필요 없다고 하더라."

라고 하였다. 주세죽이 걱정하여 면회를 허가해 달라고 청하였으나 당국이 또한 들어주지 않았다.

27일, 7회 공판이 열렸다. 변호사들이 비밀회의를 열어 김병로와 후루야로 하여금 김면규의 방청 문제를 묻게 하였다. 야모토가

"이는 갑자기 말할 수 없다."

라고 하며 대답하지 않았다. 이 때문에 변호사 28인이 모두 사임하고 도쿄 자유법조단에 요청하여 총독에게 질문하게 하자 법단이 후세 다츠시〔布施辰治〕를 시켜 총독에게 질문하게 하였다. 이로 인하여 일본 전국의 여론을 환기시켰다. 29일, 야모토가 8회 공판을 중지하고 예심법원 밀실로 가서 한사람씩 불러 심리하였다. 변호사들이

"이는 개인 심리이다. 틀림없이 위협하려는 것이다."

라고 하며 또 궐기하고 후루야와 이승우로 하여금 나가오〔長尾〕 검사정을 만나게 하였다. 나가오 검사정이

"경부 김씨는 심리실에 배치하고 다른 경관을 방청하게 하는 것이 어떻겠는가?"

라고 하였으나 후루야가 듣지 않았다. 이에 나가오가 경관을 금하고 피고들로 하여금 자유롭게 진술하게 하였다. 변호사들이 모두 다시 법정에 나와 변호하였다. 이때 김천해(金天海), 이청룡(李靑龍), 주낙천(朱洛天) 등 600여 인이 요코하마〔橫濱〕에 모여 경성법원에 전보를 보내 항의하였다. 결의문을 작성하여 총독과 법원에 보내고 격려문을 작성

하여 모든 변호사와 법조단에 보냈으며 마츠다 요시〔松谷與二〕를 특파 변호사로 삼았다.

10월 4일, 9회 공판이 열렸다. 신태인(新泰仁) 청년회, 도쿄 노동농민당(勞動農民黨)이 모두 변호사들에게 글을 보내 격려하였다. 호서 기자단이 특파원을 보내 여러 변호사들을 위로하였다. 고령(高靈) 신지부에서 또 격려문을 보냈다. 10일, 11회 공판에서 후세 변호사가 박헌영이 심신이 상실되어 폐인에 가까우니 마땅히 빠른 시일 내에 보석할 것, 병 든 피고들 또한 모두 보석할 것, 기자들이 법정에 들어갈 수 있게 할 것, 매일 재판을 열 것, 중요한 피고들로 하여금 각각 필기하여 공초(供招)하게 할 것을 내용으로 하는 5개 조항을 제출하였다.

12일, 12회 공판에서 박헌영은 풀려나지 않았다. 이날 광주(光州) 청년동맹, 김제(金堤) 노동조합, 영일(迎日) 신지부, 의령(宜寧) 신지부에서 모두 글을 보내 격려했다. 이 아래 한 폭이 묵판이다.

다음날 백광흠이 병보석으로 입원하려 하였는데 갑자기 발광하여 칼을 들고 사람을 찌르면서

"너희들은 모두 경찰의 사냥개들로 우리 동지들을 해쳤다."

라고 하며 혹 큰 소리로 조선독립과 무산자 만세를 불렀다. 옹진(甕津), 선천(宣川) 두 청년회에서 격려문이 또 왔다.

애초에 종로서 고등계 주임 미와 오사부로〔三輪和三郎〕, 요시노 도조〔吉野藤藏〕[20], 오오모리 히데오〔大森秀雄〕, 김면규 등의 고문이 매우 참혹하였다. 권오설, 강달영, 전정관(全政琯), 홍덕유(洪德裕), 이준태(李準泰)가 분을 참지 못하고 후세, 후루야, 김병로, 이인 등으로 하여금 불법 고문을 들어 고소하게 하였다. 아무개 법관이

"경관이 법을 아니 이런 일이 없을 듯하다. 그러나 만약 있다면 이

는 법률로나 인도상으로 모두 하나의 큰 죄악이니 벌하지 않을 수 없다."

라고 하였다. 나가오가 또

"내가 심한 형벌을 쓰지 말라고 지시하였는데 지금 심한 형벌을 썼으니 증거에 따라 처리하겠다."

라고 하였다. 신의주 신만청년회, 임실(任實) 신지부에서 격려문을 보냈다.

18일, 15회 공판에서 권오설의 6·10만세 사건을 심리하였다. 김태영이 재판장을 만나 공개를 청하였으나 야모토가 듣지 않았다. 후루야가

"네 명의 경관을 취조하는데 공산당을 취조하는 것처럼 한다면 그 이면이 다 드러날 것이다."

라고 하였다. 일본노동당(日本勞動黨)이 사법권 침해가 있었는지 불법고문이 있었는지 법관이 어떻게 처리하였는지에 대한 3개 조항을 조사하기 위하여 법학사 가토 간이치〔加藤貫一〕를 보냈다. 가토가 경성에 와서

"내가 여기 온 것은 단지 경관의 횡포를 조사할 뿐만 아니라 전체적으로 총독정치의 강압 정책을 적발하는[21] 사명을 띠고 왔다."

라고 하였다.

20일, 16회 공판이 다시 비밀리에 열렸다. 이때 가토가 재판정에 들어오자 미와, 요시노, 오오모리 등이 전처럼 경계했다. 선천 천도교청년부(天道教青年部), 전주(全州) 노동연맹, 이리(裡里) 청년회, 목포(木浦) 신지부, 오사카의 조선노조 서성지부(朝鮮勞組西成支部), 전대만 타도제국주의동맹(全臺灣打倒帝國主義同盟)[22] 등 각 단체에서 모두 격려문을 보냈다. 미와 등 네 명의 경관을 고소한지 4, 5일이 지났는데 검사 모토

하시〔元橋〕가 권오설만 취조하고 네 명의 경관은 취조하지 않았다. 변호사가 또 고소하려고 하자 법조단(法曹團)이 궐기하며

"이들 네 경관은 단지 변호를 무시할 뿐만 아니라 인권을 유린하였고 단지 인권을 유린하였을 뿐만 아니라 헌법을 유린하였으니 그 죄를 용서할 수 없다. 예심판사 고이〔五井〕가 피고들을 고문[23]하였다고 피고들이 한결같이 말하고 있다."

라고 하였다. 변호사들이

"비록 검사라도 법정에서 이처럼 불법을 저지를 수 없는데 예심에서 고이가 불법을 감행하였다. 만약 고이가 간도의 공산당을 예심했다면 다시 무슨 불법을 더하겠는가?"

라고 하였다. 이인, 허헌, 후루야가 고등법원, 복심법원, 지방법원의 세 원장을 만나 항의하였다. 21일, 마산(馬山) 신지부와 노동연맹 및 청년회에서 격려문을 보냈다.

17회 공판도 비밀리에 열렸다. 이틀 후인 4일[24]에 모토하시가 처음으로 네 명의 경관을 취조하였다. 이동재, 강소천, 곽종렬 등이 총독 및 총독부 법무국장 마츠데라〔松寺竹雄〕, 경무국장 도시미〔利見〕,[25] 검사정 나가오를 방문하여 항의문을 제출하였다. 이날 대구 청년동맹과 진주(晋州) 청년회가 모두 글을 보내 격려하였다. 가토〔加藤〕, 후루야, 김병로, 김태영은 네 경관을 고소한 것이 진척이 없음을 보고 서대문 감옥으로 가서 권오설, 강달영, 홍덕유, 전정관을 만나 고문의 실상과 증인을 찾아 제2고소를 준비하는 참이었다. 이번 경관에 대한 고소는 조선에서만 주목하는 것이 아니라 그 여파가 일본에게도 미쳤다. 일본변호사협회가 마침내 분기하여 경성의 모 변호사에게 전보를 보내

"지금 우리 협회는 전국의 변호사 3,000여 인을 망라하여 그 사실을 면밀하게 조사하려고 한다."

라고 하였다.

22일, 도쿄의 조선인청년동맹이 총독부 경무국에 항의문을 보내 조선공산당의 무죄 판결을 요구했다. 일본노농당과 노동당이 고문을 문제 삼아 다나카〔田中〕 수상과 조선총독에게 항의하였다. 또 각 지부로 하여금 일본의 전국 여론을 환기하였다. 7일,[26] 일본의 조선노총, 오사카의 조선노조가 다나카 수상과 사이토〔齋藤〕 총독 및 경성법원에 공산당 무죄와 아울러 재판 공개를 요청하였다. 다음날, 총독부 정무총감 유아사 구라헤이〔湯淺倉平〕가 마침 도쿄에 있었다. 조선노총 대표 김한경(金漢卿), 도쿄 신지부 대표 조헌영(趙憲泳), 대중신문사 박낙종(朴洛鍾)이 후세 변호사와 함께 유아사를 만나 엄중히 질문하였다.

30일, 오사카 조선노조 하천(河泉) 지부가 위원회를 개최하여 수상과 총독 및 법원에 다시 항의하였다. 애초에 네 경관을 고소한 지 반달이 지났으나 여전히 진척이 없자 변호사들이 정식으로 신청하며

"고문 당시의 증거가 종로서의 취조실, 숙직실, 유치장, 둥근 의자, 수도꼭지, 경찰서 안의 죽검, 허리에 차는 각목, 바케쓰, 약탕기, 오랏줄에 남아 있다. 또한 경기도 경찰부 숙직실, 유치장, 둥근 의자도 차례로 검증해야 한다. 그리고 취조할 때 증인, 고소인, 경관, 변호사, 검사 다섯 사람을 마땅히 대질 심문해야 한다. 또 총독부와 세브란스 병원 의사에게 요청하여 피고를 진찰하게 한다면 고문 사실을 알 수 있을 것이다."

라고 하고 보석을 신청하였으나 야모토가 들어주지 않았다. 이에 보석 문제가 마침내 다시 불거졌다.

11월 1일, 도쿄 신지부, 조선인노총, 유학생학우회, 과학연구회, 여자청년회, 여자흥학회, 대중신문사 등 9개 단체가 연합하여 총독 및 정무총감, 다나카 내각, 야모토, 나가오, 모토하시에게 항의하여

"고문 경관을 마땅히 엄중 처벌해야 하며 당국의 처리를 감시하지 않으면 안 된다."
라고 하였다. 이에 모토하시가 증인 강형순(姜亨順), 김영희(金英禧) 두 여사를 불러 심리하였다. 강여사는 이준태의 부인이고, 김여사는 여성동우회원이다.

11일, 모토하시가 증인을 심리하러 서대문 감옥에 갔다가 돌아와 요시노, 김면규, 미와, 오오모리를 불러 취조하였다. 박헌영, 이재익(李在益), 신철수, 조이환, 백광흠은 모두 병 때문에 심리하지 않았다. 당시 박헌영은 제 정신이 아니라 늘 자살하려고 하였으므로 다시 보석을 청하였다. 안변(安邊) 청년회에서 후루야에게 격려문을 보냈다.

처음 네 경관의 고소에 그들을 주목한 것은 조선만이 아니었다. 일본, 타이완 및 해외까지 모두 주목하였으니 그 사안의 중대함이 과연 어떠했겠는가. 모토하시가 증거 불충분을 이유로 불기소 처분을 내렸다. 변호사가 다시 증인으로 예심판사 고이, 서기 사사키[佐佐木], 박사 가와카미 하지메[河上肇], 학무국장 이진호(李軫鎬), 기생 최금란(崔錦蘭), 박옥화(朴玉花) 등 49인을 채택하여 곧 복심법원에 항고하였다.

17일, 28회 공판이 열렸다. 야모토가
"증인이 확실하다면 심리할 필요 없다."
라고 하며 드디어 각하하였다. 변호사들이 다시 신청하였으나 또 각하하였다. 이에 변호사가 재판장 기피(忌避)를 신청하고 모두 법정에서 물러났다. 야모토가 마지못해 민사부 네모토 미치나리[根本道成] 판사에게 기피서를 제출하고 심리하였다.

정묘년(1927) 음력 10월 29일부터 12월 10일까지 신문을 보지 못하였다.

12월 21일, 이재익이 병이 나서 보석을 청하려 하였고 박길양(朴吉

陽)도 병이 들어 분리하여 공판하였다. 전후로 공판은 개정(開庭) 이래 48회나 열렸다. 그 사이에 사법권 침해, 고문경관 고소, 재판장 기피의 세 가지 문제로 인하여 크게 파란이 일어났다. 병인년(1926)에 체포되어 정묘년(1927) 양력 9월 13일까지 만 3년이나 되었고 공판이 시작된 1회부터 결심까지는 5개월이나 되었다. 101인 가운데 5인은 병으로 분리하여 심판하였고 96인에 대해서는 심리 28회, 구형 · 논고 2일, 변호사 변론 18일이었으니 법정이 생긴 이래 전례 없이 큰 공판이었다. 변호사 김병로, 김태영, 허헌, 후세, 후루야, 가토, 이인, 한국종(韓國鍾), 이승우, 정구영(鄭求瑛), 김용무(金用茂), 이창휘, 강세형, 한상억(韓相億) 등 20인이 모두 무료로 변론하였는데 심지어 침식을 잊기까지 하였다. 피고의 범죄는 때와 장소가 확실치 않은 경우가 대부분이었다. 따라서 사실은 대부분 앞뒤가 맞지 않았고 심리할 때는 장애가 많았다.

박길양이 옥에서 죽었다. 조선청년동맹이 30여 단체와 함께 사회장으로 장례를 지내려고 하였으나 금지하여 결행하지 못하였다. 처음에 조동호(趙東祜)는 김재봉(金在鳳), 김약수 등이 모두 체포되는 것을 보고 마침내 상해로 달아나 김단야와 함께 상해 임시정부 집행위원이 되었다. 정묘년(1927) 음력 12월 그믐날, 일본영사관 경찰에게 체포되어 무진년(1928) 정월 8일, 조선으로 호송되었다. 판결할 때 와키〔協〕와 나카지마〔中島〕 두 배석 판사는 다음과 같이 논고하였다.

"김재봉 · 강달영 6년, 권오설 5년, 이준태 · 김약수 · 홍증식(洪瑠植) · 유진희(兪鎭熙) · 김상주(金尙珠) · 진병기(陳秉基) · 정운해(鄭雲海) · 조동호 4년, 전정관 · 임원근 3년 6개월, 독고전(獨孤全) · 임형관 · 신철수 · 홍덕유 · 박래원(朴來源) · 민창식(閔昌植) · 이봉수(李鳳洙) · 유연화(柳淵和) 3년, 윤덕병(尹德炳) · 염창열 · 박민영(朴珉榮) · 이지탁(李智鐸) · 김경재(金璟載) · 송봉우(宋奉禹) · 노상렬(盧相烈) · 장순명(張順明) 2년 6개월, 이병립(李炳立) · 김명규(金明奎) · 어수갑(魚秀甲) · 김정규(金正奎) · 도용호(都容浩) · 신명준(辛命俊) · 최안섭(崔安燮) 2년, 정순제(鄭淳悌) · 이영민(李榮珉) · 박태홍(朴台弘) · 채규항(蔡奎恒) · 박일병(朴一秉) · 김항준(金恒俊) · 구창회(具昌會) · 김유성(金有聲) · 배치문(裵致文) · 황수룡(黃守龍) · 김직성(金直成) · 정진무(鄭晉武) 1년 6개월, 이창수(李昌洙) · 박병두(朴炳斗) · 김기호(金琪鎬) · 이상훈(李相薰) · 고윤상(高允相) · 이충모(李忠模) · 강균환(姜均煥) · 김연의(金演義) · 배성룡(裵成龍) · 이승엽(李承燁) · 남해룡(南海龍) · 신표성(愼杓晟) · 조동혁(趙東爀) · 조준기(曺俊基) · 김완근(金完根) · 조용주(趙鏞周) · 권오상(權五尙) · 이민행(李敏行) · 김동부 · 오기섭(吳琪燮) · 강종록(姜宗錄) · 윤윤삼(尹允三) · 김용찬(金容燦) · 이봉수(李鳳壽) · 최일봉(崔一峯) · 정순화(鄭順和) · 허영수(許永壽) · 정태중(鄭泰重) · 김재중(金載中) · 정홍모(鄭洪模) · 이연수(李延壽) 1년, 백명천(白明天) 10개월, 이용재(李用宰) · 양재식 8개월에 집행유예 2년에 처한다."

다소 차이는 있지만 모두 미결일수를 통산하면 공산당이 공판에 회부된 이후 사실 기록이 8,912쪽, 공판조서 4,874쪽이었다. 방청하러 온 사람은 친척만이 아니었다. 먼 길을 마다 않고 해외에서 온 동지들로서 경성까지 와서 모인 자가 수없이 많았다. 서대문과 종로경찰서 순사 수백 명, 기마대 수십 명이 법정 내외로부터 종로에 이르기까지 모두 빽빽하게 포위하고 왕래하는 행인들을 감시하였다. 시내 각 경찰서에서 총출동하여 종로에서 서대문 형무소까지 대략 수십 리 사이를 연이어 감시하니 또한 근래에 일찍이 없었던 대대적인 경계였다.

신문 잡관(新聞雜觀)[27]에 다음과 같은 내용이 있다.

"오늘은 공산당을 공판하는 날인가, 아니면 경찰관들이 대대적으로 연습하는 날인가. 말 탄 순사 · 칼 찬 순사 · 변장한 순사들이 재판소, 형무소, 사령장관 및 종로서장 오오모리[大森]와 함께 거리에 늘어서 의기양양한 모습은 정말 순사 세상이라고 할 만하다."

"오늘날 재판소는 정말 숙소에 형사들로 담장을 친 성을 쌓은 것 같다. 처음에는 철망을 치더니 다음에는 수위를 두고 순사를 배치하고 간수를 두니 이는 경계한다는 이유로 성벽을 첩첩이 쌓아 사람들을 쓸데없이 겁먹게 하는 짓이다."

"몇 겹의 관문을 통과해 겨우 법정에 들어가면 또 정정(庭丁), 순사, 간수가 경계한다. 이것은 정말 정정이 순사를 경계하고 순사가 간수를 경계하고 간수가 피고를 경계하는 것과 같다. 게다가 웃기는 것은 방청객이 한 번 몸을 움직이면 순사가 눈알을 굴리고 방청객이 한 번 머리를 돌리면 순사가 바로 어깨를 들썩인다. 만약 죄가 없다면 어찌 이런 일이 있겠는가."

이렇게 볼 때, 천하에 가장 죄 많은 자는 순사가 으뜸이다.

살피건대, 《대학》 8조목 중에 〈치국(治國)〉장, 〈평천하(平天下)〉장이 있다. 치국의 국은 바로 각국의 국이고 평천하의 천하는 일국의 천하가 아니라 바로 천하의 천하이다. 〈격물(格物)〉, 〈치지(致知)〉, 〈성의(誠意)〉, 〈정심(正心)〉, 〈수신(修身)〉, 〈제가(齊家)〉, 〈치국(治國)〉의 7장은 모두 궁리, 정심, 수기, 치인의 도리를 들어 말하였는데, 오직 〈평천하〉장만 재물을 말한 것은 어째서인가?

대체로 공평하다는 것은 강약과 고저가 없음을 말한다. 나는 천하에 가장 공평하게 하기 어려운 것이 바로 재물이라고 생각한다. 그러므로 천하의 공평과 불공평은 재물이 좌우하니 오로지 재물에 달려 있다. 따라서 재물을 사사로이 소유하지 않으면 나라에 빈부의 차이가 없고 나라에 빈부의 차이가 없으면 천하에 강약과 고저의 차이가 없으며 천하에 강약과 고저의 차이가 없으면 천하가 모두 공평하게 된다. 그러나 재물을 사사로이 소유하면 나라에 빈부의 차이가 있고, 나라에 빈부의 차이가 있으면 천하에 강약과 고저의 차이가 있으며, 천하에 강약과 고저의 차이가 있으면 천하를 공평하게 할 수 없다.

내가 듣기에, 러시아의 공산주의라는 것은 백성의 사유를 모두 국유로 하여 천하에 빈부 차이가 없게 하려는 것이다. 이렇게 본다면, 《대학》의 평천하는 혹 공산으로 말한 것이 아닌가. 지금 세계에는 두 개의 주의가 있다. 하나는 공산주의이고 하나는 자본주의이다. 공산주의는 처음 러시아 사람 레닌이 창시하여 러시아를 혁명하였다. 그리고 동서양에 그 여파가 넘쳐흘러 공산당이 없는 나라가 없게 되었다. 러시아를 제외한 다른 나라에서는 아직 공산당의 세력이 크게 떨치지 못하였다. 그래서 자본주의자들에게 압박당하고 매일 체포 수감되고 있으나 공산당은 당원이 체포될수록 더욱 일어나 마치 비온 뒤의 죽순처럼 끊임없이 생긴다. 천하를 공평히 하는 것이 만일 이치가 없다면 할 수 없지만 진실로 그러한 이치가 있어 비록 하루라도 재산을 공유하여 빈부와 강약의 차이가 없게 된다면 천하는 틀림없이 태평성대가 될 것이다. 증자(曾子)는 어쩌면 그리도 만대를 손바닥 보듯 분명하게 보았는가. 그러나 인정은 늘 사(私)를 좋아하고 공(公)을 싫어하는 것이니 공산이 사유처럼 오래 지속될지는 알 수 없다.

무릇 천하의 사물은 오래되면 반드시 변하는 것이 정상적인 이치이다. 이 때문에 재산은 인류가 탄생된 이래 오늘날까지 사유로 되었으니 그 유래가 이미 오래되었다. 어찌 한 번 변하지 않겠는가. 이토록 오래되었으니 비록 변한다 하더라도 실로 금방 이루어지리라고 기약할 수는 없다. 그러나 사물은 반드시 변한다는 이치로 본다면 조만간 한 번은 사유가 공산으로 바뀌리라는 것은 또한 의심할 여지가 없지 않겠는가. 또한 공산주의에는 노인 봉양, 고아 구휼의 두 법이 있으니 〈평천하〉장 1절의 취지와 문득 서로 합치한다. 아마도 러시아인이 《대학》의 치국, 평천하의 도리를 들었나 보다.

오늘의 공산주의는 천하의 대세이다. 어리석은 내가 본래 공산당도 아니고 천하대세에 대한 선견지명도 없으니 어찌 감히 함부로 논의하겠는가. 일찍이 《대학》을 읽으면서 〈평천하(平天下)〉장의 평(平)자를 읽고 의문을 품은 것이 여러 차례였는데 끝내 그 뜻을 깨닫지 못하였다. 근래 공산주의의 주장을 보니 이와 유사한 점이 있었다. 그래서 주제넘고 망령됨을 잊고 이상과 같이 말하노라.

어떤 이가 내게

"그대가 쓰고 있는 것은 충신, 열사에 대한 기록인데 공산당에 대해서는 무엇 때문에 썼는가?"

라고 묻기에 다음과 같이 대답하였다.

"저들의 주의라는 것이 공산당이지만, 그 실상은 모두 일본을 배척하여 독립을 꾀하자는 것이다. 그래서 내가 그들에 대해 기록하였으니, 내 마음을 알아주지 않겠는가."

1 신사상연구회로……바꾸었다 : 신사상연구회가 화요회로 이름을 바꾼 것은 마르크스의 생일이 화요일이었기 때문이다.

2 무산계급 : 자본주의 사회에서 생산 수단을 소유하지 않고 노동력을 판매하여 생활하는 프롤레타리아 계급을 말한다. 주로 노동자와 농민이 이에 해당한다.

3 김두전(金枓全) : 1890～1964. 김약수(金若水)의 본명이다. 김약수는 1918년 중국 난징으로 건너가 후일 의열단을 조직하였던 김원봉을 만나면서 김원봉은 약산으로, 김두전은 약수로 각각 이름을 바꾼 것이다. 독립기념관 원본에는 김과전(金科全)으로 되어 있으나, 이는 김두전(金枓佺)의 오기로 보인다. 김과전 다음에 다시 김약수로 표기되어 있어 기려자가 혼동한 것이 아닌가 생각된다. 이후 김두전은 전부 김과전으로 표기되어 있어 김두전으로 바로잡았다.

4 황금정(黃金町) : 지금의 을지로 일대를 말한다.

5 세포조직 : 정당이나 단체의 기반이 되는 조직으로, 특히 공산당의 말단 조직을 뜻한다.

6 연해주 : 러시아 블라디보스토크 일대를 말한다.

7 스즈미 도모요시〔鈴木友義〕: 독립기념관 원본에는 스즈키 도모요시가 鈴木支義로 표기되어 있으나 바로 잡았다.

8 김득린 : 독립기념관 원본에는 전(全)득린으로 표기되어 있으나 바로잡았다.

9 김두전 : 기려수필 원문에는 김과전으로 되어 있다. 이에 김두전으로 바로 잡는다.

10 개일리(盖日里) : 권오설이 태어난 곳은 안동군 풍서면(현 안동시 풍천면) 가곡리로 안동 권씨 집성촌인 가일(佳日) 마을이다. 이 마을은 권오설을 비롯한 사회주의 운동가가 여러 명 태어나 당시 안동 사람들이 모스크바 동네라고 불렀다 한다.

11 송학선(宋學先)의 일 : 1926년 4월 28일에 일어난 조선총독 사이토 암살미수 사건을 말한다. 송학선은 1926년 4월 26일 순종이 돌아가시자 조선총독 사이토가 조문할 것을 예상하고, 그를 처단하고자 창덕궁에서 군중과 함께 곡을 하면서 기회를 엿보고 있었다. 4월 28일 오후 1시경 일본인 세 명이 탄 자동차가 창덕궁에 들어갔다가 금호문(金虎門)으로 나오자 송학선은 사이토가 탄 자동차라고 판단하여 자동차에 뛰어올라 경성부협의원 다카야마〔高山孝行〕와 사토〔佐藤〕를 죽였

다. 또 현장에서 추격하는 순사 호지와라노〔藤原德一〕와 오환필(吳煥弼)을 칼로 찌르고 대항하다가 체포되었다. 경성지방법원에서 사형선고를 받고 고등법원에 상고했으나 11월에 형이 확정되었고 다음해 5월 19일에 사형이 집행되었다.

12 후루야 사다오〔古屋貞雄〕: 1889~1976. 일제 때 후세 다츠시와 함께 조선의 독립운동가를 변론해 준 인권변호사이다. 대개는 후세 다츠시가 더 알려져 있으나 1920년대 조선공산당사건 때 서울에 장기 체류하면서 변호한 사람은 후루야뿐이었다. 그는 환영집회에서는 3·1 만세사건이란 표현을 써 일본경찰의 소환조처를 받았고, 공판이 없을 때는 멀리 하의도, 상태도까지 찾아가 소작쟁의를 지지했다. 한번은 서울까지 찾아온 일본인 우익행동대원에게 테러를 당해 목숨을 잃을 뻔하기도 했다. 다행히 단도가 그의 미간을 스치고 지나갔다. 종전 이후에는 사회당 후보로 나서 세 차례 당선되었고, 자신의 정치적 신조에 따라 북한, 중국과의 우호 교류활동에 나섰다. 60년대 초반 그가 북한을 방문했을 때 김일성이 일제 때 독립운동가들의 변호를 맡아준 데 대해 사의를 표하고 누가 가장 기억에 남느냐고 묻자 후루야는 "그야 뭐라 해도 박헌영"이라고 말한 일화는 유명하다. 1950년대 말 북송사업이 시작될 때 적극 지지한 것으로 유명하다.

13 후세 다츠시〔布施辰治〕: 1880~1953. 일본인 인권 변호사이다.

14 나카무라 고이치〔中村高一〕: 1897~1981. 일본의 변호사이자 정치가로서 1937년부터 1966년까지 중의원(衆議院) 의원을 역임하였으며, 제41대 중의원 부의장을 지내기도 하였다. 변호사로는 총평변호단(総評弁護団)을 중심으로 활동하였다.

15 전위분자 : 사회주의 운동에 앞장서서 적극적으로 활동하는 사람을 말한다.

16 나카무라 : 원문에는 古村으로 되어 있으나, 문맥상 나카무라 고이치〔中村高一〕의 오류로 보인다.

17 석왕사(釋王寺) : 함경남도 안변군 설봉산에 있는 절이다. 조선 태조 때에 무학 대사가 창건한 것으로 태조 이성계와 깊은 인연이 있어 조선 왕실로부터 보호를 받았으며 지금은 선교 양종의 본산이 되었다. 원나라의 영향을 받은 응진전(應眞殿)이 유명하다. 일제 강점기에 31 본산의 하나였다.

18 …… : 기념관본에는 '×××××'로 되어 있고, 국편본에는 '五字削'으로 되어 있어 내용을 파악할 수 없다.

19 미와〔三輪〕: 미와 오사부로〔三輪和三郎〕는 1920년대 종로경찰서 고등과와 경

기도 경찰부 고등과에 있으면서 수많은 독립운동가들을 검거하고 취조하여 악명을 떨친 고문기술자로 유명하다.

20 요시노 도조〔吉野藤藏〕: 서대문경찰서 경부로서, 〈제2차조선공산당사건의 검거와 전모〉라는 수기를 쓴 바 있다.

21 강압 정책을 적발하는 : 기념관본에는 '××××을××씨키는것으로'로 되어 있는데 국편본에는 '强壓政策을摘發씨키는것으로'로 되어 있어 국편본을 따라 풀이하였다.

22 전대만 타도제국주의동맹(全臺灣打倒帝國主義同盟) : 기념관본에는 '全臺灣打倒××××××'로 되어 있는데, 국편본에는 '全臺灣打倒帝國主義同盟'로 되어 있어 국편본을 따라 풀이하였다.

23 고문 : 기념관본에는 '加××諸被告'로 되어 있는데 국편본에는 '加拷問諸被告'로 되어 있어 국편본을 따라 풀이하였다.

24 4일 : 17회 공판이 열린 날짜는 정확하지 않으나 20일과 22일 사이에 있었던 듯하다. 이 글이 날짜순으로 되어 있고 16회 공판이 20일, 마산에서 격려문을 보낸 날이 21일, 도쿄의 조선인청년동맹이 항의문을 보낸 것이 22일이기 때문이다. 그렇게 본다면 여기 4일이라는 날짜는 오류인 듯하다.

25 도시미(利見) : 1927년 당시 경무국장은 아사리 사부로〔淺利三朗〕였다. 아사리 사부로는 1926년 9월 28일부터 1929년 11월 4일까지 경무국장을 역임하였다. 따라서 원문의 도시미〔利見 : 혹은 가가미로도 읽힘〕는 아사리의 오기로 보아야 할 것이다.

26 7일 : 내용의 흐름으로 볼 때, 22일과 30일 사이에 있었던 사실을 정리한 것이 맞는다면 7일은 납득하기 어렵다. 27일을 잘못 표기한 것으로 보인다.

27 신문 잡관(新聞雜觀) : 신문에서 간단하게 당시 시사평을 하는 란을 일컫는 것으로 보인다.

고려혁명당 高麗革命黨

고려혁명당은 정의부 · 천도교 · 형평사 등 세개 단체 간부 16명이 조직하였다. 처음에 정의부(正義府)는 만주의 너른 들판을 활동무대로 삼았는데 기미년(1919) 이후로 조선의 천도교 및 형평사(衡平社)[1]와 내응하여 독립운동을 하였다.

이 당시 천도교 종법사인 홍병기(洪秉基)와 최동희(崔東曦) 등도 만주에서 자신들의 세력을 강화하고 있었다. 을축년(1925) 8월에 최동희는 형평사 소속의 이동구(李東求)에게 말하기를

"우리들이 조선을 독립시키고 공산화하려면 비밀리에 혁명당을 결성하여 운동해야 한다. 바라건대 그대는 조선으로 돌아가 동지를 규합하라."

라고 하였다. 병인년(1926) 3월에 이동구는 서울로 잠입하여 당원을 모집하였다. 천도교연합회 간부인 김봉국(金鳳國) · 송헌(宋憲) · 이동락(李東洛), 형평사 중앙본부 간부인 장지필(張志弼) · 오성환(吳成煥) · 조귀룡(趙貴龍) 등이 참여하였다.

3월 23일 이동구와 김봉국은 길림(吉林)에 도착하였다. 29일에 정의부 대표인 정원흠(鄭元欽), 고할신(高轄信), 이일심(李一心), 현정경(玄正卿) 등과 함께 길림성 양기탁(梁起鐸)의 집에 모였다. ……생략됨……[2] 고려혁명당을 조직하여 조직, 선전, 경리, 간사 등의 네 개 부서를 설치

하였다. 이때 모인 사람은 13명으로 만주와 조선에 분소를 설치하였다. 이윽고 모든 사람이 당헌에 따라 각자 운동을 하였다.

12월에 이동락은 장춘(長春)으로 가 동아정미소(東亞精米所)에 숨어 있었다. 그곳에서 분소를 조직하였는데 마침내 일이 발각되어 일본영사관 경찰에게 체포되었다. 당헌(黨憲)과 명부(名簿) 등을 모두 압수당하였다. 이 때문에 조귀룡 · 장지필 · 서광훈 · 오성환 등이 서울에서 체포되었고, 송헌 · 김봉국 · 홍병기 등은 만주에서 체포되었다.

정묘년(1927) 2월 21일, 이동욱(李東郁)이 서대문경찰서에 체포되었다. 3월 10일, 책임비서 이동구, 정원흠, 방찬문(方贊汶), 이원식, 이한방(李漢方), 유공삼(柳公三), 박기돈(朴基敦) 등이 하얼빈 농업공사에 있다가 모두 체포되었다. 모두 16명이 신의주로 잡혀와 예심에서 1년형을 언도받았는데 그 죄목은 치안유지법위반이었다. 15명은 이에 항소하였다.

무진년(1928) 음력 정월 18일에 제2차 공판이 열렸다. 혼다〔本多〕 재판장이

“이번 재판에 피고의 수갑은 심문할 때 마땅히 사람을 내보내고 풀어주겠다. 이보다 앞서 풀어줄 수는 없다.”

라고 하였다. 변호사 김병로(金炳魯)가

“만약 그렇게 한다면 예심에서 결정한 서류를 심리할 때 한 사람 한 사람마다 읽어주시는 것을 허락하시겠습니까.”

라고 하자 혼다는 허락하지 않았다.

대장격인 이동구를 불러내어 먼저 심문하기를

“오늘의 공판을 세상 사람들이 주목하고 있다. 그러므로 대단히 신중하게 진행해야 한다.”

라고 하였다. 이에 이동구는

"지난 번 공판 때 판사가 나에게 '피고에게 마땅히 친절하고 부드럽게 심리할 것이다.'라고 하였으니 그전에 했던 이 말이 고려사항이 될 것이다. 심리할 때 이것이 올바른 방법이 될 것이다."
라고 힘주어 강조하니, 재판장이 당황하였다. 재판장 혼다가
"혁명당의 목적은 조직할 때와 취지가 같은가?"
라고 묻자
"이것은 대중의 자유 …여섯 글자가 지워졌다… 적은 사람의 이익을 위한 것이 아니다. …생략되었음… 우리들은 하늘을 믿는 사람들이다. 인류 평등의 새로운 사회를 실현하려고 한다."
라고 대답하였다. 이동구 …생략되었음…
혼다가 웃으면서
"그러나 혁명당 안에도 높고 낮은 차이가 있으니 일반 당원은 높은 당원의 압박을 받지 않았겠는가?"
라고 묻자
"그것은 압박이 아니다. 당헌이 본래 이와 같다. 큰일을 도모할 때 어쩔 수 없는 것이다."
라고 대답하였다.
"그렇다면 같은 소속집단은 비록 압박이 없다고 할 수 있지만 다른 민족 다른 국가도 압박이 없을 수 있는가?"
"이 때문에 우리들은 서로서로의 …네 글자가 삭제되었다… 현재의 신사회를 고치려 하는 것이다."
라고 이동구가 대답하였다.
혼다가 이원식에게
"다이쇼(大正) 7년 무오년(1918)에 중국으로 가 다이쇼 10년 신유년(1921) 5월에 군정서에 들어갔는가?"

라고 묻자

"다이쇼〔大正〕란 연호는 나는 모른다. 나의 나이 25세 때 집안 식구들과 함께 갔다."

라고 하였다.

"그 다음해에 또 통의부(統義府)의 부원이 되었다가 뒤에 제7중대의 1등병사로 분대장에 올랐는가?"

"그렇다."

"뒤에 통의부가 정의부로 바뀌었는데 그 당시 피고는 어디에 있었는가?"

"나는 모스크바로 가 공산대학에 들어가려고 하였으나, 소개해 줄 사람이 없어 들어가지 못하였다."

"병인년(1926) 7월에 고할신을 통해 혁명당에 입당하였는가?"

"후보로 들어갔다."

"10월 26일에 박병화(朴炳華)와 함께 개원(開原) 홍순형(洪淳亨)의 정미소로 가서 군자금 10,000원을 요청하고 그 다음날 부하를 보내 1,000원을 받았는가?"

"그렇다."

"29일 서학승(徐學承)을 홍순형에게 보내 1,000원을 요청하였는가? 또한 시계와 만년필도 내놓으라고 하였는가?"

"다만 100원과 시계, 만년필을 얻었다."

"11월에 방찬문과 함께 개원의 장수가(長壽街)에 사는 서광배(徐光培)에게 가서 서양 돈 3,000원과 일본 돈 570엔을 받았는가? 이날 또 송치관(宋致寬)의 집에 갔다가 태화가(泰和街)에 사는 임중도(任重道)를 협박하여 300원을 받았는가?"

"이 돈은 전부 의연금이지 협박해서 빼앗은 것이 아니다."

다시 김봉국을 불러 심리하였다. 김봉국은 모두 시인하였다. 또한 그는 고려혁명당 발기에 대해 말하였다. 이에 혼다가 물었다.

"그렇다면 당의 목적은 무엇인가?"

"저 사회는 …다섯 글자가 삭제되었다… 모두 민족주의이다. 그것은 병의 지엽만을 치료하는데 그친다. …네 글자가 삭제되었다… 사회 빈혈(貧血)의 증상을 치료하려 한다. 오직 우리 당은 그 병의 근본을 치료하여 세상 속에서 대자유를 누리는 완전한 사람이 되게 하려 한다."

"이 병을 치료하려면 잘 진료하지 않으면 나을 수 없지 않겠는가?"

"이 혁명당은 사회의 병을 치료할 수 있으니 의학박사라고 부를 만하다."

"그 병은 무엇인가?"

"가족, 제도, 정치, 경제, 예술 등 모든 것이 병에 걸렸다."

"무슨 근거로 정치가 병들었다는 것인가?"

"세계 각국이 모두 일반 백성들과 함께 협의하여 법률을 제정하고 있는데 지금 일본은 그렇게 하지 않고 있다. 현재 나타난 상황으로는 …생략되었음…."

이에 방청객들이 모두 통쾌하게 여겼다.

정축년(1937) 12월 19일에 이동구와 정원흠이

"오늘 공판에는 마땅히 존댓말을 사용해야 한다. 변호사는 마땅히 이인(李仁)으로 해야 한다. 또한 우리들에게 공술(供述)할 시간을 주지 않으면 우리들은 모두 말을 하지 말아야 한다."

라고 하며, 입을 닫고 말을 하지 않았다. 제2차 공판이 열리자 정원흠은 또 다시 진술을 거절하면서

"우리들은 약자이다. 다만 마땅히 할 수 있는 일을 할 따름이다."

라고 하며 입을 다물고 말을 하지 않았다. 이에 법정이 소란스러워졌

다. 3차 공판이 되자 정원흠은

“우선 내가 할 말이 있다. …이 아래는 신문이 지워졌다…”

라고 하며 또 다시 말을 하지 않았다. 재판장이 어쩔 수 없이 변호사 최창조(崔昌朝)를 시켜 공술을 권하였다. 정원흠이 말하기를

“우리 같이 약한 사람은 …이 아래는 신문이 지워졌다… 으로 하라지요. 최 선생의 말씀은 매우 감사합니다.”

라고 하고 눈물을 삼키며 진술을 거부하였다. 최창조가

“피고는 비록 말을 하지 않지만 부하들이 공술한 것이 있다. 또한 전날 습격을 받은 순사가 그 사실유무에 대해 진술하였으니 그런 내용을 토대로 알 수 있을 것이다.”

라고 하였다.

을축년(1925) 3월, 환인현(桓仁縣)의 장 아무개가 초산(楚山), 벽동(碧潼), 추목(楸木), 여해(如海) 등지의 경찰서와 주재소를 습격하였고 일본 경찰을 살해하였다. 그 죄가 비록 컸으나 일본에 귀순하였으니 김병룡(金炳龍)과 양병칠(梁秉七) 등의 말은 믿을 수가 없었다. 검사가

“정원흠은 사형, 이원주와 방찬문은 징역 10년, 이동구는 4년, 김봉국 · 이동락 · 이동욱은 7년, 송헌 · 오성환 · 서광훈 · 조귀룡 · 홍병기 · 박기돈 · 유공삼 · 장지필 등은 5년을 구형합니다.”

라고 하였다. 정원흠은 사형이라는 소리를 들었으나 조금도 두려워하지 않고 다만 가볍게 미소 지을 따름이었다. 무진년(1928) 4월 20일에 형을 언도하였다.

“정원흠은 무기징역, 이원주와 방찬문은 8년, 이동구는 7년, 송헌은 5년, 오성환 · 이동욱 · 홍병기는 4년, 김봉국과 이동락은 6년, 서광훈은 3년, 박기돈과 유공삼은 2년, 조귀룡과 장지필은 무죄이다.”

그 당시까지 공소한 기록은 모두 합쳐 1만 5천여 장이나 되었다. 이

동구에게 물었다.

"피고 등은 고려혁명당을 조직하였는데, 이유가 무엇인가?"

"옛날부터 이른바 통치라는 것은 특권층과 자본층을 옹호할 따름이었다. 무산대중(無産大衆)에게 거침없이 한 것은 과(果) …두 글자가 빠졌다… 수단 …두 글자가 빠졌다… 으로 인하여 무산대중이 의식주도 감당하지 못하게 되어 뿔뿔이 사방으로 흩어져 지내니, 차마 그 참담한 모습을 볼 수 없다. 그러므로 그들을 구제하려고 한 것이다."

"처음에 정의부와 천도교 등 3개 단체가 어떻게 결합하였는가?"

"마음속에 느끼는 것이 같으면 결합은 자연스러운 것이다."

"러시아의 도움을 받았는가?"

"어찌 러시아를 말하는가? 각 당이 있는 곳이 바로 여기이다."

"혁명당의 강령은 무엇인가?"

"계급 사회의 제도를 부인하고, ○○을 ○○ 당하여 ○○ 하는 ○○ 무산대중을 ○○하야 같이 행동을 하여 자유와 평등 이 아래 4글자가 지워졌다 인류애, 이상적인 사회를 건설하고자 한다."

"그 이상적인 사회를 건설하려 한다고 했는데 러시아와 함께 하려고 하였는가?"

"나는 무식하여 러시아를 알지 못한다."

"장래의 방침은 무엇인가?"

"단체의 기본을 조직하여 안으로 공산주의자와 서로 단결하고 밖으로는 세계의 무산대중과 결합하여 계급주의와 자본주의를 모두 파괴한 다음, 우리 혁명의 기치를 높이 내걸고 우리 혁명의 북을 크게 울려 우리의 이상적인 사회를 건설하려고 한다."

"혁명당을 조직할 때 그 지향은 무엇이었나?"

"이것은 한 개의 ○○을 건설하는 것이 아니라 바로 전 세계적인

○○를 건설하는 것이다."

"후일에도 또한 이런 운동을 할 것인가?"

"무산대중과 피압박 민족이 만약 불평을 호소한다면 어떻게 하지 않을 수 있겠는가."

이동욱, 홍병기, 송헌, 오성환, 서광훈, 박기돈 등 여섯 명은 공소사실을 부인하였다. 재판장이 말하기를

"피고 등은 사회주의자가 아니다. 그대들은 민족해방을 위해 운동했던 사람들이다. 그러므로 특별히 가벼운 형벌에 처하겠다."
라고 하며 다음과 같이 언도하였다.

"이동구 5년, 김봉국 4년, 송헌 · 오성환 · 이동욱은 3년, 홍병기 2년을 선고하는데, 각각 200일을 형기에 합산한다."

재판이 끝날 때 김봉국의 어린 딸이 서서 울었다. 김봉국은

"내가 들으니 올해 흉년이라고 하더라. 내가 감옥 안에 있으면 3년 동안은 밥을 먹다가 나갈 수 있을 것이니 너는 울지 마라."
라고 하고는 하늘을 보며 크게 웃자 여러 사람들도 같이 크게 웃었다.

원흠(元欽)은 의주 대하동(代下洞)에 살았다. 다른 이름은 이용현(李用賢)으로 무진년(1928)에 정원흠 및 유공삼과 똑같이 32세였다. 유공삼은 고흥군 신송리(新松里)에 살았다. 이원주는 길림성 벽산현(碧山縣) 흑석진(黑石鎭)에 살았는데 35세였다. 방찬문은 봉천성 통화현 쾌대모자(快大茅子)에 살았는데 26세였다. 이동구는 다른 이름이 이소(而笑)였는데 횡성군 영포리(永浦里)에 살았으며 나이는 43세였다. 김봉국의 다른 이름은 소소(素笑)였는데 성천군 일청리(一淸里)에 살았다. 이동락의 다

른 이름은 연우(然于)였는데 평산군 부정리(釜亭里)에 살았다. 이동욱의 다른 이름은 소연(蘇然)이었는데 서흥군 능리(陵里)에 살았다. 송헌의 다른 이름은 이허(而虛)였는데 서울 와룡동(臥龍洞)에 살았다. 이들은 모두 39세였다. 오성환은 인천 외리에 살았는데 34세였다. 서광훈은 고양군 성북리에 살았는데 28세였다. 조귀룡은 천안군 하양리(下陽里)에 살았는데 38세였다. 홍병기는 서울 숭인동에 살았는데 60세였다. 박기돈은 길림성 하얼빈[3] 도외좌우 13도가에 살았는데 29세였다. 장지필은 서울 운니동에 살았는데 44세였다. 처음에 이동구와 장지필 등은 형평사를 세우는데 앞장섰다.

살피건대, 한 번 굽히고 한 번 펼쳐지는 것은 하늘의 이치이다. 그런데 오직 우리 대한의 갖바치[4]는 옛날부터 비천하게 살아 굽히기만 하고 펴지 못한 지가 벌써 500년이 되었으니 심하도다, 갖바치의 굽힘이여. 그가 비천하다고 하늘 또한 그에게 이치를 베풀지 않는단 말인가. 일찍이 순홍 안로(安璐)가 엮은 《기묘제현전(己卯諸賢傳)》에서

"숨어 지내는 군자는 갖바치로 숨어 지내기도 한다. 정암 조광조는 그의 어짊을 알아 그에게 학문을 묻고 같이 지내기도 하였다. 훗날 그에게 벼슬을 권하자 그는 응하지 않았다. 그러나 정암이 이미 이처럼 대했다면 그의 어짊을 알 수 있다. 하지만 자신의 분수를 지키고 명수(命數)를 알아 갖바치로 늙어 죽어 끝내 그의 이름이 세상에 알려지지 않았다."

라고 하였다.

그 후 300여 년이 지난 뒤에 이동구, 장지필 등이 세상이 어지러운 것을 보고 분격하여 형평사를 창설하여 정의부 및 천도교 등 독립운

동단체와 연계, 제휴하여 혁명을 일으키려고 하였다. 일이 비록 성공하지 못하였지만 도리어 죄수로 갇히는 모욕을 당하였으니 옛날 천한 신분으로 있을 때와 비교하면 지옥을 벗어나 천당에 올라갔다고 할 수 있다. 이것이 한 번 굽힘이 있으면 한 번 펼쳤다는 것인가. 그러나 변하지 않는 것으로 본다면 숨어 지내는 군자가 굽힘을 당한 것은 비록 한스럽지만 갖바치의 펼치지 못한 것은 다만 40만 명이다. 변한 것으로 본다면 장지필과 이동구가 펼친 것은 비록 기쁜 일이지만 한 민족이 굽힘을 당한 것은 4천만이다. 어찌 통탄스럽지 않겠는가.

단군과 기자가 다스렸던 당당한 예의의 나라의 4천만 국민이 예전 40만 명이 받았던 극심한 천대를 받았다. 하늘의 이치로 따져보면 비록 당연한 것은 아니지만 산하가 옛날과 다르고 세월이 많이도 흘러버렸으니, 오호라, 수많은 백성은 장차 언제나 펼칠 날이 오겠는가. 형평사는 세계열강과 마찬가지로 동양과 서양에서 새로운 정신을 바탕으로 한 운동을 전개하였다. 모든 사물은 조금 굽히면 조금 펼치게 되고 많이 굽히면 많이 펼치게 된다. 그러므로 태산처럼 높은 산도 그 입구는 평지 같은데 그러다가 높이 솟아 있다. 지금 우리 대한의 갖바치는 평지의 입구 같은 존재로 지금 500년의 세월이 흘렀다. 그렇다면 반드시 태산처럼 높은 산이 나타날 때가 되었는데 아직도 그런 소식을 듣지 못하였으니 어째서 그러한가. 숨어버린 군자의 성명은 전하지 않는다. 뒤에 머리를 깎고 중이 되어 자신의 호를 표해인(瓢海人)이라고 지었다. 그러므로 그를 표해대사라고 부른다.

1 형평사(衡平社) : 1923년 4월 경상남도 진주에서 백정 등 천민계급의 사회적 지위 향상을 목적으로 조직된 정치단체로서 1937년 5월 해체되었다. 정식 명칭은 조선형평사이다.

2 ……생략됨…… : 기려수필은 당시 신문을 자료로 많이 활용하였는데, 당시 신문은 일제의 검열로 삭제된 대목이 많았다. 기려수필에서는 이를 묵판 또는 止라고 표기하거나, 아니면 신문 그대로 ○○○○, ×××× 등으로 표시하였다.

3 하얼빈 : 중국 흑룡강성(黑龍江省)의 성도(省都)이다. 여기서 길림성이라 한 것은 오류이다.

4 갖바치 : 갖바치는 옛날에 가죽신을 만드는 일을 하던 사람이다.

송학선 宋學先

송학선의 처음 이름은 송인수(宋仁壽)이고, 송학선(宋學善)이라고도 한다. 송성근(宋聖根)의 아들로 태황 계사년(고종30, 1893)에 경성부(京城府) 천연동(天然洞)에서 태어났다. 후에 고양군(高陽郡) 연희면(延禧面) 아현북리(阿峴北里)로 이주하였다. 성품이 침묵하여 말하기를 좋아하지 않았으므로 평생 남하고 언쟁하는 일이 없었다. 또한 출입하기를 좋아하지 않았고 평소 생활하면서 깔끔한 것을 좋아하여 날마다 세 번이나 발을 씻었다. 어려서 집이 가난하여 단지 공립보통학교[1]만 다녔다. 13세에 집이 더 가난해지고 아버지는 파산하여 어른이나 애들이나 뿔뿔이 헤어졌다. 이때부터 송학선은 학교를 그만두고 방랑하였다.

기유년(융희3년, 1909), 송학선은 토다〔戶田〕 농구회사에 취직되었다. 아버지 송성근은 인쇄소 직공이 되었다. 이에 부자가 약간의 급료를 받게 되어 가족들이 다시 모여 7년을 살았다. 어느 날, 송학선이 병이 들어 해고되었고 병이 낫자 다시 일정한 직업이 없이 방랑하였다. 이에 앞서 서주(西州)의 안중근(安重根) 의사가 하얼빈 항에서 이토 히로부미〔伊藤博文〕를 죽이자 세상 사람들이 모두 장하다며 끊임없이 칭송하였다. 당시 17세였던 송학선도 안중근의 인품을 사모하였다.

계해년(1923), 송학선이 니현(泥峴) 혼마치〔本町〕[2]를 지나다가 일본인 상점에 안중근 사진이 있는 것을 보고 감탄하며 다음과 같이 말하였다.

“이토는 비록 우리에게는 원수이나 저들에게는 막대한 공을 세운 사람이다. 안중근이 그를 죽였으니 우리에게 이토가 원수인 것처럼 안중근은 일본인들에게 원수이다. 그런데 지금 안중근의 사진이 있으니 이것은 그의 의로움을 장하게 여긴 것이다. 나도 사이토〔齋藤〕 총독을 죽여 일본인들로 하여금 안중근처럼 우러러 사모하게 하겠다.”

그리고 마침내 사이토를 죽이기로 결심하였다.

병인년(1926) 음력 3월, 경성사진관에 수리하러 갔다가 서양 칼 한 자루가 부엌에 버려져 있는 것을 보고 몰래 주우며

“내가 사이토를 죽이려 한 지 여러 해인데 날카로운 칼이 없는 것이 한스러웠다. 오늘 이 칼을 얻었으니 이는 하늘이 주신 것이다.”

라고 하였다. 저물녘, 칼을 가슴에 품고 돌아가 그것을 갈아 항상 가슴에 지니고 다녔다. 그리고 그 행적과 계획을 엄폐하기 위하여 과자 행상이 되었다.

을유일인 15일, 융희황제가 서거[3]하자 장안(長安) 사람들이 모두 부모상을 당한 듯 애통해 하였다. 총독부 상하 관리들이 모두 와서 조문하자 송학선은 사이토도 틀림없이 올 것이라고 생각하여 칼을 품고 금호문(金虎門)[4]으로 갔다. 기다린 지 3일 만에 과연 자동차 한 대가 금호문에서 나왔다. 어떤 사람이

“저 사람이 총독이다.”

라고 하였다. 이에 송학선은 크게 기뻐하며 곧 창덕궁경찰서로 달려갔다. 남쪽으로 약 1정(丁) 쯤 갔을 때 그 차가 사람들에게 둘러싸여 전진할 수 없게 되자 다시 돌아 북쪽 와룡동(臥龍洞)을 향해 천천히 나아갔다.

송학선은 차의 좌측 승강대에 뛰어 올라 왼손으로 차창을 잡고 오

른손으로 서양 칼을 뽑아 총독이라 생각되는 가운데의 비대한 사람을 향하여 가슴을 찔렀다. 좌측에 앉았던 자가 급한 상황을 보고 벌떡 일어났다. 송학선은 방해될까 염려하여 또한 그의 배를 찔러 죽이고 얼른 차에서 내려 달아났다. 기마순사가 뒤쫓아 왔으나 운니동(雲泥洞)에 이르렀을 때는 호각소리만 들릴 뿐이었다. 한인 순사가 갑자기 와서 체포하려 하자 송학선이 그의 가슴을 찔러 쓰러뜨렸다. 기마순사가 또 원동(苑洞)까지 추격해 와 칼을 뽑아 공격하려다가 갑자기 칼을 떨어뜨렸다. 송학선은 번개처럼 칼을 주워 기마순사의 좌측 두개골을 찔렀다. 헌병 한 명이 육연발총을 들어 연달아 네 발을 쏘자 경관 수십 명이 모여들었다. 송학선이 크게 격투하여 일본 순사와 한인 한 사람을 찔렀으나 중과부적(衆寡不敵)이라 마침내 체포되고 말았다. 송학선도 적의 칼에 상처를 입어 머리에 선혈이 낭자했다.

취조할 때 종로서장이

"너는 어째서 국수회(國粹會) 지부장 다카야마〔高山孝行〕와 총독부협의원인 사토〔佐藤虎次郎〕를 죽였느냐?"

라고 묻자 송학선이

"내가 죽인 것은 다카야마가 아니라 바로 총독인데 어찌 다카야마라고 하느냐?"

라고 하였다. 서장이 크게 놀라며

"네가 다카야마를 죽이고 총독이라고 말하는 것은 어째서이냐?"

라고 하자 송학선은 다음과 같이 말하였다.

"총독은 내가 여러 해 동안 원한을 풀려고 했던 사람이다. 내가 전에 안중근의 사진이 일본인 상점에 있는 것을 보았는데 이것은 안중근이 이토를 죽였기 때문이라고 생각해서였다. 이로 말미암아 나도 사토를 죽이려고 근래 10여 년간을 남문역 광장에서 머무르기도 하고 혹은 총독부에서 배회하며 기다렸으나 끝내 뜻을 이루지 못하였다. 이제야 뜻을 이루었는데 어찌 다카야마를 죽였다고 하느냐?"

서장이 크게 성내면서

"벌건 대낮에 사람을 죽이는 것은 실로 강도의 짓인데 총독을 죽이려다 잘못하였다는 것은 속임수이다."

라고 하였다.

"대장부가 사람을 죽인다면 마땅히 거물을 죽이지, 어찌 다카야마 따위를 죽이는 것으로 목숨 값을 하겠는가? 그러므로 강도짓은 내 뜻이 아니다."

서장이 공모자가 있으리라고 생각하여 더욱 심하게 취조하였다.

공판할 때 방청객 수천 명이 법정 안팎으로 몰려들어 큰 혼란을 빚었다. 법정에 나온 송학선은 비록 상처는 아물었으나 얼굴에 칼자국이 종횡으로 남아 있어 전날의 송학선이 아니었다. 공판이 끝나자 변호사 이인(李仁)이

"피고는 원래 가슴이 두근거리면 정신이 오락가락하여 물불을 가릴 줄 모르는 증세가 있는 듯하니 정신감정을 청합니다."

라고 하였으나 재판장이 받아들이지 않았다. 검사 사토미〔里見〕가

"피고가 총독을 죽이려고 한 것은 완전히 우리나라의 법을 어지럽힌 행위입니다. 이는 용서할 수 없는 일이니 사형을 구형합니다."

라고 하였다. 6월 23일, 판사 에토〔江藤〕가 사형을 선고하였다. 송학선은

"사형이라고?"

라고 하더니 마침내 태연하게 더 이상 말이 없었다.

10월 11일, 복심(覆審)판사 수에히로〔末廣〕 등이 만일의 사태를 염려하여 경관과 헌병을 불러 법정 안팎의 돌발 사태에 대비하도록 하였

다. 공판이 열리자 송학선이

"3월의 일은 본래 총독을 죽이려 한 것은 아니었다. 이날 융희황제를 애도하기 위하여 금호문에 갔는데 많은 순사들이 경계가 삼엄한 것을 보고 반감이 일었다. 그때 마침 다카야마가 자동차에 올라 큰 소리로 군중을 제지하였으므로 내가 격분하여 그를 죽였다."

라고 하였다. 11월 3일, 검사 가와무라〔河村〕가

"송학선이 복심(覆審)에서 한 진술은 비록 전날과는 다르나 총독을 살해하려 한 것이 명백할 뿐만 아니라, 다른 네 명을 죽였으므로 극형으로 다스려야 합니다."

라고 하고 사형을 논고하였다. 일본인 변호사 마츠모토〔松本正覺〕가

"연전(年前)에 양근환(梁槿煥)이 국민협회장 민원식(閔元植)을 죽였고 나카오카〔中岡良一〕가 총리 하라 다카시〔原敬〕를 죽였으며 심지어 박열(朴烈) 및 가네코 후미코〔金子文子〕와 같이 역심을 품었던 사람도 모두 감형하였으니 이 판례에 따라 판결해주시기 바랍니다."

라고 하였다. 10일, 수에히로가 이를 받아들이지 않고 사형을 언도하였다. 조선일보에 이 아래는 모두 묵판이다.

이날, 만세를 부른 학생들과 함께 공판을 하였으니 이상한 일이다. 송학선이 상고하였으나 또한 각하되었다. 다이쇼〔大正〕가 죽자 죄수들을 사면하여 대부분 감형하였으나 송학선은 쇼와〔昭和〕 원년(1926) 12월 25일 이후에 언도하였으므로 감형하지 않았다. 정묘년(1927) 음력 4월 19일에 사형되었다. 송성근이 시신을 수습하여 대현(大峴)으로 가서 화장하였다. 임종 시의 전말은 비밀에 부쳐 알 수 없다. 이에 앞서 가슴을 찔려 땅에 쓰러졌던 사람은 바로 한인 오필환(吳弼煥)이었는데 얼마 후에 죽었다.

살피건대, 융희황제가 승하하자 노소와 귀천을 가리지 않고 돈화문과 금호문 앞에 무려 수십만의 장안 사람들이 날마다 운집하여 부모상을 당한 듯 한없이 애통해 하였다. 또한 권번(券番)[5]의 기생 500명이 베옷을 입고 짚신을 신고 곡하였다. 평양의 죄수 300명이 옥중에서 음식을 끊고 곡하였다. 각 도와 군에서도 울부짖지 않는 곳이 없었다. 반도의 강산이 이처럼 곡소리로 가득했으니 과연 알지 못하겠구나. 오늘의 이 곡소리가 융희황제를 위한 것이냐, 대한을 위한 것이냐, 하늘에 계신 열성조의 신령을 위한 것이냐. 오호라, 지금 우리 대한사람은 국권을 빼앗긴 이래 모두 한바탕 울고 싶었으나 삼가 생각건대 우리 고종이 승하하신 후로는 실로 울만한 일이 없었다. 그러니 오늘 어찌 한바탕 통곡하지 않으리오. 누구를 위해 곡하는 지를 따질 것 없이 여기에서 동포들이 여전히 선왕을 잊지 못하고 있음[6]을 볼 수 있다. 비록 그러나 주자(朱子)가

"원수를 갚고 적을 치지 않으면 비록 옷 · 이불 · 관이 지극히 훌륭하다 해도 실로 산골짜기에 버리는 것과 다름이 없다."

라고 하였다. 지금 우리 대한은 적을 치지도 않고 복수도 하지 않았다. 이렇게 보면 수의(壽衣)를 화려하게 하고 관을 옥으로 장식한다 해도 도움이 되지 않을 텐데 곡을 한들 무슨 소용이겠는가. 이 때문에 송학선이 한 번 칼을 든 것이 온 나라가 오열하는 가운데 발생하였다. 만일 송학선이 과연 사이토를 죽이고 적을 쳐서 복수했더라면 오늘 황제의 서거에 노래하고 춤을 추며 비록 곡하지 않는다 해도 무방할 것인데, 뜻하지 않게 거사를 그르치고 자신도 죽었다. 이것이 바로 천고의 지사들이 한하는 것이 아니겠는가. 또 사이토가 조선에 와서 한 번은 강우규에게 한 번은 김익상에게 한 번은 압록강에서 놀랐다. 다시 송학선에게 놀랐으나 모두 죽이지 못하였으니 그 또한

운명인가보다.

1 공립보통학교 : 오늘날의 초등학교에 해당한다.

2 니현(泥峴) 혼마치[本町] : 니현은 한글말로 진고개이다. 비가 오면 땅이 질어 붙여진 이름이라 한다. 현재의 충무로2가 마루턱을 이루던 긴 고갯길이다. 그러나 진고개는 길다의 의미에서 온 것이라는 주장도 있다. 혼마치는 일제 시대 일본인들이 거주하던 지역으로 지금의 충무로와 명동 일대를 말한다.

3 융희황제가 서거 : 순종이 승하한 것은 양력 1926년 4월 26일이며 이는 음력으로 3월 15일이다.

4 금호문(金虎門) : 창덕궁의 돈화문 서쪽에 있는 작은 문이다.

5 권번(券番) : 일제 강점기에 기생들의 조합을 이르던 말이다. 노래와 춤을 가르쳐 기생을 양성하고 기생이 요정에 나가는 것을 감독하고 화대(花代)를 받아 주는 따위의 중간 구실을 하였다.

6 선왕을……있음 : 오호지감(於戲之感)은 《주역》 〈주송(周頌) 열문(烈文)〉의 "아, 전왕을 잊지 못하리로다.[於乎前王不忘]"라는 말을 《대학》에서 인용하면서 "於戲前王不忘"으로 표기하였는데 훌륭하신 선대 왕을 잊지 못하는 것을 말한다. 여기서는 백성들이 고종을 잊지 못하는 감정을 표현하였다.

김영덕 金永德

김영덕은 광산 김씨이고, 경성(京城) 송월동(松月洞)에 살았다. 벼슬이 판서에 이르렀다. 경술년(1910)에 합병이 되자 공은 나라가 망한 것을 분통하게 여겨 일본을 섬기려 하지 않고 이에 자살하였다.

집이 이 때문에 망하자 그의 아들 김건중(金健仲)은 일본으로 건너가 오사카 나니와 구〔浪速區〕 기즈〔木津〕로 가서 노동을 하였다. 병인년(1926) 음력 3월 15일[1] 융희 황제가 승하하셨다는 소식을 듣고 곧바로 여관으로 돌아와 발상(發喪)하고 몇 시간 동안이나 대성통곡하였다. 그는 유서 네 통을 작성하여 책상에 둔 다음 독약을 먹고 자살하려고 하였다. 같은 회사 사람이 그것을 보고 급히 구하여 병원으로 옮겨 치료하였으므로 죽지 않았다. 당시 김건중은 나니와구 모회사 외교원이었다고 한다.

1 음력 3월 15일 : 양력으로는 4월 26일이다.

병인만세[1] 丙寅萬歲

이선호는 예안군(禮安郡) 부포리(浮浦里)에 살았다. 목소리가 시원스럽고 좋아서 청년 웅변가라는 칭찬을 들었다. 병인년(1926)에 이선호는 21세였다. 처음에 이선호는 과학연구회(科學硏究會) 상무위원(常務委員)이었다. 병인년 봄, 순종이 승하하셨는데 6월 10일이 인산(因山)[2]일이었다. 이선호는 기미년(1919) 3월 1일에 거국적으로 만세를 외쳤으니 지금 인산일에 어찌 만세 외침이 없을 수 있겠는가라고 생각하였다. 그가 이러한 생각으로 동지들을 모으려는데 마침 이천진(李天鎭), 홍명식(洪明植), 권오상(權五尙), 이병립(李柄立), 박하균(朴河均), 박두종(朴斗鍾) 등도 만세운동을 한다는 소식을 들었다. 그는 조선교육회관(朝鮮教育會館)으로 가서 함께 만세운동을 모의하였다. 회관은 사람들 이목이 너무 많다 여겨 이들은 평동(平洞) 김종찬(金鍾讚)의 집으로 갔다. 격문 6,000매를 인쇄하고 양목 천으로 태극기 30개를 만들어 10일에 거사를 약조하고 동지들에게 배포하였다.

5월 하순, 김재문(金載文)이 해영사(海英社)로 가서 격문 5만 매를 인쇄하였다. 황정환(黃廷煥)이 숙부를 속여 등사판을 빌려 4천 장을 등사하고 곽재형(郭載炯)을 시켜 남녀 각 학교에 보내게 하였다.

10일이 되자 순종의 상여가 창덕궁(昌德宮)을 출발하여 종로(鍾路)를 지나갔다. 학생복을 입은 청년 한 명이 군중 가운데에서 나와 격문을 뿌리며 크게 대한독립만세라고 외쳤다. 곁에 있던 학생들도 무리지어 만세를 따라 외쳤다. 이에 김규봉(金圭鳳), 이석훈(李錫薰), 이동환(李東煥), 박선석(朴善錫), 홍명식(洪明植), 주공조(朱孔祖) 등 5, 60명이 모두 체포되었다.

조금 있다가 순종의 상여가 관수교(觀水橋)를 지났는데 학생 50명이 격문을 뿌리며 또 만세를 크게 외쳤다. 이들 역시 모두 체포되었다. 종로경찰서에서는 법원검사 후쿠다〔福田〕와 협력하여 취조하였다. 학무국장 이진호(李軫鎬)가 급히 종로경찰서로 와서 오랜 시간동안 협의하고 갔다.

이때 순종의 상여가 황금정(黃金町)[3] 사범학교를 지났다. 또 박두종(朴斗鍾) 등 여러 명이 흰 두루마기를 입고 갑자기 군중에서 나와 격문을 뿌리며 만세를 크게 외쳤다. 청년 수십 명이 또 체포되었다.

이때에 각 경찰서에 체포된 이가 대략 200여 명이었다. 중앙고등보통학교 학생 100여 명, 연희전문학교 학생 30명, 보성전문학교 학생 열 명, 세브란스전문학교 학생 15명, 여학생 세 명, 전차 운전수 한 명, 또 신사 약간 명 등이다.

순종의 상여가 훈련원(訓練院)을 지나자 학생 한 명이 대한국기를 흔들며 또 만세를 외쳤다. 오후에 순종의 상여가 동대문을 나서려고 하자 부인병원 구내에 있던 학생들이 또 만세를 외쳤다. 연희전문학교 학생 두 명, 중앙고등보통학교 학생 한 명, 신사 한 명이 또 모두 동대문경찰서에 체포되었다.

2시에 창신동(昌信洞) 채석장(採石場)을 지나자 한 노인이 또 만세를 외쳤는데 이 사람은 평안남도 희천(熙川) 사람이다. 지난 번 기미년(1919)에도 만세운동을 하여 감금 1년형을 받았는데 이날 손가락을 잘라 한지에 피로 태극기를 그려서 또 만세를 외쳤다. 종로경찰서에서는 이 노인은 반드시 지시한 사람이 있을 것이라고 여기고 취조를 더 심하게 하였다.

순종의 상여가 신설리(新設里)를 지나자 학생 한 명이 만세를 외쳤고 동관묘(東關廟)를 지나자 박용규(朴龍圭), 곽재형(郭在炯), 황정환(黃廷煥), 이동환(李東煥) 등 네 명이 격문 700매를 뿌리고 또 만세를 외쳤다.

이때에 이르러 배재고등보통학교 학생 문창모(文昌模), 손성엽(孫盛燁) 등은 이선호 등 여러 사람들의 만세 제창이 목적을 달성하지 못했음을 보고 크게 분개하였다. 이들은 여섯 개 고등보통학교 대표 수십 명과 함께 피어선성경학원(彼魚善聖經學院)[4]에 모여 격문 수만 매를 인쇄하여 다시 거사를 일으켜 온 나라에 3·1운동 때와 같은 만세운동이 일어나도록 은밀히 모의하였다. 그러나 몇 사람이 반대하여 실행하지 못하였다. 격문을 태워 그 흔적을 없앴으나 반대자가 또 밀고하여 문창모, 김조영(金祚永), 황규섭(黃奎燮), 염필주(廉弼柱), 손성엽, 오현준(吳鉉埈), 김동진(金東鎭), 차진호(車鎭浩) 등 여덟 명이 모두 체포되었다.

문창모는 만세운동을 한 것이 이제까지 모두 세 차례였는데 기미년 3·1운동이 첫 번째이고, 10일 인산일 만세운동이 두 번째이며, 피어선 거사도모가 세 번째이다. 지금 여덟 명이 모두 주모자이지만 문창모가 홀로 책임지기로 하였다. 취조를 마치고 이제까지 체포된 자들을 모두 석방하였는데 이선호 등 11명만은 제령(制令) 위반 및 출판법 위반으로 기소되었다.

11월 2일, 지방법원 단독부 에토〔江藤〕 판사가 경찰관을 불러, 법정 안팎을 엄중 경계하라고 하였다. 먼저 이병립을 불러 물었다.

"왜 만세를 부른 것인가?"

"이는 삼척동자라도 다 아는 것인데 재판장만 모르는가? 이 때문에

…21자 빠짐… 줄 알기 때문에, 이와 같이 만세를 부른 것이다."

"그렇다면 독립을 희망하는 것이 아닌가?"

"물론이다. 조선민족이 갈 길은 …10자 빠짐…."

"사회주의를 어떻게 생각하는가?"

"사회주의 서적을 조금은 읽었다. 그러나 자세한 것은 모른다."

"격문은 누가 작성했는가?"

"내가 했다."

"무슨 목적으로 만세를 외쳤는가?"

"앞에 말하였다. …3글자 빠짐, 또 13글자 빠짐, 또 6글자 빠짐… 하여야 했기에 그리하였다."

"이후에도 이렇게 할 것인가?"

"물론이다."

재판장 역시 흥분하였다. 또 박두종에게 물으니, 그 말이 이병립과 대략 비슷하였다. …4글자 빠짐…, …8글자 빠짐, 또 12글자 빠짐…

"사회주의를 지금 어떻게 생각하는가?"

박두종은

"이전에 연구해 본 적이 없기 때문에 지금 알지 못한다. 내가 이제부터 연구해보려고 한다."

라고 하였다.

"이 일은 언제부터 시작한 것인가?"

"6월 7일 만세를 크게 외쳐 전 세계에 발표하려고 했다."

또 박하균을 심문하니, 박하균은

"나는 일본말을 잘 못한다. 오늘은 한국말과 일본말 둘 다 써서 대답할 것이다."

라고 하였다. 이에

"기미년 3월 1일에도 만세운동을 하여 징역(감금) 1년을 받고 가출옥 상태이다."
라고 하며, 갑자기 우리나라말로 말하니 방청객들이 크게 웃었다. 또 재판장은
"사회주의 서적을 혹 읽지 않았는가?"
라고 하였다.
"가와카미 하지메[河上肇][5] 박사의 《사회조직》과 《사회혁명》 등의 책을 구해 읽었다."
"이 조선의 현상을 보고 불만스러운 것이 있지 않은가?"
"물론이다."
또 말하기를
"우리 조선인이 정치적으로나 경제적으로나 …8자 빠짐… 이니까, 무어라 말로 표현할 수가 없다. 이 때문에 내가 이전에 경성일보를 보았는데 망곡(望哭)[6]에 대한 사설 내용이 조선 사람의 진정한 마음과 배치되는 기사가 있었다. 그러므로 내가 분개하였다. 너희가 이른바 불온문서라고 하는데 이것은 조선독립문서이지 불온문서가 아니다."
라고 하였다. 그때 독립문제로 장황하게 재판장과 문답을 하였는데 기자가 자유롭게 기사로 써서 발표하지 못하였다. 에토 판사가
"과학연구회는 무슨 일을 하는 것이냐?"
라고 하자, 이선호가 말하기를
"학생들이 서로 모여 과학을 연구하는 것이다."
라고 하였다.
"오늘 만세운동을 한 것에 또 이러한 독립사상이 있었는가?"
"그렇다. …9글자 빠짐… 에게는 …10글자 빠짐, 또 5글자 빠짐… 까닭에, 지금도 …11글자 빠짐…."

피고들이 모두

"우리들이 유일하게 살길은 조선의 독립이다."

라고 하자 재판장이 그 때문에 아연실색을 하였다. 3일, 에토 재판장이 또 물었다.

"지금 모두들 후회하지 않는가?"

"출옥한 후에 만약 기회가 있다면 독립운동은 그만두지 않을 것이다."

"이는 무슨 뜻인가?"

"이것은 독립만을 위한 것이 아니다. 만약 지금 이대로 간다면 우리 무산대중들은 살 수가 없다. 그러니 한갓 만세만 하는 것이 무슨 도움이 되겠는가? 이 때문에 우리 사회주의자들은 독립운동 보다는 더욱더 사회주의 운동에 뜻을 더할 것이다."

듣는 사람들이 모두 숙연해졌다.

"이는 무엇을 위함인가?"

이동환은

"이는 조선으로 하여금 그 자각을 촉진하여 독립정신을 고취하고자 함이다."

라고 하였다. 에토 재판장은

"피고 등은 모두 매우 오만하고 조금도 뉘우치는 마음이 없다."

라고 하고 마침내 이병립은 징역(감금) 3년, 이선호 · 이천진 · 박두종은 2년, 유면희(柳冕熙)는 1년을 구형하였다. 이들은 송학선(宋學先)과 같은 날 판결이 있었는데 이 또한 기이한 일이었다. 변호사 강세형(姜世馨)은

"어제 공판에서 정치운동으로 변호하여 풀어달라고 하였는데 그 변호에 답을 준 것은 다만 한 사람뿐입니다. 나머지 열 명도 모두 성

인남자로서 인격이 있습니다. 비록 이들에게 중형을 준다고 해도 반드시 그들의 사상을 고치진 않을 것이니 경감하여 감화시키는 것만 못합니다."

라고 하였다. 변호사 이인(李仁)은

"피고가 지금 무정부를 주장하는데 지금 제국주의를 위하여 동정이 없을 수 없습니다."

라고 하였다. 17일, 에토 재판장은

"이선호 등 열 명에게 5년간 집행유예에 처한다."

라고 언도하였다. 박하균은 전과가 있어 징역 1년을 받았고 판결이 나지 않은 기간 동안 구류된 60일을 포함하였다. 또

"피고는 모두 장래가 창창하기 때문에 특별히 이를 감안한다. 지금 이후로 다시 이와 같은 행동을 하지 말라."

라고 하였다.

박하균, 곽재형, 김재문, 황정환, 이동환, 이병립, 박두종, 이천진, 유면희, 박용규는 모두 서울 사람이다. 박하균과 이병립은 연희전문학교 학생이고 나이는 모두 24세이다. 이선호, 이동환, 유면희, 박용규는 중앙고등보통학교 학생으로 이선호와 유면희는 23세, 이동환은 26세, 박용규는 21세이다. 곽재형, 김재문, 황정환은 중동학교 특과생인데 곽재형은 19세, 김재문은 21세, 황정환은 22세이다. 박두종은 기독교청년관 영어과 학생이고 이천진은 경성대학교 예비생인데 모두 23세이다.

또 인천 만국공원(萬國公園)에서 청년 수십 명이 만세를 외쳤다. 전북 고창(高敞)의 공립보통학교 학생도 만세를 외쳤다.

처음에 유면희는 사면되어 출옥하였다. 이선호, 곽재형, 이천진 등 11명은 형기를 다 채웠으나 이병립은 공산당과 관련이 있다고 하여

석방되지 못하였고 박하균은 함흥(咸興)으로 이감되어 다만 아홉 명만 이 출옥하였다.

살피건대, 맹자께서

"양주와 묵적을 막겠다고 말할 수 있는 사람은 모두 성인의 무리이다."

라고 하였으니 그 말이 가히 애달프다. 이때에는 양묵의 무리가 천하에 가득하여 그 화가 홍수나 맹수보다 심하였다. 그러나 맹자는 그것을 물리쳤는데 문도(門徒)는 악정자와 공손추 같은 이 뿐이었다. 맹자의 말씀이 어찌 이와 같지 않을 수 있었겠는가.

지금의 창궐한 화 또한 양주와 묵적에 비할 정도가 아니다. 이 때문에 우리 대한의 독립은 2천만 동포가 남녀노소 할 것 없이 모두 악전고투하여 비록 목숨을 잃더라도 뱀의 입에서 개구리를 구하는 것이나 호랑이 입에서 고기를 구하는 것만큼 참으로 어려운 일이다.

그러나 벼슬 높은 사람은 높은 관직에 오르는 것에만 빠져 있고 아랫사람은 재물을 불리는 것에만 정신이 팔려 어느 한 사람도 머리를 들고 일어나는 이가 없다.

이른바 수풀 속에서 쳐다보는 이가 있으면 머리와 꼬리를 바짝 웅크려 마치 결혼한 지 3일된 신부마냥 감히 한 마디 말도 못하고 있다.

비록 국내와 해외에, 이런 많은 지사들이 밤낮으로 고심하여 피를 흘리고 서릿바람을 맞으며 싸우는데 외롭게도 도와주는 이가 없다. 이들은 양주와 묵적과 같은 시대에 맹자의 무리라 할 것이니 참으로 서글프다.

그러나 이 같은 말과 행동들은 능히 인심을 고동칠 수 있으니, 또 다만 능히 말할 수 있는 것이 일조가 될 뿐만이 아니니다. 앞에 나온 몇 사람의 경우를 살펴보면 참으로 의리의 무리가 아니겠는가.

1 병인만세 : 6 · 10만세운동이다.

2 인산(因山) : 태상황, 황제, 황태자, 황태손과 그 비(妃)들의 장례를 말한다. 또는 상왕, 왕, 왕세자, 왕세손과 그 비(妃)들의 장례를 말한다. 국장(國葬)의 의미이다.

3 황금정(黃金町) : 현재의 을지로 1가와 2가 일대를 말한다. 원래 을지로 1가와 2가 사이의 낮은 고개는 구리개(仇里介)라고 불렀다. 황토 흙으로 된 땅이 몹시 질어서 먼 곳에서 보면 마치 구리가 햇볕을 받아 반짝이는 것 같아서 이름 붙여진 것이라 한다. 일제강점기에는 그 의미를 따서 이 동네를 황금정(黃金町)으로 불렀다고 한다.

4 피어선성경학원(彼魚善聖經學院) : 피어선(Arthur T. Pierson) 박사는 19세기 미국의 선교사이자 복음주의 장로교 목사로 1912년 그의 유언에 따라 한국에 초교파 성경학교인 피어선성경학원이 세워졌다.

5 가와카미 하지메〔河上肇〕 : 1879~1946. 일본 마르크스주의 경제학의 선구자이다.

6 망곡(望哭) : 국상을 당하여 대궐문 앞에 백성이 모여서 곡하는 일을 말한다.

이수흥 李壽興

이수흥의 다른 이름은 이성좌(李聖佐)로, 본관은 전주이다. 고종 을사년(광무9, 1905)에 경기도 이천군 읍내면(邑內面) 창전리(倉前里)에서 태어났다. 이전에 그의 아버지 이일영(李日瑩)은 세 번 결혼하였으나 아들이 없고 다만 딸만 둘이었다. 부인이 죽게 되자 이일영은 다시 부인을 얻으려 하였으나 그 당시 나이 50이 넘었기 때문에 부인을 얻을 수가 없었다. 어느 날 이일영은 원주의 이씨 집에 규수가 있다는 소식을 듣고 청혼하였다. 그리고 이씨 규수와 만나기로 했을 때 다른 사람을 대신 내보냈다. 그는 혼인할 때 흰 머리를 염색한 다음 식을 치렀다. 10년이 지나 아들을 낳았으니 바로 이수흥이었다. 만년에 낳은 아들이라 가족들은 매우 사랑하였지만 친척들은 그를 제대로 대우하지 않았다.

어느 날 이수흥의 아버지가 서울로 이사가게 되었다. 이수흥은 아버지가 나이가 많은 것이 항상 불만이어서 서울에 도착하자 여자들과 문란하게 지냈는데 당시 그의 나이 14세였다. 이전에 이수흥은 어머니가 비록 비천한 출신이지만 스스로 몸을 닦고 행동을 절제한다면 친척들이 반드시 나를 제대로 대우할 것이라고 생각하여, 항상 출세하여 이름을 날리려 노력하였다. 그러나 뜻하지 않게도 그의 어머니가 재혼해 버리자 이수흥은 탄식하며

"내 운명이 이렇게 되었으니 출가하여 중이 되어 그대로 죽는 것이 좋겠다."
라고 하였다. 원적산(圓寂山)으로 들어가 중이 된 지 3년이 되었을 때 하루는 그의 아버지가 절에 찾아와 이수홍을 보듬고 통곡하며
"이렇게 된 것은 너의 잘못이 아니고 바로 나의 죄이다. 너는 산에서 나가 결혼하여 미래를 준비해야 한다. 또한 집안 재산을 내다 팔면 3만 금 정도 마련할 수 있으니 너는 장사를 하려면 장사를 하고 공부하고 싶으면 공부를 해라."
라고 하자, 이수홍은 오랫동안 묵묵히 있다가 아버지를 모시고 집으로 돌아왔다.

그러나 항상 속으로 불만스러운 생각을 지녀 마음을 다잡지 못하고 노량진으로 가 고용살이를 하였다. 이수홍은
"이렇게 사느니 차라리 내 뜻에 어긋나지 않고 죽는 것이 좋겠다."
라고 하며 강물에 몸을 던져 자살하려고 하였다. 어느 날 밤에 한강철교에 올라 투신하였는데 마침 순찰하던 경찰이 급히 구해내 죽지 않았다.
"그렇다면 이제 해외로 도피하는 것이 좋겠다."
라고 하고 계해년(1923) 3월, 중국 상해로 가 사관학교에 들어갔다가 다시 만주로 가 대한통의부(大韓統義府)에 들어갔다. 다시 동지들과 함께 주만육군참의부(駐滿陸軍參議府)를 조직하여 독립운동을 전개하려고 하였으나 항상 자금과 식량이 부족하여 운동을 실행하지 못하였다. 이에 군자금 모금에 뜻을 두었다.

병인년(1926) 5월에 걸어서 조선에 들어왔는데 중간에 황해도 평산에서 김상열(金商烈)을 만나 군자금을 요청하였으나 얻지 못하였다. 6월 6일 발참리(撥站里)의 함성호(咸聖鎬)에게 가 다시 군자금을 요청하

였으나 함성호는 들어주지 않고 이수홍이 총을 꺼내 위협하자 도망가 버렸다.

일찍이 이천의 유택수(柳澤秀) 형제와는 친구였다. 이수홍이 유택수를 찾아가던 중 10일에 서울에 도착하였다. 이 당시는 순종(純宗)의 국장(國葬)을 치른 뒤, 송학선(宋學先)의 일[1]이 발생하여 온 성안의 분위기가 참담하였다. 이에 이수홍은 분개한 마음을 품고 노동자로 위장하여 동소문 파출소 앞을 지나게 되었는데 차고 있던 권총이 품에서 튀어나왔다. 이수홍은 일본 놈들이 보았으면 반드시 무사할 수 없을 것이니 내가 먼저 총을 쏘아 저들을 제압해야겠다는 생각에 권총을 꺼내 쏘았다. 연속으로 일곱 발을 쏘았는데 그 중 여섯 발이 왜놈을 맞췄다. 또 주재소를 향하여 총을 난사하고 곧바로 전석현(磚石峴)으로 내달렸다. 다음날 유택수에게 찾아갔는데 자신의 아버지가 수원에 산다는 것을 듣고 그곳으로 찾아갔다. 이전에 유택수 형제는 이수홍과 연락을 주고받았는데 이수홍을 보자 대단히 기뻐하며 거사를 모의하였으나 또한 자금이 없었다.

9월 7일, 이수홍은 유택수와 함께 은행을 습격하기로 모의하고 9일 안성으로 갔으나 휴일이라 실행하지 못하였다. 곧바로 동리(東里)의 박승륙(朴承六)의 집으로 가 유택수에게 문밖에 서 있으라고 하고 자신은 집으로 들어가 그의 장남인 박태병(朴泰秉)을 만나 군자금을 요청하였으나 박태병은 들어주지 않았다. 이에 이수홍은 일이 새어나갈까 두려워 그를 죽였다. 두 명의 고용인이 총소리를 듣고 달려오자 이수홍은 다시 각각 한 발씩 쏘았다. 유택수도 안으로 들어와 박태병의 주머니를 뒤져 600원을 찾아 가져가려고 하였다. 이에 이수홍은

"저 사람이 내 요구를 듣지 않아 내가 죽였는데 다시 돈까지 앗아간다면 도리가 아니다. 또한 우리들이 독립운동을 하면서 지금 사람

을 죽이고 돈을 앗아간다면 사람들이 우리를 강도라고 여길 것이다. 만약 이런 상황에 경찰서의 수사망이 펼쳐지면 피할 수 없을 것이다."

라고 하였다. 이에 돈을 버리고 달아났다. 화곡(和谷)의 강긍주(姜兢周)의 집에 도착하여 변장하고 이천으로 돌아갔다. 신문기자를 사칭하고 경찰서로 가 범인을 수사하는 동정을 살폈으니 그는 이처럼 대담하였다.

이 당시 경찰들의 수색이 더욱 삼엄해지는 반면에 군자금은 날로 줄어들어 외국에서 무기를 수입하려고 해도 할 수가 없었다. 28일, 여주의 외사리(外絲里) 이민응(李敏應)을 찾아갔는데 그가 겨우 6원을 주자 이수흥은 받지 않았다. 10월 21일, 이수흥은 홀로 이천의 백사면(柏沙面)으로 가 그곳의 식산회사(殖産會社)를 습격하려 하였는데 주재소가 그 옆에 있는 것을 보고

"먼저 주재소를 습격한 뒤에 이 일을 시작할 수 있다."

라고 하였다. 드디어 주재소를 습격하자 주임인 모리마츠〔森松〕가 담을 넘어 달아났는데 이수홍이 총을 쏘아도 맞지 않았다. 이때 일본 여자가 총소리를 듣고 문에서 나와 사방을 둘러보니 이수홍이 권총을 들고 있었다. 이에 일본 여자는 깜짝 놀라 집으로 들어가 버렸다. 모리마츠는 달아나 면사무소로 들어갔는데 이수홍이 와서 그를 찾았다. 이때 면서기 송천의(宋天義)가 놀라 달아나자 이수홍이 권총을 발사하였고 송천의는 총에 맞아 그 자리에서 죽었다.

이수홍은 태연하게 면사무소를 나와 원적산을 향하여 출발하였다. 몰래 수원에 이르자 노란색의 양복으로 바꿔 입고 서울로 들어왔다. 이 당시 유택수도 서울에 들어와 있었다. 25일, 유택수가 수은동(授恩洞) 대성전당포로 가 권총을 꺼내 위협하자 전당포 주인 전기영(全基

榮)이 500원을 내놓았다. 유택수가 문을 나서자마자 전기영은

"저 권총이 과연 진짜인가? 가짜라면 자금을 줄 필요가 없다."

라고 하였다. 유택수가 그 말을 듣고 다시 들어와 돈을 집어던지면서

"너는 오직 돈만 아는구나. 이 권총 세례를 받아라."

라고 하고는 권총을 쏘아 죽여 버렸다.

이 당시 이수홍은 아버지가 돌아가셨다는 말을 듣고 수원으로 상을 치르러 떠났으니 지난 달 4일에 그의 아버지는 타계하였다. 이수홍은 항상 도망 다닐 때 산길을 이용했으며 중으로 변장하거나 주재소에서 일을 하는 사람으로 가장하기도 하고 달리 나무꾼, 상을 치르는 사람, 떠돌이 거지 등으로 추측하기 힘들게 변장하였다. 이 당시 일본은 경기도 경찰부에 수색본부를 설치하고 강원도와 수원, 충주 등지에 수사망을 펼쳐놓고 권총을 소지한 2,000여 명의 경찰을 동원하여 수사하였으나 끝내 잡지 못하고 다만 수만 원의 경비만 소모하였다.

어느 날 이천 서장인 가와사키〔河崎〕가 범인의 체구가 5척을 넘지 않는다는 소식을 듣고 관내에 신장이 5척 이하인 자들을 모두 조사하였다. 이에 이수홍도 체포되어 의심을 받았다. 11월 6일 밤 이수홍은 읍내 당숙의 집에서 잤는데 그 다음날 경찰이 이수홍을 체포하였다. 도경부의 노무라〔野村〕와 종로경찰서 경부 요시노〔吉野〕가 와서 취조하고 유남수(柳湳秀)의 집을 수색하여 권총 한 자루와 탄약 100여 발을 압수하였다. 또한 그의 매부인 강궁주의 집으로 가 탄환 50여 발과 권총 한 자루를 압수하였다. 13일에 서울로 압송하였는데 광진에 이르자 사진기자들이 모여들었다. 형사들이 당황하여 모자를 벗어 그의 얼굴을 가리자 이수홍은 모자를 벗고 기차의 창밖으로 얼굴을 내밀어 보여주었다.

예심에서 징역 3년을 받았다. 무진년(1928) 5월 11일에 공판이 열렸다. 이수홍이 변호사에게 편지를 보냈는데 내용은 다음과 같다.

"졸렬한 나는 구차하게 변론하고 싶지 않다. 다시 사는 방법이 있다고 하더라도 단두대 위에서 머리가 잘려 피를 쏟고 맑은 귀신이 되는 것이 낫다. 구차하게 더럽고 혼탁한 세상에 살아남아 치욕스런 삶을 마치는 것은 나의 바람이 아니다. 유택수와 유남수는 죄가 없으니 있는 힘을 다해 변호해 주시면 내가 죽어서도 그 은혜를 갚을 것이다."

심리할 때 이수홍은

"내가 조선에 들어온 것은 높은 관리를 암살하고 일본이 지배하는 지금 체제를 변혁하려 한 것이다."

라고 하였다.

"그렇다면 참의부의 명령을 받았는가?"

"그렇지 않다. 내가 단독으로 하였다. 안중근이 이토 히로부미(伊藤博文)를 죽인 것을 본받으려 하였다."

"높은 관리란 누구인가?"

"현직에 있는 자들이 전부 이에 해당한다."

앞뒤 사실에 대해 이수홍은 일일이 조금도 꺼려하지 않고 사실대로 대답하였다. 다만 동소문과 평산 등의 일에 대해서는 조금도 인정하지 않았다. 이윽고 유택수에게 질문하였다.

"피고는 이수홍과 안성으로 가 박태병을 죽였는가?"

"나는 가긴 했으나, 절대로 총을 쏘지는 않았다."

"대성전당포의 전기영은 무슨 까닭으로 죽였는가?"

"전기영이 나를 잡으려 했기 때문이다."

"요구한 자금은 어디에 쓰려고 했는가?"

"독립운동에 쓰려고 했다."

법정에 나온 유택수는 자신의 아우 유남수를 보고 큰소리로 통곡하였다. 다시 유남수에게 질문하였다.

"피고는 일찍이 총독부의 급사를 지냈는가?"

"그렇다."

"권총은 체포당할 때 집에 숨겨두었는가?"

"그렇게 한 것은 이수홍이 하려고 하는 것을 멈추기 위해 뺏은 것이지 숨겨둔 것이 아니다. 이 때문에 이수홍이 나에게 총을 쏘려고 했는데 내가 빼앗아 책상 서랍에 두었다."

공판이 끝나자, 검사는

"이수홍과 유택수의 죄는 치안유지법위반과 국체(國體) 변혁으로 사형을 구형한다. 유남수는 징역 2년을 구형한다."

라고 하였다. 언도할 때 역시 사형이 내려졌는데 두 사람은 태연하였다. 법정에서 사형 선고를 받고 항소를 하지 않은 것은 허위(許蔿)와 강우규, 그리고 이수홍 세 사람뿐이다. 이수홍의 일은 조선일보의 호외로 발행되었는데 앞머리 부분이 조금 검게 지워졌으며 하반부는 전부 검게 지워졌다. 이것은 안재홍(安在鴻)이 편집하여 게재한 것이다. 이것은 병인년(1926) 겨울에 발행한 것이 아니라 바로 정묘년(1927) 봄에 간행한 것이다.

유택수는 이천 읍내면 중리(中里)에 살며 유창규(柳昌珪)의 둘째 아들이다. 기사년(1929) 음력 1월 19일 이수홍과 유택수는 함께 처형되었는데 16분이 지난 뒤에 숨이 끊어졌다. 이수홍의 나이는 24세며 유택수의 나이는 29세였다. 이수홍은 감옥에 있을 때 간혹 시를 지어 자신의 뜻을 나타내었는데, 발표되지는 않았기 때문에 사람들이 알 수가 없었다. 21일, 가족이 이수홍의 시체를 수습하여 화장하였다.

살피건대, 지금 사람은 독서가 이로움이 없다고 한다. 옛날에 송나라 범문정공은 그의 어머니가 개가하였는데 문정공은 죽지 않고 추밀까지 벼슬이 올라 송나라의 명신이 되었다. 누가 그런 어머니 때문에 그를 욕할 수 있는가. 차분히 살펴보니 이수홍이 진술할 때 그가 죽는다는 사실은 변할 수 없기에 조금도 두려워하는 안색이 없었다. 그는

"내가 자금을 모아 무기를 구입한 것은 총독을 죽이기 위해서이다."

라고 하였으니 참으로 장쾌한 일이다.

그러나 이수홍은 자신의 어머니가 떠난 것을 보고 부끄럽게 여겨 강에 몸을 던져 죽으려고 했다가 뜻을 이루지 못하자 곧 독립단원이 되어 무고한 몇 사람의 동포를 죽였다가 체포된 사람이다. 옛사람이 이르기를 '죽음을 두려워하면 일을 성공할 수 없다.'라고 하였는데, 이미 이수홍처럼 죽기를 각오하였으니 천하에 무슨 일인들 하지 못하며 무슨 임무든 성공하지 못하랴. 그러므로 이수홍은 죽으려는 마음을 옮겨 문정공처럼 세상에 다시없는 업적을 이뤘다면 도망가 버린 어머니도 부끄럽지 않았을 것이다. 그러나 이수홍은 배우지 못하여 다만 어머니가 도망간 일이 나에게 일어난 것만 마음에 두고 옛날 문정공이 한 일은 알지 못하였다. 그러므로 집안이 잘 다스려지지 않은 것과 친척들이 그를 제대로 대우하지 않는 것이 항상 가슴에 못 박혀 마음을 다잡지 못하였다.

대장부 만 리 펼쳐진 앞길을 '총독을 죽이려 한다.〔欲殺總督〕'는 헛된 네 글자의 말로 죽음을 당하였으니, 어찌 슬픈 일이 아니겠는가.

어떤 사람이 말하기를

"문정공은 마땅히 문장이 우대받던 시대에 사업을 하였지만 지금은 어지러운 세상이니 어떻게 사업을 한단 말인가."

라고 하였는데, 나는 이에 대해 다음과 같이 말하였다.

"그렇지 않다. 왜놈을 죽이고 원수를 갚는 것은 춘추의 대의가 아닌가. 나는 이수홍이 일찍이 왕실의 자손으로 우뚝 서서 독립운동을 한 것을 알고 있다. 이준이나 안중근, 이수홍의 죽음은 마찬가지인데, 이준이 헤이그에서 할복한 것이나 안중근이 이토 히로부미를 죽인 것처럼 천지를 놀라게 하였다면, 천고에 그의 아름다운 이름을 날려 그의 사업이 추밀에 오른 문정공과 비교하겠는가."

오호라, 불행하게도 종묘사직이 이에 이르러, 근기(近畿)에 거주하는 이천 창전리의 이수홍은 마땅히 국가와 더불어 즐겁고 슬픈 일을 함께 나눴는데, 한 번도 세상에 그 이름이 알려지지 않았고, 국가와는 아무런 관계가 없는 것처럼 세상 사람들이 그를 바라본다.[2] 이수홍에 대해 그의 작은 잘못을 억지로 찾아내어 옳으니 그르니 따지면서 훌륭한 일을 인정하지 않으니 도대체 무슨 마음이란 말인가. 그가 비천한 어머니에게서 태어났기 때문인가. 듣건대, 창전리의 이씨 가문은 대대로 벼슬을 하여 이천 지역의 지체 있는 집안이었지만 이수홍이 없던 시절에는 온 나라가 이천의 창전리에 이씨 가문이 있는지 알지 못하였다. 그러나 지금은 이수홍으로 인해 비로소 알려지게 되었으니 창전의 이씨 가문의 입장에서 본다면 비천한 출생도 또한 없어서는 안되는 존재가 된 것이다.

1 송학선의 일 : 1926년 송학선이 총독 사이토를 암살하려다 미수에 그친 사건이다.

2 아무런……바라본다 : 본문의 진척(秦瘠)은 월시진척(越視秦瘠)의 준말이다. 곧 월나라 사람이 진나라 사람이 마른 것을 아무런 느낌 없이 쳐다본다는 말이다.

나석주 羅錫疇

나석주는 황해도(黃海道) 재령군(載寧郡) 북율면(北栗面) 진초리(進礎里)에 거주하였으며 고종 기축년(고종26, 1889)에 태어났다. 처음에 나석주는 나무리벌[1]로 배경을 삼아 생장하였으며 용맹하고 모험을 좋아하였다. 나석주는 주위의 모든 환경에 대한 불만과 독립의 의지를 가지고 있어서 항상 불평을 품고 있었다.

기미년(1919) 봄에 독립만세운동이 대대적으로 일어나는 것을 본 나석주는 동지 한대홍(韓大弘) 등과 함께 안악(安樂)[2], 사리원(沙里院), 황주(黃州) 사이를 오가며 여러 차례 강탈[3] 행위를 저질렀다. 그의 아버지가 늘 그를 꾸짖었지만 나석주는 계속 방랑하며 아버지의 말을 듣지 않았다.

경신년(1920) 9월 22일, 나석주는 중국으로 갔다. 그 일의 옳고 그름을 반드시 따질 필요는 없지만 그의 마음에는 반드시 뚜렷한 주관이 있었다. 상해에 도착한 나석주는 독립단(獨立團)에 입단하여 북경과 천진(天津)의 동지들과 접촉하여 관계를 맺고 독립운동을 전개하였다. 독립단의 재정이 부족하여 활약할 수 없는 것을 본 나석주는 다시 의열단(義烈團)[4]에 입단하여 파괴와 암살을 거행하고자 하였으나 군자금이 없어 실행하지 못하였다.

병인년(1926) 1월, 나석주는 북경의 부잣집을 습격하였다. 4월에 유림대표인 김창숙(金昌淑)이 천진 불조루(佛照樓)에 도착하였다. 나석주를 만난 그는 자금과 폭탄을 주면서 다음과 같이 말하였다.

"지금 파괴와 암살의 대상으로 삼을 것이 어찌 은행과 동양척식주식회사(東洋拓植株式會社) 뿐이겠습니까마는, 내가 지난 번 조선으로 돌아가 살펴보니 일본인들에 의한 재앙이 더욱 심해져 우리 동포들이 모두 죽을 지경이었습니다. 원컨대 선생은 폭탄을 던져 그들을 구원하십시오."

나석주가 힘주어 말하기를

"그렇게 하려는 것이 저의 뜻입니다. 마땅히 독립을 위한 봉화를 제가 먼저 들어 올리겠습니다."

라고 하였다.

12월 26일, 나석주는 중국인 노동자의 복장으로 변장, 지부이통환공사(芝罘利通丸公司) 소속이라고 사칭하고 지부〔芝罘〕[5]로 가 상선 융극호(戎克號)에 승선하였다. 중류에 이르렀을 때 나석주는 대원군이 지은 다음 시를 읊조렸다.

증기선에 꼿꼿이 앉아 있노라니	兀然寄坐火輪船
도수와 검산이 가을 색에 물들었네	刀水劒山秋月天
꿈속에 고향은 점점 멀어져 가고	夢裡故鄕漸漸遠
끝없는 우주는 가볍게 지나가네	無涯宇宙輕輕前
태어났을 때는 경진년을 응당 즐거워했을 텐데	初生應樂庚辰歲
늙어 가며 어찌 임오년의 아픔을 견딜까	老去那堪壬午年
어려운 처지의 안위를 말하지 말라	窮境安危人莫道
신명께 물으면 먼저 분명히 알리라	神明臨質十分先

다음날 인천에 도착한 나석주는 이름을 마(馬) 아무개로 고치고, 중국인이 운영하는 여관 원화잔(元和棧)으로 가 밥을 먹었다. 나석주는 중국어를 잘 구사하여 중국인과 조금도 다르지 않았다. 그러므로 사람들은 마 아무개가 대한제국 사람 나석주라는 사실을 아무도 알지 못하였다. 밤에 진남포(鎭南浦)로 간다고 하고 남문역(南門驛)에 도착하여 동춘잔(同春棧)에서 숙박하였다. 당시 일본의 다이쇼〔大正〕가 죽고 쇼와〔昭和〕가 천황의 자리에 올랐다. 때문에 각 관아가 모두 휴무였다. 28일 낮에 나석주는 이 기회를 틈타 시내 황금정(黃金町)에 있는 동양척식주식회사 지점에 들어갔다. 거짓으로 이영우(李永祐)라는 사람이 근무하는지 묻자 점원이 말하기를

"이영우라는 사람은 없습니다."

라고 하였다. 그 틈에 나석주는 회사 내부를 세밀하게 살폈다. 그리고는 식산은행(殖產銀行) 영업과 대부실(貸付室)로 가 폭탄 하나를 던졌다. 폭탄이 터지지 않자 나석주는 다시 동양척식주식회사로 갔다. 현관에 도착해서 부업협회(副業協會) 회원 다카기〔高木吉江〕가 수위실에 있는 것을 보고 권총을 발사하여 어깨와 등을 맞혔다. 곧바로 2층의 토지개량과로 올라가 기사장(技師長) 아야타〔綾田豊〕와 사원(社員) 오오모리〔大森太城〕에게 총을 쏴 오른쪽 가슴 위쪽을 맞혔다. 다시 폭탄을 던졌다. 동양척식회사 사원 다케치〔武智光〕와 조선철도회사 동양척식회사 지점 사무소 수위인 마츠모토〔松本筆一〕와 용산 천진당(天眞堂) 시계방 점원 기무라〔木村悅三〕 등이 아래층에 있는 것을 보고 다시 권총을 발사하였다. 다케치는 어깨와 폐에, 마츠모토는 가슴과 폐장에 맞았고 기무라는 즉사하였다.

나석주는 급히 황금정 전차통으로 달아났다. 당시 경기 경찰부(京畿警察部) 소속 다하타〔田畑唯次〕 경부보가 동양척식주식회사 앞을 지나다

가 총소리를 듣고 추격하였는데 나석주가 또 그를 쏴서 죽였다. 경부보 도시〔土師〕와 요코다〔橫田〕, 그리고 순사 노구치〔野口〕, 아노키〔靑木〕, 후루카와〔古川唐峯〕, 박용하(朴容夏) 등이 급히 추격해 왔다. 이에 나석주는 달아나지 못할 것을 알고 스스로 총을 가슴에 대고 세 발을 쏜 뒤 쓰러졌다. 경찰이 총에 맞은 여러 사람을 총독부의 병원으로 보내 응급조치를 하였으나 다케치 등 세 사람은 모두 죽었다. 같은 날 나석주도 땅에 쓰러져 죽었는데 경찰이 병원으로 옮겨와 주사를 놓자 나석주가 다시 살아났다. 경찰이 말하기를

"이름도 남기지 않고 죽는다면 아무 소용이 없으니 내가 당신 이름을 듣고 싶다."

라고 하였다. 나석주가 말하기를

"나석주이다."

라고 하였다. 경찰이 또 말하기를

"오늘 일은 스스로 한 것인가, 아니면 교사(敎唆)한 사람이 있는가?"

라고 하였다. 나석주가 말하기를

"김창숙(金昌淑)이 교사하였다."

라고 하고는 마침내 죽었다.

적색 폭탄 두 개와 스페인제 10연발 권총 한 자루, 탄환 66발은 모두 압수되었다. 처음에는 나석주가 저지른 일의 전모를 모두들 알지 못하였다.

정묘년(1927) 5월, 이화익(李化翼)이 체포되어 신의주로 와서 나석주와 관계된 일을 매우 자세하게 말하였다. 이에 나석주와 김창숙이 공모했다는 사실을 비로소 알게 되었다.

30일에 장남 나응섭(羅應燮)이 경성에 도착하여 사진을 보고 나서 자기 아버지인 것을 인정하였다. 이에 당국에서 수습했던 시신을 인

도해 주었다. 당시 나석주의 부모님이 살아있었고 또 3남 2녀를 두었다. 조선일보에 나석주의 유묵(遺墨)을 게재하였으나 흐릿하여 볼 수가 없었다. 나응섭은 자기 아버지가 죽은 뒤에 항상 다른 곳으로 도망치려고 하였으나 감시 때문에 뜻대로 하지 못하였다. 어느 날 나응섭은 이름을 백운학(白雲鶴)으로 고치고 안동현(安東縣) 진강산(鎭江山) 공원에 도착, 사진 한 장을 찍어 어머니에게 보내고 상해로 갔다. 상해의 동지들이 나석주를 추도하였다. 이 아래는 모두 묵판(默版)이다.

이화익(李化翼)은 일명 이승춘(李承春)이며, 황해도(黃海道) 장연군(長淵郡) 낙도면(樂道面) 석장리(石長里)에 거주하였다. 경신년(1920) 12월, 동지 최창한(崔昌翰), 이기춘(李起春), 김경선(金敬善) 등과 함께 독립단(獨立團)을 조직하였다. 이듬해 신유년(1921) 11월, 김경선, 최창한 등과 함께 권총을 소지하고 목일면(牧日面) 곽수(郭琇)의 집으로 가 120원을 모금하였다. 3월 1일, 김경선과 나당리(羅堂里)로 가 손승훈(孫承薰)의 집을 불태웠다. 20일 밤에 경현리(鏡峴里) 이응엽(李應燁)에게 가서 군자금 지원을 요청하였으나, 이응엽이 들어주지 않자 이기춘이 그 집을 불태웠다. 4월 초에 학현리(鶴峴里) 김병순(金炳淳)에게 가서 모금하였는데 김병순이 순사에게 요청하여 그들을 체포하려고 하였다. 그러자 이화익은 도망쳐 중국 연태(煙台)로 갔다. 그곳에서 나석주를 비로소 알게 되었다. 그 뒤에 나석주의 사상이 더욱 열성적인 것을 알고 마침내 막역한 사이가 되었다.

갑자년(1924) 3월, 상해로 가 의열단(義烈團)에 가입하였다. 병인년(1926) 12월 20일, 나석주가 천진(天津)에 도착하였다. 나석주가 개연히 이화익에게 말하기를

"지금 사기(士氣)가 떨어져서 아무것도 하지 못하고 있다. 내가 마땅히 독립의 선봉이 되겠다. 이른바 경성은행(京城銀行)과 동양척식주식회사를 내가 다 폭파하여 세상 사람들을 한 번 놀라게 할 것이니 나와 함께 일하자."

라고 하였다. 이 말을 들은 이화익은 그렇게 하기로 허락하였다. 28일에 나석주가 경성에 도착하여 자살하였다는 소식을 듣고 이화익은 경성으로 가지 않았다. 정묘년(1927) 5월, 이화익은 북경에서 체포되어 일본영사관에 인도되었다. 6월 27일, 신의주(新義州)로 압송되어 예심에 회부되었다. 판사는 현장검증을 위해 이화익을 데리고 장연(長淵), 신천(信川), 해주(海州)로 갔고 또 경성에 도착하여 나석주가 습격한 곳을 조사하였다.

무진년(1928) 3월 6일에 공판이 열렸다. 증인 20명을 부르고 제령위반, 폭발물취체령위반, 강도 등의 죄목으로 혼도〔本島〕 검사가 무기징역을 구형하였다. 6월 27일, 징역 15년을 받았다. 당시 이화익은 29세였다.

한대홍(韓大弘)은 평원군(平原郡) 공평면(公平面) 퇴현리(退峴里)에 거주하였다. 기미년(1919)에 한대홍의 나이는 19세였다. 그는 만주로 가 군사학과 정치학을 공부하고 관전현(寬甸縣) 통의부(統義府)[6] 의원이 되어 군자금을 모금하고자 하였다. 한편으로는 고위관료를 암살하기로 모의하여 단원 10여 명과 함께 광한단(光韓團)을 조직하였다.

신유년(1921), 국경 안으로 들어와 거사하고자 하였으나 마침내 체포되어 징역 7년을 받고 경성에서 옥고를 치렀다. 병인년(1926) 겨울에 다이쇼〔大正〕가 죽자 감형되어 출옥하였다. 나석주가 죽었다는 소

식을 듣고 한대홍이 크게 놀라며 탄식하여 말하기를

"이 사람이 이렇게 되었단 말인가. 내가 일찍이 이 사람과 사리원(沙里院)에서 만나 함께 독립운동을 하였다. 그 뒤에 만주에서 헤어진 뒤로 다시 소식을 듣지 못했는데 이 사람이 이제 이렇게 되었단 말인가. 지난날을 회고해 보면 어느덧 7, 8년의 세월이 흘렀다."

라고 하였다. 한대홍이 감옥에 있는 동안 그의 아버지가 운명하였으므로 이때에 이르러 상복을 입었다고 한다.

살피건대, 어떤 사람은

"나석주는 시골의 평범한 사내에 불과하다. 따라서 나라가 망했다고 해서 죽어야 할 책임이 없을 뿐만 아니라 평소 그가 한 일은 불량한 짓이 많았다. 하루아침에 김창숙의 말에 동요되어 고작 몇 명의 적들을 죽이고 자신의 운명도 망쳤으니 그의 죽음은 부질없는 것이 아니겠는가."

라고 한다. 나의 생각은 다음과 같다.

"그렇지 않다. 오늘날 이른바 동양척식주식회사가 만들어낸 재앙이 한반도에 범람하여 동포들이 모두 어육(魚肉)처럼 짓밟히고 있다. 어진 사람과 군자들이 이러한 상황을 보고, 누군들 그들을 구제하려는 마음을 갖지 않겠는가마는 실제로 그런 마음을 실행으로 옮기는 사람이 없는 것은 죽음을 두려워하기 때문이다.

나석주는 세상에 드문 의리 정신과 불세출(不世出)의 용기를 지닌 인물로, 지방의 작고 궁벽한 고을에서 나고 자랐으니 가난에 대한 근심과 적막한 환경 속에서 그가 지닌 훌륭한 기상을 펼쳐볼 곳이 없었다. 그러므로 혹 고을에서 대담한 행위를 저질러 한두 가지 도리에 맞지 않는 일을 하기는 하였다. 그러나 중국으로 가 김창숙 등 여러 지사들이 각자 독립운동을 전개하는 것을 보고는 격앙(激昂), 분발하여 의기(義氣)가 무지개처럼 피어났다. 아무리 험한 일도 마치 낙토(樂土)를 달려가듯 서슴없이 하였다. 따라서 주자(朱子)의 이른바 '타고난 천성에서 나오는 덕을 좋아하는 양심과 세상일에 분개하고 사악함을 미워하는 장한 뜻을 하늘이 부여해 준 본래 본분을 많이 얻은 사람'[7]이 아니라면 벌건 대낮에 큰 도시 한 가운데서 거사를 일으켜, 죽을 수 있다는 점을 전혀 고려하지 않은 채 우리 민족을 위해 원수를 개와 양 죽이듯이 죽일 수 있었겠는가. 당세의 존중받는 명성을 지닌 선비와 군자들 가운데 피할 수 없는 형세를 알면서도 자결하지 못하여 영원토록 비난을 받는 사람이 대단히 많으니 목숨을 끊기란 얼마나 어려운 일이겠는가. 오직 나석주는 추격하는 사람이 바짝 쫓아오는 것을 보고 적들에게 모욕을 당하지 않기 위해 터럭처럼 자신의 목숨을 버렸다. 세상에 드문 의리의 정신과 불세출의 용기를 지닌 사람이 아니라면 이렇게 할 수 있겠는가.

이 일이 있은 뒤로 신문지상에 다시는 소작쟁의(小作爭議) 내용을 볼 수 없었다. 그렇다면 세상의 소작인들 중 누군들 암암리에 나석주의 덕을 흠모하지 않았겠는가. 옛날 양주(楊朱)는 자신의 털 하나를 뽑아서 천하를 이롭게 할 수 있다고 해도 하지 않았다. 그런데 나석주는 자신의 목숨을 바쳐 천하를 이롭게 했다. 나석주가 비록 시골의 평범한 사내이지만 이른바 군자라는 사람들과 비교할 때, 그의 의리 정신과 용기가 어떠하며 양주와 견주어 볼 때는 또 어떠한가. 나석주야말로 진정한 의사(義士)이며 용사이다."

그러므로 다음과 같이 찬(贊)을 짓는다.

우뚝이 장한 의사여	維士屹屹
백 사람의 몫을 담당할 만하네	百夫之防
어지러운 때를 만나	遭時板蕩
그 뜻이 강개했어라	厥志慨慷
총을 품고 고국으로 돌아오니	懷鎗東來
분노한 기운이 하늘에 닿을 듯	撐氣怒揚
원수들 해치기를	刲剔讎賊
마치 개와 양을 죽이듯 하였네	洽似犬羊
때가 좋지 못하여	時不利兮
장사가 죽었구나	壯士云亡
굳센 혼백 늠름하게	毅魄凜凜
민족 위해 목숨 바쳤네	爲民族殤
그 행적 사라질 것을 생각하니	想其湮沈
마음이 아프도다	令人心傷
이처럼 약력을 지어	撰此歷略
우리나라 사람들에게 고하노라	告我東邦
의를 숭상하고 용기 있는 행동은	尙義責勇
영원토록 끝없이 전해지리라	永世無疆

이화익과 한대홍은 모두 나석주와 평소 동지관계였다. 그러므로 나석주의 기록 아래에 두 사람의 기록을 취해 차례로 적었다.

1　나무리벌 : 재령강 유역의 재령평야 일대를 이른다.

2　안악(安樂) : 원문에는 安樂으로 되어 있으나, 이는 安岳의 오기로 보인다.

3　강탈 : 여기서 강탈이란 군자금 모집을 의미한다. 일제는 군자금 모집을 하다 붙잡힌 독립운동가들에게 흔히 강도죄를 씌워 처벌하였다.

4　의열단(義烈團) : 의열단은 부산경찰서, 밀양경찰서, 조선총독부, 종로경찰서, 동양척식회사, 식산은행, 도쿄 일본 황궁 등 일제 주요기관에 대한 파괴 활동과 요인 처단 활동을 하였다.

5　지부[芝罘] : 중국 산동성 연태시 산하의 행정구역이다.

6　통의부(統義府) : 정식 명칭은 대한통의부이며, 대한통군부를 계승 확대한 조직이다. 만주와 중국내 독립운동단체의 통일을 위해 노력한 준정부적 조직이었다. 통의부는 1924년 11월 정의부로 편입되었고, 정의부는 다시 국민부로 통합되었다.

7　타고난……사람 : 이 내용은 《회암집(晦菴集)》 권83 〈발정선무첩(跋鄭宣撫帖)〉에 보인다.

장진홍 張鎭弘

장진홍의 다른 이름은 장성욱(張聖旭)이며, 본관은 인동(仁同)이다. 칠곡군(漆谷郡) 인동면(仁同面) 옥계동(玉溪洞)에 살았다. 고종 정유년(광무1, 1897)에 태어났다. 사람이 특출하고 생기발랄하였다. 17, 8세 때인 임자년(1912)에 장진홍은 조선보병대(朝鮮步兵隊)[1]의 상등병이 되었는데 늘 민족주의에 따라 조선의 독립을 열망하였다. 병진년(1916) 12월, 경성으로 이사하였다. 국제공산당의 이내성(李乃成)이

"지금 무산자들이 모두 도탄에 빠져 있으니 마땅히 사유제도를 공산제도로 바꾸어야 한다. 만약 그대가 꼭 독립을 시급히 원하는 것이 아니고 장차 공산주의의 실현을 바란다면, 소비에트 러시아처럼 국제공산당 결사대에 들어가 혁명운동에 종사하라."

라고 하였다. 이에 장진홍이 광복단(光復團)[2]에 들어가 공산주의 실현에 뜻을 두었다.

무오년(1918) 4월, 이내성의 소개로 서쪽 만주로 가 광복단 김정묵(金正默)과 이국필(李國弼)을 만나 독립에 대한 계획을 확고히 하고, 이국필과 함께 러시아 하바로프스크로 가 동포 7, 80명을 모아 군사훈련을 하였다.

다음해(1919) 3월, 조선에서 독립만세가 대대적으로 일어나자 귀국하여 전국 각지를 돌아다니며 만세 사실을 모아 책을 만들었다. 7월,

인천으로 가 미국군함 승조원 김상철(金相哲)을 만나 그 책을 주고 다음과 같이 말하였다.

"지금 사이토〔齋藤實〕 총독이 무단으로 통치하여 포악함이 심하다. 나는 이에 비분하여 사방을 돌아다니며 이 책을 편집하였다. 공은 이 책을 가지고 미국으로 가 구미(歐美) 각국에 인쇄, 배포하여 일본이 국제적 지위를 잃게 하기 바란다."

그 후 이 때문에 영천(永川) 교동(校洞)으로 이주하였다. 장진홍은 일찍이 집이 가난하여 돌아다니며 약장수를 하였다. 손풍금을 좋아하였으므로 시장에 갈 때마다 손풍금을 연주하여 사람을 모으고 약을 팔았다. 또한 재담을 잘하여 사람들이 웃음거리로 여기고 나이 대우를 해주지 않아도 개의치 않았다.

이 당시, 경산(慶山)에 이정기(李定基)라는 사람이 있었는데 역시 지사(志士)였다. 애초에 이정기는 그의 숙부가 북경에서 장작림(張作霖)[3]의 고문 겸 모 신문사의 주필임을 알았다. 그래서 일찍이 자금을 모아 북경으로 가 출판사를 열고 사상잡지와 격문을 발행하여 민족주의를 고취하려 하였다. 대구에 지사를 두고 비밀리에 군자금을 모아 폭탄을 구입하여 파괴와 암살을 꾀하였다.

을축년(1925) 정월에 이정기는 북경에 도착하여 국민당[4] 정의부원(國民黨正義府員) 남형우(南亨祐), 대한독립당 군정서(大韓獨立黨軍政署) 대표 배병현(裵炳鉉),[5] 의열단원(義烈團員) 김창숙(金昌淑)을 만났다. 그들은 모두

"지금 우리 대한이 독립하려면 자금이 시급하다. 모금은 파괴와 암살 없이 불가능한데 국경 경비가 매우 심하여 자금을 들여오기도 매우 불편하다."

라고 하였다. 이정기는

"그 점은 걱정하지 말라. 우리 숙부가 지금 장작림의 고문이니 신원증명서만 얻는다면 무사할 수 있다."
라고 하였다. 남형우, 배병현, 김창숙 세 사람 모두 크게 기뻐하며 이정기에게 권총과 약간의 총탄을 주고 폭탄제조법도 가르쳐주었다. 9월, 이정기는 대구로 돌아가 이원록(李源祿),[6] 이원기(李源祺), 이원유(李源裕) 등과 비밀결사를 하고 혁명운동을 하였다. 이에 장진홍도 입단하여 비밀리에 활약하며 때가 오기를 기다렸다.

정묘년(1927) 3월, 장진홍은 이내성의 소개로 경산으로 가 호리키리 모사부로〔堀切茂三郎〕를 만났는데 그가 바로 국제공산당 특파원이다. 호리키리 또한

"지금 공산주의를 하려면 마땅히 관공서와 은행을 파괴하고 고위관리와 부호(富豪)를 암살한 뒤에 사유제를 개혁하여 공산주의를 기약할 수 있다. 남조선 일대에서 그대가 거사를 도모하여 큰 공을 세운다면 우리 공산당에서는 마땅히 그 사실을 영원히 기념할 것이다. 비록 불행히 실패하여도 당에는 가족구제비가 있으니 가족은 염려하지 않아도 된다."
라고 하였다. 장진홍이 마침내 허락하였다.

음력 4월 2일, 영천에 도착하였다. 그때 호리키리는 만주에서 돌아와 폭탄과 다이너마이트 뇌관 5개, 도화선(導火線) 4척, 돈 50원을 장진홍에게 주었다. 또 폭탄제조법을 가르쳐 주고 빨리 거사하기를 청하였다. 장진홍은 폭탄을 만들고 '쇼와〔昭和〕 4년 제868번 상자〔昭和四年押第八六八〕'라고 썼다. 또한 작은 폭탄을 제조하여 자살에 대비하였다. 봉수산(烽燧山)으로 가 시험해보니 폭탄의 위력이 충분히 강했다. 동지 정방락(鄭芳洛), 박문선(朴文善) 등이 일을 시작하자고 하였으나 장진홍이 듣지 않았다. 그리고 계책 하나를 생각해 냈는데 도청 · 경찰

서 · 조선은행(朝鮮銀行) · 식산은행(殖產銀行) 등 네 곳을 폭탄 투척의 대상으로 삼아 사람을 시켜 폭탄을 던지게 하려는 것이었다. 장진홍은 선산(善山)으로 가 송재선(宋再先)을 만나 나무 상자 네 개를 구하였다. 황진박(黃鎭璞)으로 하여금 나무 상자 위에 하나는 '경북 스도우〔須藤〕 지사(知事) 전(殿)', 하나는 '경북 경찰부장 전', 하나는 '조선은행 대구지점장 전', 하나는 '식산은행 대구지점장 전'이라 쓰게 하고, 그 아래에 모두

"벌꿀 500근이 들어 있으며 가격은 3원 50전이다. 대구 남산정(南山町) 39번지 요시다〔吉田〕 상회에서 보낸다."

라고 썼다.

10월 17일, 대구로 가 매부 김상한(金商翰)의 집에 묵었다. 다음날, 변장을 하고 덕흥여관으로 가 숙박[7]한다고 하고 독방을 얻었다. 나무 상자를 열고 도화선을 꺼내 각각 거리[8]에 따라 시간을 계산하여 화로재를 채우고 15분 혹은 20분 후에 폭발하게 하였다. 모두 점화한 다음 다시 상자에 넣고 신문으로 쌓아 삼끈으로 묶었다. 여관 안내자를 불러

"이것은 모두 꿀통이니 도청 · 경찰서 · 조선은행 · 식산은행 등 네 곳에 전달하라."

라고 하며 40전을 꺼내 주었다. 안내자가 나무 상자를 들고 먼저 조선은행으로 가 상자 하나를 요시무라 키요시〔吉村潔〕 주임에게 주며

"이것은 서무과장에게 보내는 예물이다."

라고 하며 확실하게 전하였다. 요시무라는 포병 소위 출신이었다. 꿀 상자에서 화약 냄새가 나는 것을 보고 바로 탐색하니 과연 폭탄이 들어 있고 도화선이 거의 다 탄 상태였다. 요시무라는 크게 놀라 도화선을 뽑아 버리고 왔던 사람을 체포하려고 급히 문을 나갔다. 그 사

람은 상자 세 개를 가지고 상자가 전달되기를 서서 기다리느라 가지 않고 있었다. 요시무라는 즉시 상자를 빼앗아[9] 은행 앞 도로에 던졌다. 잠시 후 상자 하나가 폭발하였다. 때는 마침 정오여서 사람들은 정오를 알리는 포성으로 오인(誤認)하였다. 두 번째 상자가 폭발한 뒤에야 그것이 폭탄임을 알았다. 경관이 달려오고 시장 사람들이 모여들어 잠깐 사이에 인해(人海)를 이루었다. 그 광경을 바라보니 은행 동쪽 벽 유리창 70여 매가 모두 파괴되었고 탄환 파편이 은행을 넘어 대구여관 앞마당까지 비처럼 쏟아졌으나 단지 은행급사와 경관 네 명만 몸이 다쳤고 높이 40척인 전선은 모두 끊어졌다.

체포된 청년을 대구경찰서로 보내 취조하였는데 바로 덕흥여관에서 손님을 안내하던 박노선(朴魯宣)이었다. 경관들이 급히 여관에 도착하니 범인은 이미 도망치고 단지 사과 하나만 방안에 있었다. 이에 경찰부 및 대구경찰서로부터 교습 중인 순사와 헌병, 그리고 지방관헌에 이르기까지 총출동하여 도청과 은행 및 회사를 호위하여 조금이라도 수상한 자가 있으면 모두 체포하였다. 순사들이 사방으로 흩어져 대대적으로 수색하였다. 피의자로 마석현(馬錫鉉)을 잡아 그 집을 수색하여 문서 18책과 책상을 만들고 남은 나무 조각 및 가는 톱 라쿠도젠 등 물건을 획득하였다. 또 모처에서 낡은 솥의 쇳조각을 획득하고 회춘당 약방에서 폭약재 다수를 획득하였다.

취조 과정에서 비밀결사가 또 발각되어 이원록, 이원기, 이원유, 조재만(曹再萬), 이경식(李京植), 김형갑(金炯甲), 조우제(趙佑濟), 강진규(康鎭奎)와 아울러 마석현 등 2인을 체포하여 법원으로 보내 예심에 회부하였다.

이하 1란이 모두 묵판이다. 진범은 끝내 잡지 못하였다.

애초에 장진홍은 박노선을 시켜 폭탄을 보내고 그 동정을 살폈다.

잠시 후 부중(府中)이 들끓자 장진홍은 자전거를 타고 달아났다. 중도에 해평(海坪) 괴곡동(槐谷洞) 김용암(金容巖)의 가게에 도착하여 황진박, 박관영(朴觀永) 등과 함께 술을 마시며 사건의 전말을 알렸다. 그리고 구미의 자기 집으로 돌아가 손풍금을 가지고 사방을 돌아다니며 평소처럼 약을 팔았다.

11월, 다시 거사를 하려고 친족 장용희(張龍熙)와 함께 경북 안동(安東)의 명동(鳴洞)에 도착하여 김수장의 집에서 묵었다. 밤에 장용희에게

"지금 공산주의를 촉진하려면 경찰서와 은행에 모두 폭탄을 던져 파괴해야만 뜻을 이룰 수 있다. 그러니 너는 안동읍으로 가 거사하라."

라고 하였다. 장용희가 이를 허락하였다. 이에 장진홍은 영천으로 돌아가 정방락과 박문선으로 하여금 고바야시[小林峰治]에게 보내 다이너마이트, 뇌관, 도화선, 위산관(胃散鑵), 염분입관(染粉入鑵) 및 쇳조각 등 물건을 구해오게 하여 폭탄 세 개를 만들었다. 다시 안동으로 가 폭탄을 장용희에게 주고 한 달 안에 투척하도록 권하였다.

12월 5일, 가족 2인과 함께 밤을 틈타 도망하였으나 이웃 마을과 경찰서 모두 의심하지 않았다. 장진홍은 이로부터 경성에 도착하여 구미역전 김 아무개에게 편지를 붙여

"내가 평소 신세를 많이 졌는데 한 번도 보답하지 못하여 심히 부끄럽다."

라고 하였다. 무진년(1928) 1월, 김기용(金基用)을 찾아가

"지금 사회는 매우 불합리하다. 소비에트 러시아처럼 공산주의를 하려면 파괴와 암살을 하지 않을 수 없다. 그래서 대구에서 폭탄을 투척한 것은 다른 사람이 아니라 바로 내가 한 것이다. 그래도 나와

함께 영천으로 가 경찰서를 파괴하고 부자 이인석(李仁錫)을 암살하자."
라고 하니 김기용이 이를 허락하였다. 이날 장진홍은 다리미를 사서 폭탄 두 개를 제조하여 김기용에게 주고 폭탄 던지는 법도 가르쳐 주었다. 그리고 일본으로 가 도쿄, 오사카, 히로시마 사이를 왕래하며 약 1년간 피신하였다. 이즈음 이정기가 북경에서 돌아오다가 평양에 이르러 체포되었다. 관헌이 취조하던 중 대구 폭탄 투척의 단서를 잡았다. 경산 경찰서에 연락하여 이정기의 첩 이성녀(李姓女)를 잡아 취조하게 하였다. 이에 그 전말이 모두 드러났다. 경북 경찰부에서 그 소식을 듣고 경부 최석현(崔錫鉉) 등을 오사카로 보내 장진홍을 체포하였다. 이에 호리키리 및 이내성, 장용희는 자살하였다. 박문선, 박관영, 황국서(黃國瑞), 정방락, 김상한, 김기용, 이봉식(李鳳植), 정용해(鄭龍海) 등이 모두 체포되어 예심에 회부되었다. 중외일보 을사년 음력 11월 28일호는 모두 묵판이다.

경오년(1930) 음력 정월 6일, 마침내 공판이 열렸다. 장진홍은 다른 사실은 모두 시인하였으나 파괴, 암살은 부인하였다. 오하라〔大原〕 검사가 구형하기를
"장진홍 사형, 김기용 김명숙(金明淑)이라고도 한다. 징역 8년, 황진박·박관영 3년, 고바야시〔小林〕 6개월, 정용해·이봉식·박문선 10개월, 정방락 8개월에 처한다."
라고 하였다. 김기용·이봉식·박문선은 모두 영천 사람이다. 김명숙은 당시 48세였고 어업 겸 여인숙을 경영하였다. 이봉식은 42세였고 역시 여인숙을 경영하였다. 박문선은 53세였고 날품팔이를 하였다. 황진박·박관영은 선산 사람이다. 황진박은 43세였고 일본 효고현〔兵

庫縣]으로 가 주방장〔板場〕 및 토공국(土工局)의 여러 가지 일을 하였다. 박관영은 29세의 농민이었다. 고바야시는 일본 나가노현〔長野縣〕 사람으로 50세였다. 정방락은 군위(軍威) 사람으로 40세였다. 복심법원에서 김기용은 5년으로 감형되었으나 장진홍은 복심법원에서도 사형이 언도되었다. 장진홍은 크게 노하여 돌을 들어 재판장 사이토〔齋藤〕를 공격하였다. 만일 곧바로 맞았다면 사이토는 즉사했을 텐데 가슴에 맞아 무사했다. 장진홍이 사이토를 맞추지 못한 것을 알고 다시 의자를 들어 공격하려 하였으나 간수에게 제지당하였다. 상고심에서도 사형이 언도되었다. 윤6월 6일, 장진홍이 갑자기 죽었다. 형무소장이 극구 병명을 뇌충혈이라며 수의를 입혔다. 가족들이 이를 의심하여 의사에게 검시를 청하려고 시신을 감옥에서 내오자 죄수 1,000여 명이 일시에 소리 높이 만세를 불러 감옥이 크게 혼란하였다.

미망인 강씨(姜氏)가 해부를 원하지 않아 검시하지 않고 시신을 집으로 보냈다. 가족으로는 다만 어머니와 두 아들 뿐이다. 12일, 율동(栗洞) 선산에 장례를 지냈다. 경계 때문에 조문객은 한 사람도 없었고 경관과 가족 몇 사람만이 참여한 가운데 조촐하게 장례를 지냈다.

살피건대, 대구 폭탄 투척 사건은 그 계책이 어쩌면 그리도 기발한가! 그때에 장진홍이 비록 성공하진 못했으나 그 계책의 기발함은 옛날 범증(范增)과 진평(陳平)이라도 이보다 더 낫지는 못할 것이니 장진홍은 참으로 지혜가 뛰어나다. 요부(堯夫)[10]의 시에,

실행은 매우 무거운 쇠뇌처럼 신중하게 해야 하며	施爲欲似千鈞弩
준비는 수없이 단련한 쇠처럼 철저하게 해야 하리	磨礪當如百鍊金

라고 하였다.

비록 평범한 일이라도 신중히 실행하고 철저하게 준비하지 않으면, 그 일 또한 실패하지 않을 수 없는데, 하물며 파괴와 암살에 있어서랴! 이 때문에 장진홍이 폭탄을 투척하려 하면서 꿀 상자라고 속였으니, 그 일이 매우 중대하였으므로 그 계책이 매우 치밀하였다. 그렇지만 나는 여전히 미진한 점이 있었다고 생각한다.

처음에 폭탄 네 상자를 한 곳에만 보내려는 것이 아니라 네 곳에 나누어 보내려 한 것이니, 당시에 마땅히 한 사람만 쓸 것이 아니라 네 사람을 써서 네 곳 모두 동시에 보냈다면, 비록 은행에서는 실패했더라도 혹 도청에서는 성공했을지 알 수 없고, 비록 도청에서는 실패했더라도 혹 경찰서에서는 성공했을지 알 수 없으며, 비록 경찰서에서는 실패했더라도 혹 식산은행에서는 성공했을지 알 수 없다. 그런데 그 계책이 기껏 은행에 이르러 그쳤으니 어찌 한탄스럽지 않으랴. 만일 장진홍의 지혜로 생각하고 또 생각하고 더더욱 생각했다면, 갈수록 더 기발한 계책을 내어 한 사람만 보내지 않고 틀림없이 네 사람을 보냈을텐데 어쩌면 그리도 실행과 준비가 신중하고 철저하지 못하였더란 말인가. 아, 장진홍이여! 그대의 육신은 이 세상에 불과 34년간 있었지만 그대의 명예는 이 세상에 마땅히 백년 천년 무궁할 것이다. 구구한 육신은 잠시 모였다가 흩어지니 말할 가치도 없지만 만일 하늘이 그에게 시간을 더 주어 한 시대를 자유롭게 활동하며 일을 도모하게 했더라면 범증과 진평의 기발함을 곳곳에서 볼 수 있었을 것인데, 불행히 단명하였으니 어찌 유감스럽지 않으랴. 이 때문에 내가 이 전(傳)을 지으면서 일찍이 붓을 던지고 크게 탄식한 것이 한두 번이 아니었다.

1 조선보병대(朝鮮步兵隊) : 일제가 1907년 구한국군 해산후 황실 경호 명목으로 남겨놓았던 부대이다. 1910년 경술국치 후 일제는 이왕가(李王家)와 왕궁 경호를 위해 조선기병대와 조선보병대를 두었다. 조선기병대는 1913년 폐지되었고, 조선보병대는 1930년 폐지되었다. 조선보병대는 조선인들로만 구성된 실질적인 이왕가의 근위병이었다.

2 광복단(光復團) : 대한광복회를 가리키는 것으로 보인다. 대한광복회는 1915년 7월 경상북도 풍기의 채기중 등이 조직한 광복단과 대구 박상진 등이 조직한 조선국권회복단이 통합하여 조직한 무장독립운동단체이다. 1916년 이후 전국적으로 조직이 확산되었으며, 만주까지 조직을 확대하였다. 독립군 양성을 목적으로 군자금 모집과 무기 구입, 친일부호 처단 등의 활동을 하였다. 다만, 대한광복회는 공산주의를 지향한 단체가 아니라 공화주의를 지향한 단체였다.

3 장작림(張作霖) : 1873～1928. 중국의 군벌로, 1913년부터 1928년 사이에 만주지방과 중국 북부지방의 일부 지역을 지배하였으며, 일본의 묵시적인 지원을 받으면서 사실상 만주를 지배하였다. 그러나 1928년 6월 일본 극우파들이 그가 탄 기차에 폭탄을 설치하여 폭파시켰다. 사후 그의 지위는 아들 장학량이 계승하였다.

4 국민당 : 1923년 남형우, 배병현 등이 국권회복을 위하여 군대를 양성하고 무력으로 독립을 쟁취하기 위해 조직한 단체로 알려져 있다.

5 배병현(裵炳鉉) : 다른 이름은 배천택(裵天澤), 배달무(裵達武)이다.

6 이원록(李源祿) : 이육사(李陸史)의 본명이다. 퇴계 이황의 13대손인 이가호의 6형제 중 차남으로 태어났다. 형은 이원기, 동생은 이원유로 형제들이 모두 독립운동을 함께 하였다. 이육사라는 필명은 그가 대구감옥에 있을 때 수인번호가 264에서 비롯되었다는 설이 지배적이다.

7 숙박 : 본문의 '宿迫'은 '宿泊'의 오류이다.

8 거리 : 본문의 '距里'는 '距離'의 오류이다.

9 상자를 빼앗아 : 본문의 '奪几'는 '奪箱'의 오류인 듯하다.

10 요부(堯夫) : 송대(宋代)의 유학자인 소옹(邵雍)의 자이다. 강절(康節)은 그의 시호이다.

이동길 李東吉

이동길은 봉화군(奉化郡) 동양리(桐陽里)에 살았고 고종 신해년(1911)생으로 정묘년(1927)에 17세였다. 내성보통학교〔乃城普校〕 학생이었는데 이때에 이동길은 과격한 문구를 써서 전주에 부쳤다. 이에 도지사가 지나가다 그것을 보고는 수색하여 취조하고 안동(安東) 검사국으로 보냈다. 죄명은 황실 불경(皇室不敬)이었고 그가 쓴 문구는 비밀에 부쳐졌는데 '제국주의(帝國主義) ○○[1]' 등의 과격한 문구이다.

1 ○○ : 국편본에 ○○부분은 타도(打倒)라고 되어 있다.

조명하 趙明河

조명하는 송화군(松禾郡) 하리면(下里面) 상천리(上泉里)에 살았다. 조용우(趙鏞禹)의 둘째 아들로서 고종 을사년(1905) 4월에 태어났다. 그는 어려서부터 총명하고 온순하여 사람들이 모두 칭찬하였다. 자라서는 공립보통학교에 입학하였으나, 집이 가난하여 더 공부를 하지 못하고 의원 위생과(醫院衛生課)와 군청에 고용되어 일을 했다. 조명하는 낮에 공부하지 못하는 것을 항상 한스럽게 여기고 매일 강의록을 들고 밤새 강의록을 즐겨 보며 공부하였다.

경신년(1920)에 일본으로 가 온 지역을 돌아다니다가 병인년(1926)에 어렵게라도 공부를 하겠다는 마음으로 오사카로 가, 모 전기회사 직공이 되었다. 그 후에 아다치〔安達〕 메리야스 상점에 취직하여 낮에는 일을 하고 밤에는 상공〔商工〕 학교를 다녔다. 졸업하면서 이름을 아키가와 도미오〔明河豐雄〕라고 고쳤다. 그는 대만으로 건너가 대중주(臺中州) 초음정(初音町)에 이르러 부국원(富國園) 상점 직원이 되었다.

무진년(1928) 5월 13일 밤에 조선루(朝鮮樓)로 갔다. 그는 아리따운 기녀 설순란(薛順蘭)과 함께 손을 잡고 시내를 산책하고 동쪽으로 고국을 바라보며 각자 이역에서의 회포를 밤새 나누었다.

다음날, 구니노미야 구니히코〔久邇宮邦彦王〕[1]가 육군 특명 검열사(檢閱使)로서 대만에 도착하였다. 대중(臺中) 시에 있는 부대를 검열하고 돌아가기 위해 낮에 대중시 역에 도착하자 조명하가 폭탄을 투척하여 조선일보에는 단도를 던졌다고 한다. 죽이려다가 결국 맞추지 못하고 체포되었다.

조선의 야마나시 한조[山梨半造] 총독은 그 소식을 듣고 크게 놀라 곧바로 대만 총독 카미야마 미츠노신[上山滿之進]에게 연락하여 조사하였다.

조명하는 13세에 고향을 떠났기에 이때에는 요주의 인물이 아니었다. 때문에 단서를 얻을 수 없었다. 또 카미야마 총독은 진술과 주고받은 편지에 의거하여 송화군의 김모씨, 오모씨가 교사한 것을 알아냈다. 그믐에, 보안과장 고바야시 미츠마사[小林光政]로 하여금 경부 두 명을 데리고 송화군으로 출장을 가게 했다.

조선의 야마나시 총독은 이러한 사실에 다시 크게 놀라 지원을 하였다. 고바야시 과장이 송화에 와서 피의자들을 잡아 심문하였으나 역시 공범은 없었다. 대만의 카미야마 총독은 자기가 관할하는 대만에서 이같이 불경스러운 일이 있게 된 것을 매우 송구스럽게 생각하고 사직서를 냈다.

공판에서 대만 변호사협회 소속인 안보[安保][2]와 가네코[金子] 두 사람이 관선 변호사가 되었다. 10월 10일 사형이 집행되었는데 15분 만에 목숨이 끊어졌다. 당시 조명하의 나이는 24세였다. 설순란의 다른 이름은 낭자(浪子)이고 역시 조선 사람이며 본관은 경주이다. 나이는 25세였다.

살피건대, 나라를 위해 복수를 하는 것은 떳떳한 본성에서 나온 것이니 어찌 지역을 따지겠는가. 생각해보건대, 대만은 일찍이 중국 땅으로서 일본이 빼앗은 곳이다. 그 억울한 사정이 역시 조선과 같다. 우리나라 사람 중에 대만을 지나가는 사람은 나라가 처한 처지가 동일함을 불행히 여기고 비분강개할 것이니 어찌 다른 곳보다 더 간절함이 더하지 않겠는가.

이 때문에 조명하는 구니히코를 죽이려고 했으나 마침내는 성공하지 못하고 자신만 죽게 되었으니 참으로 지사의 영원한 한이로다.

구니히코는 곧 일본의 귀척대신이고 카미야마는 곧 대만 총독이다. 비록 노련한 군사와 명장이 많은 병사를 이끌고 그 처지에 임했더라도 그들을 죽이기가 참으로 쉽지 않았을 것이다. 그러나 조명하는 당시 나이 겨우 스물 몇 살 정도인데도 여러 먼 곳을 떠돌아 다녔고 혈혈단신으로 이미 구니히코를 한번 놀래켰으며 대만 카미야마 총독이 사표를 내게 했으니 가히 남자라 할 만하고 헛된 삶이 아니었도다.

호랑이를 보는 데는 호랑이 무늬 하나만 엿보아도 그것의 전체 모습을 알 수 있다. 어찌 반드시 많은 것을 봐야 알 수 있겠는가. 조명하가 이 같이 큰 거사를 일으켰을 때에 시작한 날과 후에 심문을 당할 때의 그의 행적은 반드시 쩌렁쩌렁하고 씩씩하여 가히 보고 들을 만한 일들이 한 두 개가 아니었을 것이다. 그러나 수만리 밖 타국에서 일어난 일이어서 그 전체를 볼 수가 없다. 다만 한 개의 무늬만을 엿본 것이니 또한 유감이 없을 수 없다.

1 구미노미야 구니히코〔久邇宮邦彦王〕: 일본 천황 히로히토〔裕仁〕의 장인이자 육군대장이었다.

2 안보〔安保〕: 일본 성씨로 안뽀, 안보, 아보로 읽힌다.

김용재金用才

김용재는 평안북도 희천군(熙川郡) 서면(西面) 극성리(克城里)에 살았다. 뒤에 아버지를 따라 이리저리 옮겨 다니다가 소백산의 정안동(定安洞)에 거주하였다. 김용재의 집안은 가난하여 석탄을 캐는 일로 어버이를 모셨다. 후에 서간도(西間島)로 이사하여 참의부 부원이 되었다. 조선으로 돌아와 김찬섭(金燦涉), 김의엽(金義葉) 여사, 김율녀(金栗女) 등 여덟 명과 함께 비밀리에 단체를 조직하여 소백산에 은거하여 단양, 영월, 영주 등을 왕래하며 자금을 모았다. 이 때문에 그들을 체포하려고 소백산 동남쪽의 경관들이 밤낮으로 쉬지 않고 돌아다니며 수색하였다.

정묘년(1927) 12월 4일에 김용재는 순흥의 배점(裵店)에 갔는데 김율녀는 자신의 집에 김용재를 며칠 동안 숨겨주었다. 8일에 경관이 석륜사(石崙寺)에 와서 동지인 김찬섭과 김의엽 등 세 명을 체포하여 취조하였으나 김용재의 소재에 대한 단서는 찾지 못하였다. 이들은 청주로 압송되었는데, 징역 5년을 받았다. 공범 여섯 명도 차례대로 체포되어 법원으로 송치되었다.

무진년(1928) 6월 9일 밤에 김용재는 보발(寶發)로 가 박이술(朴利述)에게 권총을 보여주며

"내가 지금 막 상해에서 왔으니 여비를 달라."

라고 하여 40원을 받았다. 다시 원용갑(元容甲)을 찾아가

"나는 바로 임시정부의 파견원이다. 지난 번 금곡(金谷)에서 불을 지르고 승려를 죽인 것은 모두 내가 한 것이다."

라고 협박하였으나 원용갑은 그의 요구를 듣지 않았다. 김용재가 정묘년(1927) 5월부터 현재까지 자금을 요청한 것이 앞뒤로 모두 열여섯 차례이다. 이 당시 경관이 비록 매우 엄하게 수색하였으나 김용재는 마치 아무도 지키지 않는 것처럼 왕래하였다. 이렇게 되자 단양경찰서에서 형사대를 상인으로 변장시켜 염탐하게 하였는데 김용재가 영춘(永春)의 남천(南川)에 왔다는 소식을 들었다. 8월 30일 무장한 16명의 경관이 그를 기다리고 있었지만 김용재는 오지 않았다. 이에 피의자인 김현구(金顯九), 박경화(朴敬化), 조군옥(趙君玉) 등 세 명을 체포, 취조하여 마침내 참의부원이 소백산의 빽빽한 숲 속에 숨어 있다는 것을 알게 되었다. 100여 명의 경관을 네 부대로 나눠 소백산을 포위한 다음 깊은 숲 속을 수색하였다. 9월 9일 형제봉(兄弟峰) 아래 과연 김용재와 김두배(金斗培) 두 사람이 숨어 있었다. 한참동안 서로 총격전을 펼친 끝에 두 사람은 총을 맞고 죽었다. 권총 두 자루와 탄환 150발, 태극기를 압수하였다.

이보다 앞서 김용재는 일찍이 충청·강원·경상도 등을 신출귀몰하여 사람들이 도저히 갈피를 잡을 수 없었기 때문에 그가 특이한 기술을 사용한다고 믿어 온 세상이 떠들썩하였다. 이 때문에 경관들은 두려움에 벌벌 떨었다. 세상 사람들의 기대가 적지 않았으나 불행하게도 이렇게 되었으니 오호라, 슬프구나. 이 당시 고종 경자년(광무4, 1900) 출생인 김용재는 29세였다.

광주학생사건 光州學生事件

처음에 전남 나주군 학생은 조선 학생이나 일본 학생, 그리고 남녀 학생 구분 없이 모두 기차를 타고 광주로 통학하였다. 조선 학생인 박준채(朴準埰)는 당시 15세로 고등보통학교[1] 학생이었다. 일본 사람인 후쿠다 슈조〔福田修三〕는 중학생이었다. 평소에 비록 구체적인 행동은 없었지만 그들은 서로 반목하였다. 기사년(1929) 10월 3일 박준채가 나주역에 이르렀을 때 후쿠다 등 세 명이 여고생 박기옥(朴奇玉) 앞을 지나면서 희롱하는 것을 보았다. 박기옥은 당시 17세로 박준채의 사촌 누나였다. 박준채 등 다섯 명은 후쿠다가 여학생을 모욕하였다고 여기고 후쿠다를 꾸짖으며 싸움을 하였다. 나주경관인 모리타〔森田〕는 이 일의 시비를 물어보지 않고 다만 박준채를 꾸짖고 구타까지 하였다. 다음날 박준채 등 몇몇 사람이 송정리에 왔을 때 기차 안에서 후쿠다를 보고 욕을 하며 때렸다. 차장이 후쿠다를 보호하고 박준채를 때렸다. 이 때문에 중고등생들이 분한 마음을 가지게 되었다.

11월 3일, 이 날은 명치절(明治節)이었다.[2] 또한 전남의 누에고치 생산량 6만석을 축하하는 모임이 광주에서 열렸다. 지역 내의 수많은 사람이 참여하였는데 중고생들이 이 기회를 이용하여 두어 명씩 또는 열 명씩 대오를 이뤄 그곳으로 갔다. 이 당시 고보생 정상열(鄭相烈), 임한길(任漢吉), 고광신(高光信), 구용우(具龍祐), 황남옥(黃南玉) 등 여덟 명이 수기옥정(須奇屋町) 우편소 앞을 지나가다가 중학생인 사이토 토시오〔齋藤俊夫〕와 마츠나가 요시오〔松永良雄〕 등 수십 명의 학생이 오는 것을 보았다. 황남옥이 이들과 서로 실랑이를 벌이자 임한길, 구용우, 김의원(金毅源), 최상희(崔祥熙) 등이 사이토와 마츠나가를 구타하였으며 광주역까지 도망가는 그들을 추격하여 또다시 곤도시 우츠요〔近藤修綱〕, 타니 고로〔谷五郎〕, 사토 히데오〔佐藤秀雄〕 등을 구타하였다. 이때 고보생 100여 명의 죽이라는 소리[3]가 마을까지 들렸다. 중학생 100여 명도 달려와 흙다리를 차지하고 대치하였다. 이렇게 되자 교사와 소방대원들이 싸움을 제지하였다.

4일, 중학생 시마무라〔島村〕 아무개 등 일곱 명, 고보생인 김상환(金相煥) 등 20여 명, 농업학교 학생인 최태식(崔泰植) 등 몇 사람을 모두 구속하였다. 6일, 고보생 200여 명과 농업학교 학생들은 고보 강당에 모여 모두 무기를 소지한 다음, 김향남(金向南), 김보섭(金普燮), 김상환, 김철근(金喆根), 강윤(康潤), 김무삼(金戊三) 등이 앞에 서서 대오를 이끌었다. 교가와 운동가를 목청껏 부르면서 남쪽으로 수기옥정까지 내달렸다가 중학교 쪽으로 향해 달려가 시위하였다. 경관들이 그들을 제지하려 하였으나 어쩌지 못하였다. 학생들이 우편국을 지나 동광산정(東光山町)에 이르자 수십 명의 사범학생이 또 박수를 치며 나왔다. 이들은 무리를 지어 학생들의 뒤를 따랐다. 금계(錦溪)에서 광주천을 건넜고 서남리(瑞南里)로부터 중학생인 시모무라 가츠테오〔下村曾雄〕, 안영일(安永一), 이데이[4] 빈마치〔出井敏街〕 등을 을러서 향사리(鄕社里) 작은 시장까지 몰아왔다. 경관이 달래 해산시켰으나 김병기(金炳基)와 강윤석(康潤錫) 등은 듣지 않고 학교의 농기구실로 들어와 목봉을 들고 나와 다시 시위하려고 하였다. 경관이 70여 명을 붙잡아 감옥에 가두자 학부모들이 걱정하여 중고생들을 달래 휴학하고

6일 동안 그들을 달랬다.

이 당시 서울의 조선학생 및 학생과학연구회와 조선청년총동맹 등의 대표 세 명이 조사하기 위해 광주에 도착하였으나 그들도 체포되었다. 9일은 3학기 시험을 보는 날이었는데 여고생들은 모두 백지를 제출하였고 남학생도 마찬가지로 백지를 냈다. 그리고 모종의 계책을 세웠으나 발각되었다. 경관이 이런 일의 배후에 연락책이 있다고 생각하고 노석정(盧錫正)의 집을 수색하였다. 이로 말미암아 사회 분위기는 더욱 긴장되었다. 학교 당국에서는 주모자 20여 명을 적발하여 퇴학과 정학 등의 처분을 내리고 그런 징계를 받은 학생을 경관에게 인도하였다. 이에 모든 학생들이 울분을 삼켰다.

11일 밤에 김보석(金普燮) 등 50여 명이 당국으로 송치되었는데 부상을 입은 아홉 명과 석방된 42명을 제외하고 나머지는 예심에 넘겨졌다. 중학생은 거의 석방되었다.

12일에 고보생인 오쾌일(吳快日) 등 300여 명과 농업학교 학생 25명이 다시 시위를 일으켰다. 그들은 공산주의에 대한 네 가지 종류의 선전문을 배포하였는데 '아, 우리 수많은 학생은 모름지기 용감하게 싸워야 한다.'라고 적혀 있었다. 사범학교 학생과 여고생이 합세하여 시위하면서

"당국으로 보내진 모든 학생을 석방시키지 않으면 우리 학생 전부는 처벌을 받아 형무소에서 죽음을 받겠다."

라고 하였다. 200여 명의 학생이 다시 체포되었다. 사범학교 학생과 여고생들은 제지되어 체포되지는 않았다. 청년인 장재성(張載性) 등 세 명은 선동한다는 이유로 체포되었으나 곧 풀려났다. 200여 명의 학생은 당국으로 송치되었는데 고보생과 농업학교 학생들은 무기정학을 받았다.

13일은 고등보통학교의 시험일이었는데 2학년의 퇴학생들이 그전처럼 시험을 보려 하였다. 경찰이 체포하려고 하자 또 학생들이 들고 일어났다. 그러므로 어쩔 수 없이 수업을 마친 뒤에 임길량(林吉良) 등 몇 명을 체포하였다. 그런데 갑자기 여고생 이광춘(李光春)이 교단으로 뛰어올라 장시간 연설을 하였고 주된 내용은 다시 백지 답안으로 동맹휴업을 결의하자는 것으로 매우 비장하였다. 이에 교실은 아수라장으로 변하였다.

15일, 3학년 학생인 장경례(張慶禮) 등과 검거된 남학생이 이른바 학생비밀단체를 조직하였다고 하여 수십 명의 경찰이 장경례 등 여러 사람을 체포하였다. 이날 나주에서는 이금자(李錦子)와 이광춘 등이 체포되었고 전주에서는 여고생 김금련(金錦蓮)이 체포되어 광주로 압송되었다. 백지답안 사건으로 서재룡(徐在龍) 등 일곱 명을 퇴학시켰다. 현재까지 퇴학을 받은 학생은 모두 65명이었다. 장경례, 박봉순(朴奉旬), 남협(南協), 박옥련(朴玉蓮), 이금자, 이광춘, 고순례(高順禮), 박계남(朴繼南), 박채희(朴采熙), 김귀선(金貴先), 김금련[5] 등 11명을 취조하여 형무소로 보냈다. 김지순(金知順)은 풀려났다. 전남 경찰부장 사사키〔佐佐木〕가 말하기를

"지난번에 우리 도에서 학생비밀단체를 검거하였는데 그 가운데 여학생이 많다. 모두 나이가 어려 풀려날 것이다. 그런데 지금 감옥에 있는 동지들을 위해 돈을 갹출하여 옥바라지를 하려고 하는구나."
라고 하였다. 그리고 교사들을 향해

"우리들은 우리의 목적을 관철시키고야 말테다. 말이 매우 거리낌이 없으니 이들은 풀려나게 해서는 안된다."
라고 하였다. 이전에 비밀단체를 조직했다는 의심을 받고 남녀 학생과 청년 가운데 체포된 사람이 250여 명이나 되었다.

17일, 또다시 고보생과 농업학교 학생 20명을 체포하였는데 뒤에 49명을 공판에 넘겼다. 19일에 많은 여고생이 결석하여 이에 휴교하게 되었다.

이전에 장재성의 누이인 3학년 장매성(張梅性)은 항상 감시를 받았다. 30일, 경찰이 각 학교와 청년들의 집을 수색하여 장매성 등이 이들 모든 남녀 학생들을 조종한다고 여겼다. 이에 장매성과 김용호(金容浩)를 체포하였다. 사범학교 학생인 홍귀주(洪貴周)와 많은 청년들도 체포되었다. 당시 일본 중학생은 비록 체포되더라도 관헌(官憲)들이 그들을 옹호하였지만 조선 학생은 더할 나위 없이 탄압하였다. 때문에 여론이 시끄러웠으며 유언비어가 길을 뒤덮었고 백성들은 억울하게 생각하였다. 이에 목포와 나주 등의 학생들이 모두 동참하여 동맹휴학으로 시위를 하면서 광주경찰서의 처분에 대해 성토하였다. 그 여파가 전남 일대에 두루 미쳤다. 다만 모든 학생뿐 아니라 선생들도 여기에 동참하였다.

봉안(鳳安)보통학교 이동선(李東宣), 곡성보통학교 김태영(金泰泳), 장흥보통학교 김기주(金基柱), 남산(南山)보통학교 김종선(金鍾善), 포두(浦頭)보통학교 임종대(林鍾大), 마산보통학교 노후근(魯厚根), 달산(達山)보통학교 최상호(崔相鎬), 서창(西倉)보통학교 하선철(河瑄喆), 비금(飛禽)보통학교 임종근(林鍾根) 등 아홉 명의 선생들도 체포되었다. 그 여파는 서울까지 미쳤다.

이전에 서울의 청년회원 차재정(車載貞), 곽양훈(郭良勳), 황태성(黃泰成), 이항발(李恒發), 임윤재(任允宰) 등과 경신(儆新)학교 학생 과학연구회 간부 권유근(權遺根), 정종근(鄭宗根) 및 고학생(苦學生) 한경석(韓慶錫) 등이 비밀리에 단체를 조직하고 또한 지부를 설치하여 서로 연락을 취하였다.

11월 1일, 이들은 광주학생운동에 대해 듣고 크게 분개하여 조선학생전위동맹 부건(夫健), 권유근, 박일(朴日) 등을 광주로 보내 조사하게 하였다.

이전에 광주청년동맹 간부인 장석천(張錫天)이 학생들을 배후에서 지휘하고 있었다. 부건이 광주에 도착하자 부건과 박일은 체포되고 박유근과 장석천이 광주학생운동에 대해 조사하였다. 서울에 도착하자 차재정 등과 함께 격문을 작성하여 각 학교의 학생들을 선동하였다. 장석천이 곧바로 체포되어 서울의 감옥에 갇히자 학생전위동맹 책임비서인 김태래(金泰來)가 다음과 같이 말하였다.

"관헌들을 성토하지 않을 수 없으며 구속된 모든 학생들은 풀려나지 않으면 안된다. 이것을 이루려면 시내 각 학교 학생들을 선동하여 시위를 하지 않을 수 없다. 또한 그 여파가 국내에 두루 미쳐 소동이 크게 일어나게 만들어야 한다."

이에 정종근(鄭鍾根)과 권유근(權遺根), 그리고 중등학교 5학년생 신용우(申用雨), 고보(高普) 4학년생 이석(李錫) 등이 광주학생 구출 등 6개 조항의 선언서와 격문 4만 장을 작성하였다. 격문의 내용은 대략 다음과 같았다.

"저 횡포한 무리들이 일본인의 생명을 지키기 위해 조선 사람을 ○○ 하라는 슬로건 밑에서 ○○.[6] 경관 등을 총동원하여 광주 학생 400여 명을 잔혹한 쇠줄로 묶었다. 그대들은 궐기하라."

또

"붙잡힌 조선 사람들을 빼내자. 식민지 노예를 반대하자, … ○○○ …"

라고 하였다.

유축운(柳丑運)과 윤영순(尹映淳)으로 하여금 시내의 각 학교와 신문사, 신문 지회(支會)에 이 격문을 배포하게 하였다. 곧이어 시내의 30여 개 학교 학생 12,000명이 모두 큰소리로 만세를 불렀다. 휴교하기로 맹세하고 시위하며 차례로 봉기하니 그 단체의 조직이 모두 질서가 있었지만 가장 격렬하게 운동을 전개한 곳은 남녀 학교 10개 교이다. 학교별로는 제이고보(第二高普),[7] 중동(中東), 제일고보(第一高普),[8] 경신(敬新), 보성(普成), 중앙(中央), 휘문(徽文), 상업(商業), 협성실업(協成實業), 전기(電機), 법정고등예비(法政高等豫備)학교, 숙명(淑明), 청년학관(靑年學館), 동덕여고(同德女高), 실천여고(實踐女高), 여자상업(女子商業), 정신여고(貞信女高), 배화여고(培花女高), 여자미술(女子美術), 실업전수(實業專修), 이화여고(梨花女高), 배재고등보통학교〔培材高普〕, 이화여전(梨花女專), 보성전문(普成專門), 연희전문(延禧專門), 세브란스의전(世富醫專), 법학전문(法學專門), 의학전문(醫學專門), 간이농업(簡易農業), 양정고보(養正高普), 정신(貞信), 진명(進明) 등이다.

일이 발생하자 차재정(車載貞) 등 143명이 종로경찰서에 체포되었다. 처음 광주여고 학생들은 모두 학교 기숙사에 감금되었다. 이날 밤 밤새도록 혹은 슬프게 노래하고 혹은 통곡하였다. 12월 5일에 이르러 경성 제이고보 학생들이 이 소식을 듣고 학생 700여 명이 5개조의 조건을 제출하고 동맹휴학하였는데 그 중 48명이 체포되었다. 6일, 중동학교 3, 4학년 학생들이 동맹 휴학하고 만세를 부르며 시위하다가 체포되었다. 7일, 제일고보 학생 916명과 중동학교 학생 1,693명이 동맹 휴학하고 만세를 부르다가 60명이 체포되었다.

황해도 재령(載寧)에 '이것은 광주 학생 해결'이라는 내용의 많은 격문이 붙었다. 경찰에서 신간회(新幹會) 간부 김원호(金元浩) 등 10여 명과 신문 배달부 등을 붙잡았다. 9일, 경신학교 학생 500명이 교정에 모여 광주의 일을 거론하며 일장 연설을 하였다. 그런 다음 큰 소리로 만세를 부르며 장사진을 이뤄 혜화문(惠化門) 안쪽까지 이르렀다. 상업학교와 보성학교 두 학교에서도 큰 소리로 만세를 불러 모두 함께 외치기를 바랐다. 보성학교 학생 700여 명이 등교하려고 모두 책보(冊褓)를 메고 일제히 교정으로 나오자 또 연설을 한 다음 학생만세를 소리 높여 외쳤다. 당시 경찰 수십 명이 정문을 포위하였으나 여러 학생들이 포위망을 뚫고 나가 경신학교 학생들과 합세하여 전석현(磚石峴)에 이르렀다. 창경원에서 출발하여 종로에 이르고 장차 경성제국대학(京城帝國大學)을 향해 가려고 하였는데 경찰 수백 명이 그들을 붙잡았다. 당시 950명이 체포되었다.

이날 중앙고보 학생 700여 명이 모두 교정에 모였다. 갑자기 학생 몇 사람이 광주의 일을 거론하며 연설하였다. 연설을 듣고 모든 학생들이 분기하여 시가로 나가 시위하려고 하였다. 경찰 100여 명이 달려와 교문을 단단히 닫았으므로 학생들은 밖으로 나갈 수가 없었다. 대략 100여 명이 후원으로 나가 취운정(翠雲亭)에 도착하였다. 그들은 대오를 정비하고 광주와 청진(淸津) 학생들이 단식하고 있는 일을 들어 일장 연설을 하고 소리 높여 만세를 외쳤다. 관립 제이고보 학생들과 합세하여 삼청동(三淸洞)을 지나 경무대에 도착하였는데 숨어있던 경찰들이 그들을 체포하여 수십 대의 자동차를 이용, 경기도 경찰부로 압송하였다.

처음에 중앙고보와 제이고보 학생들은 총독부 앞에서 출발, 종로에 도착하여 시위할 계획이었으나 끝내 실행으로 옮기지 못하였다. 견지동(堅志洞)의 여상 학생 300명은 교실에 모여 큰소리로 만세를 외친 뒤 모두 모자를 벗고 뛰쳐나가 유리창을 깼다. 서옥자(徐玉子)와 김정자(金貞子) 등 20여 명과 교원(敎員) 정태술(鄭泰述)이 체포되었다. 협성학교와 실업학교의 학생 100여 명은 두 무리로 편성하여 모두 붉은 깃발을 들고 큰소리로 만세를 외쳤다. 한 무리는 수은동(授恩洞) 단성사(團成社)로 진출하였고 다른 한 무리는 탑동공원(탑골공원, 파고다공원)으로 가 시위하다가 10여 명이 체포되었다. 진명여학교 학생 390여 명도 학교에 이르러 만세를 부르는 한편 통곡하였다. 원동(苑洞)의 휘문고보 학생 780명은 전날 시험에서 모두 백지답안을 제출하였다. 이날 만세를 외치고 교문 밖으로 나가려다가 20여 명이 체포되었다. 이날 신의주고보 학생들이 이 소식을 듣고 3학년 계경순(桂璟淳)이 학교 조회대에 뛰어올라 연설하기를

"광주 학생들의 문제가 해결되기 전에는 우리 모두 등교할 수 없다."

라고 하였다. 김두성(金斗星), 김이휘(金理輝), 김도흡(金道洽), 김갑빈(金甲彬) 등도 조회대에 올라 차례로 연설하였는데 이들 모두 체포되었다.

9일, 개성고보 학생 250명 중 한 사람이 행사가 끝날 때 조회대에 올라 광주의 일을 거론하며 연설하였는데 그 말이 대단히 과격하였다. 나머지 모든 학생들이 분기하여 고함을 지르며 교문을 나가 시위하려고 하였으나 경관들에게 저지되었다. 이 아래는 다 묵판이다. 경오년 1월 10일호 중외일보

호수돈여고 학생들도 시위하다가 열 명이 체포되었다. 신의주고보 학생들도 시위하려고 하였다. 학교 당국이 주모자인 4학년 학생 이도흡(李道洽)과 3학년 학생 계원순(桂瑗淳), 5학년 학생 김갑진(金甲鎭)을 퇴학시키고 2학년생 김두성(金斗星)과 4학년생 김서희(金瑞熙)는 모두 무기정학의 징계를 내렸다.

이날 부산상업학교 학생들은 신의주와 개성의 각 학교 학생들이

광주 학생들을 위해 만세를 외쳤다는 소식을 듣고 3개 조의 진정서를 발표하고 교문을 나가 시위하고자 하였다. 2학년 학생 김성태(金聖泰)를 비롯한 몇몇 학생이 체포되었다. 각 교실 책상에는 격문이 놓여 있었다. 여자고등보통학교까지도 격문이 많이 있었는데 모두 압수되었다. 함평(咸平)과 농잠학교(農蠶學校) 학생 30여 명도 동맹 휴학하였다.

10일, 수송동(壽松洞) 숙명여고 학생 400여 명도 이 소식을 듣고 모두 학교에 나왔다. 반장 한 사람이 광주 여학생의 일을 들어 연설하자 모든 학생들이 목 놓아 큰소리로 곡하고 교문을 나가 시위하고자 하였으나 교원들이 제지하여 실행으로 옮기지 못한 채 모두 교실로 들어갔다. 그들은 책상에 걸터앉아 고개를 숙인 채 울었는데 그 오열하는 소리가 두견새 소리처럼 처량하였으므로 사람들이 차마 듣지 못할 정도로 슬펐다.

개성에 있는 미리흠학교 여학생 수십 명이 경찰서로 가 큰소리로 만세를 부르며 말하기를

"이것은 광주 학생들을 동정하기 위한 것이다."

라고 하며 끊임없이 큰 소리로 외쳤다. 이들 가운데 28명이 체포되었다. 호수돈 학생 수십 명이 또 무리를 지어 시위하다가 14명이 체포되었다.

11일, 이화여고 학생 328명이 각각 깃발을 들고 배재고보로 가 만세를 부르고 시가로 나가 시위하려다가 3학년 학생 임 아무개 등 일곱 명이 체포되었다. 서대문경찰서의 하라〔原〕 서장 이하 경찰들과 소방대가 출동하여 이들을 진압하고 정동(貞洞) 일대에서 독립기와 붉은기, 격문 등을 압수하였다. 당시 배재학교 학생들이 등교하다가 모두 교정으로 나와 만세를 외치며 이화여고 학생들과 상응하였다. 당시에

경관들이 교문을 빽빽이 막고 서 있었으므로 나갈 수가 없었다. 이에 30여 명이 후문을 뛰어 넘어 서소문정(西小門町)으로 달려 나가 만세를 외치고 곧바로 양정고보로 달려가 호응하고자 하였다. 가던 길에 의주통(義州通)에 이르러 10여 명이 체포되었고 나머지는 양정고보에 도착하여 체포되었다.

수송동 실천학교 여학생 150여 명이 학교로 가 만세를 크게 외치며 소동을 일으켰다. 윤아지(尹阿只) 등 40명이 안국동 상업여고로 달려가 만세를 외치며 호응하기를 바랐으나 모두 응하지 않아 뜻을 이루지 못하고 윤아지 등 10여 명이 체포되었다. 안국동 근화학교(槿花學校) 여학생 150명도 학교로 가 만세를 외치며 교문을 빠져나가 시위하고자 하였으나, 경관들이 교문을 단단히 닫아걸어 교내에서 소동을 일으켰다. 이 이하 한 학교의 사실은 모두 묵판이라서 그 내용을 알 수 없다. 이 기사는 중외일보 기사년 음력 12월 17일호에 게재되었다.

내자동(內資洞) 여자미술학교 학생 80여 명이 만세를 부르고 통곡하였다. 필운동(弼雲洞) 배화여고 학생 220명도 모두 교정에 나와 만세를 외치고 통곡한 다음 교문을 빠져나가 시위하려 하였다. 경관들이 제지하자 울분을 참지 못한 학생들은 유리창을 모두 깨뜨렸다. 동덕여고 학생 230명이 동맹 휴학하고 교정에서 연설한 다음 교문을 빠져나가 시위하려고 하였다. 종로경찰서의 직원들이 그들을 체포하려고 하자 뒤에 있던 모든 학생들이 고함을 지르며 ○○ 하는 등 이와 같이 하는 사람이 모두 4, 50명이나 되었다. 이러므로 당시에 한 학생도 체포하지 못하였다. 상업학교 여학생과 동덕학교 학생들이 호응하여 고함을 지르고 이화전문학교와 이화고등보통학교 학생들이 목놓아 통곡하였다. 이날 함흥 영생학교 중학생들이 세 무리로 나누어 시위하였는데 첫 번째 무리는 군영통으로 가 만세를 외치다가 경찰과 충돌하여 부상을 입었다. 두 번째 무리는 반룡산을 넘어 사립여교로 가 만세를 외치자 여학생 수백 명이 교문을 나와 함께 만세를 외치려고 하였다. 그러나 직원이 문을 닫았으므로 뜻을 이루지 못하게 되자 학생들이 모두 목놓아 통곡하였다. 남학생 두 명이 유리창을 깨다가 마침내 체포되고 그 나머지 학생들은 우편소 앞으로 가 큰소리로 외쳤다. 여학생들도 뒤따라와 외쳤는데 어떤 학생들은 크게 통곡하였다. 이에 남녀 모든 학생이 본정(本町)으로 가 세 번째 무리와 함께 시위하였는데 경찰과 소방대가 그들을 격퇴하였다.

고등보통학교 학생들이 또 광주 학생과 갑산(甲山) 화전민, 그리고 함흥 수리조합(咸興水理組合) 등의 일을 들어 격문을 작성, 배포하고 시위하려다가 경찰과 충돌하여 30명이 체포되었다. 이날 동래고보 학생들이 동맹 휴학하였다. 부산제2상업학교 학생들이 다시 일어나려고 하였으나 일이 발각되어 실행으로 옮기지 못했다. 12일, 마산상업학교 학생들이 시위를 도모하다가 또 발각되어 주모자 세 명이 체포되었다. 이날 부산여고 학생들이 11개조의 요구서를 학교 당국에 제출하고 다음날 시위하려고 하였으나 실행으로 옮기지 못했다. 평안북도(平安北道) 선천군(宣川郡) 신성중학교 학생들이 시위와 동맹 휴학을 실행하고 시가로 나가 운동을 전개하려다가 경찰들과 충돌하였다. 경성 법학전문학교와 의학전문학교 두 학교의 학생들도 모두 운동을 펼쳤다.

14일, 배재학교 학생 19명이 20여 일 동안 구류되었다. 장날 공주고 학생 고백록(高百祿), 박연환(朴演煥), 김계홍(金桂興), 배영복(裵永福), 노성근(盧聖根), 김상린(金祥麟), 이명원(李明源), 한이섭(韓利涉), 안영화(安

永和), 한삼이(韓三伊), 김응현(金應鉉), 이영호(李永浩), 김학수(金鶴壽), 김윤필(金允弼), 손창환(孫昌煥), 이명현(李明鉉), 김봉기(金鳳基), 이하일(李河一), 배혁(裵爀), 김경한(金景漢) 등이 광주 학생들을 위해 만세를 외치다가 모두 체포되었다. 영명학교 주인 황인식(黃仁植)과 교원 주병건(朱炳乾)은 선동 혐의가 있어 체포되었다. 3학년 학생 신만복(申萬福) 등 열 명은 동맹 휴학했다는 이유로 체포되어 법원으로 보내졌다. 이날 함흥공립상업학교 학생 40명이 모두 붉은 깃발을 들고 격문 3,000매를 뿌리며 만세를 부르고 시위하려다가 20여 명이 체포되었다. 이로부터 남녀 모든 학생들이 등교하지 않아 전부 체포되었다.

원산청년동맹 간부 남상효(南相孝), 김종국(金鍾國), 김영섭(金永燮), 유삼봉(劉三峯), 덕원청년동맹 간부인 남상완(南相完) 등이 격문 2,000매를 만들고 수복면에 배부하여 각급 학교 학생들로 하여금 운동에 참여하게 하였다. 원산경찰서에서 이 소식을 듣고 청년학관 학생 김이봉(金利鳳)·김광린(金光麟)·김양겸(金良謙)·전덕범(田德範)·정상옥(鄭相玉)·한길남(韓吉男), 루시여고 학생 남순남(南順男)·천정복(千貞福)·채안(蔡安), 모 고등학교 여학생과 일본인을 체포하고 이정숙(李貞淑) 등도 모두 체포하였다. 또 동맹 휴학하고 학교를 지키는 학생들을 경찰로 하여금 경계하도록 지시하였다.

15일, 이화학교 학생 56명을 체포하였다. 이날 근화, 휘문, 태화, 중동, 이화, 배재, 배화, 보육, 동덕, 경신, 정신, 실천, 미술 등 14개 학교가 일제히 떨쳐 일어났다. 이들은 붉은 깃발을 들고 가두로 나가 만세를 외치기도 하고 통곡하기도 하였다. 시내의 각 경찰서 경찰들이 총출동하여 400여 명을 체포하고 그 가운데 200명을 서대문형무소로 보내 구류시켰다. 이 일로 인해 경성의 인심이 들끓었다.

16일, 협성실업학교 학생 100여 명이 각각 붉은 깃발을 들고 만세를 외쳤다. 창성동(昌成洞) 진명학교 학생 395명이 학교로 가 만세를 외치고 통곡하였다. 수송동 숙명학교 학생 300여 명이 만세를 외치고 교문을 나가 시위하려고 하였으나 경찰에게 제지되자 마침내 통곡하였다. 이날 밤 인사동 조선극장에서 비밀 사진실의 불을 끄고 중등학생 몇 사람이 광주의 일로 격문을 작성, 배포하며 고함을 질렀다. 출판조합 간부인 김원식(金元植)·이적효(李赤曉)·김열빈(金閱斌)·이윤영(李胤榮)·김섬(金暹)·이인동(李仁東), 협동조합 소속의 김성숙(金成璹)·함상훈(咸尙勳)·전진한(錢鎭漢), 근우회 소속 허정숙(許貞淑), 신간회 소속 박문희(朴文熺)·이주연(李周淵)·김진국(金振國)·오일철(吳一澈) 등은 책동한 혐의가 있어서 모두 체포되어 종로경찰서 2층 방에 감금되었다. 당시 날씨가 추웠는데 난방도 하지 않고 이불도 제공하지 않았으므로 모두 분노하여 단식하였다.

원산의 루시여자상업학교 학생들이 동맹 휴학하려고 하자 학교에서 방학에 들어갔다. 이날 각 여학교 학생들이 모두 붉은 깃발과 독립 깃발을 들고 다시 만세를 불렀다. 평양여고와 기타 각 전문 중학교가 모두 동요하였다. 이때에 이르러 여고가 동맹 휴학하였다. 광성고보 학생들은 3학년이 중심이 되어 모두 학교를 그만두었다. 숭실전문학교와 숭실고등보통학교는 모두 휴교하였다. 광성학교 학생 남궁섭(南宮涉)이 체포되었다. 원산공립상업학교 학생들이 갑자기 동맹 휴학하였다.

17일, 기독교청년관 학생 150명이 교정에 모여 만세를 외쳤다. 그들은 줄을 지어 종로로 나가 시위하려고 하였으나 경찰들이 제지하였다. 정동 배재학교 학생 595명이 교정에 모였다. 5학년 학생 가운데 붉은 깃발을 가진 사람이 있었으므로 모든 학생들이 이것을 암호로 삼아 모두 만세를 외쳤다. 가두로 나가려고 하였으나 경찰들이 학교 안으로 몰아넣고 출입을 통제하였다. 관동실업학교 학생 100여 명이 학교에 모여 만세를 외쳤다. 휘문학교 학생 700여 명이 처벌된 학생들이 다시 학교에 다닐 수 있도록 하는 문제와 기타 여러 안건의 관철을 위해 성명서를 제출하고 동맹 휴학하였다. 이날 원산청년학관 학생 80명이 등교하여 그날로 무리를 만들어 한 줄 묵판. 중외일보 광주의 일로 격문을 제작, 배포하며 만세를 외치고 다시 고함쳤다. 루시여고 학생 한 줄 묵판. 중외일보 또 대오를 만들어 한 줄 묵판 남녀 두 학교의 학생들이 합세하여 고함치고 만세를 부르며 큰길로 나가려고 하였으나 경찰들이 해산시켰다.

상업학교 학생 260명이 학교에 와서 만세를 불렀다. 경찰이 제지하였으나 학생 모두가 즉시 해동헌(海東軒)으로 가 10줄이 묵판이다. 경관 150명이 남녀학생 약 200명을 체포하였다. 루시여고 여교사 유금만(柳今萬)도 체포되었다. 이날 진주고보 학생 300여 명이 학교에 모여 소리높이 ○○ 만세를 불렀다. 10줄이 묵판이다. 기사년 음력 12월 17일호 전천리(前川里) 농업학교 학생 4자가 묵판이다. 사범학교에 이르러 소리높이 만세를 불렀다. 6자가 묵판이다. 제일보통학교에 이르러 또 소리높이 만세를 불렀다. 제일보통학교 남녀학생 수백 명이 함께 4자가 묵판이다. 불렀다. 다시 일신여자고등보통학교에 이르러 6자가 묵판이다. 조선학생만세를 불렀다. 여고보 학생들도 나와 그들을 맞이하여 함께 만세를 부르며 거리로 나가려 하였다.

학교 당국이 문을 닫고 제지하였으나 남녀 학생 400여 명이 격문을 돌리며 시원(柴園) 여학교에 이르러 2자가 묵판이다. 소리높이 만세를 불렀다. 다시 일신 4자가 묵판이다. 에 이르자 100여 명의 경관이 힘으로 진압하고 전후의 책동을 이유로 청년동맹위원장 하진(河振), 유덕천(柳德天), 강위황(姜渭璜) 등과 고등보통학교 학생 여덟 명을 체포하였다.

대구 여고 3, 4학년 학생들이 광주사건을 거론하며 소리높이 만세를 불렀다. 학교 당국이 큰 낭패라고 여겨 즉시 문을 닫아 밖으로 나가지 못하게 하고, 그중 중요 인물 30명을 교실에 억류하였다. 남녀 양쪽 고등학교와 상업학교, 사범학교 및 명신(明新) 여학교를 하나하나 수색하여 경계하였다.

지난 16일, 혈서로 쓴 격문이 우편으로 각 학교에 배달되자 학생들이 모두 분연히 다음날인 장날에 시위하기로 약속하였다. 청년 허동훈(許東薰)이 격문 1매를 교장에게 전달하였다. 이로 인하여 사실이 발각되고 허동훈은 체포되었으나 여러 학생들은 무사하였다. 애초 대구 학생들이 두 차례나 시위를 꾀하였으나 모두 사전에 발각되어 약 60여 명의 남녀 학생이 체포되었다가 나중에 모두 풀려났다. 인천 상업학교 학생들이 강당에 모여 만세를 불렀다. 경찰이 주모자 32명을 체포하였는데 취조할 때 아홉 명은 돌려보냈다. 이날 밤에 또 세 명을 체포하였다.

18일 밤에 원산 학생들이 모두 풀려났다. 여학생 네 명, 남학생 여섯 명이 주모자로 몰려 취조를 받고 풀려났다. 청년동맹원 다섯 명, 교사 한 명을 또한 주모자로 취조하기 위하여 당국으로 보냈다. 이날 경남 의령(宜寧) 경찰서에서 조회를 통하여 심점협(沈點俠)을 체포하여 진주로 압송하였다. 심점협은 진주고보 3학년 학생으로 만세를 불렀기 때문이다. 동래고보는 3학기 시험이 있었는데 1, 2, 3, 4학년이 모두 동맹휴학하고 2학년 학생 2조도 동맹휴학하여 세 명이 퇴학당하고 다수가 정학당하였다. 평북(平北) 정주(定州)의 오산(五山)학교 학생들이 만세를 부르자 관할 경찰서에서 100여 명을 체포하였다가 다음날 아침 모두 풀어줬다. 기자 유영석(劉永錫)·옥병생(玉丙生) 및 방달원(方達源)·이안식(李安息)·한오권(韓五權) 등 열 명이 신의주 검사국으로 압송되었다.

19일, 상해 한인공산당(韓人共産黨)[9]이 조선에서 광주학생 만세운동이 있었다는 소식을 듣고, 중국공산당 300여 명과 함께 남경로(南京路) 북쪽 사천로(泗川路)에 모여 격문을 살포하고 전차와 자동차를 이용하여 간혹 돌을 던지면서 시위를 벌였다. 공부국(工部局)에서 주모자 20명을 체포하여 마침내 진압하였다. 해주고보 학생 박종경(朴鍾卿)·고영일(高英一), 청년동맹 이병전(李秉田)·김종원(金鍾元)·오용천(吳龍天) 및 기자 양순영(楊順永) 등이 격문 2,000매를 작성하여 만세를 부르며 시위하려다가 모두 체포되었다. 홍성 공업학교 학생 최원복(崔元復)·오종규(吳鍾奎) 등이 광주학생 석방문제를 들어 격문을 작성하여 다음날인 장날, 이를 살포하고 만세를 부르며 시위하려다가 40여 명이 체포되었다. 투옥되자 음식이 맛없다는 이유로 동맹 단식하였다. 경찰서에서 크게 놀라 다시 먹게 하였다. 전남 목포 상업학교 학생 수백 명이 분개하여 전선을 끊고 시위하다가 경찰과 충돌하여 40여 명이 체포되었다.

20일, 처음에 전주여고생 곽영옥(郭永玉), 이현숙(李玄淑), 유홍주(柳興珠) 등 7, 8명이 각 반과 함께 서로 연락하여 각각 손에 태극기를 들고 신흥(新興)학교로 가 만세를 부르기로 하였으나 일이 발각되어 실행하지 못하고 십 수 명이 체포되었다. 공업학교 학생들이 오목대(梧木臺)에 모여 시위를 모의하였으나 또한 실행하지 못하였다. 밤에 불온한 격문을 시내 18곳에 붙였으나 다음날 경관이 압수하였다.

이날 진주고등보통학교 학생 23명이 또 체포되었다. 이 무렵 등교하는 학생은 겨우 5학년 수십 명 뿐이었고 그 나머지는 모두 등교하지 않았다. 이날 일신여고 학생들이 시위하여 5개 조항의 요구서를 제출하고 옥봉(玉峯), 평안(平安), 대안동(大安洞) 세 곳에 과격한 문구를 부착하였다. 경관이 크게 놀라 농업학교와 사범학교 및 시원여학교를 경계(警戒)하였다. 이날 밤, 제일 · 제이 각 학교에서 촉석루(矗石樓) 및 기타 10여 곳에 격문을 붙였으니 광주 학생들을 옹호하기 위한 것이었다. 경관들이 청년 수십 명과 고등학교 학생 30여 명을 체포하여 취조하였다. 함북(咸北) 회령(會寧)상업학교 학생들이 만세를 부르며 교문을 나서려 하자 경찰들이 제지하여 실행하지 못하고 많은 학생들이 붙잡혔다. 영흥(永興)경찰서에서 광주학생을 옹호하는 동맹을 결성하기 위해 만든 격문 500매를 압수하고 김두익(金斗翼)과 김희연(金熙淵)을 체포하여 취조하였다. 평양 숭인(崇仁)학교 학생들이 만세를 부르다가 3인이 잡혔다.

시험일인 21일, 경성의 이화여고 1, 2, 3학년 학생들이 위원 7인을 시켜 학교 당국에

"지금 경찰에 잡힌 학생들이 등교하지 못하였으므로 우리 학생들은 모두 시험에 응하지 않겠다. 붙잡힌 학생들이 우리와 함께 등교하게 되면 그들과 같이 시험에 응하겠다."

라고 하며 모두 흩어졌다. 평양 숭실(崇實) · 숭중(崇中) · 광성(光成) · 평양고보 · 숭인학교와 숭의(崇義) · 정의(正義) 두 여고 등 7개교의 중등 남녀학생들이 모교에 모여 차례로 만세를 부르고

"이는 광주학생들을 동정하기 위한 것이다."

라고 하며 일대 시위를 벌였다. 평양과 대동(大同) 두 경찰서 직원들이 교문을 폐쇄하고 학생들을 출입하지 못하게 하였으나 여기저기서 끊이지 않고 차례로 봉기하였다. 숭실학교 학생 22명, 숭중학교 학생 20명, 광성학교 학생 두 명, 숭인학교 학생 한 명이 체포되었다. 중외일보의 이날 신문은 위쪽 란이 묵판이다.

광성 · 평양고 · 숭중 · 평양여고 · 농업 · 숭 이 아래 3란이 묵판이다. 기사년

음력 12월 24일호. 애초에 중등 남녀 13개 학교 학생들이 다시 동요하였다. 숭실학교 학생 105명, 숭중학교 학생 450명이 학교에서 나와 만세를 부르다 40여 명이 체포되었다. 숭의여학교 학생들이 학교의 창문을 열고 만세를 불렀다. 정의여고에서 모자와 수건을 흔들며 만세를 불렀다. 경상리(慶上里) 숭 모두 묵판이다. 이 때문에 하는 수 없이 각 학교들이 모두 휴교하였다. 전후로 체포된 학생들이 대략 195명인데, 그중 123명은 감금되었고 60여 명은 방면되었다. 이날, 경남 통영보통학교 남녀학생들이 교실에 모여 소리 높이 만세를 부르고 손에 손에 태극기를 들고 열을 지어 시내의 거리로 나가려 하였다. 또한 수산(水産)학교 학생 30여 명이 소리 높여 만세를 부르며 줄지어 시내의 거리로 나가려 하였으나, 경찰들이 모두 해산시켰다. 충북(忠北) 청주고등학교 학생 270명, 농업학교 학생 200여 명이 각각 교실에 모여 격문을 배포하고 소리 높이 만세를 부르며 교문 밖으로 나가려다 20여 명이 체포되었다. 회령농업학교 학생 90명이 또 소리 높여 만세를 부르다 모두 붙잡혔다. 해주고등학교 학생 300여 명이 소리 높여 만세를 부르며 학교 밖으로 나가려다 경관 50명이 학생들을 끌고 교내로 들어갔다. 두 학교 학생 33인을 체포하고 또 청년동맹 4인을 체포하였다. 취조할 때 16개소로 나누어 취조하여 구류 29일에 처하고 나머지는 모두 풀어주었다. 목포상업학교 학생들이 시위하여 광주학생 석방을 요구하려다가 30여 명이 체포되었다. 이날 새벽, 경성의 동덕(同德)학교 여학생 고옥경(高玉璟), 홍옥인(洪玉仁), 한정희(韓貞姬) 등 10여 명과 남학생 10여 명이 체포되었다.

22일, 전남 고창고등학교 학생 200여 명이 장날을 기하여 만세를 부르려다 20여 명이 체포되었고 그 증거물을 압수당했다. 취조할 때 11명은 석방되었고 열 명은 구류되었다. 평남(平南) 안주농업학교 학생 80여 명이 교정에 모여 만세를 부르려고 하였는데 경찰이 주모자 여러 명을 체포하여 일이 무산되었다.

23일, 조선공산당 만주총국에서 격문 수만 매를 용정(龍井) 시내에 살포하였다. 일본 영사관 경찰이 동흥(東興)과 대성(大成) 두 학교 학생 수십 명을 체포하여 취조하였다. 중국, 대만 및 조선인 3국의 학생들이 서로 연합하여 상해 일본영사관 부근으로 가 격문을 살포하고 일대 시위를 벌였다. 심지어 전차를 공격하다가 청년 학생 30여 명이 공무국에 체포되었다. 경남 사천(泗川), 김해(金海) 보통학교 학생들이 모의하여 등교할 때 만세를 불렀는데 경찰이 진압하였다. 애초에 진주에 수감된 학생들이 어느 날 밤 만세를 부른 일이 있었다. 지국 기자 김기태(金基泰)가 이 일로 인심을 선동하려다 이날 체포되었다.

24일, 전북(全北) 남원경찰서에서 사회인의 가택을 수색하여 청년동맹 양기봉(梁基鳳)과 양판권(梁判權)을 체포하여 취조하였다. 평북 선천군(宣川郡) 신성(信聖)학교 학생 100여 명이 동요하자 퇴학, 정학 처리하였는데 장내연(張乃淵)은 무기정학에 처하였다. 황해도(黃海道) 안악군(安岳郡) 청년 백낙구(白樂九)가 학생 사건과 관련이 있다 하여 체포되어 취조 받았다. 충남(忠南) 대전군(大田郡)에서 처음으로 보습생들이 소리 높이 만세를 불렀다. 경찰이 이들을 체포하여 취조하고 모두 풀어주었다. 단지 오광근(吳廣根) 등 3인만은 무기정학에 처하였다. 이날 여학생 및 남학생 몇 명을 체포하여 취조하였다. 강원도(江原道) 춘천 농업학교 학생들이 시위를 도모하다가 전날 새벽에 주모자 몇 명이 체포되었다. 전주 기전(紀全)여학교 학생들이 만세를 부르다가 29명이 체포되어 주모자 중 한 명은 구류 20일, 한 명은 구류 15일에 처해졌다. 애초에 학생들이 격문을 시내 10여 곳에 붙여 선동하였다. 이날 경관이 고등학교 학생 유돌기(柳突基), 호영생(湖英生), 백낙주(白樂柱),

최준기(崔俊基), 이갑진(李甲辰), 김만남(金萬南) 다섯 명을 체포하고 증거물을 압수하였다. 이때 날씨가 추워 학교에서는 수감 중인 학생들을 위하여 침구 10여 개를 만들어 들여보내려고 하였으나 옥리가 허락하지 않아 들이지 못하였다.

25일, 신의주고등학교 학생들이 줄을 지어 광주학생을 동정하는 만세를 불렀다. 경관이 고순길(高順吉), 김상무(金相懋), 박용득(朴龍得), 이치용(李穉龍), 이덕명(李德明), 이희진(李禧晋), 오현권(吳賢權) 등 16명을 체포하였다. 밤에 모두 석방하였으나 고순길와 김상무 등 여섯 명은 주모자로 취조 받았고 이희진 · 이덕명 · 오현권은 퇴학당하였다. 진주 일신여학교 학생들이 다시 만세를 부르려다 3, 4학년 두 명과 하동(河東) 청년 한 명이 붙잡혔다. 전후로 붙잡힌 사람이 대략 40명이었다. 충남 예산농업학교 학생들이 장날 만세를 부르려다 발각되어 10여 명이 붙잡혔다. 모두 풀려났으나 주모자 한만석(韓萬錫), 이만섭(李萬燮)은 구류되어 취조 받았다. 함북 경성고보 및 농업학교 학생 700여 명이 격문을 살포하며 만세를 부르다 70명이 체포되었다. 전주 신흥학교 학생들이 만세를 부르다 40인이 붙잡혔다. 개성고보 학생이 또 다시 만세를 부르려다 이영선(李永善), 김기택(金基澤)이 붙잡혔다.

26일, 전주농업학교 학생이 스케이트장에 모여 시위하려다 일곱 명이 붙잡혔다. 경성의 전기학교 학생 일곱 명이 체포되어 20일 및 22일 구류 처분되었다.

27일, 전남 여수군(麗水郡) 수산(水産)학교 학생이 격문을 살포하며 만세를 불렀다. 경관이 학생 여덟 명, 청년 세 명을 체포하여 취조하였다. 청년 여운종(呂運鍾)과 김용환(金容煥)이 보안법위반으로 법원에 압송되었다. 단지 주모자 세 명만은 구속되었다. 2학년 학생들이 교장에게

"붙잡힌 학생을 석방하지 않으면 모두 등교하지 않기로 맹세하였다."
라고 하고 흩어져 돌아갔다. 학교 당국에서 21명을 무기정학에 처하였다. 1, 2학년 학생들이 모두 등교하지 않자 그 후 모두 풀어주었다. 전북 정읍농업학교 학생 70여 명이 만세를 부르다가 주모자 아홉 명이 체포되었다. 황해도 평산(平山) 누천(漏川) 시장에서 면사무소 및 상점에 격문이 나붙었다. 경찰이 청년 11명을 체포하여 취조하였다. 전주고등학교 학생이 또 모종의 계획을 도모하였으나 경관이 제지하였다. 이날, 함흥(咸興) 청년동맹 염순석(廉順石), 권완용(權完容), 석동천(石洞泉), 김병묵(金炳默), 강석하(姜錫夏), 한국심(韓國心) 여섯 명이 학생시위로 인하여 체포되었다. 함북 청진상업학교 학생 아홉 명이 만세를 부르다 20명이 붙잡혔다. 경성의 휘문, 중앙고등학교 남녀 학생 일곱 명이 체포되었다. 이 때문에 중앙고 학생 중 매일 출석한 자들이 20에서 30%였는데 이날 3학년 학생들이 모두 등교하지 않았다. 밤에 김호룡(金虎龍), 전치만(田致萬), 남명희(南明熙) 세 명이 붙잡혔다.

연희전문학교 학생 200명이 동맹휴학하고, 수감 중인 학생을 석방할 것, 퇴학, 정학 중인 학생을 복교시킬 것을 요구하는 2개 조항의 결의문을 제출하였다. 그리고 밤에 각 학교 및 사회에 격문을 붙였다.

28일, 연희전문학교 학생들이 여전히 동맹휴학 중이어서 등교생은 14명뿐이었다. 학무과에서 시내 각 사립학교 교장들을 불러
"지금 만세를 부른 학생들은 벌하지 않을 수 없다."
라고 하였다. 이화학교 학생 12명, 경신학교 학생 16명, 배재학교 학생 23명, 협성학교 학생 17명, 정신학교 학생 13명, 근화학교 학생 25명, 중앙청년학교 다섯 명, 중앙학교 학생 네 명, 휘문학교 학생 11명,

전기학교 학생 일곱 명, 숙명학교 학생 여섯 명, 실천학교 학생 12명, 태화학교 학생 아홉 명, 상업학교 학생 17명, 동덕학교 학생 여섯 명, 미술학교 학생 두 명, 실업학교 학생 한 명, 중동학교 학생 199명, 보성학교 학생 세 명이 모두 정학되었다. 연희전문학교 학생들이 여전히 동맹휴학 중이어서 등교생은 14명뿐이었다.[10]

북간도 용정의 은진(恩津)중학교 학생 90명, 명진(明津)여학교 학생 80명이 광주학생만세를 불렀다. 이날 오후에 동아(東亞)학교 학생 20명이 또 만세를 불러 일본영사관 경찰이 70여 명을 체포하였다.

평안북도(平安北道) 용강군(龍岡郡) 광양만(廣梁灣) 공립보통학교 학생이 일제히 만세를 크게 부르려고 하자 교원들이 마침내 제지하였다. 처음에 반장 박철명(朴鐵鳴)이 여러 학생들을 향해 큰소리로 연설을 하였다. 5학년생 오춘아(吳春芽)양이 깃발을 잡고 서서 만세 삼창을 하자 70여 명의 아동들이 또한 일제히 만세를 불렀다. 이에 광양만이 마침내 한바탕 시끄러웠다. 4학년생 130여 명이 또 크게 만세를 부르며 교문 밖으로 뛰어 나가려고 하였다. 교원이 제지하였으나 모두 듣지 않고 동맹휴학을 하였다.

원산부(元山府) 공립 및 사립 6개 보통학교가 일제히 만세를 부르려고 했다가 마침내 발각되어 실행하지 못하였다. 경찰 100여 명이 각 보통학교들을 경계하고 진성여학교(進誠女學校) 학생 김안나(金安羅), 해성여학교(海星女學校) 학생 원병호(元柄浩) 등 다섯 명을 체포하였다.

29일 밤, 서울의 각 학교 여학생들이 모두 가출옥되었다. 이화학교 학생 최윤숙(崔允淑)·김진현(金鎭賢)·최복순(崔福順)·함덕훈(咸德勳)·임경애(林敬愛)·윤옥분(尹玉粉)·김복림(金福林)·최현수(崔賢守)·안임순(安壬順)·이옥련(李玉蓮)·양원숙(楊元淑), 동덕학교(同德學校) 학생 한정희(韓貞姬)·허복록(許福祿)·홍옥인(洪玉仁)·고옥환(高玉環)·박선숙(朴璇

淑), 상업학교 학생 김귀임(金貴任) · 김환숙(金環淑), 미술학교 학생 박기순(朴基順), 근화학교 학생 김순례(金順禮) · 김귀인(金貴仁) · 최성경(崔聖磬), 숙명학교 학생 조종옥(趙終玉), 근우회(槿友會) 허정숙(許貞淑) · 이순옥(李順玉) 및 실천학교 학생 한 명이 보안법위반으로 검사국에 송치되고 이순옥은 치안유지법위반으로 검사국에 송치되었다.

황해도(黃海道) 사리원농업학교 학생이 모종의 계획을 도모하였는데 20여 명이 갑자기 체포되었다. 30일, 청년회 차재정(車載貞) 등 44명은 격문 수천 매와 등사판 한 대, 왕복한 글과 함께 검사국에 송치되었다.

경오년(1930) 음력 정월 1일, 함경북도 경성(鏡城)의 주남보통학교에서 만세를 제창하여 40여 명이 체포되었다. 대구고등보통학교 학생이 또 제3차 시위를 모의하다가 여덟 명이 체포되었다.

2일, 경성(鏡城)의 어남보통학교에서 만세를 제창하여 50명이 체포되었다. 평양 상수보통학교에서 만세를 불러 12명이 6일간 정학처분을 받았다. 간도 용정(龍井)의 동흥(東興)학교 학생이 등교한 후 모두 수업을 하지 않고 일제히 교문을 나가 맨 앞에 태극기와 붉은 기를 세우고 시가지로 나와 격문을 뿌리고 만세를 불렀다. 먼저 대성중학교에 도착하여 만세 호응을 요구하고 영신 중앙학교 및 광명 여고보를 지나 영국과 독일 학교에 도착하여 시위를 하였다. 이후 50여 명이 체포되었다. 여러 학생들은 또 손팻말(피켓)을 만들어 시내를 돌아다니면서 모두 만세를 외쳤다. 또 20여 명이 체포되었다. 중도에서 또 크게 만세를 외쳤다. 영사관 경찰서에 이르자 어떤 부녀자 세 명과 승려 한 명이 또 만세를 외쳤는데 이들 모두 체포되었다. 처음에 동흥, 대성 두 학교의 학생 100여 명이 기마경찰에게 쫓기게 되었는데, 이들 모두 영국교회 울타리 안으로 피신하였다. 그러나 선교사 프

레이저(J. O. Fraser)가 곧바로 쫓아내 체포당하자 모두들 크게 분개하였다. 여러 학생들이 감옥에 갇히게 되자 뜻 있는 일반 사람들이 명신여학교 학생을 위해 옷가지들을 넣어주었다.

처음에 어대진(漁大津) 사립보통학교 학생 200여 명이 격문 천여 매를 배포하여 시위하려고 했으나 허응선(許應善) 등이 체포되어 일을 실행하지 못하였다. 다음날 5, 6학년생 80내지 90명이 만세를 불렀다. 당시 1, 2학년생들도 각자 붉은 깃발을 지니고 만세를 제창하고 시내로 나오려다가 모두 체포되었다. 7일, 처음에 휘문고보 학생 한전훈(韓典勳)이 여자상업학교 학생 송계월(宋桂月)과 서로 연락하여 근화·동덕·숙명·태화·배화 등의 여학교를 선동하고 만세운동을 실행하려 하였다. 그러나 이날 밤, 서대문경찰서에서 한전훈을 체포하였다.

나주의 실업학교와 보통학교 두 학교 학생 300여 명이 제2차 광주학생 동정과 조선학생만세를 제창하여 시위를 하다가 다섯 명이 체포되었다. 이 날은 나주의 장날이었는데 보통학교 5, 6학년 학생들이 또 광주학생 동정 만세를 외쳤다. 원복준(元福俊) 등 41명이 체포되었다. 주을온(朱乙溫) 보통학교 학생 500여 명이 격문 1,000여 매를 배포하고 만세를 크게 외쳤다.

신간회(新幹會) 회원 윤길룡(尹吉龍), 김금삼(金拎三), 김정혁(金貞赫) 및 학생 수십 명이 체포되었다. 특과 6학년 학생들이 학교 당국에 말하기를

"체포된 학생들을 석방하지 않으면 우리들은 장차 동맹휴학을 할 것이다."

라고 하니 학교 당국이 크게 놀라서 석방을 도모하였다.

8일에 간도의 연길현(延吉縣) 두도구시(頭道溝市) 신흥학교 학생 70여 명이 온 시내를 다니며 만세를 크게 외쳤다. 이날 저녁에 또 이홍영

(李興永)과 김상옥(金相玉)이 체포되었다. 9일, 전남 목포의 정명여학교 학생들이 붉은 깃발과 격문을 제작하여 시위를 모의하였다. 최이선(崔二善), 강안식(姜安息), 서금복(徐金福), 박덕순(朴德順), 송영은(宋永恩) 등이 시위를 하기도 전에 모두 체포되었다. 함경북도 길주군(吉州郡) 덕산보통학교에서 장날에 맞춰 시위를 하고 만세를 부르기로 하였는데 경찰이 학생들의 책보를 수색하다가 붉은 기와 격문을 발견하여 김수록(金受祿), 동청송(董青松), 최만송(崔萬松), 송홍익(宋弘益), 한억산(韓億山), 김병삼(金炳三), 송두악(宋頭岳), 김진철(金眞鐵), 이남악(李南岳), 김송남(金宋男), 김청손(金青孫), 김계득(金啓得), 박죽산(朴竹山), 최길(崔吉) 등을 체포하였다.

이 날, 두 번째로 만세를 부른 학생은 모두 즉결 심판에 회부되어 서대문형무소에 갇혔는데 이때에 이르러 만기가 되었다. 협성학교 학생 13명, 경신학교 학생 16명, 중동학교 학생 183명이 가출옥하였다. 경신학교 학생이 감옥을 나올 때 같은 학교 학생 여덟 명이 함께 환영을 하였다. 이들은 돌아오는 버스에서 노래를 부르며 만세를 불렀다. 동대문경찰서에서 이 여덟 명을 체포하였다.

차재정과 관계된 사람은 제일고보 박진갑(朴鎭甲)·이석(李錫)·노용호(盧龍昊), 제이고보 권태동(權泰東), 중동학교 학생 이일신(李一信)·김형석(金炯錫)·주시영(朱時永)·곽이형(郭二炯)·김인배(金仁培)·강욱옥(姜郁玉)·신전우(申田雨)·윤영순(尹映淳), 경신학교 학생 유오운(柳五運)·권유근(權遺根)·정종근(鄭鍾根), 보성학교 학생 김재룡(金在龍)·이기(李綺), 중앙학교 학생 강대성(姜大成)·심홍택(沈弘澤)·박용칠(朴容七), 고학생 한경석(韓慶錫)·이정구(李正九)·정태상(鄭泰相)·곽양훈(郭良勳)·황대전(黃大田)·부병준(夫丙準)·이정하(李正夏)·이항발(李恒發)·이효진(李孝鎭)·김동일(金東日)·최기윤(崔基潤)·심원섭(沈遠燮)·김용찬(金容

讚)·윤충식(尹忠植) 등 35명인데, 이들은 치안유지법위반·출판법위반으로 기소되었다.

11일, 경성의 여학생 25명이 감옥에서 풀려났다. 근우회 허정숙, 이화전문학교 학생 이순옥, 상업학교 학생 송계월, 미술학교 학생 박계월, 이화여고보 학생 31명이 모두 훗날에 다시 이와 같은 행동을 하지 않겠다고 서명한 후에야 석방될 수 있었다.

경기도의 각 학교에서 광주학생을 위한 운동으로 퇴학이나 정학을 당한 학생들은 이제까지 모두 대략 669명인데, 퇴학은 93명, 무기정학은 376명, 유기정학은 200명이다.

처음에 기회준(奇會俊)이 주모하여 여러 학생들을 지휘하였는데, 여러 학생들이 체포되자 기회준은 숨어 지내면서 또 학생들을 지휘하다가 이에 발각되었다. 경찰이 체포하려 하자 기회준은 달아나 망명하였다. 경성의 친척집에 도착하여 수개월을 지낸 뒤 유학에 뜻을 두고 현해탄을 건너 도쿄로 갔으나 학자금이 없었다. 일을 하면서 공부하려 했으나 그 또한 할 수 없었다. 또 폐병으로 어쩔 수 없이 다시 조선으로 돌아왔다. 그는 이름을 기남진(奇南震)으로 고치고 동서를 떠돌아다니다가 다시 거사를 하려고 하였다. 그러나 경찰의 감시는 삼엄했고 죽음의 그림자가 점차 다가와 병을 치료하기 위해 그는 유성온천의 유태기(柳泰基) 집으로 가 요양하였다.

갑술년(1934) 11월 12일, 마침내 병석에서 일어나지 못하고 죽었다. 운명하면서 유태기에게 말하기를

"나의 종숙 기세홍(奇世弘)께서 서울 낙원동(樂園洞)에 계시다. 내가 죽으면 종숙께 부음을 알려 묻어 달라."

라고 하였다. 당시 기세홍은 낙향하여 기성(起城)에 있었는데 14일이 되어 시신을 수습하여 유성 공동묘지에 매장하였다. 처음 기회준은

망명한 5년 동안 아파도 하루도 편하게 누워있지 못했다. 병을 치료하려다가 결국 객사하였으니, 원통하도다. 당시 나이는 25세였다.

12일, 진주 일신여학교 학생들이 일본의 기원절(紀元節)[11]을 기약하여 또 다시 만세시위를 하려 하였다가 1학년 학생 강모와 함께 두 사람이 체포되었다. 평안남도 북창(北倉) 공립보통학교 5학년 학생 김성기(金聖基)가 수상한 점이 있어 교원이 책상을 수색하여 연명서 1매를 찾아 김성기에게 묻자 곧바로 대답하기를

"이는 조선독립만세를 부르려고 한 것이다."

라고 하였다. 경찰이 주모자를 체포하여 취조하였다.

13일, 용정시 동흥, 대성, 광명학교 3학년 학생 200여 명이 서로 합세하여 격문을 뿌리고 만세를 외치며 시위를 하였다. 20일 밤, 진주학교 학생 김찬기(金燦基)가 학생들을 선동하여 시내 각처에 격문을 부치자 경찰이 체포하여 취조하였다. 김찬기는 자백하여 말하기를

"내가 곧 유림단(儒林團) 사건[12]의 주범 김모의 둘째 아들이다."

라고 하고, 조금도 거리낌이 없었다. 경오년(1930) 음력 정월 15일 이후로 중외일보를 보지 못하였다. 이 때문에 더 기록하지 못한다.

처음에 신간회에서는 광주 관헌이 조선과 일본 양국의 학생을 체포하여 일본 학생은 보호하고 조선학생은 탄압하였다는 소식을 듣고 이에 말하기를

"이것은 민족적 반감의 일로서, 우리 사회가 아무 말도 없이 가만히 있을 수 없다."

라고 하였다. 신간회 회장 허헌(許憲)이 광주로 가 자세히 조사한 후 서울로 돌아와 민중대회를 열어 그 관헌을 규탄하고자 하였다. 그러

나 마침내 금지당하여 실행하지 못하였다. 이에 비로소 경성에서부터 국내 및 해외에 이르기까지 각 학교 학생들이 연달아 일어나 광주학생들을 동정하기 위해 만세를 외쳤다. 체포된 국내와 국외 학생은 무려 몇 천 명이나 되었다. 허헌, 이관용(李灌鎔), 홍명희(洪命憙), 조병옥(趙炳玉), 이원혁(李源赫) 등은 더욱 분개하여 신간회 검사장 권동진(權東鎭), 동아일보 사장 송진우(宋鎭禹), 조선일보 부사장 안재홍(安在鴻), 중외일보 조사부장 이시목(李時穆)과 논의하기를

"광주관헌이 우리 조선학생들을 체포한 것은 그 행동이 매우 불공평하니 이는 규탄이 없을 수 없다."

라고 하였다. 또

"체포된 학생들을 석방하지 않으면 안 된다."

라고 하고, 혹은 민중을 모아 연설도 하고 혹은 격문을 만들어 배포하는 등의 방법으로 시위를 하였다. 이에 조병옥(趙炳玉)은 천도교청년당 간부 조기금(趙基琴), 전 신간회 경성지회장 한용운(韓龍雲), 동아일보 편집국장 주요한(朱耀翰), 중앙기독교청년회 간부 오화영(吳華英), 세브란스병원 의사 이용설(李容卨), 협성신학교 목사 박연서(朴淵瑞) 및 수사(收師) 전필순(全弼淳)을 만나 의논하기를

"광주경찰서에서 조선학생을 탄압한 것은 온전히 사사로움에서 비롯된 일이다. 마땅히 이것이 불법이라는 것을 들어 우리 민중들로 하여금 모두 알게 하여야 한다. 또한 이러한 뜻을 항소하여 당국으로 하여금 반성케 하고 각각 그 책임을 물어야 한다."

라고 하였다. 한용운과 주요한은 연설을 하고 김동준은 격문 2만매를 인쇄, 배포하였다. 관헌이 이 일을 알고 허헌을 체포하였다.

12월 13일, 이관용, 홍명희, 조병옥, 김동준은 승춘원(勝春園)에 모여 결의문을 작성하고 신문에 실어 각계에 배포하였다. 또 통지문을 작

성하여 전국의 각 신간회 지회에 보내고 광주경찰서를 성토하고 민중을 움직여 시위하였는데 이들 모두 체포되어 예심에 회부되었다.

공판 때, 광주 변호사 송화식(宋和植)·김광설(金光卨)·어윤빈(魚允斌)·김재천(金在千)·유복영(柳福永)·이정상(李政相)·송태환(宋台煥), 또 서울에서 온 김병로(金炳魯)·이인(李仁)·이창휘(李昌輝), 대구의 김완섭(金完燮) 등이 모두 법정에서 변론하였다. 이외에도 오려고 한 변호사들이 많았다. 오늘 공판은 이제까지 광주에서 없었던 큰 공판이다. 이 이하 한 학교의 사실은 묵판이라서 알 수가 없다. 중외일보 기사년 음력 12월 17일호

처음에 도쿄 척무성(拓務省)에서 광주사건 조사서를 보고 말하기를 "총독과 일반사회가 보는 입장이 다르다. 총독은 이 일은 일본학생과 조선학생들의 사소한 충돌에 지나지 않는다고 하는데, 그 사건과 관련한 일이 전국에 퍼져 일어난 것은 통치상의 중대한 문제이다." 라고 하였다. 그리고 보안과의 이토〔伊藤〕, 도서과의 쿠사후카〔草深〕 두 사무관을 광주로 파견하여 다시 조사하게 하고 전남도청으로 하여금 의회의 답변을 준비하도록 하였다.

임신년(1932) 양력 12월 21일, 경성법원은 장석천(張錫天)에게 징역 2년을 언도하였고 치안에 방해가 된다고 하여 재판을 공개하지 않았다. 장석천은 광주 누문리(樓門里)에 살았다. 처음에 보성고등보통학교에 입학하고 농업학교를 마친 후 또 상업대학 예과에 입학하였는데 중도에 그만두고 마침내 청년운동에 종사하였다.

살피건대, 광주 학생과 조선의 여러 학생들은 그 부모가 각기 다르

다. 그러나 또한 그들은 부모와 같은 사람인 임금을 두었다. 천지 사이에 부모가 같으니 모두 형제이고 우리 임금을 한 부모로 두었으니 모두가 임금의 자식이다. 생각건대, 일찍이 대한제국 말기에 동포들이 만세를 제창한 것은 모두 세 차례이다. 한 번은 기미년(1919) 만세 제창으로 이 날은 고종의 인산일이었다. 또 한 번은 병인년(1926) 만세 제창으로 이 날은 순종의 인산일이었다. 또 한 번은 기사년(1929) 만세 제창으로 이때는 광주학생이 감옥에 갇혔을 때이다. 우리 동포들은 기미년과 병인년 이래로 부모와 천지는 모두 있었으나 오직 우리 임금만 계시지 않았다. 그러하니 광주학생과 우리나라의 학생은 임금의 자식으로서 모두 아버지가 없는 고아이다.

지난 기사년 겨울, 광주와 일본 양국 학생들이 서로 싸워 큰 소동과 큰 논란을 일으켰는데 그 이유를 따져보면 광주학생이 옳고 일본 학생이 잘못한 것이었다. 그들이 다친 것을 따져보면 광주학생은 많이 다쳤고 일본학생은 조금 다쳤다. 그러나 광주경찰서에서는 도리어 그릇된 일본학생을 보호하고 옳은 처사를 한 조선학생을 감옥에 가두었고 적게 다친 일본학생을 거론하고 많이 다친 조선학생은 배척하였다. 광주학생으로 하여금 이처럼 억울하게 하였으니 그 마음이 슬펐을 것이다.

《대학》의 〈혈구(絜矩)〉장에

"임금이 외로운 이를 불쌍하게 여기면 백성이 배반하지 않는다.〔上恤孤, 而民不倍.〕"

라고 하였다. 대개 임금이 없는 백성과 부모가 없는 고아는 비록 같지 않지만 불쌍한 마음이 드는 것은 임금이 없는 것과 아버지가 없는 것이 조금도 차이가 없다. 이 불쌍한 광주학생을 누가 가히 보살펴 줄 것인가.

전국의 학생들이 만세를 부른 것을 비록

"동정심 때문에 한번 소리 낸 것에 불과하여 광주학생에게는 손해나 이득이 없다."

라고 하지만 광주학생이 감옥에 갇혔다는 소식이 한번 온 나라에 전해지자 비로소 경성에서부터 전국, 멀리는 만주와 상해에 이르기까지 무려 몇 만 명의 학생들이 모두 동족지애(同族之愛)로써 자신의 불행을 돌보지 않고 각자 분기하여 다투어 광주학생을 동정하는 만세를 불렀다.

아, 광주 학생이 복이 없어 자애로운 임금과 아비는 비록 두지 못했더라도 우애있는 형제들을 두었구나. 저 왜놈에게 체포되고 수감되어 탄압을 받은 것은 원통하지만 벌떼처럼 일어나 어느 곳에서나 다 만세를 제창하고 누구나 다 만세를 외쳐 국내와 해외에서 만세의 고성이 끊이지 않게 하였다. 일본의 위엄으로써 능히 임금은 없앨 수 있었으나 벗은 없애지 못했구나.

당시 사이토〔齋藤實〕 총독이 도쿄로 가려다가 이에 가지 못하고 전화국에 명령하여 5분 동안 두 개의 전보를 치게 하였다. 그러한즉, 전국의 학생들이 광주학생을 위해 분기해 일어난 것을 이에 가히 알 수 있지 않은가.

아, 아비 없는 고아는 그 마음이 비록 불쌍하더라도 세계 각국은 모두 임금이 있어서 그들을 보살펴 준다. 그러나 지금 우리는 임금이 없는 백성으로서 불쌍하고도 불쌍한 동포에 지나지 않는다. 이에 임금 없는 백성이 임금 없는 백성을 돌보아 준 것이다. 게다가 모두 체포되었고 어떤 이는 학교에서 쫓겨나고 어떤 이는 수감되었으니, 이는 임금 없는 백성들에게 더욱 슬픈 일이다. 내 스스로 유감이 없을 수 없다. 슬프도다.

1 고등보통학교 : 일제 강점기 때 보통학교를 졸업한 우리나라 학생을 대상으로 중등교육을 실시하던 4, 5년제의 학교이다. 1940년에 중학교로 이름을 고쳤다. 흔히 줄임말로 고보라고 한다.

2 명치절(明治節) : 일본 천황 메이지〔明治〕의 탄생을 축하하기 위한 기념일이다.

3 소리 : 원문에는 城으로 되어 있으나, 국편본에는 聲으로 되어 있다. 해석은 이를 따른다.

4 이데이 : 出井은 이즈이, 이데이, 츠쿠이, 데이 등으로 읽히는데, 대표음인 이데이로 표기하였다.

5 김금련 : 蓮이 원문에는 某로 되어 있으나 앞의 내용으로 보아 蓮이 맞다.

6 ○○ : 내용을 알 수 없다.

7 제이고보 : 관립 경성 제2고등보통학교로서, 경복고의 전신이다.

8 제일고보 : 관립 경성 제1고등보통학교로서, 경기고의 전신이다.

9 상해 한인공산당(韓人共産黨) : 상해에서는 유호한국독립운동자동맹의 주도로 광주학생운동을 지원하기 위한 통일단체의 결성을 발기하여 1월 3일 흥사단, 노병회, 한인청년동맹, 학우회, 유호한인독립운동자동맹 등의 각 단체 대표 20여 명이 모여 좌우파가 연합하여 단체연합회를 결성하였다. 단체연합회에서는 광주학생운동을 적극 원조할 것과 일제 침략과 탄압의 실상을 세계에 알리고 군중대회를 개최할 것 등을 결의하였다. 이 결의에 따라 1월 11일 오후 프랑스 조계 민국로침례회당에서 연합회 주최로 군중대회를 개최하였다. 군중대회 후 이들은 가두시위를 전개하려고 했으나 공공조계 당국의 저지로 해산하고 말았다.

10 연희전문학교……뿐이었다 : 앞에 나온 문장이 중복되었으니 오류인 듯하다.

11 기원절(紀元節) : 우리나라의 개천절에 해당하는 날이다. 《일본서기(日本書紀)》에 전하는 초대 진무 덴노〔神武天皇〕가 즉위한 날을 기념한 것으로 메이지〔明治〕 초기인 1872년에 제정되었다. 일본의 국수주의자들은 진무 천황이 야마도국을 정복하고 일본국을 세웠다는 기원전 660년 음력 정월 초하루를 양력으로 환산하여 2월 11일로 잡고, 이 날을 기원절이라 하여 개국기념일로 공식화하였다.

12 유림단(儒林團) 사건 : 1919년 곽종석(郭鍾錫)과 김창숙(金昌淑) 등의 주도로 전국의 유림 130여 명이 서명하여 파리평화회의에 한국의 독립을 호소하는 장문의 편지를 보낸 것을 말한다. 일명 파리장서사건이라고도 한다.

양태성 梁泰成

양태성은 전남 나주읍에 살았다. 갑술년(1934)에 그의 나이 24세였다. 기사년(1929) 11월에 광주에 사는 일본 중학생과 우리나라 고등보통학교 학생 사이에 암투가 벌어졌다.[1] 이전에 전국의 남녀 중등학교 안에 전협(全協)[2] 계열의 청년동맹(青年同盟) 조직이 있었다. 11월에 양태성은 광주에서 조선과 일본 학생들 간에 암투가 벌어지는 것을 보고 좋은 기회라고 여겼다. 이에 전협 소속의 청년동맹 조직을 총동원하여 궐기하였다. 그는 전국의 학생만세운동을 주동한 사람이다. 이후로 5년 동안 일본 경찰의 수사망은 조선 뿐 아니라 나아가 일본 전국까지 펼쳐졌다.

이전 겨울방학 때의 만세사건[3]은 자연스럽게 사그라졌는데 양태성은 다만 3년 퇴학 처분을 받았다. 이로 인해 몰래 도쿄로 가 곧바로 지하전선(地下戰線)에 가입하였다. 임신년(1932) 7월에 일본공산당에 가입하여 이와타 요시미치〔岩田義道〕[4]의 노농당(勞農黨) 리더로 맹렬하게 활동하였다. 계유년(1933)에 북부지구 캠프 활동을 하다가 비록 체포되었지만 매번 지선수(池鮮洙), 김태수(金泰洙), 안이일(安理一), 이창희(李昌熙), 이광렬(李光烈) 등의 별명을 사용하여 석방되었다. 이 당시 전협(全協) 위원장 오다카 타모츠〔小高保〕가 공산당 행동대원으로 활동하고 있었다. 양태성은 치바 현〔千葉縣〕 마츠도시 정〔松戶町〕 향산(向山) 아래의 사이토〔齋藤〕의 집에 아지트를 설치하였다. 그리고 오타카 타모츠를 개인적으로 벌하려고 하였으나 끝내 이루지 못하였다. 갑술년(1934) 2월 7일, 우에노〔上野〕 공원에 갔다가 후지이〔藤井〕 경부에게 붙잡혔다고 한다.

1 광주에……벌어졌다 : 광주학생운동을 말한다.

2 전협(全協) : 일본노동조합전국협의회의 줄임말이다.

3 만세사건 : 광주학생운동을 말한다.

4 이와타 요시미치〔岩田義道〕 : 1898~1932. 일본의 노동운동가로 1927년 일본공산당에 입당하여 중앙위원으로 활동하다가 1932년 10월 30일 특별고등경찰에 체포되어 4일 뒤 고문 끝에 사망하였다.

이호원 李浩源

이호원의 다른 이름은 삼송(杉松), 또는 강덕재(康德載)라고 한다. 충남 공주군 장기면(長岐面) 월송리(月松里)에 거주하였다. 고종 신묘년(고종28, 1891)에 태어났다. 기미년(1919) 3·1운동이 일어나자 이호원은 만세를 부르다가 징역 10년형을 받고 평양형무소에서 옥고를 치르던 중 일본이 은혜를 베푼다는 명목으로 무진년(1928)에 형을 감해 주어 감옥에서 나오게 되었다. 그는 곧바로 가족들을 이끌고 봉천성(奉天省) 신빈현(新賓縣) 왕청문(旺清門)으로 떠났다. 이 당시 정의부는 화흥(化興) 중학교를 세우고 이호원을 선생으로 삼았다. 이호원은 학생들을 가르치면서 독립사상을 고취시켰다.

기사년(1929) 11월 15일, 조선독립당의 거두인 현정경(玄正卿), 현익철(玄益哲), 이동림(李東林), 이진탁(李振卓), 장승언(張承彦) 등이 조선독립당 창립회를 화흥학교에서 열었다. 이호원도 가서 참여하였다. 독립당이 조직되자 이호원은 중앙집행위원으로 추대되었다. 이에 교양, 선전, ○○ 등의 기관을 설치하여 부르주아를 박멸하는 운동을 추진하였다. 또한 노동, 농민, 자치, 군사, 교육, 재정 등의 정책에 관해 당헌 10조를 정하였다.

경오년(1930) 8월 10일, 제3회 중앙위원회가 신빈현 사첨(沙尖)에서 열렸다. 이호원은 다시 중앙당무집행위원 및 선전위원, 그리고 교양부 집행위원이 되었다. 만주의 정세 등에 대해 여러 장의 팸플릿과 선전 전단을 많이 인쇄하여 노동자들에게 배포하였다. 신미년(1931) 8월 17일, 당에서 제3회 대회가 열리자 이호원은 집행위원장 및 정치부집행위원장에 올랐다.

장원제張元濟 / 이규성李奎星 / 이종순李鍾淳 / 김준택金俊澤

장원제의 다른 이름은 장세용(張世湧)이다. 달리 유지(柳志)라고도 불린다. 처음에는 강원도 울진군 울진면에 거주하였는데 뒤에 중국 요녕성(遼寧省) 신빈현(新賓縣) 왕청문(旺清門)으로 이사하였다. 고종 임인년(광무6, 1902)에 태어났다. 임술년(1922) 10월에 환인현(桓仁縣)으로 가 통의부에 가입하였다. 병인년(1926) 4월 유하현(柳下縣)의 삼원포(三源浦)로 가 동명학교(東明學校) 교사가 되었다. 경오년(1930) 8월에 독립당 중앙집행위원 및 군사위원회위원이 되었다. 11월에 독립당군부 사령관으로 올랐다. 신미년(1931) 4월에 상무집행위원 겸 노동부 집행위원이 되었다.

이규성(李奎星)의 다른 이름은 도파(島波)이다. 고종 신묘년(고종28, 1891)에 태어났다. 처음에는 평북 초산군 초산면 앙대동(央大洞)에 거주하였다가 뒤에 중국 신빈현 하남가(河南街)로 이주하였다. 경신년(1920) 이후로 독립단의 면모가 변하자 그는 민족주의 운동을 기조로 활동하였다. 신미년(1931) 10월에 부하 이봉석(李鳳錫)과 이경석(李敬錫)을 시켜 살해한 일로 체포되어 형을 받았다. 이호원과 이규성은 징역 7년, 나머지 네 명은 각각 5년을 받았다.

이종순(李鍾淳)의 다른 이름은 극천동(極天東)이다. 고종 신묘년(1891)에 태어났다. 처음에는 경남 통영군 한산면 염호리(濂湖里)에서 살다가 뒤에 중국 길림성(吉林省) 부여현(扶餘縣) 삼가자(三家子)로 이사하였다.

김준택(金俊澤)의 다른 이름은 보안(保安)이다. 고종 을축년(1865)에 태어났다. 처음에는 평남 순천군 은산면(殷山面) 진산리(鎭山里)에 살다가 뒤에 길림현(吉林縣) 죽통면(竹通面) 고유수(孤楡樹)로 이사하였다.

최여정 崔汝貞

최여정은 평북 철산군 여한면(餘閑面) 가봉동(加峰洞)에 살았다. 융희 정미년(1907)에 태어났다. 갑자년(1924)에 그의 나이 18세였는데 이 해에 만주 신빈현 사순자(砂旬子)로 이사하였다. 정의부의 제3중대에 들어가 3등병이 되었다. 그는 제1소대장 조응걸(趙應傑)과 제2소대장 최병규(崔炳奎)가 주장하는 목적에 동의하여 그 부근 지역을 왕래하면서 항상 자신들의 목적에 반대하는 사람이 있는지 감시하고 군자금을 징수하여 목적 달성을 위해 노력하였다.

을축년(1925) 10월에 병으로 사임하고 부덕현(不德縣) 오가자(五家子)로 돌아가 부모에게 의지하며 병을 치료하였다. 기사년(1929) 11월에 다시 합장선(哈長線) 철도 도뢰소역(陶賴昭驛) 북쪽 건팔수(乾八樹)로 찾아가 동아공산당 영수인 김광렬(金光烈)의 부하가 되었다. 경오년(1930) 10월 20일에 김광렬, 계영춘(桂永春), 김건혁(金健赫), 최한영(崔漢英), 유봉화(劉奉華) 여사 등 다섯 명과 함께 군자금 모집과 동지 규합을 위해 하얼빈으로 갔다. 그달 그믐에 계영춘과 김건혁의 명령으로 전가전(傳家甸) 북쪽 삼도가(三道街)로 가 일본인 가토 우메키치〔加藤梅吉〕의 복덕방을 습격하였다. 김건혁은 곧바로 체포되었고 최여정과 계영춘은 중동(中東) 철도를 이용해 만주로 달아나 몰래 통료(通遼)에 숨어 지냈다. 이후로 경찰이 수색하게 되었다. 계유년(1933) 가을에 최여정은 사평가(四平街) 경찰서 소속 경관에게 체포되었다. 타니구니〔谷國〕 사법주임이 취조를 마치고 양력 8월 11일에 한 건의 서류를 영사관 검사국으로 보냈다.

이주석 李胄奭

이주석은 황해도 봉산군 사인면(舍仁面) 대룡리(大龍里)에 거주하였다. 그는 이범석의 아우이다. 처음에 큰형인 이범석[1]은 중국 남경(南京)으로 가 민족주의 운동을 하였다. 신미년(1931) 3월에 이주석은 만주로 가 형에게 비밀 명령을 받고 봉산과 신천 등지로 숨어들어 남몰래 남경의 군관학교 생도를 모집하였다. 그의 사촌 형인 이현석과 함께 체포되어 해주지방법원에 송치되어 징역 2년형을 받았다.

1 이범석(李範奭) : 1900~1972. 호는 철기(鐵驥)이다. 1915년 중국으로 망명, 1919년 청산리전투에 김좌진을 도와 중대장으로 참가하여 일본군과의 싸움에서 큰 승리를 거두었다. 광복 후 귀국하여 초대 국무총리 겸 국방 장관, 국토 통일원 고문, 자유당 부당수 등을 역임하였다.

이봉창 李奉昌

이봉창은 경성부(京城府) 원정(元町)에 살았다. 아버지는 이진규(李鎭奎) 혹은 이심구(李沈球)라고 하는데 이봉창은 그 차남이다. 고종37년 경자년(1900)에 태어났다. 후에 그의 아버지가 용산의 금정(錦町)에 옮겨 살았는데 당시 이봉창의 나이 11세였다. 그는 사립 문창학교(文彰學校)에 입학하였는데 이 학교는 천도교에서 설립한 것이다. 졸업하고 일본인 과자점 직공이 되었다. 이때에 만철견습소(滿鐵見習所)가 용산역에 있었는데 이봉창은 19세에 견습생으로 들어갔다. 갑자년(1924) 4월 14일 병으로 퇴직하였다.

을축년(1925) 11월, 그의 형 이범태(李範泰)와 함께 동쪽 일본 오사카로 건너가 아사야마〔朝山昌一〕[1]로 개명하였다. 이에 가나가와〔神奈川〕와 도쿄 사이를 옮겨 다니며 직장을 구했으나 이미 조선인 출신이라는 천대를 받았고 또 그 자신도 술에 빠졌기 때문에 직장을 얻지 못하였다.

경오년(1930) 12월, 중국의 상해로 건너가 또 직장을 구하였으나 역시 얻지 못하였다. 애가 탔던 그는 마침 독립당원을 만나게 되었다. 이봉창 역시 일찍이 민족을 위한 열정이 있었다. 독립당원과 함께 대화하던 중 조선독립 이야기를 듣고 이봉창은 독립을 촉진하려고 더욱 더 스스로 격발하였다. 그 독립 당원이

"우리당 사람 가운데 만약 일본으로 가 천황을 암살할 사람이 있다면 우리나라의 독립에 반드시 그 영향이 있을 것이다."

라고 하였다. 이봉창은

"일본 황제를 죽이면 나도 반드시 죽을 것이다. 내가 죽고 과연 독립할 수 있다면 내 어찌 이 한목숨 아까워하겠는가."

라고 하고 마침내 분개하면서 승낙하였다.

다음해 신미년(1931) 11월 17일, 이봉창은 수류탄 두 개를 지니고 영천환(永川丸)을 타고 상해를 출발하였다. 19일에 고베〔神戶〕에 도착하였고 22일 도쿄 아사쿠사 구〔淺草區〕에 도착하여 송청정(松淸町) 오와리야〔尾張屋〕 여관에 머무르며 기회를 기다렸다. 어느 날 신문을 보니 임신년(1932)년 1월 8일에 육군 관병식(觀兵式)이 시외(市外) 요요기〔代代木〕 연병장에서 열리고 이날 천황이 행차한다는 소식이 있었다. 이봉창은

"이때가 좋겠다. 이 날을 놓치면 안 되겠다."

라고 하였다. 이른 아침, 두 개의 폭탄을 양복바지 좌우 주머니에 감추고 사쿠라다 마치〔櫻田町〕 경시청 현관 앞에 도착하였다. 천왕을 보러온 자들이 이미 많이 모여 있었고 이봉창은 군중의 무리 속에 섞여 천황의 행차를 맞이하였다.

오전 11시, 천황의 행렬이 도착하였는데 이봉창은 행렬과 대략 10간(間)[2] 정도 떨어진 곳에서 폭탄을 투척하였다. 수류탄은 궁내대신(宮內大臣)의 마차 부근에 떨어졌다. 마차의 중앙 및 어기를 들고 있던 자와 근위병이 타고 있던 말 한 마리가 다치는 데에 그쳤고 일본 천황은 무사하였다. 이것은 이봉창이 대신의 수레를 천황의 수레로 착각해서였다.

이봉창은 곧바로 체포되었다. 총리대신 이누카이 쓰요시〔犬養毅〕 이하 전 각료 임원, 경시청(警視廳) 직원들은 국가에 이같이 큰 불경한

일이 생긴 것 때문에 모두 사직하였다. 천황은 너그럽게 하명하여

"이렇게 시국이 위급한 때에는 한 때라도 총리가 없어서는 안 된다. 우선 정사를 돌보고 후일의 하명을 기다려라."

라고 하며 내각은 유임하였고 경시청 직원은 모두 유임하지 않았다. 민, 정 양당[3]은 내각의 유임이 매우 불충하다 하여 마침내 반대하여 여론이 시끄러웠다.

대개 국사범(國事犯)은 원래 오만하고 심문을 거역하여 취조하기 매우 어려웠으나 이봉창은 그렇지 않았다. 묻는대로 답하였고 순순히 자백하여 취조하는 것이 어렵지 않았다. 게다가 공범은 일찍이 한 사람도 없었다. 심문을 마치자 미야기 나가고로〔宮城長五浪〕 검사가 곧바로

"이봉창은 대역죄인(大逆罪人)[4]으로 그의 죄는 형법 제73조에 해당한다. 대심원 특별권한으로 직접 검사총장(檢事總長)에게 송치할 수 있다."

라고 하였다. 총장은 재판소 구성법과 형사소송법에 의거, 대심원 예심원장에게 요청하여 재판소에서 예심을 받도록 명하였다.

6월 30일, 판사가 취조를 마치면서 의견서와 서류, 증거품을 대심원에 보냈다. 7월 19일, 대심원은 공판일을 정하고 9월 5일 공판을 준비하는데 판사에게 방청을 금지하라는 명을 내렸다.

범인을 불러 심문하는데 대개 대심원 특별재판에서는 매번 원장이 재판장이 된다. 이 때문에 16일 원장 와니 데이키치〔和仁貞吉〕가 ○택박사 및 야마구치 사타마사〔山口貞昌〕로 하여금 관선 변호사가 되게 하고 헌병과 경관 200여 명을 불러 법정 안과 밖에 세워 경계하게 하였다.

형사부 제1호 대법정에서 공판이 열렸는데 또한 방청을 금지하였

다. 당시 특별방청객 200여 명은 모두 법정에서 나왔다. 오후에 와니 재판장이 심문한 후 실추수작〔失追秀作〕 검사가 논고하였고 하야시 라이사부로〔林賴三郞〕 검사총장이 구형하였다. 두 변호사는 결심 변론을 맡았다.

30일, 이에 방청을 공개하니 방청인 수백 명이 새벽부터 이르렀다. 경찰 300명 헌병 50명이 하나하나 몸을 수색한 후에 법정에 들어가게 하였다.

판결할 때에 와니 원장이 이유서를 낮은 목소리로 읽고 사형을 선고하였다. 이봉창은 조금도 변함이 없었고 다만 머리를 끄덕일 뿐이었다.

10월 10일 오전 9시, 이치가야〔市谷〕 형무소에서 사형을 집행하였는데 33세의 나이에 생을 마쳤다.

지난 신사년(1941)과 임오년(1943) 사이에 이범태는 함경북도(咸鏡北道) 청진(淸津)으로 갔다. 이때 이후로 형제가 소식이 끊겼는데 경오년(1930)에 아버지가 돌아가셨어도 이봉창은 알지 못하였다.

처음에, 이봉창은 일본에 도착하여 일찍이 효고〔兵庫〕, 오사카, 가나가와〔神奈川〕 등지를 다녔다. 이때 효고 현 지사 시라네 다케스케〔白根竹介〕, 오사카 부〔大阪府〕 지사 사이토 무네요시〔齋藤宗宜〕[5], 가나가와 지사 엔도 류사쿠〔遠藤柳作〕[6]가 사찰을 엄하게 하지 않은 것 때문에 견책당하였다.

일본에 대심원이 생긴 이래, 지금까지 재판을 한 것은 전후로 여섯 명에 지나지 않았다. 일본 사람이 네 명, 조선 사람이 두 명으로 이전에 박열(朴烈), 그 뒤에는 이봉창이다. 다음해 계유년(1933) 1월 8일, 관병식이 도쿄에서 있었다. 이날 이봉창의 나머지 당파가 또한 거사를 도모하였으나 경찰이 알게 되어 결국 실행하지 못하였다.

살피건대, 일본에 대심원[7]을 둔 것이 얼마나 오래되었는지는 알 수 없다. 그러나 대불경죄(大不敬罪)[8]가 아니면 이 대심원에서 재판을 하지 않는다. 때문에 이 법원이 설치된 이후에 여기에서 재판을 받은 자는 불과 여섯 명밖에 없었다. 그중 네 명은 일본인이고 나머지 두 명은 조선인인데 바로 박열과 이봉창이다. 그러니, 이 법원의 권위가 얼마나 높고 죄인의 죄가 얼마나 무겁겠는가. 그러나 네 명은 일본인으로 반역자였고 두 사람은 조선인으로 이들은 복수를 위한 것이었다. 이 때문에 그들의 충의(忠義)는 해와 달을 다툴 정도로 빛나 천지에 드높일 만한 것이다.

이 두 사람은 우리나라 사람들이 공경하여 우러러 볼 뿐만 아니라 일본인들도 공경해 우러러 본다. 저 일본인은 비록 네 사람일지라도 어찌 감히 이 두 사람에게 비교해 논의할 수 있겠는가. 그러니, 두 사람의 명망을 또한 가히 알 수 있다.

생각해 보건대, 일찍이 우리나라 사람이 일본인을 저격한 것은 이제까지 무수히 많다고 할 수 있다. 그러나 그 황제를 향해 폭탄을 투척한 것은 이봉창과 박열이 처음이다.

한 명의 평범한 사내가 만승의 황제를 죽일 것을 도모한 것은 옛날부터 지금까지 창해 역사(滄海力士)[9]와 이봉창뿐이다. 이미 거사가 실패로 돌아가 적중하지 못하였으니 비록 거사가 통쾌하게 성공한 것만은 못하지만 필부로서 만승의 황제를 한번 놀라게 했으니 창해 역사와 이봉창은 모두 대장부이다. 어찌 적중했느냐 못했느냐로 우열을 논할 수 있겠는가.

그러나 창해 역사는 거사를 주모하는 장량(張良)이 있었는데 오직 이봉창에게는 주모한 이가 없었던 것인가. 진술내용에도 나오지 않고 신문에도 실리지 않았으니 반드시 주모자가 따로 없을 것이다. 만약 있다면 과연 누구인가. 내가 알지 못하니 한스럽다.

1 아사야마〔朝山昌一〕: 이봉창의 일본 이름은 기노시타 쇼조〔木下昌藏〕였다고 한다.

2 간(間) : 간은 여섯 자를 뜻하는 길이의 단위로, 1.81818미터에 해당한다.

3 민 · 정 양당 : 일본 정당인 민정당과 입헌정우회를 말한다.

4 대역죄인(大逆罪人) : 대역죄는 이른바 메이지유신〔明治維新〕을 계기로 일본 황실의 권위를 높이고 지키기 위해 제정한 법제도로서 1880년 7월 17일 공포된 형법 제73조에 명문화되어 있다. 일본 황제나 황후 및 황자 등 황실 사람에게 위해를 가하거나 위해를 가하려고 하는 행위가 대역죄에 포함되었으며, 대역죄는 일반 범죄의 3심 제도와는 달리 대심원의 단심에 의해 형이 확정되며 그 형벌은 사형과 무기형인 존속살인죄보다 더 무거운 사형으로 규정되어 있다.

5 사이토 무네요시〔齋藤宗宜〕: 원문에는 오사카 지사를 '齋藤宗直'으로 기록하였는데, 이는 '齋藤宗宜'의 오기이다.

6 엔도 류사쿠〔遠藤柳作〕: 원문에는 가나가와 현 지사를 '遠藤掛作'으로 기록하였는데, 이는 遠藤柳作의 오기이다.

7 대심원 : 일본 대심원은 1875년에 설치되었다. 이중 대역(大逆)사건은 총 4건으로, 1910년 고토쿠 슈스이〔幸德秋水〕 사건, 1923년 도라노몬〔虎ノ門〕사건은 일본인이 관련된 사건이었고, 한국인이 관련된 사건은 박열과 이봉창 의거였다.

8 대불경죄(大不敬罪) : 일본식 정식죄명은 대역죄이다.

9 창해 역사(滄海力士) : 한나라가 진(秦)나라에 의해 멸망하자, 장량은 원수를 갚기 위하여 창해 역사에게 철퇴를 들려 박랑사중(博浪沙中)에서 시황(始皇)을 저격하게 하였는데, 빗나가 시황의 부거(副車)를 맞췄다고 한다.

윤봉길尹奉吉

윤봉길은 충청남도(忠淸南道) 예산군(禮山郡) 덕산면(德山面) 시양리(柹梁里)에 거주하였으며, 윤황(尹璜)의 장남이다. 그는 곱상한 외모에 담력과 용기가 있었다. 윤봉길은 융희 2년 무신년(1908)에 태어났다. 15세에 배씨(裵氏)와 혼인하였고 같은 해에 덕산보통학교에 입학하였다가 2년 만에 그만두고 한문을 공부하였다.

병인년(1926) 2월 7일에 윤봉길이 집밖으로 나갔는데 그의 가족들은 그가 어디로 갔는지 알지 못하였다. 다섯 달이 지난 뒤에 중국 청도(靑島)에서 편지가 도착하였다. 또 50원을 보내와 자신이 떠날 때 얻은 부채를 갚도록 하였다. 이 일로 인해 윤봉길의 가족들은 그가 청도에 갔다는 사실을 비로소 알게 되었다. 이때 윤봉길이 보내온 돈은 그가 청도에 도착하여 세탁소에 들어가 일하고 받은 임금이었다.

신미년(1931) 2월에 윤봉길은 상해에 도착하여 모직공장의 직공이 되었다. 그 뒤에 다시 중국인이 운영하는 세탁소의 외교원(外交員)이 되었다. 당시에 조선독립당(朝鮮獨立黨)과 중·한 항일동맹(中韓抗日同盟, 이하 '동맹') 등 두 개의 단체가 상해에 있었는데 그 세력이 매우 컸다. 윤봉길도 동맹에 가입하였는데 13개 조의 맹약(盟約)이 있었다. 윤봉길은 일본의 주요 인사를 대상으로 직접적인 행동을 하고자 하였다.

이에 앞서 도쿄에서 야스쿠니신사 대제(大祭)가 거행된다는 사실을 파악한 동맹에서는 이 대제에 도쿄의 고위급 인사들이 모두 모일 것으로 예상하고 비밀리에 큰 계획 하나를 수립하였다. 22일에 연락선(連絡船) 상해환(上海丸) 편을 통해 자객 두 사람을 보내려고 하였으나 수사에 걸려 뜻을 이루지 못하였다. 당시 자객으로 보내려던 두 사람 가운데 한 사람이 바로 윤봉길이었다고 한다.

임신년(1932) 1월 8일에 이봉창(李奉昌)[1]이 도쿄에 도착하여 쇼와〔昭和〕 천황을 향해 폭탄을 투척하였다. 세상 사람들이 도쿄에서 불경(不敬)한 일이 있었다고 말하는 것은 곧 이봉창의 이 의거를 가리키는 것이다. 이봉창도 윤봉길과 함께 동맹에 소속된 사람이었다.

3월 29일은 일왕(日王)의 생일이었다. 윤봉길은 이날 사령관과 공사 등이 상해에 위치한 신공원(新公園)[2]에 모여 천장절[3] 축하 행사를 거행한다는 소식을 들었다. 이에 윤봉길이 말하기를

"이때가 좋겠다. 절대 이 기회를 놓칠 수 없다."

라고 하였다. 수류탄 두 개를 준비하여 하나는 물통에 다른 하나는 도시락에 넣어 천장절 행사가 거행되는 공원으로 몰래 들어가려고 하였다. 당시는 상해 대전[4]이 진행되고 있는 시기였다. 때문에 헌병대 대장 오기네〔荻根〕 중좌(中佐)를 비롯하여 마세〔間瀨〕 제1분대장, 나카무라〔中村輜重〕 소좌(小佐) 등이 행사장 안팎에서 엄격하게 경계를 하였다. 행사장에 들어가는 사람에 대해서는 신체는 물론 그들이 소지한 물건까지 일일이 수색하고 검사한 뒤에 입장시켰다. 그렇게 삼엄한 경계와 수색이 실시되었기 때문에 윤봉길도 무사히 들어갈 수는 없었다. 그러나 처음에 윤봉길이 폭탄을 물통과 도시락에 넣어 가지고 가면서 축하 행사에 참여한 사람의 점심 도시락이라고 속였기 때문에 검문검색에 걸리지 않을 수 있었다.

윤봉길이 행사장에 들어가 살펴보니 참가자들이 축하행사를 마치

고 모두 일본 국가를 합창하고 있었다. 또 관병식(觀兵式)을 보기 위해 들어가고자 하였다. 윤봉길은 신사복을 입고 행사가 진행되는 단 아래에 서 있다가 도시락에서 폭탄을 꺼내 단상으로 던졌다. 그리고 곧바로 이어서 두 사람이 각각 폭탄 하나씩을 던졌다. 두 사람 가운데 한 범인은 파편에 맞아 도리어 부상을 입고 말았다. 당시 사용한 폭탄의 위력은 단상을 뚫고 몇 자나 되는 구덩이를 만들 만큼 대단했다. 당시 천장절을 축하하던 많은 사람들은 모두 단상에 있었다.

노무라 기치사부로〔野村吉三郎〕 사령관은 얼굴과 오른쪽 눈에 파편을 맞았고 또 왼손 새끼손가락이 잘렸다. 가와바타〔川畑〕 일본거류민단장은 오른쪽 가슴과 왼쪽 발에 파편을 맞아 즉사하였다. 시라카와 요시노리〔白川義則〕 일본군 총사령관은 온몸에 파편을 맞았는데 뺨의 부상이 특히 심하였다. 시게미츠 마모루〔重光葵〕 주중국공사(駐中國公使)는 전신에 66개의 파편을 맞고 5월 6일에 죽었다.

이때 일본인들 가운데 앞뒤로 죽은 사람은 대략 4, 5명인데 이들은 모두 일본에서 손꼽히는 주요 인물이었다. 그 나머지 우에다 겐키치〔植田謙吉〕 ○사단장[5]은 다리에 파편을 맞았고 총영사인 무라이〔村井〕는 발에 파편을 맞았다. 일본거류민단장 가와바타 사다츠구와 일민단 서기장 토모노〔友野〕는 앞 ○과 두 발에 파편을 맞았다. 또 헌병과 행사에 참석했던 10여 명의 내빈들이 모두 부상당했다.

범인을 체포하여 취조(取調)한 결과 바로 조선 사람 윤봉길로 당시 그의 나이는 25세였다. 그는 조선공산당 소속이라고 자백하였다. 행사가 진행된 단 아래에 남아있던 도시락에서 무게가 대략 네 근 정도인 폭탄 한 개가 추가로 발견되었다. 그 폭탄의 직경은 2촌(寸) 정도였으며 백색으로 제조되었다. 헌병 본부에서는 제1분대를 홍구(虹口) 공원으로 보내 프랑스 조계 공부국(工部局)에 요청하여 조선독립운동

본부와 기타 조선인들이 거주하는 곳, 그리고 공동 조계 지역을 습격하였다. 이 습격을 통해 윤봉길 사건과 관련된 용의자 40여 명을 체포하였다. 그 가운데 외국인 여성 한 명, 러시아와 미국인 각 한 명, 조선과 중국인 각 10여 명 등 모두 24명은 프랑스 조계 공부국에서 일본에 인도하였다. 쇼와7년(1932) 임신년 1일자 동아일보에는 묵판(墨版)이 있었고, 3일자에도 묵판이 있었다. 5월 1일자 조선일보는 세 곳이 묵판으로 발행되었다.

살피건대, 일본 사람들은 이바 소오타로〔伊庭想太郎〕가 총리대신 호시 토오루〔星亨〕를 살해하고[6] 나카오카 곤이치〔中岡艮一〕가 총리인 하라 다카시〔原敬〕를 살해했을 때[7] 그 사실을 숨김없이 모두 발표하였다. 그러나 난바 다이스케〔難波大助〕가 섭정 히로히토〔裕仁〕를 저격했을 때는[8] 묵판이 많았다. 지금 윤봉길 사건에 대해서도 묵판이 많았다. 이 두 사건에 대해 묵판으로 보도하지 않고 제대로 보도했다면 반드시 볼만한 내용이 많았을 것인데 이제 묵판으로 보도되어 그 자세한 내용을 알 수 없으니 대단히 의아하고 답답한 일이다.

30일에 일본이 정전회의(停戰會議)를 열자 연맹한 여러 나라에서는 이를 조인하고자 하였다. 일본 대표는 상해가 중국 땅이라는 이유로 윤봉길이 저지른 사변의 책임을 중국에 떠넘기려고 하였다. 연맹 측에서는

"이번 사건은 일본군이 점거한 지역에서 발생하였고 범인은 조선 사람이다. 그런데 중국에게 그 책임을 전가하는 것은 절대 안될 일이다."

라고 하였다. 그러자 일본 사람들은 자신들의 의사를 관철시키는 데 문제가 있다고 판단하여 회의를 열지 않고 무기한 연기하였다.

일본 사람들은 범인 윤봉길의 배후에 혹시라도 의사(義士)들이 있어 다시 사건을 일으킬까 염려하여 더욱 긴장하였다. 헌병대에서는 매우 엄격하게 조사하였으나 윤봉길은

"내가 한 일은 조선 사람 두 명과 함께 독립운동에 뜻을 두고 감행했을 뿐이다."

라고만 말하고 입을 다문 채 아무 말도 하지 않았다. 육군성(陸軍省)에서 헌병대에 요청하기를

"범인을 대략 취조한 뒤에 군법회의에 붙여서 예심(豫審)을 하라."

라고 하였다. 5월 25일에 하나자토〔花里〕와 아카키〔赤木〕 두 경시(警視)가 헌병대로 가 군법회의를 열었다. 그들이 말하기를

"윤봉길이 던진 폭탄은 중국군부에 소속된 전문가가 아니면 만들 수 없다. 이것은 윤봉길이 중국 항일회(抗日會)를 통해 얻은 폭탄이 분명하다."

라고 하였다. 사건 당시 폭발하지 않은 다른 한 개의 폭탄을 일본군부 전문가에게 보내 조사하도록 하였다. 그리고 윤봉길을 일본의 나가사키로 압송하게 하였다. 28일에 윤봉길은 시라카와〔白川〕 대장의 시체와 함께 다이요우마루〔大洋丸〕에 실려 상해를 출발, 이튿날 고베에 도착하였다. 나카무라〔中村〕 중위 이하 여러 명의 경관이 오사카 헌병대로부터 고베로 와 윤봉길을 압송하여 다마츠쿠리몬〔玉造門〕[9] 입구를 지나 오사카에 있는 위수감(衛戍監)[10]에 가두었다. 6월 21일에 열린 군법회의에서는 예심을 열지 않은 채 윤봉길에게 곧바로 사형을 선고하였다.

병술년(1946) 봄에 임시정부 요원 김구(金九)가 중국에서 돌아와 윤

봉길의 부인 배씨와 그의 두 아들을 불러서 만났다. 그 자리에서 김구가 윤봉길의 아들들에게 말하기를

"너희 두 사람은 모두 훌륭한 아버지의 자식이다. 앞으로 열심히 공부하여 너희 집안의 명성을 실추시키지 않도록 하여라."

라고 하였다. 6월 16일에 이봉창, 윤봉길, 백정기(白貞基) 등 세 열사의 유해(遺骸)가 일본에서 서울로 옮겨져 수송동(壽松洞)에 있는 태고사(太古寺)에 봉안되고 장례 날짜를 기다렸다.

살피건대 제1차 세계대전 초기에 사라예보에서 발사된 권총 한 발[11]이 전쟁의 도화선이 되었다. 올해 임신년(1932)에 러시아 사람 고르굴로프[12]가 프랑스 두메르[13] 대통령을 암살하였다. 일본에서는 한국인 이봉창이 쇼와를 폭탄으로 저격하였다. 또 해군 중위 고가(古賀) 등이 이누카이 쓰요시〔犬養毅〕 총리를 살해하였다.[14] 또 상해에서는 한국인 윤봉길이 시라카와를 비롯한 여러 일본 장교들을 살해하였다. 이상 네 건의 저격 사건이 뒷날 전 세계에 어떤 대전을 초래할지 알 수 없다. 이 네 저격 사건 가운데 러시아 사람이 감행한 암살 사건을 제외하면 그 나머지는 모두 일본이라는 나라가 있어서 발생하였으니 또한 대단히 괴이한 일이다.

또 가만히 살피건대, 상해사변에서 중국은 수만의 대군(大軍)을 동원하여 일본과 전쟁을 벌였지만 일본 대장을 한 명도 죽이지 못하였다. 영국과 미국, 프랑스, 독일 등 국제연맹은 정전회의에 참여하였으나 일본인들이 자신들의 목적을 달성하는 데 장애 요소가 있게 되자 회의 개최를 취소하고 무기한 연기함으로써 정전을 합의하지 못하였다. 오직 윤봉길은 폭탄[15] 한 발로 시라카와를 비롯한 대장을 마치 양

의 무리를 죽이듯 도살하였다. 그러므로 이른바 대전(大戰)이라는 것은 끝나지 않았지만 윤봉길 덕분에 저절로 끝나게 되었다. 대개 암살과 대전의회는 하는 일이 비록 같지 않지만, 중국이 수만의 대군을 동원해서도 하지 못한 일을 윤봉길은 해내고 말았다. 국제연맹이 달성하지 못한 정전의 목표를 윤봉길은 달성하였다. 이 일은 일본을 놀라게 했을 뿐만 아니라 중국을 한번 놀라게 하였고 중국만 놀라게 한 것이 아니라 국제연맹을 한번 놀라게 하였다. 이러므로 윤봉길의 거사는 20세기 피의 역사에서 전례를 찾을 수 없는 일이었다.

어떤 사람은 또

"지금 합방된 지가 이미 오래 되어 거의 국토를 잊는 지경이 되었는데 이봉창과 윤봉길 두 사람은 어쩌자고 폭탄을 던져 부질없이 죽었단 말인가."

라고 하며 기롱하고 비웃기를 마지않는다. 이렇게 말한다면 이들도 사람이라고 할 수 있겠는가. 옛날에 제(齊)나라 양공(襄公)은 9세(世) 전의 원수를 갚았는데,[16] 《춘추(春秋)》에서 그 일이 정당하였다고 평가하였다. 경술년(1910)에 합방되고 이제 겨우 24년이 지났다. 그렇다면 아홉 세대라는 세월이 흐른 뒤에 복수한 일과 비교해 본다면 24년 뒤에 복수한 것은 바로 그날 복수한 것이나 마찬가지이다. 또한 제 양공이 9세 조상을 위해 복수하고 느꼈을 통쾌함과 비교해 본다면 이 두 사람은 바로 당대에 복수를 한 것이니 더욱 통쾌한 일이다. 이런 점에서 볼 때, 이봉창과 윤봉길의 거사는 그 충성심이 해와 달을 꿰뚫을 만하고 그 의로움이 서리와 눈을 능가할 만하다.

아, 저들은 이봉창과 윤봉길의 거사에 대해 훌륭한 일로 기릴 생각을 하지 않을 뿐만 아니라 도리어 비난하고 비웃고 있다. 전왕(前王)의 신하와 백성이었던 우리들이 선대왕들의 덕업을 잊지 못하는 마음[17]

이 어쩌다가 이처럼 완전히 사라지는 지경에 이르렀단 말인가.

내가 생각하기에 윤봉길은 몸집이 장대하고 당당할 것 같았다. 그런데 사진을 보니 아녀자처럼 여린 체구였지만 그 지기(志氣)는 내가 생각했던 것과 다르지 않았으니, 아아, 이것이 바로 윤봉길이 윤봉길일 수 있는 이유이다.

또 처음에 일본이 이미 조선을 집어 먹고 또 중국을 집어먹으려고 여우가 사람을 유혹하듯 여러 해 동안 중국에 아첨하였다. 그러다가 다시 군사를 일으켜 비교할 대상을 찾을 수 없을 정도의 침략전쟁을 감행하여 수도 없이 많은 사람을 죽였다. 장개석(蔣介石) 주석은 그 상황이 위급하다고 판단하여 수도를 남경(南京)에서 중경(重慶)으로 옮기고 밤이나 낮이나 근심걱정 속에 지냈다. 그런데 이때에 이르러 윤봉길이 폭탄 한 개를 상해 홍구공원에 투척하였다. 이 일이 있은 뒤로 중국에는 일본의 침략이 없었다. 이러한 점을 감안해 볼 때 윤봉길은 조선에만 공을 세운 인물이 아니라 중국의 입장에서 볼 때도 위대한 공을 세운 인물이다.

5월 29일, 불교 중앙 총무원에서는 세 사람의 열사를 위해 추도식을 거행하였다. 6월 그믐에 장례행사를 거행하고자 하였으나 우천으로 인해 거행하지 못하였다. 7월 6일에 정계의 주요 인사와 사회 유지들, 그리고 시민들까지 총 100만의 인파가 태고사에 모여 국민장(國民葬)으로 효창공원에 안장하였다. 당시 행사에 참석한 사람들이 모두 슬퍼하여 그 곡소리가 천지를 뒤흔들었다.

1 이봉창(李奉昌) : 1901~1932. 본관은 전주이며 아버지는 진규(鎭奎)이다.

2 신공원(新公園) : 홍구(虹口) 공원을 말한다.

3 천장절 : 일본 천황의 생일을 기념하는 날이다.

4 상해 대전 : 상해사변(上海事變)을 말한다. 1931년 9월 만주사변이 시작되자 중국에 항일운동이 확산되었다. 이에 일본군은 항일운동의 진압, 만주독립 음모에 대한 열강의 주의를 돌리기 위해 상해에서 매수한 중국인으로 하여금 일련종(日蓮宗)의 탁발승을 저격하게 하는 사건을 일으켰다. 그 결과 1932년 1월 28일 조계(租界) 경비를 담당하던 일본의 해군육전대와 중국의 십구로군(十九路軍) 사이에 전투가 벌어졌다. 일본은 2월 중순 육군 약 3개 사단을 파견하여 3월 상순 중국군을 상해 부근에서 퇴각시키고 5월에 정전협정을 체결한 후 육군을 철수시켰다.

5 ○사단장 : 《기려수필》에는 구체적으로 기록되지 않았지만 우에다는 제9사단장이었다.

6 이바 소우타로〔伊庭想太郎〕가……살해하고 : 호시 토오루는 일본 최초의 법정 변호사이자 자유민권운동가이며 2대에 걸쳐 하원 의장을 지낸 인물이다. 1901년 일본 검술의 제10대 종가인 이바 소우타로의 칼에 찔려 사망하였다.

7 나카오카 곤이치〔中岡艮一〕가……때 : 하라 총리는 1대 조선총독을 지낸 데라우치 마사다케〔寺內正毅〕 내각이 무너진 후 1921년 9월 총리로 임명되었으나, 그 해 11월 교토에서 열리는 입헌정우회 교토지부 대회에 참석하러 가던 중 도쿄역에서 나카오카 곤이치의 칼에 찔려 암살당하였다.

8 난바 다이스케〔灘波大助〕가……때는 : 1923년 12월 후일 쇼와천황이 되는 황태자 미치노미야가 의회에 연설하기 위해 자동차를 타고 가던 중, 사회주의자 청년이던 난바 다이스케가 암살을 시도하였으나 실패하였다.

9 다마츠쿠리몬〔玉造門〕 : 오사카성의 동쪽 문이다.

10 위수감(衛戍監) : 일본 육군부대 감옥을 말한다.

11 권총 한 발 : 1914년 6월 28일에 세르비아의 한 민족주의자 청년이 오스트리아－헝가리 제국으로부터 남부 슬라브족의 해방을 위해 사라예보를 순방중인 오스트리아 황태자 프란츠 페르디난트 대공을 암살한 사건을 가리킨다. 이 사건이 제1차 세계대전의 원인이 되었다.

12 고르굴로프 : 두메르 대통령의 암살자인 Paul Gorguloff(1895~1932)를 가리

킨다.

13 두메르 : 프랑스 제3공화국의 제13대 대통령인 Paul Doumer(1857~1932)를 가리킨다.

14 해군……살해하였다 : 사무라이 출신인 이누카이 쓰요시(1855~1932)는 일본의 정치가이자 총리로 1931년 와카쓰키 레이지로〔若槻禮次郎〕 수상이 사임하자 그 뒤를 이어 총리가 되었다. 오카야마 현 출생으로 1931년 만주사변을 일으켜 중국 만주를 점령하고 1932년 3월 1일에 쫓겨났던 청나라 황제 선통제를 허수아비 황제로 하여 만주국을 세웠다. 그러나 그는 만주에서 일본군을 철수시키려는 움직임을 보였고, 1932년 5월 15일 도쿄에서 해군 장교들에 의해 일어난 5·15 쿠데타 사건 당시에 총에 맞아 암살당했다.

15 폭탄 : 원문에는 권총(拳銃)으로 되어 있으나 실제로는 폭탄을 의미한다고 보아야 옳다. 번역문에서는 윤봉길의 사건을 감안하여 폭탄으로 풀이하였다.

16 제(齊)나라……갚았는데 : 제 애공(齊哀公)이 기후(紀侯)의 참소를 받고 주 이왕(周夷王)에게 팽살(烹殺) 당했는데 그로부터 9세(世) 후에 양공(襄公)이 애공을 위해 복수하는 뜻으로 기국(紀國)을 정벌한 일을 가리킨다. 《사기(史記) 권32》

17 선대왕들의……마음 : 오희지감(於戲之感)은 《대학장구》 전3장에, "《시경》에 '아아, 선왕(先王)을 잊을 수 없네.'라고 하였는데, 후대(後代) 군자들은 선왕의 현덕(賢德)을 기리고 선왕이 친애했던 이들을 친애하며, 후대 백성들은 선왕이 내려 준 안락한 생활을 즐기고 선왕이 베푼 이로운 은택을 누리고 있다. 이런 까닭에 그분들이 돌아가신 뒤에도 잊지 못하는 것이다.〔詩云, 於戲, 前王不忘, 君子賢其賢而親其親, 小人樂其樂而利其利, 此以沒世不忘也.〕"라고 한 데에서 온 말이다.

이덕주 李德柱

이덕주는 황해도(黃海道) 신천(信川) 사람이다. 처음에 이덕주는 중국 상해로 가 동지 여러 명과 함께 한인청년당(韓人青年黨)[1]을 조직하였는데, 이 당은 정치적 비밀결사이다. 그는 조선의 독립을 도모하고자 우가키 가즈시게[宇垣一成][2] 총독을 암살하려고 하였다. 임신년(1932) 양력 3월, 권총과 탄환 25발을 가지고 배를 타고 신천으로 가 그 기회를 기다렸다. 그러나 거사를 일으키기 전에 경찰에게 체포당하였다. 판결할 때 치안유지법위반, 살인예비, 총포화약취체령과 동령 시행규칙 위반죄로 해주법원(海州法院)은 징역 7년을 선고하였다.

이덕주는 판결에 불복하여 항소하였고 8월 4일 평양으로 이감되었다. 공범 유진만(兪鎭萬)은 이덕주의 진술에 의해 상해 영사관에서 그를 체포하게 하여 해주로 왔다. 이때 이덕주와 함께 공판에 회부되어 징역 6년을 받았다. 그도 평양복심법원에 항소하였다. 유진만은 충남에 살았고 당시 나이는 22세였다.

1 한인청년당(韓人靑年黨) : 1932년 1월 31일, 이덕주는 김석, 서재현, 유상근 등과 함께 상해한인청년당을 결성하였다. 이덕주는 청년당 강령규약선언서 기초위원으로 선출되어 청년당 결성의 핵심역할을 하였다. 청년당의 목적은 조국 독립을 위해 한국 청년의 단체적 훈련을 도모하고 혁명 역량의 총집중을 도모하고자 한 것이었다.

2 우가키 가즈시게〔宇垣一成〕: 1868~1956. 일본 육군사관학교 출신이며 제6대 조선총독으로, 1931년 8월 17일부터 1936년 8월 5일까지 총독을 지냈다. 1924년 육군대신에 기용되었고, 1927년 조선총독 사이토 마코토〔齋藤實〕가 제네바 군축 협상을 위해 유럽에 파견되어 총독자리를 비우자 임시대리로 총독에 임명되었다.

이청천李青天

처음 이청천은 일본육군 중위였는데 뒤에 대한 독립에 뜻을 두었다. 병진년(1916) 가을, 만주로 가 독립단(獨立團)과 함께 독립운동을 하고 각 단체의 군사부 위원장(軍事部委員長)이 되었다.

만주사변(滿州事變)[1] 이후로 목란(木蘭) 및 납림(拉林) 등지에는 반만주국군(反滿洲國軍)이 있었다. 이청천은 그 반만군 및 독립단을 지휘하여 길림군과 여러 차례 싸우면서 일시에 길림군에 타격을 입혔다. 곧이어 북만주군을 토벌하려 했으나 군사들을 떨쳐 일으킬 수 없었다. 이청천은 어쩔 수 없이 오상(五常)에 도착하여 군사들을 해산하고 왕덕림(王德林)을 찾아가려고 동안(東安)으로 갔다. 그가 입령자(立嶺子) 역 동쪽에 도착하였을 때 마적의 습격을 받아 금품을 모두 빼앗기고 또 함께 따르던 두 명이 총살되었다. 이청천의 본명은 지대영(池大永), 지대형(池大亨)이다.

이 일에 앞서 이청천은 북만주(北滿洲)에서 정의부(正義部), 신민부(新民部), 국민부(國民部) 등 3부의 주요 간부를 지내면서 독립운동을 하였다. 만주사변 이후에 중동선(中東線), 남부선(南部線)에 이르러 동목란(東木蘭)을 근거지로 삼고 만주국 길림군과 서로 대항하였다. 후에 다시 납림에 이르러 여러 차례 쌍성(雙城)을 습격하고[2] 중국항일단(中國抗日團)과 함께 연계하여 독립운동을 했다고 한다.

이청천은 독립단 수령이고 왕덕림(王德林)은 반만군(反滿軍)의 수령이다. 이청천이 왕덕림을 찾아가다가 청령자(靑嶺子) 부근에 이르러 마적에게 살해되었다는 말은 사실이 아닌 거짓으로 이는 이청천이 피신하기 위한 계책에 불과하다.

경무국에서 입수한 정보에 의하면

"처음 국민부(國民府) 휘하의 300여 명은 수령 양서봉(梁瑞鳳)[3]의 지휘를 받았다. 이때 북만주 사변 관계로 앞으로 나갈 바를 정할 수가 없었다. 당 회의를 열어 참모장(參謀將) 이청천을 추대하여 수령으로 삼고 군대의 위용을 혁신하도록 하였다. 또한 모처로부터 군자금을 얻어 휘하에 건장한 병사를 뽑아 일본과 조선, 만주 세 곳으로 나눠 보내 고관을 암살하고 관청을 파괴하며, 또 군자금 모집을 도모하였다."

라고 한다. 이에 경무국에서는 선발대가 이미 조선에 도착했다는 소식을 듣고 평안북도 경찰부로 하여금 엄밀하게 국경을 경비하게 하였다. 처음에 국민부는 여러 차례 만주군에서 토벌당하였는데 조금도 기세가 꺾이지 않고 오히려 더욱 확대되었다.

계유년(1933) 2월 5일, 국민부는 장차 거점을 신빈현(新賓縣) 대서변문(大西邊門)으로 옮기려고 하였다. 회의를 열고 국민부 중앙집행위원회 위원장 황모, 부위원장 양서봉, 총사령(總司令) 양하산(梁河山), 각 유격대장 등이 서로 분명히 논의하여 그 부서를 고쳐 정하고 다음과 같이 결의하였다.

"유격대가 무력하니 유격대를 고쳐 중대(中隊)로 하고 군자금 모집과 동지 권유 등의 적극적인 행동을 개시하자. 만주군의 경비상황이 더욱 정찰이 심해져 간도 공산당, 중국 공산당과 함께 은밀히 정보를 접하여 지원을 구하자."

동아혈성동맹(東亞血成同盟)의 중요간부가 곧 이청천이다. 처음에 반만(反滿), 반일(反日) 등의 단체들이 하성현(河城縣) 일대에 이르렀다. 임신년(1932) 9월, 이청천은 각 단체를 규합하여 모종의 독립운동을 하였다. 후에 경관의 눈을 피하여 북평(北平)[4]과 상해로 가 유랑하였다.

다음해 계유년(1933) 이후에는 만주의 치치하르〔齊齊哈爾〕[5]에 잠입하였고 다시 러시아로 가 모종의 비밀운동을 하였다.

후에 다른 신문에 의하면 앞 단체와 마가구(馬家溝)에 근거를 두고 했던 일은 모모단체와 서로 연합한 활동이었다고 한다. 금년 가을에는 국철(國鐵) 운행을 방해하는 것을 도모하였는데 일본과 만주 당국은 그 소식을 듣고 치치하르 및 러시아 방면의 출입 경계를 엄밀하게 하였다. 그가 도모한 이 운동은 모종의 중대한 계획이었다고 한다.

이청천의 부하 조영원(趙永元)과 안종명(安鍾鳴) 두 사람은 봉천(奉天)의 영사관 경찰서에 체포되었다가 신의주에 이르러 취조를 받았다. 조영원은 일찍이 이청천의 직속 부하였고 모종의 활동 중 체포되었다.

1 만주사변(滿州事變) : 1931년 9월 18일 류탸오후 사건〔柳條湖事件 : 만철폭파사건〕을 조작해 일본 관동군이 만주를 중국 침략을 위한 전쟁의 병참기지로 만들고 식민지화하기 위해 벌인 침략전쟁을 말한다.

2 쌍성(雙城)을 습격하고 : 일명 쌍성보(雙城堡) 전투로 알려져 있다. 쌍성보는 장춘과 하얼빈 사이에 위치한 길림성과 흑룡강성의 물산이 모이는 전략적 요충지였다.

3 양서봉(梁瑞鳳) : 양세봉(梁世奉, 1896~1934)으로, 호는 벽해(碧海), 이명은 서

봉(瑞鳳), 윤봉(允奉)이다. 평안북도 철산 출신으로 1919년에는 항일무장부대인 천마산대, 1920년에는 남만주의 광복군총영, 1923년에는 참의부(參議府) 중대장, 1924년에는 대한통의부 중대장, 1925년에는 정의부 중대장, 1929년에는 국민부의 선민부토벌지휘부(鮮民府討伐指揮府) 부사령으로 일제통기기관 습격, 일제의 밀정 처단 등의 무장투쟁을 전개하였다. 이후 양세봉은 조선혁명군 총사령으로 한중 연합작전을 펼쳤다. 그러나 1934년 8월 12일 일본군의 밀정에게 속아 태랍자구(太拉子溝)에서 일본군에게 피살되었다.

4 북평(北平) : 북경(北京)을 가리킨다.

5 치치하르〔齊齊哈爾〕: 치치하얼을 말한다. 치치하얼은 흑룡강성의 제2의 도시이다. 청나라 때 흑룡강의 중요 거점이 되었으며 1936년 치치하얼시를 설치하였다. 치치하얼은 다호르 말로 천연목장을 뜻한다.

변낙규 邊洛奎

변낙규는 혹은 이청산(李青山), 이시명(李時明)이라고 하고 또 변학규(邊學奎)라고도 한다. 그는 고종30년 계사년(1893)에 덕천군(德川郡) 풍덕면(豐德面) 장림리(長林里)에서 태어났다. 나중에 만주의 환인현(桓仁縣) 남마권자(南馬圈子) 문자구(蚊子溝)로 가 살았다.

기미년(1919) 3월 1일, 독립만세운동이 크게 일어나는 것을 보고 다음해 경신년(1920), 서쪽 만주로 가 ○○청년당에 들어갔고 또 국민부(國民府)[1]에 들어가 독립운동을 하였다. 후에 또 중국군에 들어가 육군대위가 되었다.

당시 일본인들이 장춘(長春)에 이르러 청나라 황제 선통(宣統)[2]을 세워 황제의 자리에 앉히고 국호를 만주(滿洲)라고 하고 독립을 승인하였다. 이에 중국과 조선인 두 나라 사람들이 각자 봉기하여 동쪽 변방이 소란하였는데 이것이 곧 반일(反日), 반만(反滿)의 군사가 생겨난 배경이다.

당시 변낙규는 중국 편의대(便衣隊)에 들어가 활동하였는데 국민부에서 변낙규를 불러 말하기를

"지금 군자금이 모자라고 끊겨 독립운동이 부진하다. 그대가 조선으로 돌아가 군자금과 당원을 모집하기를 바란다."

라고 하였다.

임신년(1932) 6월, 변낙규는 동지 김광해(金光海), 김병수(金炳洙) 등과 함께 권총을 지니고 처음에 벽동(碧潼)으로 갔다가 잠입하여 구성(龜城)에 도착하였다. 광산주 최창학(崔昌學)이 거금을 가지고 있다는 얘기를 듣고 그를 납치하여 자금을 모으려고 하였다. 그곳에 도착하니 최창학이 마침 밖으로 나가고 없어 실행하지 못하고 이에 만주로 돌아왔다.

9월, 세 사람은 다시 국내로 들어가 최창학을 납치하려 했으나 최창학이 부재중이어서 또 실행하지 못하였다. 이에 말하기를

"지금 활동무대를 장차 확장하려면 마땅히 먼저 동지와 자금을 모아야 한다."

라고 하고, 세 사람은 각기 그 지역을 나누어 갔다. 김광해는 평안남도로 가고 김병수는 구성과 삭주(朔州)로 가 모금하였다. 김윤근(金允根)와 변낙규는 영변(寧邊)과 창성(昌城)으로 가 모금하였다. 박봉수(朴鳳洙)와 김두운(金斗運) 등은 기관을 만들고 연락을 하였다.

11월, 세 사람은 함께 삭주에 도착하여 용연동(龍淵洞)에서 도박을 하는 이들이 있다는 소식을 듣고 도박장을 습격하여 160여 원을 얻었다. 12월, 김명문(金明文) 등 여섯 명의 부자들에게 군자금을 강요하는 글을 보냈다. 변낙규는 김윤근으로부터 150원을 얻어 구성에 도착하였는데 순사들에게 발각되어 권총을 쏘면서 달아났다.

23일, 변낙규는 김일봉(金一鳳)의 집에 도착하여 장인준(張仁濬), 유영규(劉泳奎) 및 최모(崔某) 등과 함께 무명(無名)이라는 비밀결사를 조직하였다. 변낙규는 총사령(總司令)이 되어 김일봉을 모험 책임자, 유영규를 동지규합 책임자, 장인준을 모험대원 회계 책임자로 삼았다. 부서가 이미 정해지자 변낙규는 권총 한 자루와 탄환 약간을 가지고 장인준과 함께 모금을 하였다. 27일에 장인준과 김일봉은 영변군 자작리

(自作里)에 큰 도박단이 있다는 소식을 듣고 동지 박봉수와 함께 습격하기로 공모했으나 결국 실행하지 못하였다.

계유년(1933) 1월 2일, 변낙규가 권총을 돌려달라고 청하였으나 장인준이 돌려주지 않았다. 그의 숙부 김일봉에게 청하여 말하기를

"선생의 조카가 만주로 건너가고자 하는데 여비가 없습니다. 이 권총을 가지고 한번 모금을 하기 바랍니다."

라고 하였다. 2월 4일, 두 사람은 복면을 하고 덕천(德川)으로 가 왕택준(王澤俊)을 협박하여 100여 원을 모금하였다. 덕천경찰서에서 그 소식을 듣고 크게 놀라 평안남도와 평안북도의 양 경찰부와 함께 서로 대대적인 수색을 하였다. 제보자가 말하기를

"어떤 사람이 영변읍에 와서 10원짜리 지폐 4장으로 물건을 사는데 매우 수상했습니다."

라고 하였다. 덕천경찰서 경찰이 영변 용연동의 개량서숙(改良書塾)으로 가 교원 장인준과 김일봉을 잡아 취조하였다. 무기가 마천령(摩天嶺) 바위동굴에 있다는 것을 알아내고, 8일에 그곳으로 가 권총 한 자루, 탄환 28개, 다이너마이트 5개, 공업용 뇌관 7개, 흑색도화선 6척, 10원짜리 지폐 4장을 압수하였다. 다시 서숙으로 와서 폭발화약 6개를 찾아냈다. 마에다〔前田〕 부장이 김일봉에게 보여주며

"이것이 무슨 물건인가?"

라고 하자 김일봉은 재빨리 폭약을 집어 입에 넣고 씹으니 입과 코와 뺨이 모두 부서지면서 즉사하였다. 이는 김일봉이 일이 누설될까 걱정하여 자신이 죽음으로써 비밀을 지키려 한 것이다.

김일봉은 영변에 살았고 고종26년 경인년(1890)에 태어났으며 이때 나이 44세였다. 지난 기미년(1919) 봄, 독립만세운동이 크게 일어나는 것을 보고 독립운동을 하다가 강도죄로 7년간 복역하였다. 출옥 후

농사를 짓다가 작년에 도로공사 노동을 하였다.

조카 장인준도 기미년 독립운동을 하여 역시 전과가 있었다. 그는 후에 북간도 용정촌(龍井村)으로 가 대성중학교(大成中學校)에 입학하였다. 김일봉이 장인준을 부르자 그는 영변으로 와서 서숙의 교원이 되었다. 변낙규와 함께 활동하다가 마침내 이렇게 된 것이다. 이로 말미암아 덕천경찰서 폭탄투척사건 역시 드러났다. 9일에 유영규(劉泳奎), 김준필(金俊弼), 유운규(劉雲奎) 등 세 사람은 모두 체포되었고, 변낙규는 이에 달아나 잡히지 않았다.

이 달에 변낙규가 구성 동산동(東山洞)에 이르자 순사가 수색하려고 하는데 변낙규가 총을 쏘며 달아났다가 창성(昌城) 신직삼(申直三)의 집에 잠복하여 김찬성(金燦成)을 대유동(大楡洞) 금광으로 보내 정찰하게 하였다.

3월 29일 밤, 박봉수와 함께 삭주의 이봉주(李鳳柱)에게 가 42원을 모금하였다. 영변 산속으로 가 화폐를 위조하기로 모의하고 이인제(李仁濟)에게 기계를 구입하게 하였다.

4월 12일, 변낙규와 박봉수는 창성에서 체포되었고 김윤근과 양병창(楊炳昌)은 삭주에서 체포당했다. 이에 권총 한 자루, 현금 40여원, 조선독립군사령부 군자금모집권 영수증 41매, 사령부 지령 100매와 격문 등을 모두 압수당했다.

다음 달 4일, 신의주 경찰부에 압송되었다. 이때 변낙규는 그의 아내 김광월(金光月), 어린 아들 김형섭(金亨燮)과 함께 가게 되었는데 보는 사람들이 모두 가엽게 여겼다. 이때에 이르러 김준필과 유영규는 변낙규보다 이전에 체포되었다. 때문에 이들이 먼저 공판에 회부되었다. 5월 12일, 오오모리〔大森〕 검사가 김준필은 징역 6년, 유영규는 징역 5년, 장인준은 징역 4년을 구형하였다.

다음 달 5일, 변낙규 등은 비로소 검사국에 송치되었고 7월 26일 공판이 열렸다. 재판장 기쿠치[菊池]가 변낙규는 10년, 김찬성은 7년, 박봉수는 5년, 김윤근 · 양병창은 3년 6개월을 구형하였는데 그 죄명은 치안유지, 총포화약취체규칙위반 및 강도, 살인미수, 통화위조 등이었다.

1 국민부(國民府) : 1929년 만주지역의 가장 큰 항일무장투쟁 단체인 정의부, 신민부, 참의부가 통합하여 창설된 단체이다.

2 선통(宣統) : 부의(溥儀)를 말한다. 1908년 서태후의 입김으로 세 살의 나이에 선통제로 즉위하였으나, 1912년 청나라 멸망 후 퇴위하였다. 1924년 풍옥상(馮玉祥)의 쿠데타를 피해 천진의 일본 조계지로 피신하였다. 1934년 일본 관동군이 세운 괴뢰 만주국 황제에 즉위하였다.

조용하 趙鏞夏

조용하의 호는 구심(求心)이다. 그는 경기도 연천군 남면 입암리에 살았다. 고종18년 신사년(1881)에 태어났다. 어릴 때부터 남들보다 훨씬 총명하였다. 16세에 관립 프랑스어학교에 들어갔다. 곧이어 관립 법률학교로 옮겨갔다. 19세에 졸업하였는데 영어, 프랑스어, 중국어, 독어 등 4개 국어를 능숙하게 구사하였다. 김만수(金晩秀)가 프랑스공사가 되자 조용하는 참사관으로 따라갔다.

광무3년 기해년(1899)에 민종묵(閔宗默)이 독일공사가 되자, 조용하는 서기로 부임하였다. 35세에 3등 서기관으로 승진하였다. 을사년(광무9, 1905) 11월 17일, 일본과 조선이 5조목의 보호조약을 체결하여 공사관이 철폐되자 그도 파직되어 돌아왔다. 임금이 그를 죽산 군수에 임명하였다. 뒤에 이천과 마전(麻田) 군수를 역임하였다.

이 당시 전북 김제 군수가 잔인한 총독부의 정치에 불평을 품고 있었는데 그는 이에 감동을 받아 마전 군수를 집어던지고 돌아왔다. 경술년(1910)에 왜놈이 조선을 합방하자 조선에 살고 싶지 않은 마음이 들었다. 임자년(1912)에 그는 미국 땅인 하와이로 가 동포들과 한국독립단[1]을 조직하여 독립운동을 하였다. 병진년(1916) 10월에 북경으로 돌아와 독일 사람과 더불어 광업회사를 차리려고 하였으나 실행하지 못하고 조선으로 돌아왔다. 얼마 지나지 않아 다시 상해로 갔다. 이 당시 대한민국임시정부에서는 기관지를 발행하고 있었는데 그는 이 신문을 가지고 하와이로 가 동포들에게 배포하였다. 그리고 한인협회를 만들어 상해 임시정부를 지원하였다.

상해에는 중한동맹(中韓同盟)이 있었는데 일본에 대항하는 단체였다. 조용하도 중한동맹에 들어갔다. 이 당시 임시정부 외무총장으로 있던 소앙 조용은(趙鏞殷)이 그의 동생이었다. 형제가 먼 이국에서 서로 연락을 주고받으며 활동하였다. 임신년(1931) 9월에 조용하는 어떤 나라의 중대한 사명을 띠고 상해로 가 항일운동단체를 강화시키려고 밀항하였다. 이때 하와이에 있던 일본의 첩보기관이 이런 소식을 듣고 고베〔神戶〕 경찰서에 수배령을 내리면서

"어떤 나라 당국의 관리가 상해의 어떤 부호에게 조용하를 소개하고 그에게 자금 조달을 허락하는 문서를 주어 그가 막 상해로 떠났다."

라고 보고하였다. 10월 12일, 조용하가 고베에 도착하자 수상(水上)경찰서[2]에서 그를 체포하여 효고〔兵庫〕 경찰서에서 석 달을 취조하였다. 경성지방법원에서 경기도 경찰부로 압송하여 취조하라는 명령이 내려졌다. 14일에 갑자기 송치되었으니 그의 죄는 치안유지법위반이었다. 검사가 취조할 때 경찰부의 지휘에 따라 심문하였다. 안창호에 대해 묻고 하와이의 독립운동 실상에 대해 심문하였다. 이전에 조용하는 해외 독립운동의 거두로 활약한 지가 이미 20년이 훌쩍 넘어가고 있었다.

경오년(1930)에 일본이 중국의 상해를 공격하였다.[3] 이에 중국과 일본이 으르렁대는 것을 보고 조용하는 어떤 나라와 은밀히 모의한 다음 상해로 와서 그의 아우인 조소앙과 직접 행동하려고 하였으나 곧바로 체포되었다. 일의 규모가 대단히 큰데 비해 취조는 대단히 간단

하였다. 24일, 곧바로 공판에 넘겨졌다. 계유년(1933) 3월 31일, 사사키〔佐佐木〕 검사가 징역 2년 6개월을 구형하였는데 야마시타〔山下〕 재판장이 구형한 그대로 언도하였다. 감옥에 갇혀 언도되지 않았던 30일을 합산하였다. 조용하는 항소하지 않고 그대로 옥고를 치렀다. 이 당시 방청객은 가족만 허락되었다. 이전에 조용하가 상해로 향하다가 도중에 고베에 도착하였을 때 함장인 앤더슨과 서로 자신의 의견을 토론하였다. 감옥에 갇혔을 때 배가 차갑게 되는 병을 앓았는데 조용하는 친구에게 편지를 보내

"조심스럽게 어진 형 수주(樹州) 변영로에게 올려 부평초 같이 떠돌다가 만난 인연을 감사히 표시해 달라."

라고 하였다. 또한 변영로의 큰형인 곡명 변영만의 사라져 버린 자취를 추억하였다. 그의 자녀는 3남매로 상해에 있다.

1 한국독립단 : 한국독립단은 박용만(朴容萬)이 1914년 6월 하와이에서 조직한 대조선국민군단을 말한다. 대조선국민군단은 독립군 양성을 목적으로 설립된 하와이 최초의 항일무장투쟁 단체였다. 조용하는 박용만의 지지세력이었다.

2 수상(水上)경찰서 : 오늘날의 해양경찰에 해당한다.

3 경오년에……공격하였다 : 일명 상해사변이라고 한다. 1차 상해사변은 1931년 만주사변 이후 중국 내 항일운동이 확산되자 일제는 상해에서 매수한 중국인을 사주하여 일련종(日蓮宗)의 승려를 저격하게 하였다. 이를 계기로 1932년 1월 일본 해군과 중국군 사이에 전투가 벌어지자 일본이 육군을 파견하여 중국군을 패퇴시킨 사건이다.

신병항 愼秉恒

신병항의 다른 이름은 유형일(兪亨日)이다. 그는 경남 거창군 남하면(南下面) 무원동(武院洞)에 거주하였다. 갑술년(1934)에 그의 나이는 25세였다. 계유년(1933) 9월에 상해로 갔는데 그곳에서 어떤 방면의 중요 인물의 소개로 남경군관학교 조선독립부에 들어가 1년 동안 수업을 받았다. 졸업하게 되자 모종의 사명을 띠고 국내로 들어오려 하였으나 마침내 발각되어 상해영사관 경찰서 경찰에게 체포되었다. 일본의 나가사키〔長崎〕를 거쳐 경남 경찰부로 압송되어 그 사실에 대해 취조를 받았다. 박문희(朴文禧)와 전 군관학교 사건과 연관이 있었다. 박문희는 계유년(1933) 3월 부산경찰서에 체포되었다. 신병항은 지금 징역 2년을 받고 복역 중이라고 한다.

김방우 金邦佑 / 안정득 安貞得

김방우는 경북 영천에서 태어났다. 11세에 부모를 따라 대구 동운정(東雲町)으로 이사하여, 사립 강습소에서 공부하였다. 그러다가 몇 년 전에 서울에 사는 그의 누이인 김영희(金永姬)를 찾아왔다가 카페의 종업원이 되었다. 이윽고 의열단원 김수길(金壽吉)의 권유로 임신년(1932) 봄에 중국의 남경(南京)으로 가 의열단장 김원봉(金元鳳)을 만났다. 그의 추천으로 남경 성 밖의 강서성(江蘇省) 강녕진(江寧鎭)으로 가 조선독립간부학교 ○○에 들어갔다. 그곳에서 공산주의와 군사교련 등을 배웠으며, 총기 다루는 법과 폭탄 제조법 등을 배웠다. 또한 권총 사격술과 사람을 죽이는 법 등에 대해서도 배웠다. 계유년(1933) 9월에 마침내 졸업하게 되자 김원봉이 김방우에게

"그대는 몰래 조선으로 들어가 직접 행동에 나서라."

라고 하였다. 이에 자금과 지령을 받고 상해로 와서 두세 명의 동지를 모집하여 간부학교로 보내 조선독립을 위해 활동하게 하였다. 계유년(1933) 10월에 일본영사관 경찰서 경찰에게 체포되었는데 아편상의 알선으로 무사히 풀려나게 되었다. 그의 소개로 어떤 카페의 종업원이 되었는데 그 뒤에 다시 일이 발각되어 체포되었다.

안정득(安貞得)은 서울의 배재고등보통학교 학생이었다. 임신년(1932)에 상해로 가 전차를 감독하였다. 그는 독립간부학교에 들어가 졸업한 후 의열단원이 되었다. 다시 상해로 가 동지들을 규합하고 몰래 조선으로 들어와 직접 행동에 나서려고 하였다. 그러나 김방우와 함께 상해 영사관 경찰서에 체포되고 경기도 경찰부 고등과로 압송되어 취조를 받았다. 갑술년(1934) 11월 9일에 취조를 마치자 치안유지법위반으로 서울 검사국으로 보내졌다. 이 당시 그의 나이는 24세였다.

노석성 盧錫聖

노석성은 평남 강서군(江西郡) 성태면(星台面) 하장리(下庄里)에 거주하였다. 신해년(1911)에 출생하였다. 노석성은 남경(南京)으로 가 군관학교를 마친 다음 의열단에 들어갔다. 의열단의 대장인 김약산〔金元鳳〕이 노석성에게 조선으로 들어가 군관학교 생도를 모집하라고 명령을 내렸다. 계유년(1933) 11월에 강서군으로 몰래 들어와 이화순(李和淳)과 송병무(宋炳武) 등 10여 명을 모집하였다. 또한 비밀리에 적색노동조합[1]을 조직하여 사회주의 사상을 고취하였다. 갑술년(1934) 7월에 강서 경찰서에 체포되어 평양지방법원에서 취조를 받았는데 노석성과 이화순은 기소되었고 나머지는 모두 석방되었다. 갑술년(1934) 12월 4일에 이와키〔岩城〕 검사가 노석성과 이화순에게 징역 2년 6개월을 구형하였다고 한다.

1 적색노동조합 : 당시 일제는 사회주의 계열의 운동에 적색이란 명칭을 붙였다. 따라서 본문의 적색노동조합은 국사학계에서는 흔히 혁명적 노동조합으로 칭하고 있다.

윤공흠尹公欽

윤공흠은 평북 박천군 서면 금학동(金鶴洞)에 거주하였다. 다른 이름은 이설(李契)이었다. 고종 갑진년(1904)에 태어났다. 그는 1등 비행사였다. 갑술년(1934) 6월 1일 남경(南京)에서 정주읍으로 와서 거주 지원신청서를 제출하였다. 또한 비행사 면허증을 내어달라고 신청하면서

"민간 항공사업을 통해 공헌하려고 한다."

라고 하였다. 육군 비행기 불하(拂下) 운동을 하자 정주경찰서에서 의심하여 그에 대해 조사하였다. 과연 그는 남경군관학교 출신이었다. 이에 평북경찰서와 서로 연락을 취하여 6월 28일 서울의 가회동에 있던 윤공흠을 체포하여 취조하였다.

이전에 윤공흠은 군관학교 졸업생인 김찬서(金燦瑞), 오용성(吳龍成), 김형렬(金亨烈) 등과 의열단 파견원이 되어 몰래 조선에 들어왔는데 이로 인해 발각되어 모두 체포되었다. 또한 서울과 평남, 일본 등 각지에 있던 군관학교에서 같이 공부했던 동지들과 군관학교 제3기 모집생 및 세 명과 관련이 있는 사람, 그리고 공산주의 참가자 등 모두 100여 명의 청년이 체포되었다.

이전에 윤공흠이 조선에 왔을 때 의열단 본부와 연락을 주고받았는데 안팎에서 이에 동조하였다. 윤공흠이 일찍이 1등 비행사로 일본

에 있었는데 이때에 면허를 신청하고 또한 육군 비행기를 불하받으려 운동을 펼쳤으니, 그것은 무기를 수입하고 또한 많은 노동자들과 단결하여 사회주의운동을 펼치며 높은 지위의 관리를 암살하고 각 관청에 폭탄을 투척하여 치안을 교란하려 한 것이다. 의열단은 또한 국내외와 연락을 취하여 계추성(桂秋成)을 선천(宣川) 책임자로, 김봉강(金奉江)을 용강(龍岡) 책임자로 삼아 조선에 파견하여 사회주의 지하공작을 펼치려고 하였다. 이 운동에 참여한 사람은 대략 60여 명으로 모두 체포되었다. 계추성과 김봉강, 그리고 윤공흠 등 네 명은 11월 9일 당국으로 송치되었다. 이전에 의열단의 사명은 1935, 1936년은 어지러운 시기이므로 비밀 요원을 보내 안으로는 조선 대중을 단결하고 밖으로는 직접 행동에 나서서 조선의 광복을 얻는 것이었다.

발문

송상도

이 책을 《기려수필》이라 이름 지은 것은 어째서인가. 대개 일찍이 명나라 말기의 기려도사가 행했던 것을 빌린 것이다. 지난 을미년(1895)에 탄당(坦堂) 김영주(金永冑) 선생이 호서에서 내가 살던 지역으로 이사하였다. 내가 날마다 찾아가 가르침을 받았는데 선생께서 일찍이 말씀하시기를

"옛날 토적인 이자성(李自成)이 병사를 일으켜 대궐을 침범하자 명나라가 드디어 멸망하였다. 위로는 황제로부터 아래로 선비와 백성에 이르기까지 나라를 위해 죽은 사람이 대단히 많았다. 오랑캐인 청나라가 중국에 들어와 머리를 자르라는 명령을 내리면서 '머리를 깎으면 살고 깎지 않으면 죽는다.'라고 하였다. 어떤 선비가 죽는 것이 두려워 머리를 깎았으나 그의 마음속에는 오히려 명나라를 그리는 마음이 있었다. 이 때문에 그는 자신의 이름을 감추고 나귀를 타고 천하를 돌아다니며 절개를 지키다 죽은 사람의 사적에 대해 수집하여 세상에 전하였다. 당시 사람들이 그를 기려도사(騎驢道士)라고 불렀다."

라고 하였다. 이에 내가 나의 분수를 헤아리지 않고 마음속에 깊이 새겨두었다. 그 뒤 얼마 지나지 않아 불행하게도 우리 조선이 을사년

(1905)을 지나 경술년(1910)에 이르러 명나라처럼 멸망하였다. 이에 충신과 의사가 분개함을 참지 못하고 혹은 순절하거나 혹은 의거를 일으키거나 혹은 해외로 나가 광복을 도모하였다. 그들의 충절은 우리들의 입장에서는 해와 달과 빛을 다투겠지만 일본의 입장에서는 모두 꺼리고 싫어하는 것이다. 이 때문에 한번 입에 오르거나 붓으로 써내면 재앙이 곧바로 찾아든다. 사람들이 만일 재앙을 두려워하여 그 사실을 수집하여 세상에 전하지 않으면, 늠름한 충성과 높디높은 절개는 몇 년 지나지 않아 사라져 들을 수 없게 될 것이다. 이 어찌 뒤에 죽는 사람의 책임이 아니겠는가.

나 송상도는 미약하여 순절하려고 하여도 마땅하게 죽을 이유를 찾지 못하였으며, 의거(義擧)하려고 하여도 지혜와 담략이 없으며, 해외로 나가 광복을 도모하려 하여도 자금과 능력이 부족하니 모두 할 수 없다. 그러나 의리를 좋아하는 마음은 오히려 사라지지 않았다. 이에 감히 옛날 기려도사가 했던 일을 본받아 호남, 관서, 기호, 영남 등지를 돌아다니며 어려움과 수고스러움을 회피하지 않고, 늙어 죽을 때까지 널리 수집하고 찾아다녀 책을 완성하였다.

사문(斯文)[1] 권상익에게 서문을 부탁하고 간행하려 하였으나, 그 당시 일본의 세력이 드세 출간할 수 없었다. 이에 산천에 감춰두고 천추의 세월을 기다리려고 하였는데 뜻밖에도 하늘이 잘못을 뉘우쳐 우리 대한에 해와 달이 다시 세상을 밝게 비추니, 마땅히 즉시 인쇄하여 배포하려고 하였다. 그러나 엮어 놓은 책을 살펴보니 국내에서 활동한 사람들에 대해서는 비록 다섯 책에 거의 다 기록하였지만 해외에서 활약한 사람들에 대해서는 아직 다 수집하지 못하였다. 이에 서울에 와서 이런 사실을 구하게 되었다. 마침 아무아무 지사들이 서울에 와 있었다. 이 사람들은 모두 오랫동안 해외에 있었기에, 이 사람들을 통해 해외에서 활약한 사람들의 사실에 대해 물어보았다. 이에 곧 책을 완성할 것이다. 또한 여러 사람들이 돈을 갹출하여 곧 간행할 것이다.

아, 내가 돌아다닐 수 있는 발이 없었다면 호남, 관서, 기호, 영남 등지의 사적을 수집할 수 없었을 것이며, 사람들이 인쇄하려 도모하지 않았다면 우뚝하고 뛰어난 절개가 세상에 전해질 수 없었을 것이다. 그러나 그 사람들의 업적은 비록 나 송상도의 발이 없더라도 널리 드러나 간행되어 그들의 아름다운 이름이 궁벽져 연기와 먼지 가득한 적막한 곳에서 사라지지 않았을 것이니, 인쇄한 공 또한 크다. 나 송상도가 늙어죽을 때까지 국내로 돌아다닌 수고가 이로 인해 세상에 널리 알려지게 되었으니, 그에 대한 고마움 또한 크다. 이로써 대략 전말을 기록하여 나를 공적으로나 사적으로 도와준 사람들에게 감사의 마음을 만분의 일이나마 전한다.

1 사문(斯文) : 사문은 유학의 도를 일컫는 말로 흔히 유학자를 높여 부르는 말이다.

| 부록 - 인명색인 |

ㄴ

ㄷ

ㄹ

ㅁ

ㅂ

ㅇ

ㅊ

기려수필의 정본화 및 번역 연구진

연구책임자	이향배(충남대학교 한문학과 교수)
공동연구원	김상기(충남대학교 국사학과 교수)
	변주승(전주대학교 역사문화콘텐츠학과 교수)
	박민영(독립기념관 한국독립운동사연구소 선임연구원)
	강원모(충남대학교 한자문화연구소 선임연구원)
	정만호(충남대학교 한자문화연구소 선임연구원)
전임연구원	김도훈(국민대학교 국사학과 문학박사)
	이재숙(충남대학교 한문학과 강사)
연구보조원	이관성(충남대학교 한문학과 강사)
	이송희(충남대학교 한문학과 강사)
	안정은(성균관대학교 대학원 한문학과 박사과정)

기려수필 3

송상도 지음
강원모 김도훈 이관성 이재숙 정만호 옮김

2014년 8월 30일 초판 1쇄 발행

펴낸곳 도서출판 문진 | 등록 2002. 5. 6. 제2006-000011호
주소 대전광역시 유성구 대학로 31 한진리조트오피스텔 2004호
전화 042-933-6510 | 팩스 042-367-5510
출력 현대그래픽스 | 제본 은정제책사
표지한글제자 여산 이성배

값 30,000원

ISBN 978-89-92229-74-6 94900
978-89-92229-71-5 (세트)

이 도서의 국립중앙도서관 출판예정도서목록(CIP)은 e-CIP 홈페이지(http://seoji.nl.go.kr)와 국가자료공동목록시스템(http://www.nl.go.kr/kolisnet)에서 이용하실 수 있습니다. (CIP제어번호: CIP2014025750)